U0905045

中国大学MOOC教材

大学通识教育教材

大学美育导引

DAXUE MEIYU DAOYIN

周 宪 主编
祁 林 副主编

中国教育出版传媒集团
高等教育出版社·北京

内容简介：

本书是大学通识教育教材。

本书分为三大板块，共14章。第一章是全书的导论；板块一是美的艺术，从第二章至第六章，以美的艺术为抓手，从绘画、文学、音乐、戏剧和电影进入丰富多彩的美育领域；板块二为实用艺术，从第七章至第十章，着重探讨如何借实用艺术来推展美育，分别讨论了手工艺、建筑、设计和数字文化中的美育问题；板块三是美育相关领域，从第十一章至第十四章，涉及社会参与、身体文化、科学的审美赋能以及生态美。本书以习近平文化思想为指导，融汇党的二十大精神，秉持开放性的大美育观念，以美的艺术为核心并有新的拓展，将美育与人文教育紧密结合；不仅赓续中华传统美育精神，而且广泛吸收国际上美育理论和实践的新观念与新知识，并与中国现实相结合，聚焦本土当下美育问题。

本书可以作为高等院校相关课程的教材，也可供有兴趣的社会读者阅读参考。

图书在版编目(CIP)数据

大学美育导引/周宪主编. —北京：高等教育出版社，2023.12(2024.12重印)
ISBN 978-7-04-061298-1

Ⅰ.①大… Ⅱ.①周… Ⅲ.①美育-高等学校-教材 Ⅳ.①G40-014

中国国家版本馆CIP数据核字(2023)第213698号

策划编辑 张晶晶 刘自挥 责任编辑 张晶晶 叶也琦 封面设计 张文豪 责任印制 高忠富

出版发行	高等教育出版社	网　址	http://www.hep.edu.cn
社　址	北京市西城区德外大街4号		http://www.hep.com.cn
邮政编码	100120	网上订购	http://www.hepmall.com.cn
印　刷	上海盛通时代印刷有限公司		http://www.hepmall.com
开　本	787 mm×1092 mm 1/16		http://www.hepmall.cn
印　张	19		
字　数	404千字	版　次	2023年12月第1版
购书热线	010-58581118	印　次	2024年12月第3次印刷
咨询电话	400-810-0598	定　价	48.00元

本书如有缺页、倒页、脱页等质量问题，请到所购图书销售部门联系调换

物 料 号 61298-00

本书学术顾问

杜　卫　王一川　王德胜　易晓明

徐兴无　骆冬青　陈元贵

本书编委会

主　编　周　宪

副主编　祁　林

编委会成员（以姓氏拼音为序）

陈新坤　李　丹　李　健　李　牧

李　茜　刘　毅　祁　林　石　可

徐志君　杨向荣　殷曼楟　赵　幸

周　宪

前 言

进入新时代，中国高等教育事业蓬勃发展。德智体美劳五育并举，在丰富大学知识教育的同时，使立德树人全面发展的目标更加明确。2018 年习近平总书记在给中央美术学院老教授的回信中写道："加强美育工作，很有必要。做好美育工作，要坚持立德树人，扎根时代生活，遵循美育特点，弘扬中华美育精神，让祖国青年一代身心都健康成长。"2020 年中共中央办公厅和国务院办公厅印发的《关于全面加强和改进新时代学校美育工作的意见》进一步指出："美是纯洁道德、丰富精神的重要源泉。美育是审美教育、情操教育、心灵教育，也是丰富想象力和培养创新意识的教育，能提升审美素养、陶冶情操、温润心灵、激发创新创造活力。"显然，美育在中国高等教育体系中占有相当重要的位置，它既是"五育"不可或缺的一个重要组成部分，又是陶冶高尚情操、塑造美好心灵和增强文化自信的重要载体。

美育在大学校园中如火如荼地展开，迫切需要在教材、教法和教学理念上有所更新，本教材的编撰正是顺应了这个要求。这部教材是南京大学艺术学院美育教学团队集体合作的成果，经过两年多时间的研论、撰写、修改和定稿，最终完成了这部全新的大学美育教材。我们真诚希望这部教材能为深化中国大学美育事业有所贡献，反映出团队在美育的学科体系、学术体系和话语体系中国化方面所做的探索。

本教材的编写坚持了如下几个原则：第一，秉持一种开放性的大美育观念，以美的艺术为核心并有新的拓展，将美育与人文教育紧密结合；第二，聚焦本土当下美育问题，努力回应大学生的问题和关切；第三，广泛吸收国际上美育理论和实践的新观念与新知识，并与中国现实相结合，进而实现教材诸多方面的创新；第四，理论与实践相结合，既讲授相关美育理论，又强调美育的经典个案、实践环节和多方面参与。

本教材是按一个学期的大学通识课程教学时长来设计的，每周两课时教学。这一设计比较符合大多数高校的美育通识课时间安排。

本教材的构架分为三大板块，共 14 章。第一章是全书的导论；板块一是美的艺术（或纯艺术），从第二章至第六章，以美的艺术为抓手，从绘画、文学、音乐、戏剧和电影进入丰富多彩的美育领域；板块二为实用艺术，从第七章至第十章，着重探讨如何借实用艺术来推展美育，分别讨论了手工艺、建筑、设计和数字文化中的美育问题；板块三是美育相关领域，从第十一章至第十四章涉及社会参与、身体文化、科学的审美赋能以及生态美。这样的内容设计好处在于将美育的理解从狭隘的美的艺术进一步拓展和关联，进入更为多元的人类文化；但这也带来了一些难题，尤其是一个任课老师要兼通如此之多的知识委实不易。因此，作为教材的主编，我愿意和使用本教材的任课教师分享一些可行的建议，提出使用本教材教学的几种可能性。

第一种方式可名之为“重组式”，就是任课教师根据自己的学术背景和知识积累，以及授课对象的专业领域，在三个板块中选择熟悉并感兴趣的内容，设计成有一定指向的相对完整的构架。本教材 14 章虽有一定的逻辑关联，但基本上是每一章均是相对独立的内容，可以根据不同需要和目标做新的组合。至于内容安排的顺序，建议按本书各章序号排列比较合理。

第二种方式可称之为“主题式”，就是任课教师可根据自己对美育的理解，以及授课对象的特定需求，设计或提炼相对集中的主题来加以讲授。比如，造型艺术或视觉性美育就是一个可选主题。如果任课教师有这方面的学术背景或知识积累，可以将有关视觉素养方面的章节组织成一个系统，绘画、电影、建筑、设计、数字文化等内容均可入选。再比如，假如任课教师出身于表演艺术，亦可集中音乐、戏剧、电影、数字文化等主题来组成教学结构。如果所选章节内容不足以上满一学期，可作两方面的调整，一是对现有章节内容做加法，充实并增加教学内容，一章扩充至两周授课；二是适当增加自己感兴趣的本教材之外的其他教学内容，作为本教材现有内容的补充。

第三种方式是所谓“穿插式”，有两种穿插方式。其一是教师穿插，即有一个任课教师主讲，而一些主讲教师不熟悉的章节，可以邀请以此为业的其他教师“客串”，协助讲授相关内容。其二是增加实践动手参与环节，几次课讲授后即安排一次实践课，或是到工作室现场创作，或是走访非物质文化遗产传承人，或是进入社区推展美育项目，或是参观博物馆等社会机构，总之与课程教学内容密切结合，将理论教学与实践参与有机结合。

第四种方式可视作“全景式”，就是按照本教材章节内容依次讲解，这对教师的知识储备要求相对较高。不过亦可扬长避短，以详略有别的方法来讲授。即自己比较熟悉的章节可以重点详解，深入展开；而相对不那么熟悉的部分，则可以点到即止，略讲一二。这种弹性教学方法是充分挖掘本教材资源，并详略得当，而不是一味地“按章办事”，刻板地逐一平均讲解。

此外，本教材有一些鲜明特色。一是大多数章节均以经典案例开始，进入美育情境，尽量避免空头理论及其说教，直击艺术或相关问题的核心。二是将审美素养细化为每章不同的具体内容，并以此为目标展开分析和讨论。三是大多数章节最后，专门设计了审美表达一节。通过特定艺术或相关领域的诸多经典话语范例，为学生学会表达自己审美体验或相关问题提供样板。据国际上比较成熟的美育教学法，美育不仅要学会体验艺术和自然，而且要学会审美地表达自己的体验和感悟，这有助于提升学生的美感能力，增强自我反思和表达力。最后，本教材每一章都附有思考题和推荐阅读书目，犹有特点的地方是增加了一个 DIY 活动环节，希望学生能在老师指导下“自主”地完成相关实践，以加强对本章主要论点的理解。同时每一章正文后都设计了教学案例，既为任课教师提供了教学资源，也有助于学生开拓视野，掌握丰富的美育知识。

总之，教材只是一个用于教学的材料仓库，如何使用和使用哪些材料，则完全取决于任课教师的美育目标和学生的具体情况。除了以上建议的几种教材使用方法，任课教师亦可以富有创意地使用本教材，在做加减法的同时最大限度地发挥本教材的教学潜能。

本教材由南京大学艺术学院美育教学团队集体合作编撰，特邀南京师范大学陈新坤教授和杭州师范大学杨向荣教授加盟。各章撰写者如下：

第一章　周　宪

第二章　李　健

第三章　李　丹

第四章　陈新坤（南京师范大学）

第五章　石　可、李　茜

第六章　祁　林

第七章　李　牧

第八章　刘　毅

第九章　徐志君

第十章　祁　林、赵　幸

第十一章　殷曼楟

第十二章　杨向荣（杭州师范大学）

第十三章　周　宪

第十四章　殷曼楟

感谢本书编写团队成员，没有他们的无私奉献，本教材的面世是不可能的。感谢高等教育出版社上海出版事业部的刘自挥副主任，责任编辑张晶晶女士、叶也琦女士。作为主编，两年多来我统领了团队的各项工作，从拟定大纲到审读初稿，从反复修改到最后定稿等。

一本教材一旦完工，便开始了一个新的旅程。它的生命力和影响力已不再与编写者相关，而是有赖于教材的使用者及其使用方式。我真诚希望本教材的使用者积极反馈教学一线碰到的问题，并提出建设性的修改意见，以便日后的进一步修订完善。

周　宪

2023 年 10 月

周宪教授领衔“大学生美育讲堂”已在中国大学MOOC（https://www.icourse163.org/）上线，敬请关注。

观看南京大学美育工程第一课——周宪教授《美育：为何与何为》，请扫以下二维码。

目　录

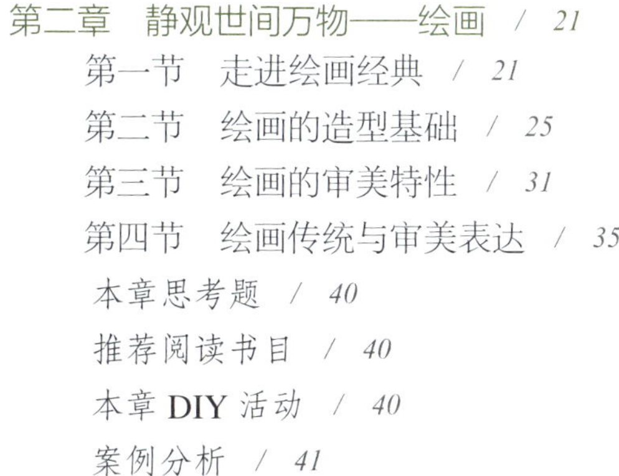

第一章　美育引领人向美而生

欢迎大家来到美育课堂！

美育是一门很有趣也很特别的课，一门陶养性情并启悟智慧的课。美育课堂是一个需要师生共同建构的开放空间，一个深度体验的审美道场，一场孕育无限可能的“戏剧”。但这出戏剧真正的主角儿其实是学生，老师只是合作者，充其量是幕后导演。

在高校的课程系统中，美育课所以特别就在于，它和规范的知识性课程迥然异趣，美育课更像是去展开一次激动人心的寻美之旅。一如诗为爱诗的人而存在，音乐为乐迷而呈现，美育课为有爱美之心的人而设。俗话说“爱美之心人皆有之”，在这个意义上，美育又是为所有学生开设的。美育的要旨是育美，陶养学生的审美观念，使其在大学阶段乃至一生都“向美而生”。在百年未遇大变局的当下，美育变得越发重要，习近平总书记指出：“做好美育工作，要坚持立德树人，扎根时代生活，遵循美育特点，弘扬中华美育精神，让祖国青年一代身心都健康成长。”

当你走进美育课堂时，当你捧起美育教材时，当你参与丰富多彩的美育实践时，你会越来越深切地感悟到美的吸引力，感悟到美在向你发出的精神邀约。这一邀约旨在唤起你心灵深处的审美冲动，充实你与生俱来的爱美之心，吁请你超越平庸而走向更高的审美境界。在开始这一寻美旅程之前，需讨论几个美育入门的问题：第一，何为美育？解答美育是什么；第二，为何美育？分析美育为何重要；第三，如何美育？给出上好美育课的建议。

第一节　何为美育？

一、美育的历史与当代性

美育的全称是“审美教育”，这个概念源自德国思想家席勒（图 1-1），他率先在《审美教育书简》中使用了美育（Ästhetische Erziehung）这个概念。这些书信原本是他写给赞助人丹麦奥古斯滕堡公爵的，于 1795 年发表在杂志上，那时法国大革命刚过去几年，欧洲各国正处于如火如荼的启蒙运动高潮阶段。席勒敏于时代的变迁，注意到现代社会出现了一系列新的问题，他写道："享受与劳动，手段与目的，努力与报酬都彼此脱节。人永远被束缚在整体的一个孤零零的小碎片上，人自己只好把自己造就成一个碎片。他耳朵里听到的永远只是他推动的那个齿轮发出的单调乏味的嘈杂声，他永远不能发展他本质的和谐。"①

为了应对这种现代人生存的"碎片化"状态，他经过深思熟虑提出了"美育"的理念。席勒认为，现代人处在两种不同冲动的对立状态中：一种是"感性冲动"，即由感性天性使然，在时间变动中将人蜕变成物质；另一种是"形式冲动"，即源自人的理性，追求超越时间的永恒理性法则。两种冲动不但彼此抵牾，而且都带有强迫性，前者基于自然法则，后者基于精神法则。因此，如何在两者之外寻找第三者来加以协调，便成为席勒美育思考的重心。他的设想是以美育所特有的"游戏冲动"来协调以上两种冲动，②使人恢复其和谐完善的人格。他指出：

> 游戏冲动的对象，用一种普通的说法来表示，可以叫作活的形象，这个概念用以表示现象的一切审美特性，一言以蔽之，用以表示最广义的美。
>
> 在美的观照中，心情处在法则与需要之间的一种恰到好处的中间位置，正因为它分身于二者之间，所以它既脱开了法则的强迫，也脱开了需要的强迫。
>
> 人同美只应是游戏，人只应同美游戏。说到底，只有当人是完全意义上的人，他才游戏；只有当人游戏时，他才完全是人。③

概要说来，席勒的美育理论彰显了三个重要观念：第一，审美的游戏冲动可弥合感性冲动和形式冲动的分裂，进而使人走向人格和谐；第二，审美的游戏冲动以"活的形象"为对象，这就是"广义的美"或"美的观照"；第三，"完全意义上的人"就是"同美游戏"的人，审美与人本质密不可分。这三个观念集中体现了德国美学传统中的"完善"（或完满）理念，不管是弥合人性冲突，还是走向完全意义上的人，最终都是在感性完善中实现人格完善。席勒描绘的美育蓝图，带有鲜明的人文主义色彩，是对现代社会问题的直接回应。

图 1-1
席勒像

虽然美育概念源自席勒，但美育却有久远的传统。早在先秦时期，孔子创立了儒家

① 席勒：《审美教育书简》，冯至、范大灿译，北京大学出版社 1985 年版，第 30 页。

② 席勒所说的"游戏"并非日常语言中的游戏（如玩电子游戏），此处的"游戏"是一个哲学概念，最早出现在康德的美学理论中，后来成为美学的重要范畴。"游戏"的核心是指超越压抑限制追寻自由，如康德所说，审美是"想象力的自由游戏"。

③ 席勒：《审美教育书简》，冯至、范大灿译，北京大学出版社 1985 年版，第 77—80 页。

图 1-2
孔子拜见老子（汉画像）

学派，强调君子的人格修炼，诗歌和音乐在儒家美育中扮演了重要角色。史有“孔子学鼓琴而师襄”的传说，《论语》中记载了不少孔子关于乐教和诗教的看法。“子在齐闻韶，三月不知肉味，曰：‘不图为乐之至于斯也。’”“子谓韶：‘尽美矣，又尽善也。’”韶乐让孔子如此着迷和喜爱，不仅是因为韶乐好听，更在于音乐对人格修炼的浸润感化作用。因此孔子说君子应“兴于诗，立于礼，成于乐”。[①]《论语》还记载了一则有趣的故事，一日孔子与弟子围坐，他问弟子们各有什么志向。子路说，他三年可治理好一个千乘之国；冉有说，他有办法三年时间使方圆几十里的小国人民富足；公西华答曰，他虽无鸿鹄之志却乐于做个小傧相。最后轮到曾皙，他放下弹奏的瑟说道，暮春三月，自己身着春装，和几个大人小孩一起在水边嬉戏，在台上临风纳凉，尔后一路唱着歌走回家去。听了弟子们的不同志向后，孔子说：“吾与点也！”（我最赞赏曾皙！）看起来好像曾皙只在说嬉戏玩乐，但孔子从中深悟出一个人的审美境界与其政治治理之间的关联。一个缺乏审美精神和道德境界的人治国，必然会无趣和刻板。如果说儒家更关注君子的审美精神的修炼，那么道家则更强调审美精神的自由和解放，这集中体现在庄子“游”的观念中。《庄子》记载了孔子求教老子的传说（图 1-2），老子向孔子讲述了他“吾游心于物之初”的经验，孔子不明白，向老子请教：“何谓邪？”老子答曰：“夫得是，至美至乐也。得至美而游乎至乐，谓之至人。”[②]这里所说的“游”就是回到“物之初”的原初状态，摆脱了狭隘的“用”而进入“无用”“无功”和“无名”的状态，进而把握到“至美至乐”，达致审美的人生境界。庄子的“游”与席勒所说的“游戏”颇为相似，而所谓“至人”又有“完全意义上的人”之意。中国传统文化是儒道互补，两种美育观虽有不同，却在互补的意义上塑造了中国人的美学精神。

随着中国社会从传统向现代转型，美育开启了现代征程。蔡元培率先将德语“Ästhetische Erziehung”翻译成汉语“美育”，并提出了“以美育代宗教”的设想。他认为，“美育者，应用美学之理论于教育，以陶养感情为目的者也。”[③]

① 杨伯峻译注：《论语译注》，中华书局 1980 年版，第 70、33、81 页。

② 郭象注、成玄英疏：《庄子注疏》，中华书局 2011 年版，第 380 页。

③ 蔡元培：《美育，以陶养感情为目的》，刘未鸣等主编：《蔡元培，以美育改变中国》，中国文史出版社 2020 年版，第 51 页。

美育应在家庭、学校和社会三个层面加以推广，让青少年接受感情陶养。他强调，美育旨在使美的对象有情感熏陶作用，以美的对象之欣赏来充实人的情感世界，因为美的对象具有普遍性和超越性。

> 既有普遍性以打破人我的成见，又有超脱性以透出无利害的关系，所以当着重要关头，有“富贵不能淫，贫贱不能移，威武不能屈”的气概；甚且有“杀身以成仁”而不“求生以害仁”的勇敢；这种完全不由于知识的计较，而由于感情的陶养，就是不源于智育，而源于美育。①

这里，蔡元培特别指出了美育所独有的人格塑造作用，这种作用是智育的知识获取无法实现的。更重要的是，他把中国古代理想的君子人格纳入美育的目标，这与席勒所言的“完全意义上的人”有异曲同工之妙。

1998年底，北京大学叶朗先生向中央提交了《关于把美育正式列入教育方针的建议》，在1999年3月第九届全国人大二次会议上，时任国务院总理朱镕基的《政府工作报告》明确提出，“学生在德、智、体、美等方面全面发展”，美育由此成为与德智体育并列的教育基本目标。叶朗认为，美育有两大重要功能：其一，“美育是熏陶、感发，在熏陶、感发中对人的精神起激励、净化和升华的作用”；其二，“美育主要着眼于保护人本身的精神的平衡、和谐与健康。……使人的感性和理性协调发展，塑造一种健全的人格。”② 这说明一方面美育的特征在于熏陶人的感性体验，另一方面又彰显对人精神升华的功能。2020年中共中央办公厅、国务院办公厅印发了《关于全面加强和改进新时代学校美育工作的意见》，对美育做了进一步的规范表述：“美育是审美教育、情操教育、心灵教育，也是丰富想象力和培养创新意识的教育，能提升审美素养、陶冶情操、温润心灵、激发创新创造活力。”

新时代对美育提出了新的要求。面对全球化进程，我们一方面努力建构人类命运共同体，另一方面却又要面对严峻的竞争局面。国家间的竞争说到底首先是硬实力的竞争，其次是软实力和巧实力的竞争，最终必体现为人才的竞争。中国在迈向世界强国的进程中，高素质人才培养已成为重中之重。作为立德树人有机组成部分的美育，在高素质人才培养中具有相当重要的功能。习总书记多次指示要大力推进高校美育，在考察清华大学美术学院时，总书记殷切勉励师生：“矢志追求更有高度、更有境界、更有品位的人生。”

二、美育的学科特性

论述了美育概念的缘起和美育的历史，接下来要回答的问题是美育的学科特性，美育有何相关的知识学特征。

首先，从学科分类的角度看，美育是人文学科的一个分支，属于人文教

---

① 蔡元培：《美育与人生》，刘未鸣等主编：《蔡元培，以美育改变中国》，第81页。

② 叶朗：《关于把美育正式列入教育方针的建议》，《红了樱桃 绿了芭蕉——情系燕园六十年》，安徽教育出版社2020年版，第338页。

育。在目前国内的高等教育学科分类中，一般有人文学科、社会科学、自然科学和技术科学等几大门类，美育属于人文学科。所谓人文学科，《牛津英语词典》解释为关涉人类文化的知识，与文学、历史、造型艺术、音乐和哲学关系尤其密切。席勒认定美育是一个伟大的教育规划，旨在以美来弥合人性分裂塑造完全意义上的人；蔡元培主张美育是将美学理论应用于教育，以陶养情感。叶朗指出："美育属于人文教育，它的目标是发展完满的人性。"① 这些说法清晰表明了美育的人文学科特性，美育就是以美的艺术为主要路径来丰富人的趣味和教养。此外，人文学科的另一层涵义是指古典知识，所以人文教育总是与中华文明的伟大传统相关。人文教育须接续历史传统，实现中华文明的伟大复兴。

其次，美育还具有鲜明的跨学科特点。虽然美育属于人文学科范畴，但是美育理论研究和教育实践与许多相关学科均有互动，尤其是教育学、心理学、认知科学、社会学、人类学甚至其他自然科学。晚近跨学科研究已成为知识生产的大趋势，越来越多的学科及其知识介入美育领域，不断丰富和拓展美育的理解和认知。国际上美育学科的发展吸纳了许多来自其他学科的新知识和新观念，极大地改变了席勒以来的美育认知和方法，形成了来自不同学科学者所组成的美育"学科共同体"。有些国家的美育，明确要求美学、艺术史、艺术批评等学科的参与。

最后，美育以艺术教育为核心。自古以来，艺术始终处于美育的核心位置。席勒在 18 世纪末提出美育概念时，特别指出美的游戏的载体就是"活的形象"，也就是艺术。由此就引出一个问题：美育等同于艺术教育吗？只要对国际美育发展趋势稍加关注，我们便可以发现美育概念正在被艺术教育取代。联合国教科文组织 2006 年在葡萄牙里斯本召开了首次世界艺术教育大会，大会官方文件题为"艺术教育路线图：构建 21 世纪的创造力"。该如何看待这一问题呢？我们认为美育以艺术教育为核心，但美育又超越了艺术教育。尤其是在今天，如果把美育仅仅局限于艺术实践导向的技术和欣赏层面，就会简化甚至弱化美育丰富的人文教育内涵。有学者开始反思美育与艺术教育的复杂关系，对艺术教育日益走向技术化的趋势予以批判，认为有必要通过重返席勒的美育观念，重归美育的主体建构和解放潜能。

第二节　为何美育？

从何为美育到为何美育，问题从"是什么"转向了"为什么"。以下我们将从审美素养、审美赋能和人文教养三方面展开。美育的主要目标就是培养学生的美学精神，涵养主体的内在精神气质。虽说爱美之心人皆有之，但人并不会自然而然地获得审美精神，而是要经过美育的陶养和修炼。

① 叶朗：《美学原理》，北京大学出版社 2009 年版，第 402 页。

一、提升审美素养

审美体验是一种独特感知，有赖于特定感知和理解能力，即审美素养。在汉语中，“素养”是指素质和修养；在英语中，素养（literacy）本义是指读写能力，现在泛指人的各种能力，从艺术素养到文化素养或科学素养等。若大学教育旨在培育学生全面素养的话，审美素养当不可或缺。就像读写能力是人必备的基本能力一样，审美素养是人运用和理解审美符码的基本能力。从心理学而论，审美素养是人的某种智能，“智能是一种计算能力——即处理特定信息的能力。”通过内部或外部的作用，“人的每一种智能都应该能够被活化或激发。”① 美育就是活化和激发学生这类智能。

那么，审美素养包括哪些能力呢？

从人的审美活动来看，审美素养至少包含了以下五种基本能力：感知力、悟解力、情动力、想象力和表达力。任何审美活动都始于对审美对象的感知，或是对造型艺术的视觉感知，或是对音乐作品的听觉感知，或是对文学作品的语言感知，或是对戏剧电影的多感官感知。敏锐的感知是把握审美对象的前提条件，它贯穿在审美活动始终。它的另一个特性在于其直觉悟解，在感性体验中直觉到真善美。进一步，在感知和悟解的基础上，必然形成审美特有的情感体验，即一种特殊的审美情动力。审美活动中存在着丰富多彩的情感，从悲剧性的恐惧与怜悯，到喜剧性的幽默和机智，人类情感光谱上的任何色彩都存在于审美的世界中。所谓审美愉悦，是对审美所激起的各种情感的总体描述，是审美活动中产生的内心感动状态。显然，情感体验的敏锐性是审美素养必不可少的特质。接下来是想象力，它是在过往感官经验基础上形成观念和形象的能力，是审美素养中最具创造性的部分。如果说感知力、悟解力和情动力多由审美对象唤起，那么想象力则更具主体的能动性。审美素养越是丰厚的人，其想象力所形成的关联的可能性就越多，创意程度也就越高。最后，审美的表达力（表现力），如果说前面几种能力是由外到内，那么表达力则是从内到外。一个具有审美素养的学生，不但被审美对象所感动，而且还能用各种媒介表达自己的审美体验，说出、画出、表达出自己对美之事物的体验，形成与他人的审美沟通。

美育的教学目标就是培育学生的审美素养，使其不断提升以达到更高境界。

二、实现审美赋能

美育是一种伴随人终身的陶养功夫，但大学美育尤为重要，因为大学阶段是一个人身心成长最为关键的时期，世界观、人生观和价值观都在这一时期形成。大学时光是人走向成熟的时段，美育有助于学生成为毛泽东所说的“一个高尚的人，一个纯粹的人，一个有道德的人，一个脱离了低级趣味的人，一个有益于人民的人”。在大学教育中，美育有显著的赋能作用。

① 加德纳：《多元智能的新视野》，沈致隆译，浙江人民出版社 2017 年版，第 7—8 页。

其一，在充满竞争和工具理性大行其道的当下，美育强调价值理性，具有积极的调适作用。当代社会中，人的行为主要受到两种理性指引，一是所谓工具（目的）理性，简单地说就是最小投入最大回报的行为方式；另一是所谓价值理性，就是出于信仰或兴趣不计报酬的行为方式。在大学校园内，工具理性已成为行为的普遍取向，这突出地体现在所谓“精致的利己主义者”身上；而纯粹出于兴趣、信念或信仰不计报酬地行事的价值理性则被边缘化了。美育弘扬的美学精神是一种典型的价值理性，因为审美是无功利性，这在许多美学家（如康德）那里都有所论述。美育赋能并不是取消工具理性，而是调适工具理性和价值理性的关系，遏制完全受工具理性支配的追逐名利和短期目标行为。多一点价值理性，少一些工具理性，将有助于学生的内心平衡，摆脱“内卷”的困境。爱因斯坦曾警告工具理性对个人素质的社会性的摧残：“这种祸害侵蚀了我们的整个教育制度。在这种教育中，青年人被灌注过分渲染的竞争精神，被教育成贪婪地渴望成就，并且以此来准备他们以后的职业生活。”① 美育可唤起人的爱美冲动，激发人们源于兴趣、爱好和信仰的行为，促进人们去追求无功利的美，自觉体认价值理性的重要性，并在审美的愉悦中获得更高的精神满足。

其二，面对当下快速迭代发展的技术文化，美育有助于人通过审美静观来保持沉思习性。技术的进步极大地改变了我们的生存状态，计算机算法、媒体数字化和全球互联网三位一体，彻底重构了我们的生活方式、情感方式和行为方式。今天我们面对的是一个典型的注意力经济，一方面是信息的过载，另一方面则是注意力的空前贫乏，因为信息消耗的正是我们的注意力。这可从手机“依赖”的普遍行为方式中窥见一斑，由此出现了一种新的注意力模式——“超级注意力”，它迥异于印刷文化所塑造的深度注意力，其特点是短时间内注意力在不同信息之间转换，人们很难长时间地聚焦于单调的作业（比如阅读一部长篇小说），进而导致了耐心或忍耐力越来越差。用哲学家海德格尔的话来说，今天我们被一种“计算性思维”所宰制，慢慢地丢失了“沉思之思”的传统。他力主改变这一状态，重归“人是思想的、亦即沉思的生命”②。另一些思想家针对当代社会人们注意力普遍耗尽的局面，特别是在分心成为普遍的生活习性时，就如何克服网络上瘾和沉迷技术装置的问题，提出了种种“聚焦实践”的设想。美育所开展的审美是一种典型的沉思冥想的静观体验，它让人摆脱了现世俗务而进入了一种凝神状态，进入一种“沉思之思”。审美体验不但对超级注意力是一种很好的矫正，还是对主体静思习性的维系。因此，我们通过审美来保持静思习性，养成自己的审美定力，以便从容面对技术的迭代演变，摆脱过载信息对我们的“绑架”。

其三，美育有丰富人生经验和温润心灵的赋能作用。大学生从校园到校园的经历使他们的生活体验相对简单有限。美育通过把学生引向复杂的艺术界和

① 爱因斯坦：《爱因斯坦晚年文集》，方在庆等译，海南出版社2014年版，第110页。

② 海德格尔：《什么召唤思？》，孙周兴主编：《海德格尔选集》，上海三联书店1996年版，第1233页。

自然界，可以开阔眼界，丰富其人生经验，使心灵变得愈加成熟。悲剧教会我们不屈不挠地与命运抗争，喜剧激发我们被压抑的幽默天性，崇高带来令人敬畏的巅峰体验，优美则使我们变得温文尔雅，自然美陶养了我们亲近自然的生态意识。在心智趋向成熟的大学阶段，美育引导学生进入古往今来的艺术多元世界，体悟人世间的七情六欲，了解现实生活中的五行八作，这对学生世界观、人生观、价值观的形成起到关键作用。有研究表明，阅读经典小说会使大学生的心智更加成熟，因为其中蕴含了复杂多变的性格冲突和情节结构，这就使读者获得了社会生活的复杂体验，从而更深入地了解人性和人心。某种程度上说，美育并不是科学那样的知性教育，它更倾向于对人世或自然的感悟，想象性地获取生存智慧和生命体验。美育还可培育审美表达技能，增强人的社交和沟通能力，比如绘画和设计的学习提升了人的视觉美感能力，小说和剧本阅读改善了人的语言表达能力，甚至在 PPT 的制作或学术报告中表现出令人钦羡的艺术水准。再比如，经由艺术世界的透镜，我们在审美体验中与各式人物照面，这就拓展了人生体验，进而形成自己对人道、勇敢、正义、幸福、爱、痛苦、尊严和悲剧性的理解，并在自己身上建构起相应的价值观和伦理规范。大学生正值人格发展的认同危机阶段，“我是谁?”的自我认同问题始终萦绕在心里。青年人在绘画、文学、戏剧和电影中遭遇各式人物，他们会作为镜像折射出自我的影子，并慢慢地在这些人物镜像中建构起自我认同。又如，美育不止于艺术，还引入大自然的美，自然美的欣赏使人瞥见了人与自然和谐共生的迫切性和必要性，生态自觉遂成为美育的潜在目标。最后，美育还可以滋养和充实人的精神世界，使之变得更自信和自主，并对物欲横流的消费社会生活方式形成某种“免疫”机能。当你的精神变得充实而强大时，你就不会被物质主义左右，美育对人精神世界的涵育，在审美精神浸润心灵的同时，使之向往并追求更高的精神境界。一个怀有屈原“吾将上下而求索”精神的人，是不会被时尚流俗左右的；同理，一个深切体悟田园诗或山水画意境的人，也绝少会故意破坏环境。美育在使人心灵充实的同时，也在慰藉心灵世界并看护好我们的情感家园。面对内卷的巨大压力，美的事物所带来的独特美感体验更像是一股清流，既给人以审美愉悦体验，又起到了心灵呵护与情感慰藉的功效。

其四，美育最终指向建构“向美而生”的人生。从价值理性到审美定力再到温润心灵，美育的最终目标是把人塑造成具有完善人格的社会主义建设者。回到席勒关于美育的理想，他关注的是人们如何为自己开辟解放的自由之路，从日常现实走向美的境界，走向审美生存状态，所以他断言“美既是我们的状态又是我们的行为”[①]。这个简短的概括道出了美育“向美而生”的内涵。叶朗以“人生境界”来概括，境界乃是一个人的人生意义和价值所在，但境界有不同，审美的人生境界是“诗意的人生”“创造的人生”和“爱的人生”的完美统一，从人生哲学的高度规定了“向美而生”的人生目标。如果每个人都“向美而生”，那么整个社会也就实现了审美化，文明程度和道德水准必有很大的提升。

① 席勒：《审美教育书简》，冯至、范大灿译，北京大学出版社 1985 年版，第 133 页。

在中国迈向社会主义强国的当下，推展美育以提高全社会公民的审美精神，大学美育在其中具有举足轻重的位置，因为大学生是全社会文明程度提升的先行者。

其实，中国古代圣贤们对“向美而生”的人生境界多有论述，明末清初的思想家王夫之在《俟解》中说：

> 能兴即谓之豪杰。兴者，性之生乎气者也。拖沓委顺当世之然而然，不然而不然，终日劳而不能度越于禄位田宅妻子之中，数米计薪，日以挫其志气，仰视天而不知其高，俯视地而不知其厚，虽觉如梦，虽视如盲，虽勤动其四体而心不灵，惟不兴故也。圣人以诗教荡涤其浊心，震其暮气，纳之于豪杰而后期之以圣贤，此救人道于乱世之大权也。①

这里，王夫之以圣人诗教来说明“向美而生”的生存状态，这是一种由审美唤醒的人生境界，它摆脱了终日禄位田宅妻子的琐碎生活，去除了浊心与暮气，因而使人生充满了豪杰之气。如果我们有了这样的审美超越精神，即使不能完全达到崇高的人生境界，也必会努力心向往之。

三、积淀人文教养

美育属于人文学科，是一种人文教育。这里所说的“人文”有复杂的含义，“人文”的本质是人，是关于人性、人道或以人为本，也就是人之所以为人的状态或特质。在中华传统文化中，“人文”对应“天文”，前者关乎人类文化，后者关乎自然世界。这两个概念最早见于《周易》，“观乎天文，以察时变；观乎人文，以化成天下。”后人解释为“文明之道，裁止于人，是人之文德之教”（孔颖达），或“人文，人理之伦序。观人文以教化天下，天下成其礼俗”（程颐），这里的“人文”意在强调人之为人的德性教养。② 古人所以重视诗教和乐教，正是因为诗与乐有助于陶养性情、涵育德性。从西方文明来看，人文与人文（道）主义关系密切，它起源于古希腊，经由文艺复兴发扬光大，成为西方文明的重要精神遗产。“人文”突显了以人为中心的思想，成为批判宗教贬低人性的有效思想武器。启蒙运动更加彰显人文主义的现代性意义，以人为中心的观念就是确信人类的理性具有无限潜能，人类命运完全由人类自己掌控。

大学教育的基本目标是立德树人，只有将德立起来，社会主义建设所需的高质量人才方可塑造出来。立德不能通过简单生硬的道德说教来实现，而是要探索潜移默化实现的不同路径。虽然美育不同于德育，但美育中固有的真善美统一，使其具有向善的伦理潜能。老子说“得至美而游乎至乐，谓之至人”，席勒坦言“人只应同美游戏……只有当人是完全意义上的人，他才游戏”。“至人”也好，“完全意义上的人”也好，说的都是“成为人”的最高境界。因此席勒指

---

① 王夫之：《俟解》，王伯祥点校，中华书局 2009 年版，第 81—82 页。

② 参见袁济喜、孙思晗：《“天文”与“人文”之辩与古代美育思想》，《中国文化研究》2021 年夏之卷。

出审美馈赠给人的最高赠品乃是人性，“美只是使我们能够具有人性。”① 马克思在批判资本主义异化劳动时，特别指出了把人从异化状态中解放出来，将人作为“普遍的因而也是自由的存在物来对待”。② 他写道：

> 共产主义是对私有财产即人的自我异化的积极的扬弃，因而是通过人并且为了人而对人的本质的真正占有；因此，它是人向自身、也就是向社会的即合乎人性的人的复归，这种复归是完全的复归，是自觉实现并在以往发展的全部财富的范围内实现的复归。③

马克思进一步断言，“人向作为社会的人即合乎人的本性的人的自身的复归”，也就是真正的人本（文）主义，它是存在和本质、对象化和自我确立、自由和必然、个体和类之间抗争的真正解决。美育的崇高目标正在于此，美育正是通过趋向感性完善的陶养，使人变得更具人性，更富有人道，更敬畏生命，亦更尊重人，此乃美育所化成的人文教养内核。值得注意的是，马克思认为这是一种“保存了以往发展的全部丰富成果”的人文主义，这再次说明了人文主义的历史传统的重要性。从人文学科和人文教育的角度看，美育从来都是从当下出发，一方面回归传统，另一方面又开启未来。这么来看，人文教养包含了马克思所说的以往发展的全部丰富成果，只有进入这一伟大传统，美育才使学生形成既有历史感又有现代性的人文教养，并在古往今来人类文化精粹中汲取营养。

人文教养不但蕴含在人的价值观建构中，而且还与自然（“天文”）相关联。尤其是在当下高度发达的科技导向的社会中，人文教养也包含了敬畏自然的生态意识。古往今来，无数伟大的艺术家在诗歌中、在山水画中、在乐曲旋律中赞美了自然万物的伟大与生生不息。现代化对生态环境的破坏反过来对人类造成了巨大伤害，生态美的关注显然是美育陶冶人文教养的应有之义。一言以蔽之，在中国迈向现代化强国的伟大征程中，人们期盼“美好生活”，而“美好生活”本质上就是“善的生活”，它需要更多“善行者”来建设。美育正是通过人文教养的涵育，塑造合格的社会主义建设者。

第三节　如何美育？

一、美育的内容与教学理念

基于以上美育观念，本教材立足于新时代，探索性地建构一个以艺术为中心的美育教学体系。美育课的教学内容共有 14 章，除第一章之外，其余各章可

---

① 席勒：《审美教育书简》，冯至、范大灿译，北京大学出版社 1985 年版，第 108 页。

② 马克思：《1844 年经济学哲学手稿》，中共中央马克思恩格斯列宁斯大林著作编译局编译，人民出版社 2018 年版，第 51 页。

③ 同②，第 77—78 页。

以分为三大单元。第一单元聚焦于美的艺术（纯艺术），包括绘画、音乐、文学、戏剧和电影 5 种主要艺术；第二单元是实用艺术，包括手工艺、建筑、设计和数字媒体 4 种应用艺术；第三单元则是美育的其他相关问题，包括社会体制、身体美、生态美、科学美 4 个部分。选择这些问题作为美育课程的基本教学内容是基于如下考虑。

首先，美育应以艺术为核心。从美学学科及美育诞生之初，就把感性完善视为美的艺术之特性。回到席勒，他坚信美育要以“活的形象”为对象，而“活的形象”也就是美的艺术。从“广义的美”到“活的形象”再到“美的艺术”，美育的基本逻辑和核心内容也就一目了然了。美学史上，18 世纪中叶法国哲学家巴托率先提出“美的艺术”概念，他认为这类艺术不同于机械艺术和实用艺术，“美的艺术”以模仿为原则，作用于人的情感愉悦。他概括了 5 种“美的艺术”——音乐、诗歌、绘画、雕塑和舞蹈。这是历史上首次将艺术作为一个独立的新的文化系统来看待，此后的美学家提出了很多艺术系统理论，比如芒罗以塑形、声音、语词的三元标准来区划，将艺术归纳为六种类型等。从总体上看，处于艺术系统核心的艺术门类主要有绘画、诗歌、音乐和戏剧。电影是 19 世纪工业文明的产物，但电影一出现便成为最具影响力的艺术类型。据此我们选择了绘画、文学、音乐、戏剧和电影这五门艺术，作为美育教学第一单元的主要内容。

其次，美育虽然聚焦于“美的艺术”，但限于上述 5 种艺术来实施美育似有所局限，因为当代社会和文化中的审美活动早已越出了美的艺术范畴，一些传统上认定的实用艺术其实同样具有美育功能，而且更加接地气和生活化，且可弥补美的艺术的某些局限。比如实用艺术与人们的日常生活关系更为密切，更具“向美而生”的开放性和参与性。因此，它们理应被纳入美育的视野。基于这一想法，我们选取了手工艺、建筑、设计和数字媒体 4 个门类。手工艺和建筑是古老的应用艺术类型，深蕴了复杂的历史和人文价值；设计和数字媒体则更具当代性，反映出艺术与科技相融合的发展趋势。如果说美的艺术是本教材教学内容的核心层面的话，那么，实用艺术则是美育的延伸层面，这既扩大了艺术的范畴，又将美育融入当代社会生活，并与科技发展的趋势相结合。

最后，从实用艺术的延伸层进一步向外拓展，美育还含有一些与之密切相关的其他问题，这就构成了本教材教学内容的外圈层面。我们有所重点地选了美育社会参与、身体美、生态美、科学美 4 个方面。毫无疑问，美育不限于课堂教学和校园文化，走出校园进入社会是大学美育的必由之路，因此，如何将美育引入社区，如何利用社会文化机构和资源来弥补课堂美育之不足，显然是大学美育关联社会的选项。身体美、生态美、科学美分别涉及人、自然和科学研究，其中有很多审美问题需在美育层面加以展开，让学生树立健康的身体美观念，形成敬畏自然的生态意识，了解审美在科学研究中所具有的重要功能，这些都是大学美育的应有之义。

本教材提倡在大艺术（美的艺术 + 实用艺术）基础之上的开放的大美育

观，开放的大美育观的首要特征在于其系统性和整体性。中共中央办公厅和国务院办公厅印发的《关于全面加强和改进新时代学校美育工作的意见》明确指出："美育是审美教育、情操教育、心灵教育，也是丰富想象力和培养创新意识的教育，能提升审美素养、陶冶情操、温润心灵、激发创新创造活力。"这一表述清楚地揭示了美育复杂内涵和崇高目标，是新时代美育的努力方向。为此，需要建构一个有效的美育功能系统来实施，任何碎片化或局部性的美育举措都无法实现。系统性是发挥美育整体效应的必要条件，因此，开放的大美育观在这里首先体现为美育教学内容的三个层次结构而成的完整体系。美的艺术是核心层面，应用艺术是延伸层面，相关领域为外圈层面，三个层次环环相扣，既有内在的学理逻辑性，又有从理论思考到现实问题的转换。

开放的大美育观的第二个特征是历史感与当下性的统一。美育作为人文教育有鲜明的历史意识，但历史意识不仅只是回到过去的过去性，更要着眼于过去的现在性。美育常常要进入历史及其"伟大传统"，但历史感在美育中不是僵化的复古倾向，而是从过去来关联当下并走向创新。美育课的议题设置当以目前中国社会和文化发展现状为背景，聚焦大学美育的当下问题，但回应当下问题常常要进入历史传统，所以人文传统便成为美育丰厚学生人文教养的重要路径。本教材将采取一种"视域融合"的方法，将美育传统形成的历史视域，与社会文化发展现状的当下视域相互参照，形成一个更大的融合视域，以此来完整地理解美育。

开放的大美育观的第三个特征是美育的跨学科关联。在高等教育体系内，美育作为通识教育的一个重要分支，并不是一个界限分明的专业，其受教对象是来自不同专业的学生，这就产生了如何看待美育与专业学习之间关系的问题。从国际美育界来看，美育与专业智育之间是否相关一直是存有争议。如何将美育开放性地融入专业学习，还需要富有创意的探索。不过有一点可以肯定，即从未有任何研究发现美育有碍于专业学习，这表明美育助力专业学习存在各种可能性。我们鼓励美育教师使用本教材时，因地制宜地根据学生具体专业背景情况，安排或融入相关专业的知识。比如讲授绘画或设计问题时，便可以融入一些相关数学原理；讲授音乐问题时，亦可关联一些自然科学知识；讲授建筑时，涉及一些物理学原理；讲授生态美时，可加入一些生态学、地理学或地质学甚至天文学知识，等等。总之，每一章教学内容其实都存在着关联不同专业知识的可能性。从教师来说，应主动考虑如何有机地和恰当地关联专业知识的学习；对学生来说，应发挥自己的主观能动性和专业理解，富有创意地与美育形成跨学科的知识互动。开放的美育观反对将美育视为一个封闭的教学领域，鼓励师生在关联专业知识上有所探索。这样，大学美育就不再是一个自说自话的"独白"，而是有效地融入了跨学科互动的"复调"大合唱之中。

二、美育教学的方法和路径

美育课有别于其他知识性课程，这种区别不但体现在教学内容和理念上，也体现在教学方法和路径上。如何在美育课堂上改进教学方法，这里提出一些具有参考价值的建议。

首先，美育课应提倡案例教学，此法是社会科学和人文学科中普遍有效的教学方法。就美育而言，教学案例既包括经典的艺术作品，也包括典型的美育社会实践和相关活动。案例教学的优点在于通过具体案例，让师生进入案例情境，构成讨论、交流、争议和协商的教与学的互动，将相关的美育理论原则带入案例分析，便于营造学生理解、倾听、思考的氛围，进而增强学生分析、解决特定美育问题的能力。因此，本教材每章多由案例开始，通过具体经典案例进入特定问题的分析和讨论。当然，教师还可以根据所在学校及其学生的情况，选用自己熟悉的案例，带入课堂教学，创造案例场景和分析情境，也可以使用本教材的教学案例。

其次，美育课应坚持教室授课与工作室（实验室）实践相结合的方法，既在课堂上讲授美育的相关理论知识，又鼓励学生动手参与艺术实践或社会实践，将学到的美育知识应用于不同的现实场景，使学生通过动手的具身化实践亲历特定的审美体验，从而增强审美活动的感性直观印象和审美素养。“工作室思维”是晚近教育界热门的议题，尤其是艺术活动与工作室思维关系更为密切。美育课可以通过驻校艺术家在校工作室，或走访艺术家工作室，直接进入艺术创作的现场，推动学生实现三重角色转变：一是从被动欣赏艺术转向主动介入艺术，由此激发出学生的艺术创作热情和动手实践能力；二是促成美育教学中学生从受教对象向教学主体的角色转变，将学生转变为美育课程的能动主体；三是通过工作室思维的培育，学生可以从艺术受众转变为“艺术家”，具身化地体验艺术家艺术创作的甘苦。为此，本教材每章都设计密切结合授课内容的DIY活动，鼓励学生开展简便易行的动手项目，这既是对教学内容的深化，又为学生提供了自己动手的机遇。

再次，美育课程的教学不但要让学生掌握相关的美育知识，体验多姿多彩的美之对象，而且要着力培育和提升学生的审美表达能力。审美表达力是审美素养的一个组成部分，但如何培育和提升这种能力需找到可行的路径。本教材各章，根据每章主旨设置了审美表达一节。美育的教学实践表明，审美活动有一个根本性的矛盾，一方面是审美带有复杂的感性体验特征，另一方面这种体验如何表达出来却是难事，“妙不可言”是这一矛盾的形象说明。本教材通过各种形式的表达范例的学习，让学生学会用准确而优美的语言来描述自己的审美感受。这个做法的好处是多方面的：一来可以加强学生感知体验特定审美对象的内心印象，二来可以锻炼和提高学生表达美的事物及其体验的能力。因此每章最后一节，我们遴选了著名艺术家、学者、科学家的经典语录以及典籍中相关的语句，以此作为示范性的审美表达，帮助学生学会用更加精准和艺术化的语言来描述自己的审美体验。

最后，美育课堂应该引入游戏方法，将美育课成为教师爱上、学生着迷的充满审美意趣的课程。导论开篇曾提及美育课堂应是一场孕育无限可能的戏剧，其真正的主角儿是学生，老师只是合作者。这究竟意指什么呢？回到席勒关于

图 1-3
越剧《红楼梦》剧照

美育就是“同美游戏”的哲学观念，我们不妨做如下设想：课堂是舞台，教材是剧本，学生是主角，教师是合作者，大家合力演好美育这出戏。

从西文词源学上说，席勒所用的“游戏”（spiel）概念和演戏概念是同一个词。这倒是给我们一个启示，“同美游戏”的美育课堂，不妨将美育视作以游戏精神来演戏。这么设想美育课，说其课堂就是舞台恰如其分。既然美育课堂是一个舞台，那么舞台的一些特性就应该显现在课程教学实践中。第一，舞台是戏剧的表演空间，是人们交流的特殊场所。戏剧是一种具有高度互动性的艺术，从舞台上演员的表演到观众的反应及互动，只有在观众中产生反应或共鸣，才会产生戏剧效果。美育课堂的教学亦复如此，老师与学术教学相长的互动是美育教学法的内在要求。因此不论老师还是学生，在课程中都需要主动的、富有创意地探索舞台上的互动关系，甚至“翻转课堂”，学生反客为主成为“老师”介入美育教学。第二，戏剧中一直存在着一种冲动，那就是突破剧院式舞台（图 1-3），走向社会的大舞台。这对美育教学颇有启发，如何使有限的课堂进入社会这个“大舞台”，也是美育课需要考量的事。无论是从学生终将走向社会和服务社会的角度看，还是从大学美育本身来看，关联社会都实属必要。

教材用作剧本也是美育课堂的特色。不同于专业知识的讲授，美育着力于学生人文教养和美学精神的陶冶，所以教材的功能就像是剧本，作为学生寻美之旅的导览，引导老师和学生合作演出。这种引导功能旨在唤起老师教学和学生学习的主动性和创造性，就像戏剧表演中剧本只是一个基础，老师有声有色的临场发挥，或学生创意无限的即兴表演，往往会突破教材而进入更加富有想象力的戏剧情境，使得美育课充满了变数和可能性。

学生是美育这出戏的主角，如何让学生从被动受教的角色转为主动施教的主角呢？首先，老师要转变教学观念，积极探索转变学生角色的多重路径，在教案设计中贯彻转变学生角色的创意。其次，教学过程中给学生参与“表演”留有足够的空间，着力启发和激励学生主动探究并表现自己，改变教师“一言堂”，形成师生讨论、协商并达成共识的新格局。在这样的变化中，老师的角色也在暗中从“导演”变为“合作演员”，和学生在互动协商中展开教学。高明的老师会使许多教学用心和考虑隐而不现，渗透在美育“剧情”中，因此老师的角色转变既是学生角色转变之因，也是其结果。

回到席勒，“游戏冲动”是一个超越性观念，它调节了本能“感性冲动”和道德“形式冲动”的紧张，进入一种自由境界，因此席勒断言美的功能在于“把自由归还给人，使他可以是其所应是”①。在康德那里，审美活动被表述为“想象力的自由游戏”。加达默尔则把游戏视作人类最重要的经验方式，他虔信游戏就是将人吸引到游戏中来并充溢着游戏精神，因为“游戏者是把游戏作为一种超过他的实在性来感受”，所以“游戏才赢得它的理想性，以致游戏可能被视为和理解为创造物。”②从哲学上看，游戏超越了现实生活拘谨和刻板的惯例限制，进入了一种放松的自由嬉戏状态，正是在这样的状态中，游戏者并不知道游戏会带来什么，一切都在进行中发现，充满了意想不到的可能性。正像戏剧表演中即兴表演灵光乍现一样，因此不同于规范的知识传授课程，美育课理应充满游戏的魅力。一旦沉浸于游戏情境，胆小者会勇于冒险，平庸者会变得富有创意。游戏不确定的随机性激发了游戏者的好奇心，他们强烈地被游戏所吸引，并在游戏中表现出平时被压抑了的主动探索精神。在游戏中人的本真性及其能量被充分释放出来，现实世界对游戏者的规范和局限在游戏中被超越了，加达默尔说得好：“游戏最突出的意义就是自我表现”③。他还提到，戏剧总是在游戏，这对于理解美育教学的特性很有启发。

如何将游戏引入美育课堂呢？让我们来设想几种可能的场景。

其一是教师精心设计课堂教学的游戏，让学生充满好奇心地进入这样的场景。比如可尝试诗朗诵讲故事，或作画搞设计，或作曲拍戏，或实地观赏自然，创意丰富多彩的游戏场景让学生沉浸其中，与“活的形象”自由嬉戏。老师不但引导学生游戏，自己也成为游戏的合作者。将课堂教学或实践环节转换为游戏情境，需要教师用心谋划，游戏既要有明确的目标追寻，又要给予学生自由探索的空间，还必须有适度竞争性和趣味性。

其二是鼓励学生自发或自主设计游戏场景，充分发挥学生的主观能动性，让学生根据教学内容来自主设计游戏场景，形成若干相对固定的游戏教学项目。大学生处在最具创造性的年龄段，对新事物和新观念很感兴趣，而且他们人数众多，创意无限。因此，以“头脑风暴”的方式来提出美育课堂游戏教学创意，一定会有令人意外的收获。更重要的是，学生自主提出游戏教学计划，便真正实现了角色翻转。因此，无论从参与动机还是完成效果来看，都有可能产生出其不意的效果。

其三是与社会机构合作，开展一些高参与度的游戏教学项目。大学与所在城市和社区的合作，是大学美育教学的努力方向。囿于课堂和校园的大学美育是有局限性的，美育不但要提升学生的审美素养，更要培养他们参与、关心和

---

① 席勒：《审美教育书简》，冯至、范大灿译，北京大学出版社 1985 年版，第 108 页。

② 加达默尔：《真理与方法》，洪汉鼎译，上海译文出版社 1999 年版，第 141、142 页。

③ 同②，第 139 页。

服务社会的意识。因此，与相关社会机构的合作便是一个必然选择。此类游戏教学的项目既可以融入所在城市或社区的各种节庆活动（如艺术节、音乐节、戏剧节等），亦可新创一些专题性的美育活动（如诗歌朗诵会、设计竞赛等）。走出校园融入社会不但拓展了大学服务社会的功能，而且也有利于学生尽早成为社会主义建设的接班人。

游戏意味着一切皆有可能，因此，美育课堂无限可能的游戏场景有待师生去发现和创造！

本章思考题

1. 美育在传统社会和当代社会中有哪些不同？
2. 美育在大学教育中的重要性是什么？
3. 如何通过美育来养成和提升自己的审美素养？
4. 美育在当前大学校园文化中有哪些赋能作用？
5. 如何认识美育是一种人文教养的积淀？

推荐阅读书目

1. 席勒：《审美教育书简》，冯至、范大灿译，北京大学出版社 1985 年版。

2. 蔡元培：《以美育代宗教》，聂振斌编：《中国现代美学名家文丛 / 蔡元培卷》，浙江大学出版社 2009 年版。

3. 叶朗：《把美育正式列入教育方针是时代的要求》，《北京大学学报（哲学社会科学版）》1999 年第 2 期。

4. 袁济喜、孙思晗：《“天文”与“人文”之辩与古代美育思想》，《中国文化研究》2021 年夏之卷。

5. 联合国教科文组织：《艺术教育路线图》，马赜博儿译，马荣校，《艺术百家》2020 年第 4 期。

本章 DIY 活动

活动一

从中外不同文献中找出几种“美育”的不同定义并进行比较，然后提出你自己对美育的认知。

活动二

五人一组，讨论一下对美育课最期待什么，小组讨论得出共识，合作完成一篇千字短文，下次课当堂交流。

案例分析

案例一

结合本章内容要点，阅读吴冠中短文《美盲要比文盲多》并研讨问题。

美盲要比文盲多

吴冠中

行路长见闻。一路名胜之多，令人目不暇接，而“美盲”之多，亦是见闻之一。

我乘船去长江支流大宁河的小三峡游览，发现同舟的几对青年男女，每人手里一本小人书，撇开两岸的大好风光，看书度光阴。另见一胜地，陈列了许多老树根，神态突兀，确是极好的欣赏对象，然而也许正是为了“欣赏”的缘故吧，它们分别被涂上了各种颜色！

我赶到山西芮城看元代永乐宫的壁画，交通十分不便，一路打听时，常常听到一些熟悉当地的好心人的劝告：那里没有什么可玩的，很苦，你们那么大年纪，何必赶去！确实，看壁画的人并不多，显得冷冷清清。

我见过的寺庙不算少，近几年来又都香烟缭绕，拥挤的人群在顶礼膜拜菩萨。菩萨大都是被作为紧急任务赶塑起来的，因原先的早在“文革”中被革掉了命。新菩萨与老菩萨之间，实在已没有丝毫的血缘关系了，艺术的血缘啊！

一月奔波，最大的收获是饱看了南阳的汉画像石。南阳是刘秀的家乡，虽说帝皇本无种，南阳却因此布满了无数皇亲国戚的巨大陵墓。单就汉画馆里陈列的部分画像石看，其艺术的气概与魅力，已够令人惊心动魄了。那粗犷的手法，准确扼要的表现，把繁杂的生活情景与现实形态概括、升华成艺术形象，精微的细节被统一在大胆的几何形与强烈的节奏感中。其中许多关键的、基本的艺术法则与规律，正是从西方后期印象派开始所探寻的瑰宝！谁是汉画的作者？作者巨匠们很有可能是不识字的文盲，但通过实践与借鉴，却创造了伟大的艺术。文盲与美盲不是一回事，二者间不能画等号，识字的非文盲中倒往往有不少不分美丑的美盲！

那天正是清明节，成群的小学生到烈士陵园扫墓后又打着红旗顺路来参观汉画馆，熙熙攘攘而来，嘈嘈杂杂而去，扬起了满馆飞尘。孩子们见到了什么呢？我沉湎于回忆中：青年时代在法国留学，我的法语很差，听学院的美术史课只能听懂一半，很苦恼。有一回在鲁弗尔博物馆，遇到一位小学教师正在给孩子们讲希腊雕刻，她讲得慢，吐字清晰，不仅讲史，更着重谈艺术，分析造型，深入浅出，很有水平。我一直跟着听，完全听懂了，很佩服这位青年女教师的艺术修养。比之自己的童年教育，我多羡慕这些孩子们啊！最近几年，美育终于开始被重视。我希望，若干年后，那些难看的日用品和费了劲制造出来的丑工艺品将无人问津！

（选自吴冠中：《审美力》，辽宁人民出版社 2020 年版）

研讨题 >>>

1. 举出你亲历的几个“美盲比文盲多”例子；

2. 分析“美盲”比“文盲”多的原因，尤其是为何会产生“有文化的美盲”现象；

3. 设计几个改变“美盲比文盲多”的大学教育方法和策略。

案例二

细读宗白华的短文《美从何处寻》，参照本章内容要点研讨问题。

美何处寻？

宗白华

诗和春都是美的化身，一是艺术的美，一是自然的美。我们都是从目观耳听的世界里寻得她的踪迹。某尼悟道诗大有禅意，好像是说“道不远人”，不应该“道在迩而求诸远”。好像是说：“如果你在自己的心中找不到美，那么，你就没有地方可以发现美的踪迹。”

然而梅花仍是一个外界事物呀，大自然的一部分呀！你的心不是“在”自己的心的过程里，在感情、情绪、思维里找到美；而只是“通过”感觉、情绪、思维找到美，发现梅花里的美。美对于你的心，你的“美感”是客观的对象和存在。你如果要进一步认识她，你可以分析她的结构、形象、组成的各部分，得出“谐和”的规律、“节奏”的规律、表现的内容、丰富的启示，而不必顾到你自己的心的活动，你越能忘掉自我，忘掉你自己的情绪波动，思维起伏，你就越能够“漱涤万物，牢笼百态”（柳宗元语），你就会像一面镜子，像托尔斯泰那样，照见了一个世界，丰富了自己，也丰富了文化。人们会感谢你的。

那么，你在自己的心里就找不到美了吗？我说，如果我们的心灵起伏万变，经常碰到情感的波涛，思想的矛盾，当我们身在其中时，恐怕尝到的是苦闷，而未必是美。只有莎士比亚或巴尔扎克把它形象化了，表现在文艺里，或是你自己手之舞之，足之蹈之，把你的欢乐表现在舞蹈的形象里，或把你的忧郁歌咏在有节奏的诗歌里，甚至于在你的平日的行动里、语言里。一句话，就是你的心要具体地表现在形象里，那时旁人会看见你的心灵的美，你自己也才真正切实地具体地发现你的心里的美。除此以外，恐怕不容易吧！你的心可以发现美的对象（人生的，社会的，自然的），这“美”对于你是客观的存在，不以你的意志为转移。（你的意志只能指使你的眼睛去看她，或不去看她，而不能改变她。你能训练你的眼睛深一层地去认识她，却不能动摇她。希腊伟大的艺术不因中古时代而减少它的光辉。）

宋朝某尼虽然似乎悟道，然而她的觉悟不够深，不够高，她不能发现整个宇宙已经盎然有春意，假使梅花枝上已经春满十分了。她在踏遍陇头云时是苦闷的、失望的。她把自己关在狭窄的心的圈子里了。只在自己的心里去找寻美的踪迹是不够的，是大有问题的。王羲之在《兰亭序》里说：“仰观宇宙之大，俯察品类之盛，所以游目骋怀，足以极视听之娱，信可乐也。”

这是东晋大书法家在寻找美的踪迹。他的书法传达了自然的美和精神的美。不仅是大宇宙，小小的事物也不可忽视。诗人华滋沃斯曾经说过：“一朵微小的花对于我可以唤起不能用眼泪表达出的那样深的思想。”

达到这样的、深入的美感，发见这样深度的美，是要在主观心理方面具有条件和准备的。我们的感情是要经过一番洗涤，克服了小己的私欲和利害计较。矿石商人仅只看到矿石的货币价值，而看不见矿石的美的特性。我们要把整个情绪和思想改造一下，移动了方向，才能面对美的形象，把美如实地和深入地反映到心里来，再把它放射出去，凭借物质创造形象给表达出来，才成为艺术。中国古代曾有人把这个过程唤做“移人之情”或“移我情”。

（选自宗白华：《美学散步》，上海人民出版社 1981 年版）

研讨题 >>>

1. 寻找美需要什么样的主客观条件？
2. 结合自己经历谈谈发现生活中之美的路径？
3. 为什么说主观的感情等只有在文艺中被形象化才是美的？

案例三

参照本章中的内容要点，阅读蔡元培的短文《美育与人生》并研讨问题。

美育与人生

蔡元培

人的一生，不外乎意志的活动，而意志是盲目的，其所恃以为较近之观照者，是知识；所以供远照、旁照之用者，是感情。

意志之表现为行为。行为之中，以一己的卫生而免死、趋利而避害者为最普通；此种行为，仅仅普通的知识，就可以指导了。进一步的，以众人的生及众人的利为目的，而一己的生与利即托于其中。此种行为，一方面由于知识上的计较，知道众人皆死而一己不能独生；众人皆害而一己不能独利。又一方面，则亦受感情的推动，不忍独生以坐视众人的死，不忍专利以坐视众人的害。更进一步，于必要时，愿舍一己的生以救众人的死；愿舍一己的利以去众人的害，把人我的分别，一己生死利害的关系，统统忘掉了。这种伟大而高尚的行为，是完全发动于感情的。

人人都有感情，而并非都有伟大而高尚的行为，这由于感情推动力的薄弱。要转弱而为强，转薄而为厚，有待于陶养。陶养的工具，为美的对象，陶养的作用，叫作美育。

美的对象，何以能陶养感情？因为他有两种特性：一是普遍；二是超脱。

一瓢之水，一人饮了，他人就没得分润；容足之地，一人占了，他人就没得并立；这种物质上不相人的成例，是助长人我的区别、自私自利的计较的。转而观美的对象，就大不相同。凡味觉、臭觉、肤觉之含有质的关系者，均不以美论；而美感的发动，乃以摄影及音波辗转传达之视觉与听觉为限。所以纯然有“天下为公”之概。名山大川，人人得而游览；夕阳明月，人人得而赏玩；公园的造像，美术馆的图画，人人得而畅观。齐宣王称“独乐乐不若与人乐乐”；“与少乐乐不若与众乐乐”；陶渊明称“奇文共欣赏”；这都是美的普遍性的证明。

植物的花，不过为果实的准备；而梅、杏、桃、李之属，诗人所咏叹的，以花为多。专供赏玩之花，且有因人择的作用，而不能结果的。动物的毛羽，所以御寒，人因有制裘、织呢的习惯；然白鹭之羽，孔雀之尾，乃专以供装饰。宫室可以避风雨就好了，何以要雕刻与彩画？器具可以应用就好了，何以要图案？语言可以达意就好了，何以要特制音调的诗歌？可以证明美的作用，是超越乎利用的范围的。

既有普遍性以打破人我的成见，又有超脱性以透出利害的关系；所以当着重要关头，有“富贵不能淫，贫贱不能移，威武不能屈”的气概；甚且有“杀身以成仁”而不“求生以害仁”的勇敢；这种是完全不由于知识的计较，而由于感情的陶养，就是不源于智育，而源于美育。

所以吾人固不可不有一种普通职业，以应利用厚生的需要；而于工作的余暇，又不可不读文学，听音乐，参观美术馆，以谋知识与感情的调和，这样，才算是认识人生的价值了。

（选自聂振斌选编：《中国现代美学家文丛·蔡元培》，浙江大学出版社2009年版）

研讨题 >>>

1. 为什么说美育是一种情感陶养？
2. 美育情感陶养与意志行为有何不同？
3. 美育对人生有何益处？

第二章　静观世间万物——绘画

绘画作为一种造型艺术，在人类诞生之初就已存在，是最古老的艺术样式之一。从原始文明的洞穴壁画，到当代水墨画或油画，绘画不仅是人类视觉记忆的宝库，也是其视觉审美经验发展演变的表征。在摄影问世之前，绘画是最重要也是最寻常的视觉艺术，任何民族的文化如果缺少了绘画，其祖辈过往的生活场景也就难寻踪迹了。不仅如此，绘画还是文化认同的重要载体，水墨画中的留白和灵动线条，既彰显了中国文化的特质，亦塑形了中国人的视觉范式。大学美育的目标就是涵育并丰富大学生的审美素养，本章集中解析绘画艺术的观赏之道，讲述绘画作为一种艺术样式的相关知识。

第一节　走进绘画经典

观画最常见的场景是徜徉在博物馆里，凝神注视着画作，流连忘返。我们不妨先来欣赏和分析两幅经典画作。一幅是中国元代画家黄公望的《富春山居图》，另一幅是法国画家雅克–路易·大卫的《萨宾女人的干预》。

一、两幅中外经典画作：《富春山居图》与《萨宾女人的干预》

《富春山居图》是元代画家黄公望（1269—1354）的代表作，分两段藏于浙江省博物馆和台北故宫博物院。黄公望作为“元四家”[①]之一，其绘画对后世影响很大。《富春山居图》是他晚年之作，“不但画名煊赫，而且故事曲折”[②]。其中最重要的“曲折故事”，莫过于它曾于清初惨遭焚烧，整幅画分为两段。前一段经重新装裱以《剩山图》（图 2-1）为名传世，藏于浙江博物馆；后一段现存台北故宫博物院，名为《无用师卷》（图 2-2）。2011 年，两段画在台北故宫博物院首次合璧展出，一时传为佳话。

《富春山居图》是典型的长卷巨制，合璧展是这样介绍的：“画作描绘了黄

① 元四家：一般指元代山水画的四位代表画家，分别是黄公望、倪瓒、吴镇、王蒙。

② 李霖灿：《中国美术史讲座》，广西师范大学出版社 2010 年版，第 161 页。

图 2-1

黄公望《富春山居图 · 剩山图》

图 2-2

黄公望《富春山居图 · 无用师卷》(局部)

公望游居富春江一带的山川风物。画中沿着江畔，山峦起伏跌宕，林木苍莽郁密，景象或悠远深邃，或晴朗开阔。全卷纯以水墨写意，用笔如运毫翰，时而平缓沉静，时而洒脱纵逸，皴擦渲染，墨色丰富而多变化，上承五代董源、巨然平淡天真之风，下启明清文人绘画的传统。”这段文字简洁明了，却包含了丰富的山水画的风格、技法和美学的评价。了解其中一些中国山水画的基础知识和修养，对于看懂这幅经典画作是非常必要的。

欣赏这幅画，我们首先会注意到它的呈现方式不同于西方风景油画。山水长卷是以卷轴为核心，观画逐步展开，仿佛是电影镜头似的一段一段地呈现在观者面前，从而形成了一种“游览式”的赏画方式。对于这样一种无法用西方的线性透视法进行规范的空间关系和布局，我们一般会以“散点透视”来描述。其中蕴含着中国绘画深厚的人文传统以及惯例系统。尤其是画中的大量“留白”，作为一种独特的人文传统和惯例具有“虚实相生，无画处皆成妙境”的空灵效果。再者，山水画山外有山，天外有天，远近相宜空间无限，与西方绘画的焦点透视全然不同。宋代画家郭熙率先提出的山水画“三远法”，黄公望在这幅画中也发挥到极致，如他经验所谈：“山论三远：从下相连不断谓之平远，从近隔开相对谓之阔远，从山外远景谓之高远。”① 欣赏这幅画的空间构成和变化，不妨以“三远法”来审视，从左向右有四组山峦构成了不同的“远”的空间效果，左边第一组和右边第四组看上去更有“平远”效果，而中间两组一前一后，尤显“深远”。每一组山峦从下往上延伸均显出“高远”意味。

山水画另一个“看点”是笔墨，这也是中国画的典型艺术特征。黄公望区分了山水画中的笔墨：“山水中用笔谓之筋骨相连。有笔有墨之分。用描处糊突其笔，谓之有墨。水笔不动描法，谓之有笔。”② 一方面笔墨相连，另一方面笔墨有别，“糊突其笔”即为有墨，“不动描法”即为有笔。以此说法来观赏这幅画，尝试探索哪些局部有墨、哪些地方有笔，便可领悟山水画的妙处。

此外，中国画还是一个符号系统，不仅有画面形象，而且有题诗、题跋和印章。它们既是构成作品全貌的有机元素，又有复杂的文化表意功能。书法、印章和诗歌成为一幅山水画不可或缺的组成部分，同时也构成了词语与图像之间的互文性对话。看画不仅是欣赏画本身，也包括其中的诗书印。这是西方绘画中完全没有的一种综合审美体验。

最后来简单阐述《富春山居图》的风格特征。黄公望遵循“作画大要，去邪、甜、俗、赖四个字”③。他创作山水画心存高远，追求平淡天真的风格，所以与“邪、甜、俗、赖”截然对立。如果我们在这幅杰作面前静下心来，细心凝视，一定会深切感悟到艺术家超拔脱俗的至高艺术境界，并由此深入到博大精深的中国文化传统中去。

第二幅作品是法国画家雅克-路易·大卫（1748—1825）的《萨宾女人的干预》（图 2-3）。大卫是法国新古典主义绘画的奠基者。

这幅画的主题来自李维的《罗马史》，讲述罗马建城后连年战争，男多女少导致了种族繁衍危机。罗马城创建者罗慕路斯便借罗马城节庆吸引临近的萨宾人前来，随即将萨宾处女劫走做罗马人妻。这导致了萨宾国王塔提乌斯对罗马宣战。画面左侧是萨宾君王塔提乌斯，右侧则是罗马国王罗慕路斯。画面中央的“萨宾女人”荷西莉亚，既是罗马国王罗慕路斯之妻，又是萨宾国王塔提乌斯之女。她勇敢地现身战场，站在交战两军的中间极力劝阻双方，最终迫使自己的父亲、丈夫和解，一场严酷的战争被化解了。

近距离地端详这幅作品，首先给我们带来的强烈视觉印象，莫过于人物形象塑造和空间结构方面的逼真效果，这与《富春山居图》形成了非常直观的对比。此画既蕴含着西方造型艺术可追溯至古希腊的模仿传统，也体现出文艺复兴以来线性透视法的空间描绘规范。不同于中国画长卷的徐徐展开模式，《萨宾女人的干预》展现的是一个瞬间定格，具有明确的视觉中心，即荷

① 黄公望：《写山水诀》，俞剑华编著：《中国古代画论类编》，上卷，人民美术出版社 1998 年修订本，第 700 页。

② 同①，第 700—701 页。

③ 同①，第 703 页。

图 2-3
雅克-路易·大卫《萨宾女人的干预》

西莉亚与父亲和丈夫之间战与和的关系。无论主要人物还是次要人物，或是他们之间的复杂关系，都是借助逼真的光影和造型元素实现的。比如，两位率队征战的国王头戴盔甲手执盾牌，赤裸着健壮躯体，与洁白素裙的荷西莉亚女性阴柔之美构成了强烈的对比；身旁一青年女子摊开双手，保护着散落在地上的几个婴儿，身后的老妪及其他女性则悲恸万分，与周围群情激愤的战士又构成鲜明反差。画面没有直接呈现战争的血腥，却蕴含着一种更加撼人心魄的伦理力量。

这幅作品是典型的新古典主义风格，不同于此前盛行的巴洛克和洛可可艺术轻浮感性的风格，展现出庄重严肃的氛围，追求和谐、明晰、克制和理想主义。新古典主义绘画题材经常选自希腊罗马古典时期的历史或神话，多用对称均衡的构图，强调造型性而非情感表现，注重线条甚于色彩，采用直线远多于曲线。这些特征在这幅画中都有鲜明体现。这些艺术的风格特质彰显出新古典主义的美学倾向，即反对巴洛克和洛可可的奢靡感性与华而不实，通过传递深刻道德信念来改造大众，为法国大革命和启蒙运动注入社会变革的动力。了解艺术史的风格递变及其内在逻辑，对理解这幅经典画作有很大帮助。因为风格不是抽象的，它是艺术史中不断演变的视觉叙事惯例，具体化为造型手段、题材选择、时代精神等多重面向，需要我们在细节处慢慢领会。

最后，在更精微处，我们还可以留意到画面为营造逼真再现效果而在色彩与线条运用等方面的媒介质感。其中看不到一星半点在《富春山居图》中随处可见的留白空间，也没有中国画中常见的诗歌、书法和印章，唯有色形线等造型元素。不同文化各有其传统，艺术风格和美学观念有显著差异，我们欣赏画作时对此应有所了解。

二、造型艺术与视觉素养

观画看似简单，不过是一种直观经验而已，但蕴含其中的却是美育所聚焦的审美素养。审美素养的五个基本能力，即感知力、悟解力、情动力、想象力和表达力，在观看绘画的行为中，呈现为视觉上的特定能力，我们可以用视觉素养概念来概括这种能力。所谓视觉素养，从认知科学的角度看，就是解读、解释和理解图形或图形图像中呈现的信息之能力；它与视觉思维密切相关，后者被描述为将所有类型的信息转化为有助于传达信息的图片、图形或形式的能力。[①] 具体到绘画艺术，视觉素养主要是指在画面中发现意义的综合能力。从简单的辨识—命名所见之物，到对图像的语境、隐喻和哲学层面的深层解释，它涉及一系列复杂的技能。美育则着力于培育和提升学生视觉素养。

首先，我们把视觉素养视为可通过教育来习得的主体能力，所以美育就变得非常重要。其次，通过反复地欣赏观看经典绘画作品，学会感知、理解这些作品的基本方法，也就是认知科学所说的解码练习，作品看得越多，理解便越深入，获得的审美情动和想象效果就越显著。最后，在学会解码绘画作品的基础上，还要进一步训练自己的编码能力，也就是将通过观看而掌握的视觉能力，用于视觉图形或元素的组合、创作或表达。这正是美育强调参与艺术实践的要义所在，通过具身化地介入艺术创作实践，不但可以巩固自己的视觉艺术解码能力，而且可以发展自己的视觉艺术表现力。久而久之，视觉素养便融入一个人的素养结构，甚至会在越出艺术的其他领域助一臂之力。比如，学习理科或工科的同学具备了很好的视觉素养，在科学或技术的研究和学术交流中，就可以更好地设计研究计划，制作具有美感的PPT，并掌握必要的语言审美表达方法，将深邃复杂的科学技术原理形象生动地表达出来，取得更好的传达效果。可以说，如今视觉素养已经超越了艺术进而成为高等教育的一个重要方面，任何学科的专业学习，视觉素养的培养都很重要。

第二节　绘画的造型基础

绘画是一种通过"观看"来欣赏的艺术样式。观看对人类有着不可替代的社会文化意义。绘画的造型基础既包括直接与物质媒介相关的色彩、线条、纹理、空间、时间和运动等构成要素；也包括前者被组织起来的诸如比例、焦点、节奏、平衡、多样性等一系列结构原则。而当我们观看一幅具体的绘画作品时，以上要素和原则又是统一在画面构图的总体性之中的。这些都属于以艺术品外观为基础的视觉感知力，即通过视知觉的直观，感知并体验一幅作品的基本能力。

---

① Ralph E. Wileman, *Visual Communicating*, Englewood Cliffs: Educational Technology Publications, 1993, p.114.

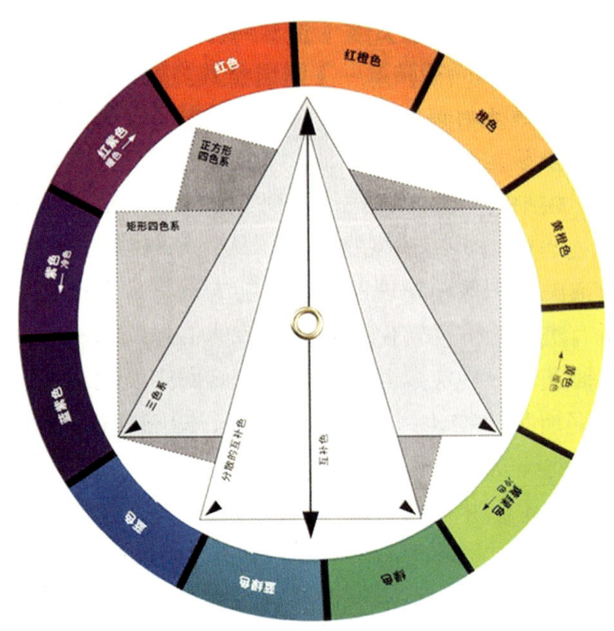

图 2-4
色轮图

一、色彩

色彩作为绘画基本要素的重要性，怎么强调都不为过。色彩不但是塑造形象、表情达意的关键重要途径之一，而且具有极为丰富的文化建构意味。比如，后印象派画家梵·高在色彩运用方面的独特性，特别是他运用蓝黄组合所唤起的充满激情的视觉效果，让人流连忘返。

色彩分为冷色和暖色两大类。赤橙黄绿青蓝紫，冷色是指绿青蓝紫，而暖色则是指赤橙黄。在更为精确的色轮上（图 2-4），基本色就是六种，分别是黄、橙、红、紫、蓝和绿，前三者是暖色，后三者是冷色，直线箭头构成两两相对的补色关系，即紫色是黄色的补色，蓝色是橙色的补色，绿色是红色的补色。参照抽象主义艺术家康定斯基的描述，黄色有一种向观者运动的效果，具有刺激/骚扰人和急躁粗鲁的本性；蓝色的效果则是向后退缩，给人以宁静的感觉，产生一种对无限的呼唤，对纯净和超脱的渴望；绿色有安宁和静止的特性，象征着万物复苏的春夏；红色给人以温暖，给人以力量、活力、决心和胜利的印象；橙色像是一个对自己力量深信不疑的人，其音调宛若教堂的钟声或浑厚的女低音；紫色是冷却了的红色，有点衰败的性质，像是巴松管的低沉音调。① 这些描述生动地概括了六种基本色的色彩表现力。当然，在任何一幅绘画作品中，色彩关系都会更加复杂。各种色彩的组合形成了相当丰富的情感表现特质，这就是通常所说的“色调”。每一幅作品都会有一个倾向性的色彩基调，以服务于主题的表现。

对中国画而言，色彩显得比较特殊。从早期墓葬壁画到敦煌石窟壁画，再到宋代流行的“青绿山水”，中国画虽也有自己的色彩传统，但总体上看，中国

① 参见康定斯基：《论艺术的精神》，查立译，中国社会科学出版社 1987 年版，第 46—55 页。

画的文人画传统是不注重彩色的，它关注的是黑白之间的水墨世界。用墨的浓淡枯湿，乃是一种全然不同于彩色的造型元素。从色彩学角度说，黑白灰不属于彩色，比如色彩的光谱分析所呈现的色轮中就没有黑白灰。然而，正是黑白灰的水墨画，彰显出中国博大精深的艺术传统。为何中国传统文人画会催生出墨色为上的美学观念？这是一个复杂的问题，中国文人水墨画看重的是“笔墨”而非色彩。根据傅抱石的研究，自五代董源将“淡墨轻岚”的画风带入宋代以后，墨色在山水画中的重要性日益凸显，使中国画的面貌发生了深刻转变，由此开创了中国山水画或水墨画的新境界。他认为，这种“尊墨抑色”的理念首先是受到禅宗看重自我省察的影响；同时，也是中国画技法形式内在矛盾的体现。线条为中国画的基本特色，所以色彩就会受到一定的约束。①

二、线条

画家马蒂斯说过，“如果线条是诉诸于心灵的，色彩是诉诸于感觉的，那你就应该先画线条，等到心灵得到磨炼之后，才能把色彩引向一条合乎理性的道路。”② 马蒂斯以色彩运用大胆、鲜明而著称，他对线条的这种强调，很好地说明了线条作为绘画的审美感知得以实现的基础条件，具有不可替代的作用。

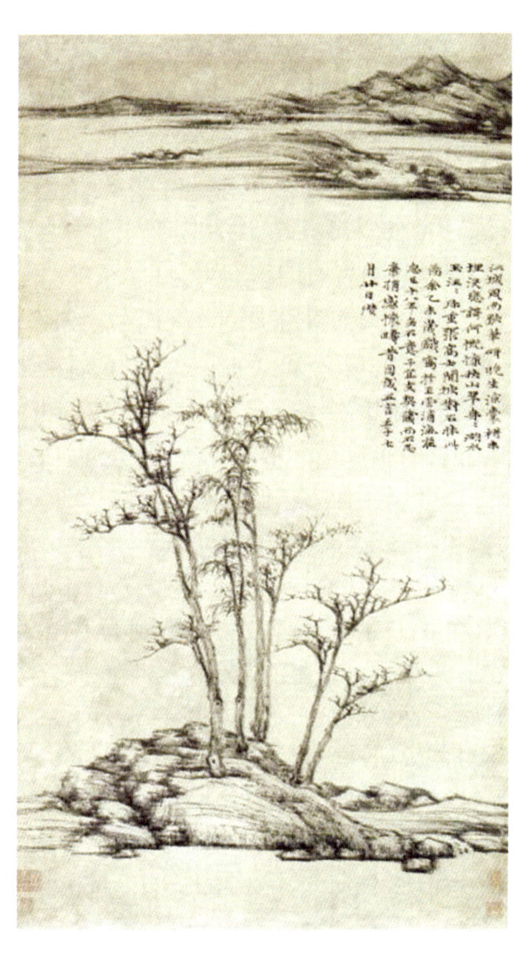

图 2-5
倪瓒《渔庄秋霁图》

有学者认为“中国画是线条的雄辩”③，线条的重要性可见一斑。中国画的线条是“画家凭以抽取、概括自然形象、融入情思意境，从而创造艺术美的基本手段”，它一方面是媒介，另一方面又是艺术形象的主要组成部分，思想感情和线条属性与运用彼此契合，由此凝结成画家的艺术风格。④ 以和黄公望同属“元四家”的倪瓒为例，他的名作《渔庄秋霁图》（图 2-5）就恰

① 傅抱石：《中国绘画变迁史纲》，江苏文艺出版社 2007 年版，第 179—180 页。

② 转引自阿恩海姆：《艺术与视知觉》，滕守尧、朱疆源译，四川人民出版社 1998 年版，第 456 页。

③ 李霖灿：《中国美术史讲座》，广西师范大学出版社 2010 年版，第 44 页。

④ 伍蠡甫：《中国画论研究》，北京大学出版社 1983 年版，第 43 页。

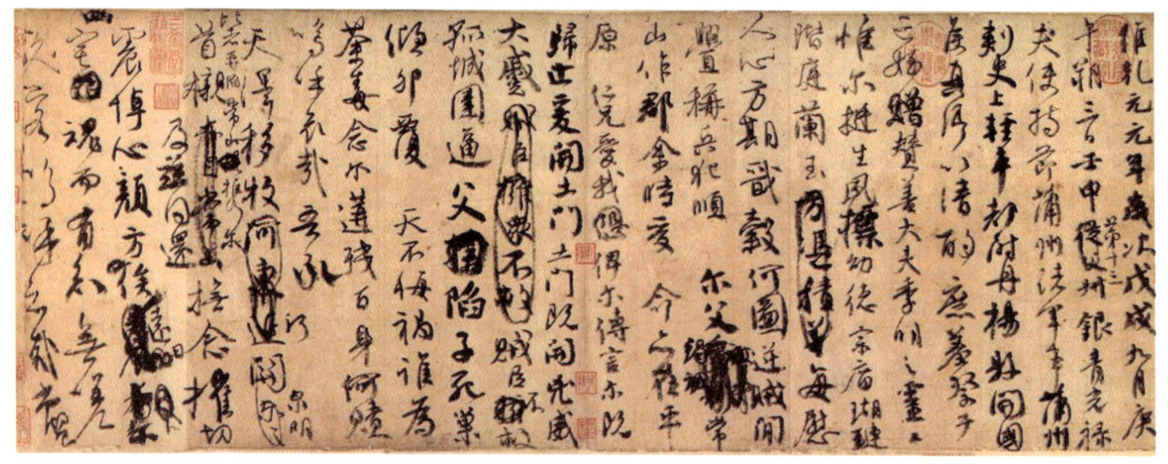

图 2-6

颜真卿《祭侄文稿》

当地运用了中国传统水墨画的“渴笔”，其中表现山石、峰峦和树身表皮脉络纹理的各种皴法，都可以看作是线条的具体运用。这些线条不仅展现了倪瓒高超的运笔技法，也将其山水画幽淡格调和空灵、质朴的总体风貌充分体现了出来。

由中国画“线条的雄辩”说起，就不能不提书法这一更具典型性的造型艺术了。在这一极具民族特征的艺术样式中，蕴含着线条所能彰显的巨大审美潜能。中国美术史向来有“书画同体”“书画同源”之说，二者的亲和关系无论在材料工具、技法还是造型特征、审美原则等方面，都有不同程度的体现。所谓“工画者多善书”（张彦远），书法与绘画所使用的笔、墨、纸、绢等物质材料相同；二者构成之美“同托于线势的流畅和生动”；书法的运笔结构，更是“绘画之不可缺的准备工夫”。① 纵观中国古代美术史，诚如美学家宗白华所言，绘画的发展不仅是和书法分不开的，而且“画的价值往往与书法的价值结合在一起”。② 线条作为它们共同的造型基础，重要性是毋庸置疑的。

仅就线条的感知和体验来说，书法所展现的极富表现性的造型能力，为我们欣赏中国传统绘画提供了一个绝佳的参照系。比如名满天下的《祭侄文稿》（图 2-6），是唐代书法家颜真卿为追祭“安史之乱”时随父颜杲卿起兵讨伐叛军，最终遭到杀害的堂侄颜季明而作。颜真卿的悲愤之情由笔法线条等的创造性运用而力透纸背，其艺术感染力历来为后世所推崇。作品的特别之处还在于多处圈涂所形成的“草稿”状态，这反而将创作者的情感淋漓尽致地展现出来。

书法虽以文字书写为前提，但在根本上具有造型艺术的一般特征，是一种以线条为基本表现手段进行视觉形象塑造的艺术样式。篆、隶、草、行、楷等不同书体所建构起来的书法世界，为我们展示了一个有别于西方的视觉艺术形态和审美表达系统。正因如此，尽管书法并非绘画艺术，但它以线条为基础创造出的审美世界，与中国传统绘画在精神气度上是一脉相承的。书画之间的亲和关系，也在一个侧面反映出中国传统绘画作为造型艺术的独特面貌和丰富内涵。

---

① 滕固：《诗书画三种艺术的联带关系》，载沈宁编：《滕固艺术文集》，上海人民美术出版社 2003 年版，第 57—60 页。

② 宗白华：《中国书法艺术的性质》，载《艺境》，商务印书馆 2011 年版，第 440 页。

三、时空

绘画作为一种造型艺术，不仅以具体可感的色彩和线条为基础，还和“时空”这一相对抽象的因素息息相关。绘画的形象塑造如果抽离了时空维度的艺术性表达，也就失去了必要的根基。

一方面，在空间维度，“平面性”是绘画区别于其他艺术门类的典型特征之一。仅就西方美术史来看，伴随着线性透视法在文艺复兴时期的发明和广泛运用，艺术家们越来越注重在画布上表现三维立体化的空间，追求更真实的“空间幻觉”，以掩盖绘画自身的平面性。西方古典绘画长期存在的以追求逼真效果为要义的模仿论，可以看作线性透视法兴起的观念背景。同时，这种对线性透视法的追求，本身并不具有放之四海皆准的普适性。中国传统绘画的空间表达形式，就是直接的例证。《富春山居图》的山水长卷，场面气势宏大、内容繁而不乱，这是一种线性透视法无法达成的空间结构。即便是相对固定视角的山水画作，尽管同样遵循一般意义上视知觉“远小近大”的观看习惯，但仍不乏自身独特性。概言之，中国传统山水画以“三远法”为特征，强调了仰视、平视和俯视三种视角的综合运用，很明显突破了线性透视法的空间局限性。因此，中国传统绘画不仅具有一个迥异于西方绘画的空间表达系统；而且揭示了一个至关重要的道理：空间作为造型艺术的关键要素之一，蕴含着不可忽视的文化建构意味。

另一方面，在时间维度，绘画对时间以及与之相关的运动过程的视觉表达，既构成了一个生动的主题，又是不得不想办法解决的难题。德国美学家莱辛曾将绘画、雕塑等界定为空间艺术，而诗歌所代表的文学则被概括为时间艺术。由于绘画、雕塑无法直接表现动态，必须选择最富于暗示性的时段或动作，让想象发挥作用去把握动感。概括来说，就是要选择那个最具有“包孕性的瞬间”。① 纵观中外美术史，如何在绘画中表现时间和运动过程，历代画家都有自己的处理方式。尤其是现代主义时期，对时间和运动过程的实验性表达愈发激进和多元化。由此不难看出，作为造型艺术的基本要素，无论时间还是空间，都与色彩、线条一样为绘画的形象塑造和观念表达提供了源源不断的视觉可能性。

四、构图

以色彩、线条和时间、空间等要素为起点，它们按照什么结构原则被组织起来，是我们在整体上把握作品必不可少的前提条件。包括比例、焦点、平衡等在内的各种结构原则在绘画中的具体运用，最终又都可以归结为“构图”。我们在感知一幅绘画作品时，必须借助构图来统摄线条、色彩、时空等基本要素及其结构原则在塑造视觉形象过程中的各种复杂关系。这样我们才能摆脱这些要素的微观视角所带来的局限性，从整体上感知艺术品本身。

---

① 参见莱辛：《拉奥孔——论诗与画的界限》，朱光潜译，人民文学出版社 1979 年版。

一方面，绘画的一系列结构原则是艺术家塑造形象的基础。

（1）尺度和比例原则。比例的尺度关系可以作为一种建构特定空间关系的手段。这是我们观看一幅绘画作品时最容易发现的奥秘。所谓远小近大，就是对绘画的这种结构原则的朴素认识。譬如倪瓒的《渔庄秋霁图》，画面远景连绵的山峦与近景中的山石树木形成了鲜明的对比，二者通过一种直观可见的比例关系，并以中景的留白作为过渡，营造出中国山水画特有的空间意境。

（2）焦点与重点原则。绘画中一个最常见的突出焦点或重点的手段，就是将需要强调的艺术形象放置于画面中心位置。在《萨宾女人的干预》低沉阴郁的整体色调中，焦点人物是荷西莉亚。她身着一袭白裙，立于画面居中偏左位置，尤显突出。而她的父亲萨宾国王塔提乌斯和丈夫罗马国王罗慕路斯则分置两边，进一步衬托出这一女性形象的中心地位。在一个封闭而典型的线性透视空间中，人物形象的重要性得到了显著的强调。无论画面布局本身还是传达作品主题和观念，如何在画作中有效地突出焦点与重点，都是需要解决的关键问题。

（3）统一性、多样性与平衡原则。一幅画作最终完成，也就意味着各种绘画要素及其结构关系以一种有机的方式被统一起来，并达成通过视觉形象来描绘现实或观念世界的目的。但这种统一性又蕴含着充分体现画家个人审美趣味乃至风格的多样性。恰恰是这种多样性原则，赋予了作品更具视觉张力的造型感。而平衡原则既与画面中可以直观的对称、秩序、重复效果等息息相关，又需要我们充分调动视知觉系统，对绘画的所有构成要素及其结构原则加以综合把握才有可能真正领悟。

另一方面，从绘画的总体性出发，这些结构原则既至关重要，又需要统一在更具全局意味的构图法则之中。绘画的构图法则包括平衡对称、重力原则、虚实对比、动静关系等。中国画经常强调的“金角银边”，也属于此类。作品中的线条、色彩、空间和时间等，以及基于这些要素组织起来的各种结构原则，都可以视为服务于构图法则的局部因素。由此出发，绘画的构图可以分为平行构图、金字塔构图、倾斜式构图、锐角构图等常见类型。

平行构图的基本特征是画面平稳展开，具有一种显著的均衡感。这是西方古典绘画经常采用的一种构图法则，尤其适合表现特定历史事件中的复杂人物关系以及宏大场面，比如达·芬奇的名作《最后的晚餐》。金字塔构图具有在感知上符合重力原则经验性的基本特征，画面趋于让人产生一种稳定而坚实的感觉。拉斐尔所创作的圣母子像多采用这种构图方式。倾斜式构图意在突出画面的紧张感和动荡感，适合表现一些危急场面和历史事件。比如法国画家席里柯的《梅杜萨之筏》(图 2-7)，画面中的木筏与幸存者构成了一个正三角的金字塔构图，但同时一群向前呼救的幸存者又构成一个动荡的小三角形。这使得整个画面趋于一种倾斜式构图，金字塔构图的稳定结构也因此被打破，形成一种高强度的运动感和危机感的总体效果。

总之，构图作为绘画构成要素的一个总体概念，是在视觉感知层面把握作品整体面貌的基石。当我们由此进入绘画的审美世界，不可避免地要进一步思考：构图作为艺术形象塑造的基本途径，并不只是在感性外观方面起作用的。

图 2-7
泰奥多尔·席里柯《梅杜萨之筏》

不同的构图方式及其结构安排，必然带来不同的总体效果、达成不同的创作目标，进而反映不同的审美趣味乃至人文价值。构图所统摄的绘画构成要素，因此必然是为更复杂的意义系统服务的。

第三节　绘画的审美特性

绘画的艺术形象塑造，既以画面构图的整体布局和设计为基础，又蕴含着极其丰富的社会生活内容，以及多元化的审美趣味和人文内涵。这些都需要观者具备相应的全局观和审美经验，才能被准确领会。

一、内容与形式

任何绘画作品的艺术形象塑造，都蕴含着画家希望表达的丰富意涵。这就涉及艺术品在形式与内容两个方面的问题。以上讨论的色彩、线条和构图等就属于形式，形式所要传达的意义则属于内容，包括母题、主题等。形式和内容两者的关系就像是一枚硬币的两面，既是统一的，又是有区分的。对艺术家来说，其艺术创作是一个从内容到形式的过程，先有某种表现的意图再选择相应的艺术形式；而对欣赏者来说正相反，他们往往是先看到色彩、线条和构图，尔后理解画作的内容。具体说来，艺术形式与内容的辩证法，可以由表及里地将绘画作品区分为三个相互作用的部分。

其一是艺术语言层。它既在广义上强调任何艺术样式总是由一定的物质材料所构成的；又在狭义上指向一幅作品蕴含着物质材料艺术加工过程的构成要素。狭义上的绘画语言，关注点主要在于一幅作品的构成要素，是以何种形态呈现出来的。完全相同的色彩、颜料，用不同的方式组合起来，可以成为艺术品，也可能不是艺术品；一件艺术品也会因为不同的处理方式呈现出非常不同的面貌。艺术语言层属于最容易被把握的表层结构。即使是一个没有受到过良好艺术教育、缺乏必要审美鉴赏力的人，也能够直观地认知各种艺术样式的艺术语言。

其二是艺术形象层。艺术对人类情感、思想的表现，不是一种抽象的表现，“而是用生动的形象来表现。艺术的最主要的特点就在于此”①。艺术形象作为艺术家所创造出的能够引发欣赏者思想、感情活动的具体可感的生活图景或艺术画面，是我们把握绘画意义系统的关键所在。一方面，艺术形象必然是以艺术语言为基础的；但另一方面，艺术形象层又是对艺术语言层的超越性存在。从绘画的构成逻辑出发，形象层可以被理解为通过语言层建构的一个意在传达画家创作图谋的造型系统。无论具象与抽象、再现与表现，还是更具有艺术史风格意义的现实主义与浪漫主义等一系列对应关系，都可以在这个层面加以理解。

其三是艺术意蕴层。它可以被理解为通过艺术语言、艺术形象传达出来的艺术品的深层内涵。尽管“意蕴”与作为内容要素的“主题”之间存在着密切关联，但两者却有着本质的区别。后者更偏于是对艺术品的内容加以提炼所归纳出的思想观念；前者则是在将作品作为一个有机构成的整体来理解的基础上，对其深层内涵所做出的一种判断或观照。中国古典哲学关于言、象、意三者关系的辩证思考是一个有益的参照。一方面，“尽意莫若象，尽象莫若言”；但另一方面，其内在逻辑又在于“得象而忘言”“得意而忘象”。②对一件艺术品来说，言、象、意三者既不可割裂，又以“意”为要旨。

二、体裁与主题

如果将艺术作为一个系统来考察的话，对它的体裁和主题分类是非常必要的。具体到绘画艺术，我们既可以从使用的物质媒介、创作工具及技法出发，将其分成水墨画、油画、水彩画、水粉画、版画等；也可以从题材或主题出发，将其分成历史画、肖像画、风景画、静物画、风俗画，等等。

首先，就中国古典绘画来说，主题类型可谓丰富多彩，无论山水画、花鸟画，还是人物画、道释画等，无不精彩纷呈。如果以中国绘画史的叙事主线为依据，山水画无疑是最具代表性的主题类型。在一定程度上，山水画对我们理解中国古代绘画史的精神气度是决定性的。它不仅仅是画家对特定主题类型的某种偏好，更是中国传统文化中具有主导性的哲学观与美学观的具体显现。我们从中既可以充分体会儒家、道家思想在文化心理结构意义上贯穿始终的深刻影响，更能理解以士人阶层为代表的画家借助特定视觉图式来表情达意的底层逻辑。

① 普列汉诺夫：《论艺术（没有地址的信）》，曹葆华译，生活·读书·新知三联书店1973年版，第4页。

② 王弼：《周易略例·明象》，转引自李泽厚、刘纲纪：《中国美学史·魏晋南北朝编》，安徽文艺出版社1999年版，第120页。

图 2-9

乔尔乔内《暴风雨》

图 2-8

梁楷《太白行吟图》

回到《富春山居图》宁静淡泊的山水世界，作品在主题类型之上所呈现的精神向度的深层意涵，无疑是我们理应把握的关键因素。“虚实相生”“得意忘象”“气韵生动”等一系列中国古典美学原则或范畴，都是准确表达对作品看法的重要依据。进一步看，中国古代其他主题类型的绘画，同样需要在这个维度加以考察。比如南宋画家梁楷的《太白行吟图》(图 2-8)，这是一幅具有显著绘画史地位的人物画，明显聚焦于对描绘对象“神态”和“灵魂”的视觉呈现，而不是外观形似的把握。艺术家也借此通过“对物象和笔墨的心手相应”，达到“一种神契无间的最高境界”。[①] 这种境界在美学精神方面，无疑是和山水画一脉相承的。

其次，就西方古典绘画来说，主题类型不仅同样有一个复杂的历史演进过程，而且在很长时间内都是崇尚历史画的。《萨宾女人的干预》正是这一主题类型的经典之作。与之相比，肖像画、风景画、静物画等其他主题类型的发展则是另一番面貌。比如，以意大利画家乔尔乔内的《暴风雨》(图 2-9)为代表，具有主题意味的风景画同样可以追溯至文艺复兴时期。但作为一个独立主题类型，风景画走向成熟并得到普遍认可，则经历了一个相对漫长的发展历程。主题类型演化的这种不平衡性背后，一方面蕴藏着绘画发展史的隐性线索，另一方面也暗含着理解具体作品的重要参考因素。

① 李霖灿:《中国美术史讲座》，广西师范大学出版社 2010 年版，第 328 页。

正因为如此，主题类型的选择并不完全是画家的个人行为。这种选择还受制于特定历史阶段的绘画观念和视觉体制。当画家力图在主题类型方面进行创新尝试时，所要考虑的绝不仅仅是如何处理题材，还涉及更系统性的绘画观念和视觉惯例问题。特别是社会转型时期，我们更要注意主题类型背后的社会文化变革意义。

最后，无论中外绘画史，围绕主题类型都积淀了一系列具有文化主导性的审美图式。它们既是在主题类型上把握作品内涵的重要依据，也是借助图像学等方法对作品展开分析的基础。中国传统视觉艺术中有一系列可以视为审美图式的形象符号，都具有其他文化传统所不具备的特殊审美价值和人文内涵。比如梅兰竹菊“四君子”，以及梅松竹“岁寒三友”，都非常具有典型性。这些称谓本身，就蕴含着特定的文化指向和远非物象本身所能涵盖的精神内涵。受中国传统文化熏陶，我们便会在中国画的梅兰竹菊中读出与西方静物画完全不同的意蕴。

三、具象与抽象

具象与抽象是绘画艺术在造型上最基本的二元取向，所谓“具象”就是在画面中描绘了我们熟悉的具体物象；“抽象”则指这些物象的消失，只留下色形线的造型。然而，具象与抽象始终是一个复杂的美学问题。从视觉的自然倾向来看，观看具象的可辨物象是人的自然而然的习惯；从造型艺术的历史来看，有一个从具象到抽象的演进过程；从艺术风格角度看，具象和抽象乃是两种截然不同的大风格类型。

首先，就西方古典绘画而言，如何塑造更加逼真的视觉形象，是画家们长久以来重点关注的问题，其中隐含着古希腊以来的模仿论观念。在古希腊人看来，一切艺术都源自模仿，而所谓艺术也就是“模仿的技艺”。据说，古希腊画家宙克西斯和巴哈修斯为了一分高下，决定各画一幅画，看看谁更“逼真”。最后的结果是前者创作的作品骗过了小鸟的眼睛，而后者则骗过了和他竞赛的画家的眼睛。① 这场竞赛的胜负并不重要，重要的是判断水平高下的标准。可以说，“逼真”就像衡量西方古典绘画的一把无形的尺子，催生了众多符合观者认知习惯的具象性的伟大作品。

其次，就中国古典绘画而言，尽管中国画不乏具象性，但有着完全不同于西方的自我特征。具象与抽象问题可以用另一组对应范畴来参照理解，即“形似”与“神似”。所谓形似，意指“艺术形象逼真地反映出客观事物的外部形貌”，而神似则指“艺术形象生动地传达出事物的内在精神”。②《富春山居图》所呈现出的整体面貌，无疑是追求“神似”效果的生动说明。要想在具象维度体验中国古典绘画的精妙之处，就需要对造型之外的审美趣味、价值取向等因素有更深入的认知和了解。尤其是唐宋之后文人画兴起，对形似之外的神韵、意境的追求，逐渐成为一种主导性的美学原则。它提示我们，具象的方式不仅

① 参见布列逊：《视觉与绘画：注视的逻辑》，郭杨等译，浙江摄影出版社2004年版，第1页。

② 朱立元主编：《美学大辞典》(修订本)，上海辞书出版社2014年版，第153页。

图 2-10
康定斯基《构图八号》

多种多样，而且其指向的绝不仅仅是视觉形象在外观上的相似度。其中蕴含着更能充分体现艺术家主观能动性的“表现性”面向，从而为绘画的视觉形象塑造提供无限的可能性。

最后，当艺术家开始更自觉地通过对具象世界的颠覆来进行观念表达时，绘画在造型维度的抽象潜能，就会伴随着这种“表现性”被极大地挖掘出来。现代艺术的创作实践在这方面提供了极其丰富的例证。康定斯基的画作《构图八号》(图 2-10)，就非常有代表性。康定斯基对于再现性的具象世界的拒斥态度，来自艺术形象塑造的一种观念自觉，即绘画需要通过一种形式上的抽象性，来摆脱客观物象对艺术家的束缚，从而获得属于绘画自身的最本质力量。

抽象性作为理解现代艺术的关键概念，具有非常复杂的美学意味和人文内涵。作为一种风格流派的抽象主义在 20 世纪早期出现，既是现代社会转型所带来的观念变迁在绘画上的体现，也呈现出非常多元化的面貌。从类型学上看，抽象主义至少可以区分为有机抽象和几何抽象两种基本形态。① 其中前者趋于直觉和情感，以康定斯基为重要代表；后者则趋于理智和逻辑，蒙德里安、马列维奇等都很有典型性。这种抽象性对整个 20 世纪的艺术实践产生了深远的影响。

第四节　绘画传统与审美表达

以感知与体验为起点，再到面向具体作品的理解与表达，涉及一系列更宏

① Alfred Barr, *Cubism and Abstract Art*, New York: Museum of Modern Art, 1936.

观的历史、文化因素仍需继续深入讨论。其中，绘画在继承与创新维度的“伟大传统”，是立足于视觉表达力的提升应重点关注的议题。更重要的是，这种视觉素养的提升，最终还需要通过语言进行审美表达来实现。

一、绘画的伟大传统

宽泛来说，人类文明发展中始终存在着一种赓续延绵的伟大人文传统，艺术的伟大传统则是其中的重要一环。[①] 只有置身于具有历史纵深感的人文传统之中，我们才有可能对绘画作品所隐含的继承与创新关系有所把握，并由此更深入全面地理解其造型之美。任何作品的风格特征都不是凭空形成的，它必然和更复杂的时代状况和人文传统相关[②]。对绘画史上的“伟大传统”了解越多，就越能够在单一作品的背后捕捉到属于特定时代和艺术风貌的关键信息。

首先，就中国绘画史来看，其衍生发展的历程可谓源远流长。从新石器时期的陶器纹饰，到商周两朝的青铜器皿，再到汉代的画像石、帛画等，都为中国古典绘画走向成熟提供了图绘造型的早期智慧和观念遗产。这其中，既有媒材运用、绘画技法方面的不断尝试和完善，亦有形象符号系统的持续演化和定型。笔墨作为中国画的典型艺术特征、审美图式所蕴含的历史文化积淀意味，皆可由此寻找到实践维度的演进轨迹。而在观念维度，无论以老子为发端的道家美学有关“气、象”“虚、实”“有、无”的讨论[③]，还是魏晋时期美学旨趣向着“写意”和“初发芙蓉”转向[④]，它们作为形塑中国传统绘画独特面貌的观念根基，更是在整体文化心理结构上把握中国绘画史的关键线索。由此再去看唐宋之后文人画的兴起——尤其是对形似之外的神韵、意境的追求，逐渐成为一种主导性的美学原则，也就顺理成章了。

其次，西方绘画史同样有一个承前启后的发展线索。历史地看，西方古典绘画的传统以古希腊为起点，经由漫长的中世纪沉寂期，最终在文艺复兴时期达到一个光辉灿烂的高峰。其后所经历的巴洛克艺术、洛可可艺术、新古典主义、浪漫主义等诸多风格流派，都是我们理解西方古典绘画的重要参照。以印象派绘画在 19 世纪中叶之后的兴起为标志，西方绘画更是进入一个由古典时期向现代转型的关键阶段。据此，再去审视那些往往令人难以得其要领的现代主义及其后的艺术作品，尽管它们越来越突破传统意义上绘画艺术的呈现方式和创作手段，但仍然可以放置在本章的讨论范围之内，有它们面向具体时代语境的风格特征和区别于前人的艺术价值所在。

最后，立足于绘画的“伟大传统”及其背后继承与创新的辩证关系，我们

① 周宪：《“伟大传统”中的普桑》，《北京大学学报》（哲学社会科学版）2021 年第 4 期，第 90 页。

② 参见海因里希・沃尔夫林：《艺术风格学：美术史的基本概念》，潘耀昌译，中国人民大学出版社 2004 年版，第 6 页。

③ 参见叶朗：《中国美学史大纲》，上海人民出版社 1985 年版，第 28 页。

④ 参见周宪：《美学是什么》，北京大学出版社 2002 年版，第 23—25 页。

应当意识到：有一些作品单独来看似乎有其精彩之处，但放置在绘画史的传承序列中却可能会显得暗淡无光，甚至根本无法进入艺术史书写的视野。为此，我们需要在充分了解艺术史知识的基础上，借助“伟大传统”有意识地培养视觉观看的综合能力。英国艺术史家贡布里希有一个非常形象的比喻，他认为面向作品的观看，从来都不是被动接受的活动，而是一种类似于“探照灯”的搜索和选择的自主过程。[①] 的确，艺术史的丰富性对我们视觉素养提出了更高的要求。对于观者而言，重要的并不是将作品分出高下优劣，而是要在风格多样的经典作品中探索自己的审美品味，在领悟绘画造型之美的过程中感受人类精神世界的丰富性。

二、绘画的审美表达

绘画是最常见的视觉艺术样式，当我们可以用精准的语言来描述自己的观画体验时，这不但表明审美感知、悟解、情动和想象已明确和具体，而且通过语言的推敲和表达，反过来又凝练和强化了自己的直觉体验。基于此，造型艺术的美育不但要聚焦感性体验，还要进一步延伸至语言的审美表达。那么，具体该如何在美育中提升这一重要的审美素养呢？在艺术家的经验之谈中，在艺术史、艺术批评和美学研究著述中，有丰富的对绘画艺术的精彩描述和经典语句。学习和模仿前人这些经典说法的范本，不失为一条学会以词语来审美表达的路径。以下，我们就若干重要的主题，选取一些著名艺术家和批评家的精彩话语，以此作为大家研习的范本。

（一）有关中国画的经典论述

中国画是人类文化中一个独特的艺术类型，前人关于这方面的经典表述很多，这些表述蕴含了博大精深的中国美学传统和艺术智慧。

夫画道之中，水墨为上。肇自然之性，成造化之功。或咫尺之图，写千里景色。东西南北，宛尔目前；春夏秋冬，生于笔下。

——王维

味摩诘之诗，诗中有画；观摩诘之画，画中有诗。

——苏轼

画梅谓之写梅，画竹谓之写竹，画兰谓之写兰，何哉？盖花之至清者，画之当以意写，不再形似耳。

——汤垕

画山水贵乎气韵，气韵者非云烟雾霭也，是天地间之真气。凡物无气不

① 参见贡布里希：《艺术与错觉：图画再现的心理学研究》，林夕、李本正、范景中译，浙江摄影出版社1987年版，第599页。

生，山气从石内发出，以晴明时望山，其苍茫润泽之气，腾腾欲动，故画山水以气韵为先也。

——唐岱

书法的妙境通于绘画，虚空中传出动荡，神明里透出幽深，超以象外，得其环中，是中国艺术的一切造境。……中国画的光是动荡着全幅画面的一种形而上的、非写实的宇宙灵气的流行，贯彻中边，往复上下。

——宗白华

中国绘画是最精神最玄哲的学问。有的五日一山，十日一水，倒不及草草的数笔。不及的道理，前者是成功于技巧，后者是发生于性灵，以人感人。技巧的结果，博不了多数人的鉴赏，惟有精神所寄托的画面，始足动人，始足感人，而能自感！

——傅抱石

以上有关中国画的经典说法，总结起来有几个方面。其一是“水墨为上”彰显了中国画迥异于西方绘画对色彩的迷恋，尤其是代表了中国画主导风格的文人画，水墨为上最为凸显。其二是中国画重在精神性的写意和造境，而不是强调技法。因此气韵、诗意、性灵等范畴具有重要地位。其三，中国画留白或空白是有别于西方绘画的一大特色，也是水墨黑白世界不可或缺的美学要素。其四，诗中有画、画中有诗表明，中国画其实带有很鲜明的跨媒介特性。除了画面造型，题诗、印章也是画作不可缺少的组成部分。最后，中国画与书法关系密切，传统的说法是“书画同源”或“书画一律”。一方面中国画是线条的艺术，所以书法艺术极为重要；另一方面，书法的用笔和用墨构成了中国画的基本美学原则，画家即书法家的现象在古代很是普遍。

（二）有关西方绘画的经典论述

以下是一些西方绘画的经典语录，从这些西方文化中伟大艺术家和批评家的论述中，我们可以学会一些观赏西方绘画作品时的审美表达方式和语汇。

画家的职责是：在画板或墙壁上用线条和颜料画出任何物体的可视面，让画面图案从特定的观看距离和角度显得有立体感和质感，显得逼真。

绘画由三个部分组成：轮廓、构图和明暗。

——阿尔贝蒂

绘画是自然界一切可见事物的唯一模仿者。……它以精深而富于哲理的态度专门研究各种明暗构成的形态（例如海洋、陆地、植物、动物、花草等）。

绘画涉及视觉的十个方面：黑暗、光、体积、色彩、形状、位置、远和近、动和静。……画家艺术地再现这一切，再现大自然之杰作和世界之美。

——达·芬奇

［绘画］要把握的最重要的东西就是形状和色调。这两方面对我来说是任何艺术研究的唯一严肃的起点。……始终要探索的是团块和组合，永远不要忽视第一印象。首先是打底稿，然后是色调。探究形状和色阶之间的关系，这些都是基本出发点。然后是色彩，最后是完成。……如果你画布是白色的，捷径便是从最暗的色调开始，一直到色彩最密集之处。从天空开始最不符合逻辑。

——柯罗

绘画完全是一门非常具体的艺术，它只能由对真实有形物的再现所构成，它运用物质性的语言，也就是看得见的事物。对绘画来说，从不会有抽象的、看不见的和不具形的素材。艺术想象就是去探索如何再现具体有形之物，从不会是去想象或创造那个事物本身。

——库尔贝

我始终想在色彩研究方面有所发明，利用两种补色的结合，它们的混合与它们的对比，类似色调的神秘颤动，表现两个爱人的爱；利用一种浅色调的光亮衬着一个深沉的背景，表现脑子里的思想；利用星星去表现希望；利用落日的光来表现人的热情。

——梵·高

绘画自身的价值并不在于对事物的逼真描绘。我问自己，人们不能只画那些所看到的东西，而是首先必须画出对事物的认识。一幅画不但可以表现出现象，而且还可能表现出事物的观念。

——毕加索

以上这些出自伟大艺术家关于绘画的经验之谈，涉及绘画艺术的若干重要层面，对于我们认识西方绘画以及提升自身审美表达具有示范性。西方绘画的一个典型美学特征就是模仿或再现的传统。文艺复兴时期的阿尔贝蒂、达·芬奇，以及19世纪现实主义时期的库尔贝，他们的说法证实了这一点。所以，我们观看西方绘画，无论是历史画或风景画或静物画，都会感到场景和物象以假乱真，尤其是通过线性透视法营造出一个有深度感的三维空间。柯罗、梵·高的话，则从色彩角度切入绘画的核心，不但道出了经营色彩的门道，而且直击色彩与人内在精神层面的密切关联。毕加索的说法，则表明了西方绘画模仿传统的转向，即由写实再现转向了抽象。对西方绘画的理解不但要清楚其模仿的美学观，而且要认识到20世纪抽象艺术崛起的内在逻辑及其美学理念。

本章思考题

1. 结合具体作品，谈谈你对“书画同源”这一观点的看法。
2. 结合具体作品，谈一谈绘画构图的重要性。
3. 如何看待中国传统山水画经常出现的“留白”现象?
4. 如何看待绘画艺术具象与抽象之间的张力关系?
5. 举例说明绘画主题类型的文化内涵。

推荐阅读书目

1. 李霖灿:《中国美术史讲座》，广西师范大学出版社 2010 年版。
2. 李泽厚:《美的历程》，文物出版社 1981 年版。
3. 莱辛:《拉奥孔——论诗与画的界限》，朱光潜译，人民文学出版社 1979 年版。
4. E. H. 贡布里希:《艺术的故事》，范景中、杨成凯译，广西美术出版社 2008 年版。
5. 约翰·伯格:《观看之道》，戴行钺译，广西师范大学出版社 2005 年版。

本章 DIY 活动

活动一　造型的魅力：从具象到抽象的视觉形象表达尝试

组织学生分组（每组可根据班级人数安排 4 ～ 8 位学生），以中外美术史经典作品中的艺术形象元素为参照，针对现实世界中我们熟悉的物象，动手尝试对物象进行从具象向抽象演化的绘图。各组自行经过讨论协商，每人分别绘制这个演化过程中的不同阶段视觉形象，并最终形成若干幅从具象逐渐转向抽象风格的图像。此活动目的在于让学生体会在绘画的造型过程中，视觉形象塑造的多样性和创造性。

完成后利用课堂时间进行分组汇报，各组准备 PPT，介绍从作品、物象选择

图 2-11
《一头牛的抽象》

到分工设计思路以及最终完成图绘的过程，并总结本组参与该项实践活动的体会。

参考图例：荷兰画家凡·杜斯堡（Theo van Doesburg）的《一头牛的抽象》（*Abstraction of a Cow* series）（图 2-11）系列画作（4 幅，1917—1918 年，现藏于美国纽约现代艺术博物馆）。

活动二　像画家一样思考并动手实践："向经典致敬"

安排学生分组合作，每个小组经过讨论，挑选出一幅中外经典画作进行深入剖析，并以原作为依据进行开拓性的二次创作。实践成果包括两个部分：

1. 各组针对所有实践环节的总结汇报（PPT 展示）；

2. 二次创作成果的集中展示。创作成果可以是参照原作，以不同物质媒介进行重新描绘，比如影像艺术、数字艺术形式的跨媒介作品；也可以是进行风格转换后的创作实践成果；还可以是在原作基础上进行情节拓展式的舞台表演。

学期结束，视实践活动具体情况，可尝试以美育课程实践成果汇报展的方式，集中展示课程实践成果。

案例分析

案例一

图 2-12 是宋代画家马远的名作《寒江独钓图》。苏轼曾以王维的诗画作品为据指出："味摩诘之诗，诗中有画；观摩诘之画，画中有诗。""诗画一律"作为苏轼提出来的一个重要美学命题，对我们欣赏中国古代绘画是一个非常有益的参照。结合苏轼这一观点，分析《寒江独钓图》，并对"画中有诗"背后蕴含着深厚传统文化内涵的视觉经验进行提炼。

案例一分析要点提示

图 2-12
[宋] 马远《寒江独钓图》

案例二

以下分别是中国元代画家倪瓒的《六君子图》(1345)(图 2-13）和荷兰画家梅因德尔特·霍贝玛的《林荫道》(1689)(图 2-14)。二者皆以自然风光为描绘对象，在宽泛意义上都可以看作风景画。但两幅作品却体现出中西方在绘画观念、表达图式和美学风格等方面的深刻差异。结合中西艺术史和美学史知识，尝试对二者之间的差异进行分析。

案例二
分析要点
提示

图 2-13

[元] 倪瓒《六君子图》

图 2-14

[荷兰] 梅因德尔特·霍贝玛《林荫道》

案例三

图 2-15 是法国新印象主义画家乔治·修拉的名作《大碗岛的星期天下午》。尝试从西方现代艺术转型角度理解并阐释这幅画。

案例三
分析要点
提示

图 2-15

乔治·修拉《大碗岛的星期天下午》

第三章 唤起语词想象——文学

中华民族有着悠久的文学传统，有卷帙浩繁的文学遗产。文学是语言艺术，而语言则是一个民族的文化之根。从美育层面看，文学不但有其他艺术的一般审美特性，而且还有语言独有的文化濡染功能。文学还是人文精神传统的重要载体，在过往时代的文学经典中，我们不但可以重返历史的现场感悟古人的生存智慧，而且可以通过形形色色的文学形象和场景，体认伟大的中华文明。当然，文学并不限于母语，借助翻译我们还可以体验世界文学的多样性，感悟其他文明的独特风貌，并发现深蕴其中的人类命运共同体之共通性。

第一节 走进文学经典

一、两部经典作品:《塞下曲》与《四世同堂》

古往今来优秀的文学作品浩如烟海，让我们从两部经典作品进入文学，一是李白的诗歌《塞下曲》，二是老舍的小说《四世同堂》。

唐代是中国历史发展进程中的鼎盛时期，“盛唐气象”代表着中华民族古代文明的伟大与辉煌。而唐诗则是中国古代文学的宝库，唐朝涌现出了无数伟大的诗人和诗篇（图 3-1），直到今天，我们仍在吟诵唐诗、与诗人对话，建构我们的历史记忆和文化认同。其中“边塞诗”作为“盛唐气象”的一种代表性诗歌类型，达到了很高的艺术水准，彰显了伟大的爱国情怀和乡土记忆。李白的《塞下曲》就是古今传诵的边塞诗名篇。

塞下曲六首·其一

李 白

五月天山雪，无花只有寒。
笛中闻折柳，春色未曾看。
晓战随金鼓，宵眠抱玉鞍。
愿将腰下剑，直为斩楼兰。

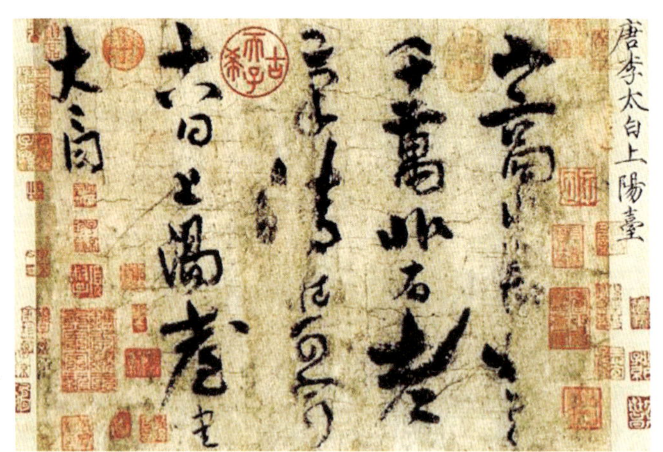

图 3-1
李白草书诗作《上阳台》

《塞下曲》共六首，主要书写诗人所历世事与心声感怀，除第四首写思妇外，其余五首都表现边塞戎事，以乐观激昂、雄壮宏大的风格展现了边关将士以身许国的雄心壮志，诗风慷慨放逸、豪气干云。

该诗前四句描写虽已是春天却无春意的边塞景观，相对于关内的草长莺飞、鸟语花香，边关却还是“无花只有寒”，只能听到笛奏《折杨柳》。这一描写其实不只是对塞外客观自然风景的描绘，更是诗人担忧急迫而又残酷的战事的心理感受。虽已是五月，天气却依旧寒气逼人，“寒”既是边塞此时的物理温度，同时也是诗人感受边塞的心理温度。五六句直接描写军中生活，所谓鸣金击鼓、节止进退，“金鼓”一词，可见军纪之威严。“晓战”二字，则点出黎明即出击征战，凸显了军旅生活的紧张与严酷。晚间歇息则是“宵眠‘抱’玉鞍”，本来写睡觉用“枕”玉鞍更符合常态，但诗中特意用“抱”字，显出了战士紧张的临战状态，一旦有军令即“抱鞍”出击。这两句是典型的细节描写，诗人不仅在漫长浩瀚、纷纭激烈的军旅生活中截取了一个片段，而且用以一总多的方式，寥寥数语形象化地展现了边塞戎兵即景，极大地拓展了读者的想象空间。最后两句则借用傅介子计斩楼兰王立功封侯的典故，顺势点题，形成高潮，表达了边关将士和诗人以身许国的壮志，高扬了盛唐时代的慷慨精神。

另一部经典是老舍的长篇小说《四世同堂》（图 3-2）。该作品写于 1944—1948 年间，分为《惶惑》《偷生》《饥荒》三部，总字数达百万。小说完全依照抗日战争的时间推移安排情节发展，通过解剖北京小羊圈胡同这个小小的样本，展现了当时中国社会的剧变，在这一进程中，整个胡同的市民由迷惘困惑、忍辱偷生到醒悟反抗、重获新生。小说包含了多条线索，胡同里祁家四代老少的命运沉浮是主线，其他十余户百余口的生活则是辅线，祁、冠、钱三家以及其他贫民群体的遭遇彼此缠绕，构成了《四世同堂》总体性的起承转合。老舍牢牢把握了“民族巨变——社会巨变”这一关节，使小说中的各色人物持续向祁家聚拢，在家国叙事中艺术化地经营了一个庞大的人物体系。小说通过对诸多个体命运的深刻摹画，展现了异族压迫的残虐、沦陷区人民的精神创伤和中华

图 3-2
老舍与《四世同堂》

民族的屈辱苦难；又以普通民众的命运际遇，塑造了一个伟大民族的民众群像。老舍以一种既写实又隐喻的方式描绘了现代中国的民族认同和家国观念，并记录了这一刻骨铭心的历史进程。

二、文学与文学素养

关于何谓文学，历来有很多不同的界说，不管如何考量，有一点是共识性的，那就是文学乃语言艺术。"艺术"在此具有特别的含义，举例来说，每天我们都会经历黎明时分，这样的场景再平常不过了，或许我们可以用一句"天亮了"来描述。可在诗人眼里，这一时刻的变化却蕴含了极为丰富的意涵，如明末清初诗人李世熊有诗曰："月凉梦破鸡声白，枫霁烟醒鸟语红。"两句诗生动描绘了黎明时分的情景变化，上句写月亮在空中凉意袭人，人们从梦中醒来，鸡鸣声中天边泛起鱼肚白，下句写枫树林中晨雾弥漫开来，鸟儿在枝头齐鸣，为旭日东升争相歌唱。日出景观在诗人笔下如此生动，从声音到色彩，从气温变化到鸡鸣鸟啭，一幅诗意隽永的画面跃然纸上。由此可见，文学语言与日常语言殊异，日常语言的表达只求"辞达而已矣"，诗人的语言则"语不惊人死不休"！

每个人从孩提时代就开始接触文学。唐诗是每个孩子童年必不可少的文化滋养，李白的一首《静夜思》，在无数中国人的童年记忆中留下了深深的印迹。月夜静谧，思乡心切，诵读这首小诗我们不但能体悟到诗的魅力，而且能在不知不觉中形成对中华优秀传统文化的体认，催生我们对家乡、亲人和故土的眷恋。随着身心的成长，我们在小学、中学的各个阶段，都以各种方式走进文学，培育自己的文学兴趣。在大学阶段，专业学习成为主要的任务，我们慢慢地便与文学产生了距离。虽然我们的专业知识和技能日渐增长，但文学兴趣和素养也许还停留在中学阶段，因此，美育课作为一种孕育想象力和艺术体验的路径，能再次唤起我们对文学的兴趣，激发我们对文学永远的爱。

美育旨在培育并提升我们的审美素养，其中一个重要方面就是文学素养，其基本含义是指文学方面的读写能力。但是，能写会读还只是入门要求，文学美育还有更多更高的意涵。爱文学是文学素养的内在潜质之一，不爱便谈不上文学素养，爱是做好某事必不可少的驱动力；知文学是文学素养的又一潜质，指的是掌握文学的基本知识，了解文学不同的体裁和风格；超越文学是文学素养的更高潜质，文学不是文字游戏，而是要广泛地涉及社会、文化和历史等领域，因此，超越文学进入深广的社会、文化和历史，领悟其中的人文精神及其传统，也是文学素养的应有之义。在今天这个视觉文化主导的时代，在碎片化阅读流行的年代，文学非但不是可有可无的，反而变得更加重要了。

第二节　诗与诗意

世界上各个民族都有自己的文学传统，对文学体裁也各有偏好；但是从总体上看，各民族的文学有明显的共通性，尤其是在四种普遍存在的文学体裁上：诗歌、小说、戏剧和散文。

诗歌在每个民族的历史中都是最早的文学类型，人类发明了语言并有节律地表达，大约就是最早的诗歌缘起了。中国现存最早的诗歌总集《诗经》(图3-3)，开中国诗史之先河，从楚辞到乐府，直至唐诗、宋词、元曲，中国古典诗歌的文脉生生不息，一直延续到现代白话新诗。中国是一个伟大的诗歌国度，深厚的抒情传统使中国诗歌傲立于世界文学之林。如林庚所言，中国古代诗歌一开始就走上了与西方叙事诗不同的抒情诗之路，正是这种抒情传统使“中国是诗的国度，诗成为我们民族的骄傲”。“诗歌在中国古典文学中因此成熟得最早，深入到生活的每个角落。”① 从西方文学发展史来看，诗歌也是最早的文学体裁之一，古希腊时期就有抒情诗、史诗和戏剧诗等不同样式，《荷马史诗》和希腊悲剧诗体即如是。

人的一生需有“诗情画意”。所谓“诗情”，从狭义来看，就是诗歌伴随我们一生，爱诗、读诗、写诗成为我们日常生活的一部分；从广义来看，是指人在生活中始终有一种审美意蕴和情趣，让自己的生存变得富有诗意。美育就是

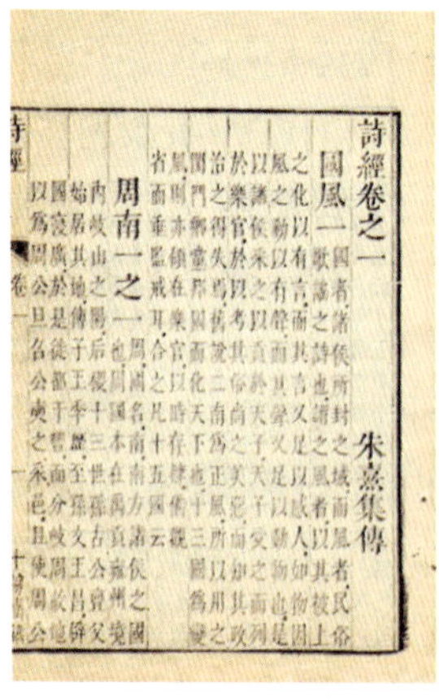

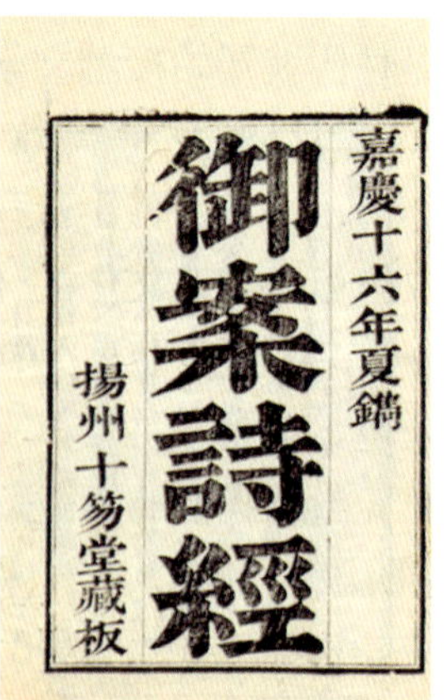

图3-3
清代《诗经》刻本

① 林庚：《唐诗综论》，商务印书馆2017年版，第274、276页。

将诗意引入每个人的大学生活，并对整个人生产生潜移默化的影响。

一、诗歌的形式要素

说到诗歌，首先碰到的问题就是“诗与其他文学体裁有何不同?”简单地说，诗的特别之处主要体现在其语言的特别用法上，诗体不同于散文体，它有分行排列、多用比喻、创造意象等特征。一般来说，诗歌的语言往往句式短小、韵律感强、便于吟诵，因此，文字虽少却令人印象深刻。

分行排列是诗歌最为显著的形式特征，古代格律诗字数有限定，行数也有限定，即使是宋词，字数、平仄也有具体的限定。比如盛唐诗人王维脍炙人口的山水田园诗《山居秋暝》：

空山新雨后，天气晚来秋。
明月松间照，清泉石上流。
竹喧归浣女，莲动下渔舟。
随意春芳歇，王孙自可留。

正是分行排列和规整的字数，构成了诗歌的节奏、韵律效果，从而使诗歌既便于上口吟诵，又便于记忆。在古典诗歌中，这样的结构还蕴含了许多技巧，比如对仗。对仗的手法在律诗中普遍存在，律诗一般是中间两联对仗，首尾联一般不对仗。“明月”对“清泉”，“松间照”对“石上流”；同理，“竹喧”对“莲动”，“归浣女”对“下渔舟”。这些对仗的字句构成了一幅流动的、充满诗意的画面。

但对中国古典诗歌来说重要的其实并不是“分行”，而是“断句”。翻看中国古典诗歌的传统印刷本不难发现，古诗是不分行的，而是通过圆圈或圆点来点断长句。如杜牧的《清明》是中国人耳熟能详的诗，但依照中国传统的抄写和印刷方式，其形态则是“清明时节雨纷纷路上行人欲断魂借问酒家何处有牧童遥指杏花村”，而根据不同的句读，则能够读出多重意思来。

大家最熟悉的一种规范格式是：

清明时节雨纷纷
路上行人欲断魂
借问酒家何处有
牧童遥指杏花村

但若是采用另外一种断句方法，意思就明显不同了：

清明时节雨
纷纷路上
行人欲断魂

借问酒家何处
有牧童
遥指杏花村

显然，不同的句读，能够产生不同的意义，而读者对断句的分歧则又导致了他们对诗歌意蕴的不同解读，于是不同的句读就把同一首诗导向了不同的风格。由此可见，中国的古典诗蕴含了一种和现代自由诗不同的美学原则。

二、诗歌的修辞与意象

我们阅读诗歌，不但能直观行列、节奏和韵律等形式特征，还能进一步感悟充满情感的意象。王维的《山中》便是一例："荆溪白石出，天寒红叶稀。山路元无雨，空翠湿人衣。"读罢这首小诗，秋天行路山中的场景跃然纸上，山石、树叶、色彩、水流、寒意、小路、行人、湿衣……一连串的意象接踵而至，"设身而处当时之境会……呈于象、感于目、会于心"①。苏东坡酷爱王维的诗，他说："味摩诘之诗，诗中有画。"② 诗中有画，就是对诗歌意象的精辟概括，前面所说的诗歌的行列、节奏和韵律，这些在诗中都服务于创造精彩意象的最终目标。在诗歌中，想象性的视觉意象是主要的，不过还有一些听觉性的意象，诸如"风暖鸟声碎"（杜荀鹤《春宫怨》），"柴门鸟雀噪"（杜甫《羌村三首》），"留得枯荷听雨声"（李商隐《宿骆氏亭寄怀崔雍崔衮》），等等。另一类更为复杂的意象是形成通感（又称联觉）的意象，也就是转换或打通各种感官的综合性的意象。诸如"红杏枝头春意闹"（宋祁《玉楼春》），一个"闹"字既有视觉动感，又有听觉声响；"促织声尖尖似针"（贾岛《客思》），将秋虫的叫声转换成尖针的触觉形象。

意象的概念早已有之，刘勰《文心雕龙·神思》中就有"独照之匠，窥意象而运斤"的说法，意思是通过意象来发现独特的东西。一般认为，意象在中国古典诗学中指的是意中之象，或意之象。意就是诗人的主观情志，象即客观事物或形象。中国古代诗歌不仅关注诗所直接传达的意象，更关注"言外之意"或"象外之象"。这就涉及与意象关系密切的另一个重要概念——意境，即所谓"境生于象外"（刘禹锡）。那么，诗人是如何经营意象的？有什么秘诀呢？

显然，诗人是驾驭语言的高手，善用修辞，就像画家擅长造型，作曲家精于旋律一样。比喻在诗中无处不在，某种程度上说，无比喻便无诗歌意象，用比喻创造出意象是诗的普遍法则。如英国诗人刘易斯所说，诗歌意象是由词语所构成的图像。一个修饰语，一个隐喻，一个明喻都可能创造出一个意象，任

① 叶燮、薛雪、沈德潜：《原诗 一瓢诗话 说诗晬语》，人民文学出版社 1979 年版，第 30—31 页。

② 苏轼：《书摩诘蓝田烟雨图》，郭绍虞主编：《中国历代文论选》第二册，上海古籍出版社 2001 年版，第 305 页。

何一个诗歌意象在某种程度上都是比喻性的。

在中国古代诗学中，比喻占有很高的地位，是诗“六义”之一。“赋、比、兴”中的“比”即是比喻。“比者，比方于物也。”（郑玄）“比者，以彼物比此物也。”（朱熹）如《诗经·硕人》“手如柔荑，肤如凝脂，领如蝤蛴，齿如瓠犀”，手被比作柔荑，皮肤被比作凝脂，一个“如”字，把一系列原本不相关的意象关联起来，创造出美女顾盼的迷人姿态。这样的比喻，在喻体和本体之间有“如”“像”“似”等关联词语，就是比喻中的明喻，明明白白告诉你A就像B一样，“二月春风似剪刀”（贺知章），“忆君清泪如铅水”（李贺）即是如此。

诗人都是善用比喻的高手，在诗歌的竞技场里，真正获得殊荣的一定是那些创造了令人叹服的比喻和意象的人。法国文豪雨果在其诗作中，把不起眼的星星被比作许多匪夷所思的奇妙事物：“钻石”“金色的水晶”“金色的云彩”“发光的神殿”“小羊羔”“永恒的夏日之花”“银色的百合”“夜之眼”“薄暮中朦胧的眼睛”“空中的残火”“巨大天花板上的洞”“空中飞舞的蜜蜂”“亚当流出的血滴”“孔雀羽毛上的彩色斑点”等。这些充满了奇思妙想的新颖比喻，把我们对星星的印象带入一个全新的境界，事物之间的那种相似性关联在意象中彰显出来。这些极具特色的比喻在雨果之前，也许我们从未想到过。正是经由这些富有创意的比喻，星星不再是夜里悬挂在天上的斑点，而是具有无穷变化并富有生命力的审美对象。

尽管不同的诗人会创造出不同的诗歌意象，但一个民族的诗史上常常会形成一些反复出现的原型意象。在中国古诗中就有很多这样的意象，比如自然物中的“杨柳”“红豆”“芳草”和“梅花”等，或“流水”“斜阳”“明月”和“猿啼”等；再比如人事方面的“凭栏”“羌笛”“思乡”或“饮酒”等。登高望远、凭栏沉思是一个很有意味的中国古典诗歌原型意象，抒情主人公所咏叹的是一种伤高怀远的愁情。屈原诗云：“目极千里兮伤春心。”（《招魂》）陈子昂慨叹：“前不见古人，后不见来者。念天地之悠悠，独怆然而涕下。”（《登幽州台歌》）李白吟诵道：“试登高而望远，咸痛骨而伤心。”（《愁阳春赋》）柳宗元诗曰：“城上高楼接大荒，海天愁思正茫茫。”（《登柳州城楼寄漳汀封连四州》）正所谓“非历览无以寄杼轴之怀，非高远无以开沉郁之绪……思必深而深必怨，望必远而远必伤”。另一类思乡者的意象也很有感染力，有许多耳熟能详并让人铭记在心的经典诗句，如“举头望明月，低头思故乡”（李白《静夜思》），“独在异乡为异客，每逢佳节倍思亲”（王维《九月九日忆山东兄弟》），“烽火连三月，家书抵万金”（杜甫《春望》），“洛阳亲友如相问，一片冰心在玉壶”（王昌龄《芙蓉楼送辛渐》），“少小离家老大回，乡音无改鬓毛衰”（贺知章《回乡偶书二首》）。假如说凭栏意象代表了某种对民族和国家的历史和未来的深切关怀的话，那么，思乡者意象则意味着对故土、家园和亲人挥之不去的思念。诗歌正是通过深层的精神力量震撼人心，在带给人阅读愉悦的同时，无形中塑造了读者的民族文化认同。

第三节　小说与说故事

小说是文学家族中的后来者，在中国古代，小说是指“其一叙述杂事，其一记录异闻，其一缀辑琐语”[①]，与“正史”相对，故在古人眼中“小说”可广泛包括寓言、志怪、神话、传奇、笔记、话本、俗讲等。文学意义上的小说兴于六朝，记述神怪、诡异之事，称“志怪”；记录人物趣事逸闻，则称“志人”。眼下通行的小说概念较多体现出西方文学的分类法，即散文体的虚构故事（fiction）。按其篇幅，小说可分为长篇小说、中篇小说、短篇小说和微型小说；按其主题，可分为历史小说、武侠小说、推理小说、科幻小说、市井小说等。

相对于诗歌，小说更具叙事方面的价值，它极大地丰富了人类讲故事的传统和技艺。同时，小说的受众面更大，对人的影响更为显著。近代以来，思想家们提出文学革命的主张，如梁启超认为，因为小说有独特的审美力（他将其概括为“熏”“浸”“刺”“提”四个字），所以“今日欲改良群治，必自小说界革命始；欲新民，必自新小说始”[②]。由此可见，小说在文学家族中具有举足轻重的地位。

一、小说的情节与叙事

小说的要旨在说故事，而故事的关键在情节与叙事。

所谓情节，通常被认为是有意义的一系列行动过程，情节使叙事保持运动状态，小说的人物塑造、性格冲突和事件发展都有赖于情节。说故事在某种意义上就是编制情节，使小说的发展趋于复杂化。英国小说家福斯特区分了故事与情节，他认为“国王死了，不久王后也死了”是故事，而“国王死了，不久王后也因伤心而死”则属于情节。[③]显然，在福斯特看来，情节最重要的特质就是其内在的因果逻辑，其独特性就在于由因果关系构筑完整事件。

小说情节的设置是谋篇布局的重要组成部分。亚里士多德认为情节作为一个完整的结构，必有头、身、尾三部分，这是古典的情节结构，即开头矛盾纠结形成，逐渐发展走向高潮，最终矛盾解决而达致结尾。当代学者则认为，情节必须符合三个要求：其一，情节必须有一个开端和结局；其二，情节的发展是一个顺序过程，每一个事件都处在起承转合过程当中（除了开端和结局）；其三，一般意义上，情节发展的诸多事件彼此纠结，并处在一个共同的背景之

① 纪昀、陆锡熊、孙士毅等：《钦定四库全书总目》（整理本）下册，中华书局 1997 年版，第 1834 页。

② 梁启超：《论小说与群治之关系》，郭绍虞主编《中国历代文论选》第四册，上海古籍出版社 2001 年版，第 208—209 页。

③ 爱·摩·福斯特：《小说面面观》，苏炳文译，花城出版社 1984 年版，第 75 页。

中，正是这个背景赋予这些事件以意义。①

小说叙事技巧的发展变化充分体现于人类讲故事的传统之中。美学家叶朗指出，中国传统的小说美学特别注重为群众所喜闻乐见，追求引发读者的兴趣，满足读者的审美需求和情感需求，由此发展出一整套描摹人物、铺张情节的技巧。中国古代小说家或说书人深谙情节之奥秘，发展出林林总总的情节模式，这里不妨举例说明，如金圣叹评《水浒传》(图 3-4) 时，就曾总结了一些很有中国特色的情节法则。

> 有獭尾法。谓一段大文字后，不好寂然便住，更作余波演漾之。如梁中书东郭演武归去后，知县时文彬升堂；武松打虎下冈来，遇着两个猎户；血溅鸳鸯楼后，写城壕边月色等是也。
>
> 有正犯法。如武松打虎后，又写李逵杀虎，又写二解争虎；潘金莲偷汉后，又写潘巧云偷汉；江州城劫法场后，又写大名府劫法场……
>
> 有欲合故纵法。如白龙庙前，李俊、二张、二童、二穆等救船已到，却写李逵重要杀入城去；还道村玄女庙中，赵能、赵得都已出去，却有树根绊跌士兵叫喊等。令人到临了，又加倍吃吓是也。
>
> 有横云断山法。如两打祝家庄后，忽插出解珍、解宝争虎越狱事；又正打大名时，忽插出截江鬼、油里鳅谋财倾命事等是也。只为文字太长了，便恐累赘，故从半腰间暂时闪出，以间隔之。②

现代小说在情节营造方面发展出更为多样和复杂的模式。比如，严家炎以

图 3-4
绣像本《水浒传》

① J. A. Honeywell, “Plot in the Modern Novel,” in Michael J. Hoffman and Patrick D. Murphy, eds., *Essentials of the Theory of Fiction.* Durham: Duke University Press, 1996, p.148.

② 转引自叶朗主编:《中国历代美学文库》清代卷上，高等教育出版社 2003 年版，第 115 页。

金庸小说为例，归纳出了四种基本的武侠小说情节模式——复仇模式、抢宝模式、伏魔或争雄模式、抗暴模式。复仇模式就是主人公遭遇了灭门之灾，尔后刻苦学习武艺，最后找到仇人并报仇雪恨。曲折一点的情况是主人公在复仇过程中爱上了仇人的女儿或徒弟等。抢宝模式是争夺宝物，宝物可能是金银财宝，也可能是武功秘笈，或是灵丹妙药，等等，人物围绕着宝物展开复杂的争斗。伏魔或争雄模式指的是武林江湖上突然崛起一股恶势力，威胁到许多武林正派，于是某个人物挺身而出，率众人与邪恶势力抗争，最终战胜恶势力，恢复了武林往日的景象。抗暴模式即主持正义，抵抗暴政，反对侵凌弱小。①

情节虽然重要，但是情节如何叙说和由谁叙说却更加重要。传统小说通常有一个“说书人”，故事如同他亲历一般被娓娓道来，这就增强了故事的可信度和吸引力。这样的说书人角色通常体现的是“第一人称叙述”，即故事由一个“我”来讲述。如果用“他”的视角来讲故事，则是“第三人称叙述”，当然，也有用“你”的“第二人称叙述”，但常见的仍是第一和第三人称叙述。

叙事角度的关键所在是作者与其所描绘故事的距离。叙述者可以是一个超然于故事之外的上帝式的角色，他全知全能，说起故事来左右逢源，游刃有余。与之相对的则是故事中的某个人物，他身处故事的发展进程中，身陷错综纠结的关系里。如此，这一叙事角度就会有所局限，受到自己所处的场景和故事环节的限定。全知全能的叙述也就是第三人称视角，而故事中的人物做叙述者则属于第一人称叙述。当然，第一人称叙述还有一种情况，其叙述者并不是故事人物，而只是一个单纯的叙述者，即他道听途说之后再来讲述，自己并不在故事之中。

以上所讨论的这些问题也许我们在阅读小说时并不在意，通常情况下我们会跟着人物或情节走，并不会注意到小说叙述中有如此之多的“门道”。当我们了解了情节的结构方式和故事叙述的不同视角后，再去阅读小说，我们不但会为小说的故事所感染，还会为小说说故事的技巧所折服。

二、小说的人物与主题

众所周知，人物、情节、环境是小说的“三要素”，而这三者中无疑“人物”最引人注目，人们关于小说的认知、讨论、重述往往都是基于人物的。这也就意味着，人物在小说中扮演了一个关键性角色——它在小说中穿针引线，是小说情节、观念的载体。正是因为读者在小说中投入程度很高，小说人物与读者之间形成了对话关系，阅读小说也就意味着读者根据自己的经验和期许来衡量、品鉴文学所创造的各种角色。

小说的人物创造为读者提供了两种可能性，“移情”或“无情”。从“移情”的角度出发，读者可以将自己代入文学人物，以自我来体味、模拟和演绎文学人物的感受与行动，一如《东坡志林》所载“小儿听人说古，闻曹操败则喜，闻玄德败则泣”；②从“无情”的角度出发，则意味着读者以观察者的身份对待人

---

① 严家炎：《再探金庸情节趣味》，中国台湾远流出版公司2000年版，第78页。

② 孔另境：《中国小说史料》，古典文学出版社1957年版，第54页。

物角色的情感和行动，并对人物进行认知与评价，这一过程无需复制和体验文学人物的经历与状态，就像金圣叹在点评《水浒传》时所说的那样，“写武松打虎纯是精细，写李逵杀虎纯是大胆”。

依照读者的期待与评鉴，人物可以分为不同的类型，小说家福斯特提出了“圆形人物”与“扁平人物”二分法，前者往往具有复杂的性格和多层次的内涵，因其复杂而难以概括；后者只有单纯的属性，可以简单化和概念化。小说人物的创造显然与现实人生有不同的规则，再长的小说也不可能重述一个人的全部人生，小说人物的“圆形”与“扁平”实际上体现了作家基于文学创作需要而进行的取舍。

随着小说媒介的变化，小说人物的塑造手法也发生了新的调整，在某些网络小说中产生了新的角色经营方式，如令主角承担推动情节、延续故事的功能，而并不展现其内在的复杂性、丰富度以及发展变化；同时让配角承担令读者喜爱和感动的功能，充分呈现其心理、经历、人格的变化，以博得读者的喜爱，并在适当时刻有意使这位高人气配角死去，以获得更高程度的追捧。这种创作手法与网络文学的巨大容量、作者读者之间的密集交互紧密相关，可以说是网络条件下小说创作的新发展，而这也无疑显示出，在小说人物的创造领域中仍存在着巨大的空间。

小说的主题显得比较复杂，它一方面是读者的主观理解，另一方面又是小说文本中所蕴含的意蕴。有学者认为，所谓主题就是从小说中概括出来的某种观念和意义，某种对人物和事件的诠释，是体现在整个作品中对生活的深刻而又统一的观点。① 比如《红楼梦》，我们少年时阅读往往关注男女情爱主题，渐入老境时再读，所关心的主题就往往转移到家国兴灭之上了。因此鲁迅曾评说：“单是命意，就因读者的眼光而有种种：经学家看见《易》，道学家看见淫，才子看见缠绵，革命家看见排满，流言家看见宫闱秘事。”②

小说主题在通俗和类型化作品中会体现得较为明显，此类小说追求广泛关注与销量，故而追求故事的普适和通用，迎合文学的主题常规，以便最大程度上促使读者联系其个人经验，以充分代入来实现文学效应。因此主题通常是正义的实现、公正的伸张、复仇的快感，以及背叛、妒忌、担当、牺牲等。作者往往基于流行风尚、市场份额甚至投机心理来确立小说主题，尽可能地将作品与读者绑定，但读者却往往没有觉知。

在追求艺术性与严肃性的小说中，作者的创作动机以及作品主题会更加难以识别。甚至在多数情况下，作者根本不追求确立清晰的主题，而宁愿保持其作品的模糊性和多义性，因此小说主题往往更依赖于读者的主观辨识。这种情况自 20 世纪以来更加明显，如詹姆斯·乔伊斯的《尤利西斯》就是公认的情节简单而主题晦涩的作品。这一类小说具有更大的阐释空间和更多的阐释可能，

① 布鲁克斯、华伦编：《小说鉴赏》，主万等译，中国青年出版社 1986 年版，第 358 页。

② 鲁迅：《集外集拾遗补编·〈绛洞花主〉小引》，《鲁迅全集》第 8 卷，人民文学出版社 2005 年版，第 179 页。

相应地也要求读者具有更多的阅读储备。当乔伊斯的阿姨抱怨《尤利西斯》难以理解时，乔伊斯建议，她应该先读完《奥德赛》。这即是说，小说复杂主题的存在，一方面与人的复杂感情体验有关，另一方面与读者的相关文学知识储备有关。越是经典的小说，主题往往就越深刻而复杂，也就越难以理解和把握。经典小说作为一种重要的文学资源，对人心智和文学素养的建构作用远比通俗小说来得深刻而有力。

第四节　文学当代性与审美表达

一、文学的当代意义

文学具有深厚的人文精神及独特的传统，一如“文学是人学”所表达的那样，文学总是关乎人、围绕人和描写人，是对人性、人道、人文深邃含义的叩问与解答。说到那些伟大的文学经典，从唐诗、宋词到元曲、明清小说，无不是在剖析人的生存与精神状态。文学世界是一个包罗万象的世界，人性的善恶，情感的喜乐，无不在其中呈现。进入文学世界，读者与文学作品中的人物同呼吸共命运，徜徉于自然界与人世间，与古今中外的诗人作家促膝攀谈，在文学阅读中陶养性情，领悟深邃的人性力量和人文意蕴。俗话说“知书达理”，在同样的意义上可以说，热爱文学不但可以使人变得更加儒雅有礼，而且能使人的精神世界变得更加充实。文学在涵育博爱之心和同情心方面，更有独特的潜移默化功能，能不断升华人的审美精神和道德意识。同理，在物质主义和消费主义盛行的年代，文学无疑为我们看护自己的精神家园提供了更多可能，促使我们去追求超越物质享乐的更高尚的东西，并把自己的幸福建立在社会进步、国泰民安的坚实基础之上。

较之于其他艺术，文学上涉天文地理，下涉俗世烟火，直接关涉人的心灵建构，其表现范围和深度都有不可替代的优势。有美学家在比较诗画差异时指出：“生活高出图画有多么远，诗人在这里也就高出画家多么远。”“诗人却有本领把最不堪入画的东西描绘成为有画意的东西。”① 文学的这个优势就是语言的优势，语言可以描绘一切，这就使得文学在再现现实生活的广度和深度上有其他艺术难以企及的美学特长。一幅画只能呈现一个瞬间场面，而一部史诗或小说则可以描绘一个人的一生乃至一个家族的兴衰。就内容表现的复杂性和深刻性而言，文学可谓独占鳌头。因此，进入文学也就是进入纷繁复杂的大千世界，博览芸芸众生的世间百态。从这个比较的视角来说，文学真正是一部人生的教科书。晚近有研究表明，阅读经典小说与通俗小说的审美效果判然有别。由于经典作品通常更为复杂、更富有创造性和多样性，而通俗小说的文学性相对较弱，人物和情节都明显模式化，所以读经典小说的人比只读通俗小说的人，在

① 莱辛：《拉奥孔》，朱光潜译，人民文学出版社 1979 年版，第 75、79 页。

理解他人的动机和行为，或识别他人的情绪或情感性质方面，要更敏锐和准确。这就揭示了一个道理，经典的文学作品往往蕴含了社会、文化、历史和人生的复杂性与可能性，这便为正在走向成熟的大学生启悟人生智慧提供了想象性的实践。

文学不但使人更广泛地了解社会和他人的生活，而且还使人认识到“我是谁”，对自我认同的建构具有相当积极的意义。通过文学阅读，处在成长关键期的莘莘学子，在丰富多彩的各式文学人物“镜像”中看到了自己，某些文学人物的生活及其命运或是折射出了他们的当下或未来，或是唤起了他们抗争宿命并重塑人生的强烈冲动。更重要的是，文学还有某种独特的母语濡化作用，读者通过亲近文学，可以汲取丰厚的文化养料，强化民族文化身份认同，唤起对民族文化根源和伟大传统的自觉体认，产生强烈的文化自信。照钱穆的说法，一个民族的语言和文学亦即其文化造诣之体现，“非切实了解其文字与文学，即不能深透其民族之内心而把握其文化之真源”。[①] 进一步来说，文学的个体自我建构内容远不止这些。通过文学，我们还可以在自我认同建构方面逐步培育自己独立思考的批判理性。计算机算法、媒体数字化和全球互联网三者合力建构了当前的文化，[②] 它一方面为个体独异性发展提供了更多可能性，另一方面强化了现代性所固有的形式理性化的同一性或从众性趋势。文学则提供了另一种可能性，所谓“风格即人”，诗人或作家总是努力寻找自己的文学风格，所写的人物、场景、语言、主题或风格皆体现出独异性。如清代画家石涛直言：“我之为我，自有我在……我自发我之肺腑，揭我之须眉。”[③] 画家如此，诗人、作家亦如此。经典文学作品不但风格迥异，而且所写情境、人物、主题亦有所不同。读者徜徉于文学世界，遭遇各式人物及事件，自然而然地会培育起独到眼光和判断力，同时文学使他们更愿意关注个体独异性而拒绝无意识从众，逐渐养成反思和批判的品格。

最后，面对一个速度宰制和效率至上的社会，一种由注意力经济主导的文化，以及同质化的信息超载成为普遍现象，年轻人的行为方式和思维方式均已发生变化。智能手机和电脑等移动终端每日输送海量冗余信息，催生了一种“超级注意力模式”，其特征是使受众瞬间转换焦点且喜好刺激，很难长时间专注于做同一件事，这就导致日常阅读变得愈加碎片化和浅层化，凝神专注于某一事物的传统日趋消解。面对这样一种信息过载与注意力耗尽的状态，提倡沉浸式的文学阅读无疑是一种很好的对策。文学阅读的潜在好处被一些实验证明，比如阅读经典小说能使大脑多个区域的血流量出乎意料地增加，这就使读者大脑得到了有价值的锻炼；还有研究指出，经常阅读的人的语言能力会显著提高，阅读使他们更聪明。文学阅读的独特性还在于，能让读者暂时摆脱现实世界的功利考量和烦恼，进入一个想象的世界，暂时脱离内卷的和高速运转的日常生活，身心进入一种缓慢平和的状态。

---

① 钱穆:《中国文学论丛》，生活·读书·新知三联书店 2002 年版，第 1 页。

② 参见莱克维茨:《独异性社会：现代的结构转型》，巩婕译，社会科学文献出版社 2019 年版。

③ 石涛:《画语录》，广西人民出版社 2001 年版，第 10 页。

文学阅读方式与实用阅读方式也有很大的不同，有学者认为文学阅读并不关注能留下什么，而只关心发生了什么，对体验过程本身的关注超越了任何实用的目的。

如果说实用阅读是一次“直奔目的地的出差”，那么，文学阅读更像是一次“享受过程的旅行”。一个热爱文学阅读并钟情于文学经典的人，会自觉抵制碎片化的浅阅读，在沉浸式的阅读中体验文学的魅力，并逐渐培养健康的阅读习惯。只有在与经典相遇的沉浸式阅读中，更有深度的沉思冥想才会发生，纷繁表象下深邃的社会真实与璀璨的人性光芒才会显现。

二、文学的审美表达

文学是语言的艺术，阅读是与语言打交道，然而，要将自己丰富的语言感知经验用优美的语言表达出来并不是一件轻而易举的事。开篇所说的文学素养不但指文学阅读能力，还包含对文学体验的语言表达能力。提升文学素养最有效的方法是阅读、书写、言说诸种能力的综合协调训练。比如读完一首诗或一部小说，可以将自己的感受诉诸文字，以随笔式的自由写作记录下自己的直觉感悟。这种写作不但是对自己阅读经验的重温和反思，也是对感性经验的升华与凝练，有助于文学素养的提升。

批评家弗莱认为，教育应该从被动地学习读、写、算等简单能力开始，最终实现一种深刻的转换，努力将其转化为一种活动，那就是有辨别力的阅读和有表达力的书写。如果缺少这种背景，一个人虽能阅读和写作，从功能上说却仍然是一个文盲。一个学生发现他虽已上了大学却仍然不能完整说出自己的想法，这是很令人沮丧的。其实美育作为一种教育也是如此，即从一些被动性的审美基础能力练习开始，经过丰富多样的审美实践，最终达成某种转换。在文学美育方面，也就是努力走向弗莱所说的“有辨别力的阅读和有表达力的书写”。能很好说出、写下自己所思和所体验的东西，就是作为审美素养的审美表达力的养成。想要很好地写下或说出自己的文学阅读经验，一条便捷的路径就是模仿历史上文人墨客谈论文学的经典话语，向古今中外诗人、作家或批评家的经典言说学习，并经过创造性转换，发展出属于自己的审美表达方式。以下，我们就通过一些示范性的语句来学习如何进行审美表达。

首先，我们来列举一些关于文学的经典说法。在这些说法中，有的涉及文学的本质和功能，有的涉及文学的语言艺术特性，还有的涉及文学的想象力和发展史。古今中外关于文学的经典说法，为我们理解何谓文学，以及如何表达自己的文学经验提供了范本。

写诗这种活动比写历史更富于哲学意味，更被严肃的对待；因为诗所描述的事带有普遍性，历史则叙述个别的事。

——亚里士多德

中国文学亦可称之为心学。孔子曰：“辞达而已矣。”不仅外交辞令，即一切辞，亦皆以达此心。心统性情，性则通天人，情则合内外。不仅身家国天下，与吾心皆有合，即宇宙万物，于吾心亦有合。合内外，是即通天人。言与辞，皆以达此心。孔子曰：“言之无文，行之不远。”言而文，则行于天下，行于后世，乃谓之文学。何谓文？此涉艺术问题，故文学即是一种艺术。

——钱穆

凡一代有一代之文学：楚之骚，汉之赋，六代之骈语，唐之诗，宋之词，元之曲，皆所谓一代之文学，而后世莫能继焉者也。

——王国维

文学既是社会进步之因，又是社会进步之果。它深化了我们与生俱来的感性能力，并通过练习来增强我们的智性能力。它保存了特定种族积累下来的经验，并将过去和现在统一成一个有意识的整体；经由这种保存，它薪火相传地滋养了一代又一代后来者。

——乔治・亨利・刘易斯

其次，我们来遴选一些关于诗歌的经典说法。这些说法道出了诗歌首要的美学特征是其语言的音乐化，然后揭示了诗歌与情感表现之间密切的抒情关系，显示了诗歌与人的精神世界的关联。

诗的定义可以说是，“用一种美的文字——音律的绘画的文字——表写人的情绪中的意境。”这能表写的、适当的文字就是诗的“形”，那所表写的“意境”，就是诗的“质”。

——宗白华

明白了诗的生命是在它的内在的音节（Internal rhythm）的道理，我们才能领会到诗的真的趣味；不论思想怎样高尚，情绪怎样热烈，你得拿来彻底的“音节化”（那就是诗化）才可以取得诗的认识，要不然思想自思想，情绪自情绪，却不能说是诗。

——徐志摩

诗是强烈情感的自然流露。它起源于在平静中回忆起来的情感。

——威廉・华兹华斯

诗揭开了世间隐闭之美的面纱，让熟悉的事物变得如同陌生物。

——珀西・比希・雪莱

再次，我们列出一些关于小说的经典表述。小说作为一种文学体裁，最具审美和社会影响力，它以特有的虚构性与想象性揭示了生活的真实。故事与主题、语言与结构也是关于小说的常见话题，而中国小说独特的写意性明显区别于以情节建构为重的西方小说。

说到“为什么做”小说罢，我仍抱着十多年前的“启蒙主义”，以为必须是“为人生”，而且要改良这人生……所以我的取材，多采自病态社会的不幸的人们中，意思是在揭出病苦，引起疗救的注意……所以我不去描写风月，对话也决不说到一大篇。

——鲁迅

虚构性的小说是在乔纳斯回到家的那天发明的，他告诉妻子之所以迟了三天回来，是因为他被一条鲸鱼吞食了。

——加布里埃尔·加西亚·马尔克斯

叙述语言连同整篇小说的发想、结构，应该是一个美的叙述。小说应当是一首音乐，小说应当是一幅画，小说应当是一首诗，而全部感受、目的、结构、音乐和图画，全部诗都要倚仗语言的叙述来表达和表现。所以，小说首先应当是一篇真正的美文。

——张承志

中国现代小说的语言和中国画，特别是唐宋以后的文人画的关系是非常密切的。中国文人画是写意的，现代中国小说也是写意的多。文人画讲究“笔墨情趣”，就是说“笔墨”本身是目的，物像是次要的。这就回到我们最初谈到的一个命题：他的文字不是表现思想的工具，似乎也是一种目的。现代小说的语言往往超出现象，进入哲理，对生活做较高度的概括。

——汪曾祺

最后，我们来看看文人们是如何描述阅读经验的。这些说法源自诗人、作家和批评家的切身体验，充满了智慧和哲理，可以拓展我们对阅读所蕴含的深刻含义的理解，从而找到自己的阅读之道。

读书的主旨在于排脱俗气。黄山谷（黄庭坚）谓人不读书便语言无味，面目可憎……“风韵”二字读书而来。性灵可决定面目，此处也说的这个道理。

——林语堂

自己一旦认同了故事中的人，你便开始在那个故事中看见了自己，即使表面上故事与你的情况相去甚远。我努力要告诉自己学生的是：这就是文学可以达致的伟大之处——它让我们认同远在天边的境况和人物。一旦文学如此，那简直就是奇迹。

——钦努阿·阿契贝

事实上，关于读书，一个人可以给另一个人的唯一建议是不要接受任何建议。

——弗吉尼亚·伍尔夫

我们发现了一种似乎是本能的愉悦，它不仅存在于阅读激起的情感，而且存在于读后感的互相交流；存在于理解为何我们会感同身受的努力；存在于感情测试——以他人告知我们阅读反应来测试我们自己的感情；存在于对我们现有感受之外的可能有的感受的发现。而论述导致辩证性对话：我们的观察、他人的观察，我们的反应，他人的反应，我们的通则、他人的公示，互不服膺。这种活动本身妙趣横生，为我们的个人体验增添兴味和乐趣。

——莱昂内尔·特里林

本章思考题

1. 文学与其他艺术相比有何不同?
2. 如何理解诗歌与人类文明的关系?
3. 小说讲故事的魅力在哪里?
4. 文学对当下社会有何重要性?
5. 如何提高自己的文学审美表达能力?

推荐阅读书目

1. 钱穆:《中国文学论丛》，生活·读书·新知三联书店 2002 年版。
2. 叶嘉莹:《叶嘉莹说初盛唐诗》，中华书局 2018 年版。
3. 略萨:《给青年小说家的信》，赵德明译，上海译文出版社 2004 年版。
4. 陈平原:《六说文学教育》，东方出版社 2016 年版。
5. 布鲁姆:《如何读，为什么读》，黄灿然译，译林出版社 2011 年版。

本章 DIY 活动

活动一　集句作诗

“集句”是中国古人常用的诗歌创作方法。请使用下文给出的二十句诗，自由选择、裁切、组合成为一首自己的诗。

寒生橘柚千家雨　无凭对影成三客　天下何曾有山水　铁笛横吹沧海月
只忧长笛吹花落　几回梦里忆红颜　一架清阴恰满帘　空馀流水向人间
酒逢欢处更忘难　散人事业笑堪闲　回首画堂双语燕　流水桃花自有年
四时佳处是春天　愿教清影长相见　万里无云万里天　过江多少六朝山
谁人同坐落花天　不畏浮云遮望眼　忽忆僧床同野饭　砌下落梅如雪乱

活动二　看图说故事

仔细欣赏画家勃鲁盖尔的风俗画《农民婚宴》(图 3-5)，这幅画反映了 16 世纪尼德兰乡村的民俗民风。首先查阅勃鲁盖尔及此画的相关背景和研究文献资料，然后分析该画并找出新娘和新郎，细察各式人物及其关系，以及婚宴的具体场景和室内陈设，发挥你的想象力讲述一个发生在几百年前异国他乡的农民新婚宴席上的故事，甚至可以推想婚前及婚后的故事。也可以用中国传统民俗来解读这个场面，赋予画面一些中国文化的意味。

图 3-5

彼得·勃鲁盖尔《农民婚宴》(1567)

图 3-5

案例分析

案例一

以下是近代思想家王国维《人间词话》中关于诗歌的经典论述。在所选段落中王国维区分了两种诗歌境界，一个他名之为“有我之境”，另一个则是“无我之境”。他举例说明了这两种境界在古典诗词中的不同：“有我之境，以我观物，故物我皆著我之色彩。无我之境，以物观物，故不知何者为我，何者为物。”请阅读下文并研讨文后的问题。

人间词话(节选)

王国维

有有我之境，有无我之境。“泪眼问花花不语，乱红飞过秋千去”，“可堪孤馆闭春寒，杜鹃声里斜阳暮”，有我之境也。“采菊东篱下，悠然见南山”，“寒波澹澹起，白鸟悠悠下”，无我之境也。有我之境，以我观物，故物我皆著我之色彩。无我之境，以物观物，故不知何者为我，何者为物。古人为词，写有我之境者为多，然未始不能写无我之境，此在豪杰之士能自树立耳。

……

境非独谓景物也。喜怒哀乐，亦人心中之一境界。故能写真景物，真感情者，谓之有境界。否则谓之无境界。

……

境界有大小，不以是而分优劣。“细雨鱼儿出，微风燕子斜”何遽不若“落日照大旗，马鸣风萧萧”。“宝帘闲挂小银钩”何遽不若“雾失楼台，月迷津渡”也。

……

词至李后主而眼界始大，感慨遂深，遂变伶工之词而为士大夫之词。周介存置诸温韦之下，可谓颠倒黑白矣。“自是人生长恨水长东”，“流水落花春去也，天上人间”，《金荃》《浣花》，能有此气象耶？

……

古今之成大事业、大学问者，必经过三种之境界：“昨夜西风凋碧树。独上高楼，望尽天涯路”，此第一境界也。“衣带渐宽终不悔，为伊消得人憔悴”，此第二境界也。“众里寻他千百度，蓦然回首，那人却在，灯火阑珊处”，此第三境界也。此等语皆非大词人不能道。然遽以此意解释诸词，恐为晏欧诸公所不许也。

大家之作，其言情也必沁人心脾，其写景也必豁人耳目。其辞脱口而出，无矫揉妆束之态。以其所见者真，所知者深也。诗词皆然。持此以衡古今之作者，可无大误也。

诗人对宇宙人生，须入乎其内，又须出乎其外。入乎其内，故能写之。出乎其外，故能观之。入乎其内，故有生气。出乎其外，故有高致。美成能入而不出。白石以降，于此二事皆未梦见。

（选自王国维著、徐调孚校注《校注人间词话》，中华书局 2003 年版）

研讨题 >>>

1. 两种诗歌境界在哪些方面具有明显差异？
2. 两种境界各自的艺术表现和欣赏效果有何不同？
3. 根据两种境界的美学特点，分别写出几句自己满意的诗句。

案例二

以下是英国小说家福斯特《小说面面观》中关于人物的一段经典论述。福斯特区分了小说中最常见的两种人物形象——扁平人物与圆形人物。这两类人物形象广泛存在于中外小说中，成为阅读小说感悟人物描写的重要方法。请阅读下文，思考并回答问题。

扁平人物与圆形人物

福斯特

我们可以将小说中的人物分为扁平人物和圆形人物两种。

扁平人物也就是十七世纪所谓的“气质类型”，有时也称为类型人物，有时也叫漫画人物。其最纯粹的形式是基于某种单一的观念或品质塑造而成的；当其中包含的要素超过一种时，我们得到的就是一条趋向圆形的弧线了。真正的扁平人物可以用一句话来概括，比如：“我永远不会抛弃密考伯先生。”说这话的是密考伯太太——她说她绝不会抛弃密考伯先生；她说到做到，这就是她……

扁平人物最大的优势之一就是不论他们何时登场，都极易辨识——被读者的情感之眼认出，视觉的眼睛只不过注意到一个特定名字的再次出现。俄罗斯小说中虽极少有扁平人物，可一旦出现却有极大帮助。当作者想集中全部力量于一击时他们最是便当，扁平人物对他会非常有用，因为他们从不需浪费笔墨再做介绍，他们从不会跑掉，不必被大家关注着做进一步的发展，而且一出场就能带出他们特有的气氛——他们是些事先定制的发光的小圆盘，在虚空中或在群星间像筹码般被推来推去；随便放在哪儿都成，绝对令人满意。

第二大优势是，他们事后很容易被读者记牢。他们能一成不变地留在读者的记忆中，因为他们绝不会因环境的不同而更易，这使他们在回顾中具有了一种令人舒心的特质，甚至使他们在创造他们的小说已然湮没无闻后仍被人牢记不忘。

……一部复杂的小说经常既需要圆形人物，也缺不得扁平人物，这两者相互磨合的结果会比道格拉斯先生的逆料更加接近真实的人生。狄更斯的人物几乎全都扁平（匹普和大卫·科波菲尔试图圆起来，可圆得实在缺乏自信，结果只像个气泡，没有坚实的质地）。每个人物几乎都能用一句话来概括，可结果却给人一种深度人性的绝妙感觉。也许是因为狄更斯将其自身浩瀚的活力注入了人物体内，所以他们借着他的生命显得像是在过自己的生活……他是我们最伟大的作家之一，他在使用类型人物上获得的巨大成功足以令我们深思：扁平人物身上蕴涵的内容或许远远超过了那些更加苛酷的批评家乐于承认的那一点儿。

……

我们必须承认，扁平人物在自身成就上是无法与圆形人物匹敌的，而且喜剧性的扁平人物最能讨巧。严肃或者悲剧性的扁平人物往往惹人厌烦。……只有圆形人物堪当悲剧性表演的重任，不论表演的时间是长是短；扁平人物诉诸的是我们的幽默感和适度心，圆形人物激发的则是我们拥有的所有其他情感。

好吧，我们这就把这些二维人物暂且抛下，转到圆形人物身上来吧，我们就先去一趟《曼斯菲尔德庄园》，看一看跟巴儿狗一道坐在沙发上的伯特伦夫人。跟小说中大部分动物形象一样，夫人的巴儿狗自然是扁平的。它曾一度意外闯进了一处玫瑰花床，效果并不比纸板的剪影更加生动，这也就是它的所有作为了，而且小说中的大部分场景中，它的女主人也像是用同样简单的材料剪出来的。伯特伦夫人的套话是“我脾气虽好，可是绝对经不得劳累”，而且对这一原则一直坚守不渝。可一场祸事在结尾处不期而至……（简·奥斯丁）是位工笔画家，可她从来都不是在平面上涂抹。她所有的人物都是圆的，或至少有圆起来的可能。连贝茨小姐都有自己的头脑，连伊丽莎白·艾略特都有自己的心肠，我们在认识到这一点后，伯特伦夫人突发的道德热情也就不会让我们觉得困惑了；那个小圆盘突然间膨胀起来，变成个小球儿了。小说大幕落下时，伯特伦夫人又回复了扁平的原形，她留给我们的主导印象可以用一句套话来概括，这都是事实；可简·奥斯丁构思的这个人物并不这么简单，而她重新登场时给我们的新鲜感也端赖于此。简·奥斯丁的人物每次出场都能给我们带来一点新鲜的乐趣，而狄更斯的人物给我们的乐趣却只在于它的一再重复，原因到底安在？她的人物在一次对话中竟能交融得天衣无缝，看似浑不费力、自然天成地就相互把对方引上了舞台，到底又是为何？这个问题可以从不同的角度来回答：例如她跟狄更斯不同，是个货真价实的艺术家，例如她从不肯迁就漫画式人物，等等。其实，真正的原因在于，她的人物虽说比狄更斯的要小，却是高度有机的。他们全都极有弹性，哪怕她的情节对他们提出更高的要求，他们仍然能够胜任……我们看到一位伟大的小说家能够怎样微妙地将一个人物发展成为立体的圆形。

……

至于真正圆形人物的定义，经过上文的讨论已经不言自明，无须再多费口舌。我需要做的不过给出几个在我看来典型的圆形人物的实例，以使其定义更形显豁：

……检验一个人物是否圆形的标准，是看它能否以令人信服的方式让我们感到意外。如果它从不让我们感到意外，它就是扁的。假使它让我们感到了意外却并不令人信服，它就是扁的想冒充圆的。圆形人物的生活宽广无限，变化多端——自然是限定在书页中的生活。小说家有时单独利用它们，更经常的则是结合以其他种类的人物，来成就其活现真实生活的抱负，并使作品中的人类与作品的其他方面和谐共处。

（选自福斯特：《小说面面观》，冯涛译，上海译文出版社 2019 年版）

研讨题 >>>

1. 扁平人物与圆形人物的基本区别有哪些？
2. 为什么说扁平人物和圆形人物在小说中均不可或缺？
3. 列出几个你熟悉的小说中的扁平人物和圆形人物，并分析他们的差异。

第四章　聆听情感之声——音乐

音乐与人类社会的关系根深蒂固，从原始文化到当代文化，从蹒跚学步的孩童到耄耋之年的长者，音乐都是不可或缺的精神养料。大学阶段正是学生走向心智成熟的阶段，音乐更是他们文化生活的重要内容。音乐社团、合唱节、管弦乐队、校园歌曲比赛比比皆是，大学校园离开了音乐将了无生气。音乐有直击人心的力量，带有强烈的情感激发功能。中西方都非常重视音乐的教育功能，它不仅可以滋养情感，还可以完善人格。孔子就提出“兴于诗，立于礼，成于乐”的命题，柏拉图和亚里士多德则强调通过音乐来净化心灵。

第一节　走进音乐经典

一、两首经典乐曲：《梅花三弄》与《F小调幻想曲》

进入音乐世界的最佳方式就是聆听和鉴赏经典音乐作品，经典音乐作品蕴含了丰富的人文意义和美学精神。因为经典音乐往往是超越时空的，追求某种永恒性，如对人性的拷问、生死的思考、信仰的守望等。我们选择的两首经典乐曲分别为古琴曲和钢琴曲，古琴和钢琴相对于其他乐器更能体现中西音乐文化的差异。古琴声音轻微，以旋律演奏为主，重在意境的营造，是农耕文化的产物；钢琴声音洪亮，具有乐队般的立体思维，更能表现情感张力，是工业文化的产物。

古琴在古代有琴、绿绮、瑶琴、五弦琴、七弦琴等称呼，是中国古代地位最高、表现力最丰富的乐器之一。古琴是古代文人修养的重要标志，所谓“琴、棋、书、画”。据传，孔子可以弹古琴吟唱诗经里的每一首诗，所谓“三百五篇，孔子皆弦歌之”(《史记·孔子世家》)。古琴音色丰富，主要有散音（空弦）、按音（按弦）和泛音（虚按）三种音色。古琴曲《梅花三弄》(图4-1）现存乐谱最早见于明朝朱权编纂的《神奇秘谱》。古琴与梅花品性相近，两者的结合被认为是天作之合，明代扬抡《伯牙心法》中有所谓“梅为花之最清，琴为

图 4-1

《梅花三弄》演奏

古琴曲《梅花三弄》

声之最清，以最清之声写最清之物，宜其有凌霜音韵也”的论述。

《梅花三弄》是中国古代音乐的经典之作，体现了士大夫的精神诉求。“三弄”来源于该曲第二、四、六段的三次泛音演奏，三段泛音依次出现在下准区、中准区和上准区[①]（图 4-2），是全曲的精华所在。古琴的泛音清澈透明，仿佛金石之声，常被看作“天籁之音”，特别能表现梅花的高洁品质。三段泛音来自同一主题，但由于音区和演奏手法的不同，其音乐形象呈现出不同的层次。乐曲共十个段落加一个尾声，从结构上可分为两大部分，前六段为第一部分，后四段加尾声为第二部分。第一部分的音乐形象大致可分为两种：一种低沉而严肃，用浑厚而坚实的散音和按音进行演奏，暗示了肃杀的严冬景象，出现在第一、三、五段，第五段速度加快，而且进行了很大的扩展；另一种则轻巧、跳跃，用清澈透明的泛音表现了梅花高洁而又怡然自得的神态，出现于第二、四、六段。第二部分相对激烈，采用刚劲的“滚拂”手法，营造了紧张的情绪，把全曲推向高潮。第七段运用一系列急促刚劲的节奏、音区的变换和两个八度的大跳，表现出梅花于风雪严寒之中傲然挺立的形象。第八段是过渡，第九段是

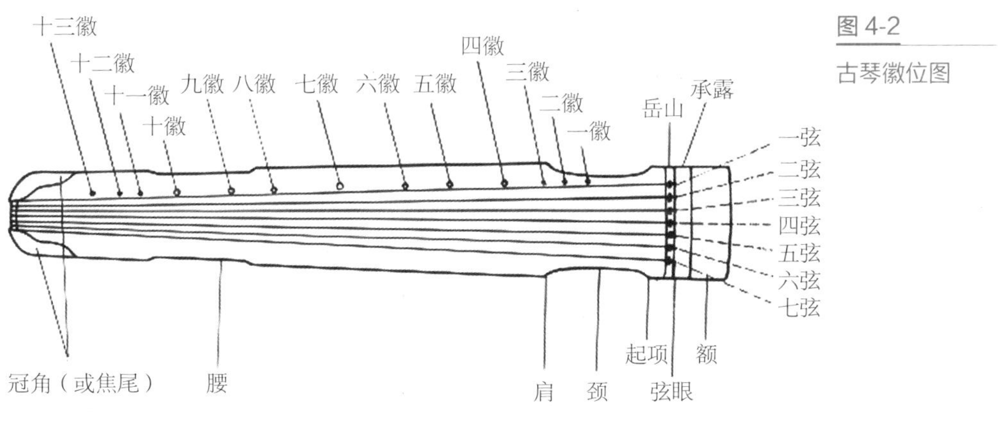

图 4-2

古琴徽位图

① 古琴一徽至四徽为上准区，四徽至七徽为中准区，七徽至十三徽为下准区，它们之间的泛音呈八度关系。

第七段的变化重复，旋律移至中低音区，更加浑厚有力，进一步升华了梅花凌霜傲雪的风骨。第十段速度放缓，仿佛在为梅花高洁不屈的品格发出感叹。尾声的泛音是对前面三次泛音的呼应，让人回味无穷。

总体来看，古琴曲《梅花三弄》充分体现了中国传统音乐的审美特征。首先，乐曲体现了中国音乐的线性思维，作者通过对旋律线条的变奏和延展呈现了音乐的妙境。中国音乐的旋律与西方音乐的旋律有很大不同，西方音乐的旋律通常要与和声、复调等其他方式相结合才能产生效力，而中国音乐的旋律在音色、节奏、韵律等方面更富于变化。古琴音乐尤其明显，同一个音由于演奏方式的不同而呈现出不同的色彩和韵味。其次，乐曲体现了道家“大音希声”的美学精神，虚静的泛音段落给人以极大的想象空间，让人在空灵、淡雅、清净、悠远的意境中妙悟梅花之意蕴。再次，乐曲体现了儒家的“中和”精神，主题以逐渐变化的变奏方式进行，情感节制，尽管第七段和第九段情感相对激烈，但由于结尾处使用了相同的音乐素材（合尾），总体保持了平衡。最后，乐曲彰显了中国美学的“比德”传统，托物言志，以梅喻人，体现了天人合一的思想，借梅花的纯洁和不畏严寒，比喻人的品格高洁和坚贞不屈。

现代钢琴产生于18世纪初，在古典主义[①]和浪漫主义[②]时期获得了极大的发展，逐渐成为西方的“乐器之王”。钢琴曲《F小调幻想曲》(op.49）是肖邦的巅峰之作（图4-3），也是他唯一的一首幻想曲。肖邦（1810—1849）是波兰人，1830年波兰起义失败后被迫流亡法国，《F小调幻想曲》完成于1841年，作品无论在形式的构建还是在情感的深度上，都达到了其创作的巅峰。这部作品形式新颖而大胆，内容丰富而深刻，体量远超一般的幻想曲。

肖邦《F小调幻想曲》

图4-3 肖邦在演奏钢琴（油画）

---

① 音乐史上的古典主义时期通常指18世纪下半叶至19世纪初，以维也纳为中心，代表作曲家有海顿、莫扎特、贝多芬。

② 音乐史上的浪漫主义时期通常指19世纪至20世纪初，遍及整个欧洲大陆，代表作曲家有舒伯特、肖邦、勃拉姆斯、瓦格纳等。

肖邦《F小调幻想曲》的曲式结构十分复杂，具有混合曲式的特点，综合运用了回旋曲式（主部—插部1—主部—插部2—主部……）、奏鸣曲式[①]（呈示部—展开部—再现部）和变奏曲式（主题—变奏1—变奏2—变奏3……）。乐曲主体部分包含六个风格各异的主题，通过连接段有机联系在一起。乐曲的引子长达42小节，庄严肃穆。前半部分左手与右手以问答的方式开始，后半部分为典型的葬礼进行曲风格，附点节奏的同音进行恰似丧钟的敲击。幻想性的连接段无疑是这首乐曲的重点，不仅起到连接各主题的作用，还为整首乐曲营造了释然、舒展、想象的氛围。加上尾声后半部分，连接段素材在乐曲中共出现八次，占据了最多的“戏份”。六个主题风格各异，主题A在F小调上，较低的音区加上切分节奏的运用，显得阴郁而焦虑不安。主题B与主题A形成鲜明对比，主题B慷慨激昂、豪情万丈地出现在高音区。主题C的急剧下行带有悲怆性，主题D的上行推进则具有很强的抗争性，主题E的节奏极具跳跃性和动力感，带有某种欢庆的色彩。主题F处于乐曲的中心位置，与其他主题形成鲜明对比，如果说其他五个主题表现的是世俗情感，那么这一主题则具有宗教般的默祷和冥想色彩，节拍也变成带有宗教意味的三拍子。全曲情感层次丰富，把肃穆、阴郁、豪迈、悲怆、抗争、狂欢、默祷等多种情感融合在一起，幻想性的连接段穿插于其中，恰似在舒展自如的状态下，坦然拥抱人生的喜怒哀乐和酸甜苦辣。于润洋指出：“这里有焦虑、郁闷、悲愤，有对光明的憧憬，也有对抗争的某种期望和想象。”[②]

与古琴曲《梅花三弄》相比，肖邦的《F小调幻想曲》充分体现了西方音乐的审美特征。首先，相对于《梅花三弄》的线性思维，《F小调幻想曲》带有很强的立体思维，大量的和声式进行让乐曲更具有厚度和层次。其次，相对于《梅花三弄》大音希声的美学特征，《F小调幻想曲》声音更为饱满而洪亮，更加写实地展现了人的各种情感。再次，相对于《梅花三弄》的中和美，《F小调幻想曲》展示了强烈的情感张力，各种情感交织在一起，制造了极强的戏剧性效果。最后，相对于《梅花三弄》带有标题音乐[③]意味，《F小调幻想曲》则是一部纯器乐作品，没有对音乐内容的文字暗示，这也是中西音乐的重要区别。在“文以载道”思想的影响下，中国的乐曲或多或少带有一些文字说明，让音乐的内容相对确定，而纯粹的器乐作品则是西方音乐的特色，在古典主义和浪漫主义时期尤其受到推崇。在西方人看来，纯粹的器乐作品摆脱了政教服务功能、歌词束缚乃至体裁的限制，更能体现音乐艺术的独特性。

---

① 奏鸣曲式的结构大致可以分成三大段：呈示部、展开部和再现部。第一部分是呈现出两个互相对比的主题的部分，叫呈示部；第二部分是发展呈示部各个音乐主题部分，叫展开部，展开部在结构上和调性上都是不稳定的；第三部分是重复呈示部的部分，叫再现部。但这不是简单的重复，最明显的变化，就是在呈示部中分别出现在主调和属调上的两个主题，到了再现部，就都在主调上出现，从而获得了调性的统一。

② 于润洋：《悲情肖邦》，上海音乐学院出版社2008年版，第202页。

③ 标题音乐主要指有文字说明和解释的器乐作品。

二、音乐与音乐素养

音乐是声音的艺术、聆听的艺术，同时也是人文的艺术。

首先，音乐是声音的艺术，声音是音乐中最稳定可靠的东西，是音乐的物质材料。理解音乐要从声音开始，声音的高低、长短、强弱是我们能直接感受到的，是我们走进音乐世界的第一步。声音可以是我们能听到的任何东西，但并非所有的声音都是音乐，音乐是有目的、有组织的声音。音乐由乐音组成，有确定音高和持续时间，音高以频率来衡量，频率越快，音就越高，反之亦然。

其次，音乐是聆听的艺术，对听的要求较高，需要听进去，而非仅仅听到，艺术性较高的音乐不仅要用耳朵听，还要适当用大脑进行悟解和想象。马克思在《1844 年经济学哲学手稿》中提到了“音乐的耳朵”，直言“对于没有音乐感的耳朵来说，最美的音乐也毫无意义”。① 无疑，耳朵对音乐而言是最重要的感官，我们聆听纯粹器乐作品时甚至可以闭上眼睛，感受音乐之美。有人把听分为三类：一为边做事边听的被动聆听；二为无意识聆听；三为全神贯注的主动聆听。② 主动聆听是音乐美育倡导的聆听方式，因为声音在时间中稍纵即逝，我们需付出更多的注意力才能理解音乐。聆听音乐时，我们的注意力要集中在音乐形式要素的运动变化之中，不仅要关注各形式要素的特点，还要关注它们之间的组合方式，知道音乐何时开始，接下来会发生什么。

最后，音乐也是人文的艺术，蕴含着人的精神诉求和人文关怀。要想真正理解音乐，我们就不能只停留在物理和技术层面上的听，而应到达精神层面，与音乐产生奇妙的化学反应。审美体验是音乐本体与人文世界的桥梁，它把干冷的技术语言和人的精神世界连接在一起。例如琴曲《梅花三弄》中三段泛音的抚弄暗示了人的纯净高洁的品格。

音乐美育的首要任务是培育和提升学生的音乐素养，它是一个人整体审美素养的有机组成部分。学界对音乐素养的含义有不同看法，一般认为，音乐素养就是人们欣赏音乐和理解音乐的能力，这种能力也呈现为不同的层次，从业余的音乐爱好者到半专业甚至专业的音乐行家，其音乐素养是不同的。当然，音乐美育并不是专业音乐教育，其目的是通过音乐来涵育人们的审美精神和趣味，让音乐成为其终身精神伴侣。

大学生的音乐素养，是指他们感知和理解音乐的基本听觉能力，包括一般审美素养的五种能力，即音乐的感知力、悟解力、情动力、想象力和表达力。这些能力背后需有相应的音乐基础知识做支撑。当然，美育的主要路径是感性体验，要提升音乐素养，一方面要掌握相应的音乐基础知识，另一方面还要更多地聆听音乐。

---

① 马克思：《1844 年经济学哲学手稿》，中共中央马克思恩格斯列宁斯大林著作编译局编译，人民出版社 2018 年版，第 83 页。

② 杰里米·尤德金：《理解音乐》，董蓉译，现代出版社 2020 年版，第 57 页。

第二节　音乐的构成

一、音乐的媒介

音乐是声音的艺术，声音在音乐中有不同的媒介形式。人声是最自然的音乐媒介，中国古代尤其推崇人声，所谓“丝不如竹，竹不如肉”，这里的“丝”指弦乐器，“竹”指管乐器，“肉”则指人声。在中国音乐发展史上，声乐相对于器乐一直占据着更重要的地位。西方早期音乐同样是声乐占据着主导地位，到了古典主义时期，器乐才超越声乐。人声通常分为女高音、女中音、女低音、男高音、男中音、男低音六个类型。四部合唱通常采用女高、女低、男高、男低四个声部，正好与四部和声相合。

相对于人声，乐器在早期处于附属地位，多为人声伴奏。随着时代的发展，器乐的地位不断提高，不仅独奏增多，重奏与合奏也有了很大发展。西方的器乐比中国发展得更为充分，巴洛克时期的器乐已经可以和声乐相提并论，古典主义时期的器乐一跃成为主角，交响曲、协奏曲、奏鸣曲、弦乐四重奏成为这一时代的宠儿。无论中国还是西方，都主要根据材质对乐器进行分类。我国周代末年就出现了金、石、土、革、丝、木、匏、竹的“八音分类法”，西方乐器通常分为弦乐器、木管乐器、铜管乐器、打击乐器、键盘乐器、电子乐器（如合成器），其中前四组是管弦乐队（图 4-4）的标准配置。

图 4-4
国家大剧院管弦乐团

二、音乐的要素

（一）旋律

音乐的首要要素就是旋律，它是一首乐曲最突出的方面，我们在听一首乐曲时，脑子里浮现的就是其旋律。旋律由音符、音高和节奏按照一定的方式组合而成，涉及音域、音区、运动形态等方面。旋律的音域指最低音和最高音之间的距离，通常用宽和窄来形容；音区与音的高低有关，通常用低、中、高来表述；运动形态指旋律呈现的各种形状，通常用上升、下降、波状、弧形等来描述。旋律由各种音高组成，随着一系列音高的变化而运动。每个音高与上一个音和下一个音之间都有一定的距离，这一距离被称为音程，音程用度来表示。旋律的进行通常分为级进和跳进两种模式，级进通常为二度进行，跳进则为三度及以上跨度比较大的旋律进行。西方音乐旋律的音高相对比较确定，中国音乐旋律的音高则相对不确定，会出现摇声现象，即在某个音高的基础上会带出其他不同的音高。

旋律通常会有一个主音，旋律在运行的过程中围绕主音进行，最后结束在主音上，这种围绕主音组织旋律的结构方式即为调性。旋律建立在不同的调性上，不同调性的旋律的音区和色彩不同，如歌曲《月之故乡》的调性为 F 大调，即旋律要以 F 这个音为中心而进行。旋律除了有一个主音，它还要建立在一个音阶上。中国为五声音阶，分宫、商、角、徵、羽五个调；西方为七声音阶，可分为大调和小调。中国音乐的旋律可以宫、商、角、徵、羽任意一个音为主音，西方音乐的旋律可以八度上的十二个半音中的任一个音作为主音。有时候为了音乐表现的需要，旋律在进行的过程中会发生转调，转到新调的旋律通常要围绕新调的主音而进行。

（二）节奏

音乐的节奏是音乐的核心元素之一，是音乐的骨骼或筋脉。它与旋律、和声等元素一起给予音乐秩序感。节奏与节拍紧密联系在一起，节拍解决如何把音乐单位分割成相等部分的问题，而节奏解决特定单位拍中各相等部分的时值组合问题。节奏中最根本的方面在于节拍，节拍是节奏的规律化，一部作品根据强弱规律进行组合，每一个组合单位构成小节。节拍由放在乐曲开头的拍号来记写，拍号用阿拉伯数字纵向排列，中间用横线分开，上方的数字代表一小节有几拍，下方的数字代表音乐以几分音符为一拍，如 2/4 拍即指乐曲每小节有两拍，以四分音符为一拍。节拍不同，音乐的速度也不同，一般而言，拍号下方数字越大，音乐的速度越快，反之亦然。最常用的节拍有 2/4 拍、3/4 拍、4/4 拍、6/8 拍。切分节奏是一种特殊的节奏，它让处于弱拍的音变成强拍，打破了常规的强弱规律，带来弹性和新奇感，爵士乐中有大量切分节奏的运用，我国的新疆音乐中也有很多切分节奏，如维吾尔族民歌《达坂城的姑娘》。

（三）和声与和弦

一般而言，和声是为旋律伴奏的，是音乐的立体呈现，可以给音乐带来推动感和力量，类似音乐的肌肉，有时和声的作用也很突出，不亚于旋律的作用，如巴赫《平均律钢琴曲集》的第一首——《C 大调前奏曲》。西方音乐相对于中国音乐，更重视和声的运用，形成了丰富多样的和声法则。

和弦是和声的具体体现，由三个或三个以上的音按照三度原则叠加而成，全部按三度叠置的和弦被称为原位和弦，非三度叠置的和弦则为转位和弦，如三和弦的第一转位和第二转位会出现四度和六度。和弦还可以根据和弦音的多少分为三和弦、七和弦、九和弦等。和弦有协和与不协和之分，协和的和弦听起来比较悦耳，也具有相对的稳定性，不协和和弦听起来则比较刺耳，会带来不稳定性，不协和和弦趋向于解决到协和和弦。和声与调性紧密联系在一起，大部分作品开始和结尾的和弦都在主调上，各种和弦按照功能性构成和弦进行。一个调性中最重要的和弦为主和弦，其次为属和弦。属和弦处于调性的第五级，如C大调的主和弦为C—E—G，属和弦则为G—B—D。

（四）终止

音乐的终止类似文章中的标点符号，可以对音乐进行断句。音乐的终止通常有正格终止、变格终止和半终止三种，通常用于作品的结尾。正格终止又被称为完满终止，由属三和弦或属七和弦解决到主和弦，标记为V—I或V_7—I。变格终止为四级和弦解决到主和弦，标记为IV—I，四级和弦又被称为下属和弦，它的终止性没有正格终止那么强，在西方多被用于宗教音乐，浪漫主义时期的作曲家有时候也喜欢比较温和的变格终止。半终止类似文章中的分号，停留在调性的属和弦上，造成悬而未决的效果。

三、音乐的曲式

曲式指按照统一与变化原则而设计的音乐结构形式，是人们感知和理解音乐的重要途径。音乐的曲式看似是自成一体的结构，却与外部世界有着千丝万缕的联系。曲式的对称性可以在蝴蝶的双翅等对称物中找到原型；曲式的反复、循环则与昼夜更替、四季轮回等自然现象暗合。在音乐的发展过程中，产生了不同的曲式，最基本的曲式单位为二部曲式和三部曲式，它们是众多曲式的原型和基础。前者是一次开始和一次出发，两者为对比关系，后者则通过返回到开始部分而呈现出一种对称关系。三部曲式尤其重要，带再现的二部曲式、奏鸣曲式、回旋曲式等都带有三部曲式特点。也有较为复杂的综合性曲式，如肖邦的《F小调幻想曲》、贝多芬的《第九交响曲》（合唱）就融合了奏鸣曲式、回旋曲式和变奏曲式。

具体来看，二部曲式只有两个部分，建立在对比的理念上，可以标记为AB，歌曲《让我们荡起双桨》就是简单的二部曲式。三部曲式是比较常见的曲式，可标记为ABA，这种曲式表达了开始—出发—回归的理念，给人一种满足感，如歌曲《小星星》《听妈妈讲那过去的故事》等就是典型的三部曲式。《小星星》的前四小节为A，五至八小节为B，九至十二小节重复前四小节的旋律，返回到A。如果返回到A时有一些变化，则可记写为ABA′。也有较为复杂的三部曲式，这种曲式通常用在大型作品的一个乐章中，如贝多芬《第三交响曲》（英雄）的第二乐章“葬礼进行曲”即为复杂的三部曲式结构。

变奏曲式把不变与变化结合在一起，不变的是主题旋律骨架，变化的是旋律骨架的呈现方式。主题第一次出现为呈示，接下来为主题的多次变奏，可标记为$AA^1A^2A^3$……固定旋律变奏和装饰性变奏基本保持着主题轮廓，属于严格变奏，自由变奏时主题变化比较大，轮廓已经模糊不清。奏鸣曲式是较为复杂的曲式，综合了回归和对比两种方式。奏鸣曲式分为三部分：第一部分为呈示部分，包含主部主题、连接段、副部主题和结束部；中间部分为展开部分，对呈示部分出现的素材尤其是主部主题进行展开，和声、调性、力度等元素发生变化，与呈示部形成对比；最后一部分为再现部分，这一部分基本完整再现呈示部分的主题，但副部主题要回归主调，与主部主题达成调性的一致，体现了对立统一原则。

主歌与副歌曲式是很多流行歌曲采用的曲式，尤其在摇滚乐中经常使用，如邦·乔维的《为祈祷而生》。一般而言，主歌的旋律相同，但每一遍演唱的歌词不同，副歌的歌词和旋律在每一遍演唱中都基本相同。歌曲《我的祖国》就是主歌与副歌曲式的例子，这首歌曲三段不同的主歌歌词有同样的旋律，三段副歌的歌词与旋律基本相同，只是第三段结尾稍有不同。

联曲体又叫曲牌联缀体，是中国传统音乐大型曲式的一种结构方式，由若干支不同曲牌根据内容需要或统一变化的原则连缀而成，应用于说唱、戏曲、器乐等曲种中，昆曲《牡丹亭》即为联曲体。板腔体又称“板式变化体”，以对称的上下句作为唱腔的基本单位，依据板式的转换、行腔的快慢构成一场戏或整出戏的音乐，相对于曲牌体，板腔体在结构上较为自由，京剧《哭祖庙》即为板腔体。

第三节　音乐的感知与理解

一、音乐的感知

音乐是一种听觉艺术，听音乐实际上就是我们以听觉来感知音乐，这是体验和理解音乐的第一步，通过对声音的审美感知，我们才能进入音乐的情感世界和精神层面。

每个人聆听音乐时都有一个由浅入深的过程，尽管人们聆听音乐的步骤会有些许不同，但大同小异。音乐感知分为不同层级，每一层会听到不一样的东西。音乐家科普兰把聆听音乐分为三个阶段，分别为美感阶段、表达阶段和纯音乐阶段。美感阶段为纯粹的感官愉悦，不需要任何方式的思考，只是为音乐的感染力所吸引；表达阶段开始尝试言说音乐的内容，音乐有内容但很难具体化，常常是一种妙不可言的状态；纯音乐阶段尝试通过对音乐中各元素的关照来深化对音乐的理解，人们在感受一首乐曲的美妙时，也要关注旋律、节奏、和声、音色、曲式等音乐元素本身的特点。①

如果说科普兰聆听音乐的三阶段是音乐人的经验之谈，那么，美学家哈特曼则从理论的视角对音乐感知进行了分层。他基于音乐统一性原则把音乐感知分为四个层次：第一层为封闭的乐句层次；第二层为更大一些的主题及其变化层次；第三层为乐章层次（最严格的统一）；第四层为大型作品乐章之间的和声连接（不那么严格的统一）。据此，哈特曼把音乐的接受过程分为三个层次：一是听众即刻产生音乐共鸣，这主要由乐曲节拍和旋律所引发；二是听众对音

① 参见艾伦·科普兰：《倾听音乐》，《中国音乐教育》2003 年第 11 期，第 38—40 页。

乐有更深层的理解，并被内在之物抓住，这类音乐有一定的深度，严肃音乐作品属于此列；三是哲学形而上学的终极层次，是叔本华普遍意志的显现。①

综上所述，我们可以把音乐感知分为四个层次：第一层为音乐物理层面的东西，比如音乐的高、低、强、弱等；第二层为音乐感性层面的东西，如飘逸、压抑、激动、安静等；第三层则为音乐审美想象的层次，即通过对音乐旋律、和声、音色、节奏等元素的想象达到“感性认识的完善”；第四层则为社会和文化层面，通过音乐与社会历史和文化语境结合，洞察其社会文化层面的意义。音乐感知的四个层面把音乐逐渐从物理世界带到人文世界，从而实现对音乐的理解。当然，这四个层面同样不是机械分离的，而是有机地结合在一起的。

二、音乐的风格

音乐风格是理解音乐的基础，指艺术作品整体呈现的具有代表性的风貌。它不同于艺术特色，而是一种相对稳定的东西，通常有时代风格、民族风格、个人风格等。风格是音乐史中通史、断代史、体裁及作品研究的基础，以风格为历史分期标准凸显了音乐的特殊性，使音乐史与一般史学相区别。

中国音乐史可以分为古代音乐史和近现代音乐史，其中古代音乐史又可分为先秦时代的远古时期，秦朝至唐五代的中古时期，以及宋元明清的近古时期。有学者根据不同风格把古代音乐的三个时期分别概括为以钟磬乐为代表的先秦乐舞阶段，以歌舞大曲为代表的中古伎乐阶段，以戏曲音乐为代表的近世俗乐阶段。中国近现代音乐的一个重大事件，就是西方音乐的全面进入，依曲填词的“学堂乐歌”在学校的普及开启了西方音乐的全面传入。这一时期的音乐风格体现出中西融合的特色，如《白毛女》使用了歌剧这一西方音乐体裁，又吸收了中国的民间曲调，“北风吹”唱段就来自河北民歌《小白菜》；小提琴协奏曲《梁祝》使用的是西方的协奏曲体裁，又吸收了越剧曲调。

西方音乐根据不同风格总体可分为早期音乐、共性写作时期的音乐和现代音乐，或者称为前调性时期、调性时期和后调性时期。早期音乐主要以教会调式为主，共性写作时期音乐主要以大小调与功能和声为基础，现代音乐则主要以无调性为主。西方音乐史还细分为中世纪、文艺复兴时期、巴洛克时期、古典主义时期、浪漫主义时期和20世纪六个重要时期，古希腊被视为西方音乐的序章。中世纪西方音乐一开始以单声部的圣咏为主，9世纪前后出现了复调音乐。文艺复兴时期复调音乐的声部逐渐增多，音程关系由中世纪的以四五度为主发展为以三六度为主，声音更为饱满。这一时期的合唱风格流畅、有控制而富于表现力，模仿技法的大量使用让声部之间的联系更为紧密。巴洛克时期是大破大立的时期，中古调式音乐逐渐让位于大小调音乐，以歌剧为代表的戏剧风格开始流行，宗教音乐和世俗音乐趋向统一。古典主义时期的音乐更加注重清晰、对称和平衡，对立统一的奏鸣曲式成为这一时代的主导性曲式。浪漫主义时期的音乐更富于情感、想象和自由，旋律更富有歌唱性，不协和和弦增多，

① Nicolai Hartmann, *Aesthetics*. Berlin: Walter de Gruyter GmbH, 2014, pp.220–221.

节奏自由，情感富于变化。20 世纪又是一个大破大立的时期，调性体系逐渐走向瓦解，无调性成为现代音乐创作的主导，协和与不协和之间的界限模糊，音乐风格多元，出现了印象主义、表现主义、新古典主义、序列主义、音色音乐、拼贴音乐等不同流派。

音乐风格还表现在民族性上。从宏观说，中国音乐和西方音乐有不同的风格。中西音乐都体现出线性和立体的结合，但侧重点不同。中国音乐自古至今都更加偏重线性原则，通过生动的旋律来表达音乐的意境。用宗白华的话说，中国美学精神追求的是时间的节奏率领着空间方位，体现的是一种深富乐感的宇宙经验，空间感觉随着时间感觉而节奏化、音乐化。① 旋律源于诗词曲声韵之音响色彩，各地的声调、腔调、方言音感都是旋律的来源，旋律与中国书法、绘画的线条感相契合。江南丝竹音乐中有句口诀特别能反映中国音乐的特点："二胡一条线，笛子打打点，洞箫进又出，琵琶筛筛边。"尽管西方音乐的旋律重要，但和声和复调同样占据重要地位，西方早期音乐与中国音乐一样更重视旋律线条，但之后开始向纵向和立体化发展，出现了奥尔加农、经文歌、赋格等复调音乐体裁。受近代科学技术和理性思维的影响，西方音乐更追求确定性和理性法则，出现了对位法、功能和声，确立了立体化原则。

我们还可以用对立统一原则看中西音乐风格。中国音乐受到"中和"思想的影响，更追求音乐的和谐与统一，不仅要求音乐在情感上要"乐而不淫，哀而不伤"，还要在音乐的素材及其发展上寻求统一。中国音乐带有很强的变奏思维，常围绕一个旋律不断进行延展和变化，大量使用"鱼咬尾"与"合尾"手法，从而达到丝丝相扣、连绵不绝的效果，音乐材料之间相互渗透、层层推进，如乐曲《梅花三弄》《春江花月夜》等。西方音乐早期也是统一性大于对比性，尤其是中世纪音乐。中世纪之后，西方音乐的对比性开始增加，首先体现在歌剧的创作上，器乐曲在和声、力度、速度等元素上也产生了很大的对比。《第三交响曲》（英雄）第一乐章体现对比冲突的展开部远超体现统一的呈示部，打破了展开部小于呈示部的传统。浪漫主义音乐更是如此，肖邦的《F 小调幻想曲》中的情感对比和冲突更加强烈。可见，中西音乐都体现了对立统一原则，相比较而言，中国音乐更强调统一性，而西方音乐更注重对立性。

三、音乐的功能

音乐是人类的一种普遍语言，朗费罗说音乐是人类的世界语言，门德尔松认为音乐比语言更能引起普遍的感受，因为文字对于每个人的意义是不相同的，而无词歌可以对每个人说出同样的话，唤起同样的感觉。在 2019 年 11 月的《科学》杂志发表的一篇由 19 位作者共同完成的文章《人类歌曲的普遍性和多样性》中，研究者们从科学角度证明了音乐具有共通性和普遍性，可以不受语言障碍的限制，直达人的心底。比如在聆听歌曲《青藏高原》时，即使一个人不知道歌词讲了什么，依然可以从缓慢的节奏、高亢的旋律、跨度极大的音

① 宗白华：《美学散步》，上海人民出版社 1981 年版，第 98 页。

域中感受来自雪域高原的开阔、空旷与博大之感；古琴曲《梅花三弄》泛音的清亮和超脱，会让人感到怡然自得。纯粹的器乐更容易传达普遍性的情感，任何人听到肖邦的《F小调幻想曲》都会感受到蕴含其中的情感张力。音乐自古以来被认为具有教育功能，孔子认为"移风易俗，莫善于乐"，最好的音乐是尽善尽美的。柏拉图的音乐观与孔子有相通之处，主张音乐是一种道德律，具有很强的教育功能，认为音乐教育之所以比其他教育更重要，就在于它的旋律和节奏对人有最强烈的感染力。

当下，对音乐这门艺术的功能研究有了进一步的发展，比如音乐有疗愈作用、益智作用等。音乐治疗是一个交叉学科，目的不是培养音乐技巧和表演技能，而是通过受治者对节奏、旋律、和声等方面的反应，达到疗愈效果。关于音乐与其他人类活动的关系也有许多新的发现，"莫扎特效应"（Mozart Effect）揭示了音乐可以促进智力发展（图4-5）。1993年在《自然》杂志上发表的一篇研究报告证实了音乐可以增强人的时空推理能力。该报告称，大学生听了莫扎特《D大调双钢琴奏鸣曲》（K.448）第一乐章约10分钟之后的10至15分钟内，斯坦福-比奈智商测试的空间理解能力得分增加了8至9个点，相比较而言，在10分钟时间里什么也不听，或听一盘为降低血压而设计的带有放松效果的录音带后，大学生的空间理解能力并没有提高，这就是著名的"莫扎特效应"。① 这一研究轰动了全球，一些学者还进行了后续研究，研究不再限于莫扎特的音乐，包括了与莫扎特音乐类似的音乐。

音乐还可以增加人与人之间的凝聚力，把人们团结在一起。如冼星海的《黄河大合唱》营造了同仇敌忾的气势，迈克尔·杰克逊、莱昂纳尔·里奇等人的公益歌曲《天下一家》表现了大爱精神和人道主义光芒。

音乐对人格的养成具有重要作用，它不仅可以培养人的审美趣味，还可以培养人的想象力和创造力。孔子说"兴于诗，立于礼，成于乐"，所谓"乐，所以修内也；礼，所以修外也"。这里的乐就是人格的最终完成。柏拉图在《理想国》中也谈及音乐对人格形成的影响，认为音乐可以陶冶心灵，指出"音乐教育的最后目的在于达到对美的爱"②。有学者对来自全世界的约36000位参与者做过一个大规模研究，研究涉及104种不同风格的音乐，尝试发现音乐与人格特点之间的关系。结果显示，人往往用音乐来定义自己，并与其他人相关联。流行歌曲的粉丝往往外向、诚实、传统，

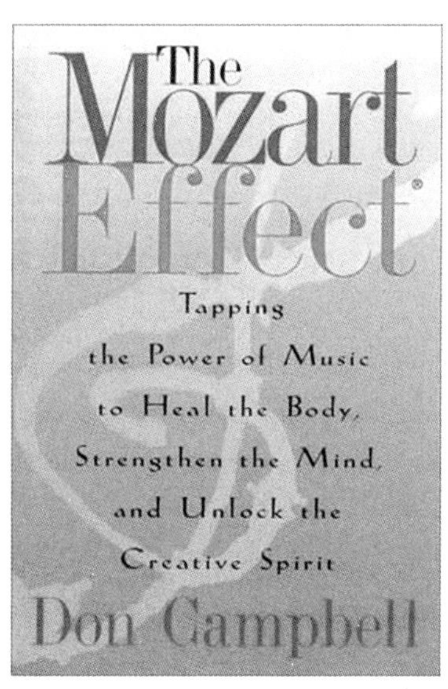

图4-5
坎贝尔的著作《莫扎特效应》

① Frances Rauscher, Gordon Shaw, and Katherine Ky, *Music and spatial task performance*, *Nature*, October 14, 1993.

② 柏拉图：《理想国》，郭斌和、张竹明译，商务印书馆1986年版，第110页。

尽管工作努力，自尊心强，但往往缺乏创造力，感到不安定。喜欢乡村音乐的人往往情绪非常稳定，而且更加保守。古典音乐爱好者通常比较内向，但能与自己和周围世界自在相处，很有创造力和自尊心。由此可见，音乐趣味与人格形成有着密切的关系。

第四节　音乐的表现与审美表达

一、音乐意义及其表现

如何用语言来表述聆听到的东西是音乐理解的关键。在关于音乐的表述中，旋律、和声、节拍等技术语言是最精准无误的，是一种科学的表述方式，而声音的感性表述因具有主观性而呈现出不确定性。我们在聆听一段音乐时，可以用物理性的高、低、明、暗等术语进行描述，也可以进一步用内心的感受如超脱、压抑、圣洁、阴郁等情感术语进行表述。聆听音乐没有对错之分，只有好坏之别，如果有较高的音乐素养，就能更准确地理解音乐。同样听贝多芬的《第五交响曲》(命运)(图 4-6)，有人觉得是刺耳的噪声，有人却听到了“命运在敲门”，为何会有如此大的差异呢？原因就在于他们的音乐素养不同，想要理解这部作品，应当将其放到贝多芬所处的历史文化环境中去聆听。当然，真正的聆听不需要文字暗示，也可以依靠纯粹的听觉对这段音乐进行理解。开始的动机从第一拍的后半拍（弱位）开始，造成一种向前的推动力，加之很强的力度、较低的音区和小调的使用，让这段音乐充满力量和压抑感，就像笼罩在头顶的一片阴云。

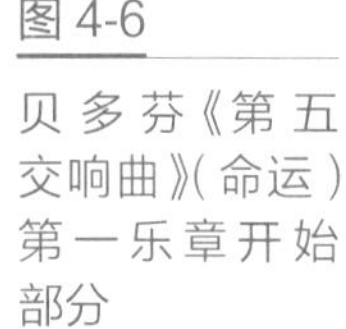

图 4-6

贝多芬《第五交响曲》(命运)第一乐章开始部分

歌剧、歌曲、戏曲、曲艺等声乐曲因为有歌词暗示，意义相对比较明晰。一般认为歌词就是声乐作品的内容，这在一些服务功能较强的作品中确实如此，但在艺术性较强的音乐作品中，作品的意义是在歌词与音乐之间的互动中产生的。舒伯特的艺术歌曲就是如此，它的钢琴部分很富有想象力，而不仅仅是为旋律伴奏，如歌曲《魔王》的钢琴部分就模仿了马蹄声和风声，营造出一种紧张气氛。与声乐不同，标题音乐主要指有文字说明和解释的器乐作品，这些文字不需要被唱出，通常写在乐曲的开始处，起到某种内容提示的作用。李斯特的交响诗《前奏曲》并不是音乐体裁的前奏曲，而是受拉玛丁诗歌《诗的冥想》启发，做了如下文字说明：

我们的一生，不妨说是在奏出严肃的死亡那未知之歌的第一个音符之前的一连串前奏。爱是光耀一切存在的晨曦，但是猛烈的气息却将爱的幻想吹散，霹雳般的闪电摧毁了祭坛，暴风雨的震怒扼断了幸福刚开始出现的欢愉。这是怎样的命运呵！在一切激情之后，田园生活可爱的宁静，抚平了最深沉的心灵创伤，使人把过去的一切都抛弃忘却。但是，人们是不是可以长期沉溺在这自然恬静、温柔的怀抱里，享受无涯的恩宠呢？当号角响起，他又急急奔赴那最危险的军队，只为希望在战争中肯定自己，贡献自己的全部能力。①

标题音乐盛行于浪漫主义时期，解释的文字由作曲家亲自写出，类型主要有标题交响曲、交响诗、音乐会序曲等。功能性音乐主要为特定的目的和场所服务，如赞美神的圣咏、供宫廷娱乐的嬉游曲、婚丧嫁娶的仪式音乐等。人们在听这类音乐时通常不会专注于音乐本身，只是感受音乐提供的氛围。总体来看，这类有显性内容的音乐有着明确的文字指向或服务性功能，内容相对比较明确。

相对而言，对独立自足的器乐曲的意义阐释则困难重重，这类乐曲实现了三重意义上的摆脱，它们不仅摆脱了歌词的束缚、功能的规定，也摆脱了体裁规范的制约，德国称这种独立自足的器乐曲为“绝对音乐”，比如弦乐四重奏、交响曲这样的音乐。一些音乐家认为绝对音乐是最高级的音乐，可以表达无限。由于缺乏文字说明和暗示，这类音乐的内容通常难以确定，我们只能通过对形式的审美想象来领会。晚近新音乐学家尝试对音乐进行文化、意识形态等视角的解读，更加丰富了人们对音乐的理解和体验。

音乐是情感表现的产物，一部音乐作品若无表现因素，就不能成为一部好作品，即使是一部描绘外部世界的作品也同样在表现着什么。以贝多芬的《第六交响曲》（田园）为例，这部交响曲从标题看就是在描绘田园生活，但它无论如何也无法真实再现小溪和鸟鸣声，而且贝多芬也无意呈现真实的鸟鸣声，他主要想传达一种悠闲、惬意的心情，为此贝多芬还特意在乐谱上写着“情感的表现多于景色的描绘”。中西音乐在表现方面存在着很大的不同，中国自先秦以来就有表现的传统，“诗言志”“文以载道”即表现论的体现，《乐记》里谈到音乐的发生时认为“凡音之起，由人心生也”。就中国古代美学观念而言，艺术即使是描写外部事物，也重在传达神韵，这种美学观导致中国艺术重神轻形，所谓“得意忘形”“得意忘言”“得意忘象”。琴曲《梅花三弄》并非注重真实描绘梅花的形态，而是借梅花喻人的高洁品质和不屈风骨。西方古代美学盛行的是模仿论，表现论处于弱势，但自浪漫主义时期开始，表现成为艺术表达的主导方式，肖邦的《F 小调幻想曲》就表现了他颠沛流离的情感经历。

二、音乐的审美表达

具有较高音乐素养的人，不但可以深切体会乐曲的意涵，而且能够用精准的语言来描述自己对音乐作品的审美体验。更重要的是，当我们学会了用恰当

① 林逸聪：《音乐圣经》（上），华夏出版社 1999 年版，第 742 页。

精准的语言来描述自己对音乐的丰富内心体验时，不但可以强化自己的审美感受，而且可以更具反思性和批判性地理解音乐的意义。这么来看，用语言表达审美体验，理应成为音乐美育的题中之义。

那么，我们如何学会用语言来表达自己的音乐审美体验呢？一条最为便捷的路径就是研读并借鉴历史名家对音乐的经典评论，以下是关于音乐的评论，理解这些话语能够帮助我们更好地理解音乐的精妙之处。

（一）作曲家谈音乐

旋律是音乐的精髓。当我想到一位好的旋律大师时，我想到了一匹优秀的赛马，而对位大师只是一匹驿马。

——莫扎特

巴赫就像一个天文学家，在密码的帮助下，他找到了最美的星星……贝多芬用他的精神力量拥抱了宇宙……我到不了这么高。很久以前，我决定我的宇宙将是人类的灵魂和心脏。

——肖邦

音乐不是幻觉，而是启示。它的胜利在于向我们展示了我们在其他地方找不到的美，对美的理解不是短暂的，而是与生活的永久和解。

——柴可夫斯基

我越来越相信，音乐从其本质上来说，是一种无法注入紧凑和传统形式的东西，它由色彩和节奏组成。

——德彪西

音乐现象赋予我们的唯一目的是建立事物的秩序，特别是人与时间之间的协调。要付诸实践，其不可或缺的唯一要求是构造……正是这种构造，这种已达到的秩序，在我们身上产生了一种独特的情感，这与我们的日常感觉和我们对日常生活印象的反应毫无共同之处。

——斯特拉文斯基

（二）表演家谈音乐

音乐永远不可能是抽象的，无论它是多么深思熟虑和无对象，因为它的对象是活生生的人。音乐也不可能是偶然的，无论是多么即兴的创作……因为即兴创作不是偶然的表达，而是我们灵魂中累积的渴望、梦想和智慧。

——梅纽因

如果言语语言及其发展必须被视为人类精神最令人钦佩的成就之一，那么在音乐语言的创造中，我们必须钦佩人类灵魂的非凡成就。

——瓦尔特

我现在才真正开始认识莫扎特，这样的可爱、温柔、清新。这支协奏曲（指《降B大调钢琴协奏曲》K.595）的三个乐章是一个整体，像一条静静的流水，流得那么自然舒畅；第二乐章的境界特别恬静、和平；莫扎特已感到他不久于人世，但他已超临在生死之上，所唱的乃是未来的理想世界的颂歌。

——傅聪

（三）音乐学家谈音乐

慢板乐章的所有素材都是悦耳的，主要主题几乎是讨好式的。然而，正是这个主题经过降A大调、降B小调、F小调、降B小调而又回到降A大调的过程，降A大调和C大调的反复并置，以及半音化的转调——所有这一切再次表明了整部作品的特点，使慢板乐章成为整部作品的一部分。

——霍夫曼，评贝多芬的《命运交响曲》第二乐章

整个交响乐的顶点，也是布拉姆斯的整个艺术的顶点，是末乐章。在这里作曲家把我们领进了一个巴洛克音乐的大厅。这个在所有乐章中风格最古老的乐章是一个长篇的恰空曲。在19世纪后期的交响乐中居然出现了中世纪的采用定旋律的乐章，但是写出这样音乐的人是变奏艺术的伟大的德国艺术家之一，他从北方的家乡带来用管乐组和弦乐组演奏的管弦组曲的记忆，还有那吕贝克和汉堡教堂的宏大管风琴，布克斯特胡德、赖因肯和巴赫的豪壮的、富于幻想的、威严的艺术；他在新的家乡把这一切和维也纳的精雕细琢的交响乐艺术结合在一起。定旋律无间断地再现三十次，这个看来似乎僵硬的骨架移植在一个奏鸣曲的结构中，产生一种令人深思的音乐。这位大师的奇妙的对位和变奏的技巧给我们提供了一幅又一幅深刻沉思的形象，阴森的长号再度响起（第十四变奏），提醒我们切莫忘记：这是为交响乐的灵魂永远安息而奏出的安魂弥撒。

——保罗·亨利·朗，评勃拉姆斯的《第四交响曲》

由连续的三连音构成的基本音型，是在这部幻想曲中多次出现的连接部的重要特征。它的第一次出现连续五次被延长了的全音符和弦所打断，形成篇幅长达25个小节的大型音乐段落。它的调性很不稳定：从f小调开始，转入^{b}E大调；转瞬间在转入其同名小调^{b}e小调之后，又转入^{b}D大调。这样篇幅既大、调性又频繁游移的过渡性的连接部，在肖邦的作品中实属少见。

——于润洋诠释肖邦《F小调幻想曲》的连接段

（四）爱乐者谈音乐

《论语·八佾》："子谓《韶》：'尽美矣，又尽善也。'谓《武》：'尽美矣，未尽善也。'"

——孔子《论语·八佾》

大弦嘈嘈如急雨，小弦切切如私语。嘈嘈切切错杂弹，大珠小珠落玉盘。

——白居易《琵琶行》

读者大约可以由过去的经验领会音乐境地的美妙。我明白告诉你，书法与音乐，是艺术中最精妙的两种。一切艺术中，表现的精微，前者诉于视觉，后者诉于听觉。表面形式各异，内容精神实同。……表现无意义的声音（例如奏乐曲），就可以在声音本身上自由发挥感兴了。故在艺术的本质上，书法高于绘画，音乐高于文学。

——丰子恺

音乐是在时间中进行着，其物质手段（声音）的特性是动的过程，情感也是在时间中运行的，与时间有本质联系。……动的表现艺术，而特别是像与情感有直接联系的音乐，完全可以把艺术的表情因素、方面发展到极致。

——李泽厚

什么是音乐？音乐的存在本身就是美妙的，我甚至可以说是奇迹。它的领域介于思想和现象之间。就像一个黄昏的调解人，它徘徊在精神和物质之间，与两者都相关，但又各不相同。它是精神，但受时间的衡量；它是物质，但可以省去空间。

——海涅

音乐是一门伟大而无比辉煌的艺术，它强烈地影响着人类的内心深处。在那里，它被理解为一种完全普遍的语言，甚至比可感知世界的语言更为独特。

——叔本华

音乐是情感的简写，难以用语言描述的情感，通过音乐直接传达给人类，这就是它的力量和意义。

——列·托尔斯泰

作曲家们更多从大处着眼，探讨音乐的本质和独特性，帮助我们从宏观视角了解音乐这门艺术。表演家们同样是从大处着眼，用感性的语言直接触及音乐的根本问题。相对于作曲家和表演家，音乐学家的言说带有较强的学理色彩，对音乐的读解更为严谨和深入，融合了感性描述、技术分析、历史洞察等方面。一方面，作曲家更多用音符来言说音乐，表演家更多通过声音来言说音乐，而音乐学家则主要用文字来言说音乐，因此，音乐学家驾驭音乐文字的能力更突出。另一方面，音乐学家往往以研究的心态来言说音乐，不同于作曲家和表演家随性的灵感式言说。爱乐者的言说总是充满着对音乐艺术的热爱，带有较强的文学色彩，较少涉及具体层面，往往直达音乐的精髓，让人对音乐艺术充满遐想。

本章思考题

1. 音乐艺术相对于其他艺术有何特殊性?
2. 中国音乐的审美特征有哪些?
3. 西方音乐的审美特征有哪些?
4. 大学生为什么要欣赏经典音乐作品?
5. 如何看待流行音乐?

推荐阅读书目

1. 郭树荟:《中国音乐鉴赏》,上海人民美术出版社 2009 年版。
2. 克雷格·莱特:《聆听音乐》,余志刚、李秀军译,生活·读书·新知三联书店 2012 年版。
3. 孙国忠:《向交响乐传统致敬》,广西师范大学出版社 2017 年版。
4. 托马斯·F. 凯利:《首演》,沈祺译,商务印书馆 2011 年版。
5. 李欧梵:《音乐六讲》,中国人民大学出版社 2014 年版。

本章 DIY 活动

活动 歌曲创作

一、活动内容

"校园民谣"的歌词与旋律与大学生的校园生活息息相关,相对容易上手。20 世纪八九十年代是中国校园民谣创作的高峰,产生了《同桌的你》《青春》《那些花儿》等一系列优秀歌曲。相对于"校园民谣","中国风歌曲"的创作在歌词和旋律上的要求相对较高,要具备一定的传统文学和音乐功底。21 世纪初掀起了一股中国风歌曲热潮,方文山作词、周杰伦作曲的一系列歌曲是中国风歌曲的代表,如《东风破》《千里之外》《青花瓷》等。请根据自身兴趣,创作一首校园民谣或中国风歌曲。

二、活动说明

音乐 DIY 实践活动重在激发学生们音乐创作的热情,考虑到各专业学生音乐能力不同,此音乐实践活动可以不仅限于原创,还包括旧曲新词或者风格改编等二度创作形式。具体可分为原创或二创,以及对已有作品进行审美体验表达。

三、活动准备

纸、笔、吉他、多媒体。

四、活动步骤

1. 思考自己的兴趣点以及所具备的能力,兴趣相似的同学组成合适的团队;
2. 组内确认主题及形式,并据此对已有作品进行广泛的欣赏,获取创作灵感;
3. 组内成员积极交流互动,确立本组作品所要传达的主题,思考创作的新意;
4. 共同学习制作音乐作品的相关知识;
5. 共同协作完成作品,互提意见不断完善;
6. 与老师以及他组同学进行积极的互动。

五、活动关键点及评价关注点

1. 是否清晰自己在该活动中的定位?

2. 是否具有创新意识? 作品是否进行理想的呈现?

3. 是否能够对本组作品从多角度进行创作阐述，并与听众进行深度的探讨交流?

案例分析

案例一

下面是黄自创作的艺术歌曲《玫瑰三愿》的曲谱（图 4-7），请运用你所具备的音乐常识和美育素养谈谈对这部作品的理解，并回答以下问题。

1. 这首歌曲总体分为几个部分?

2. 歌曲的每个部分有什么特点?

3. 歌曲的歌词与旋律如何结合在一起?

图 4-7
《玫瑰三愿》曲谱

11 *a tempo* **p** **mf** *poco agitato* *rit.* *a tempo* **mp**

瑰花，烂开在碧栏干下。我愿那妒我的

16 *con tenerezza* **p**

无情风雨莫吹打！我愿那爱我的多情游客莫

21 **f** *ten.*

攀摘！我愿那红颜常好不凋

26 *rit.* **p** *a tempo* **pp** *a tempo* **pp** **ppp**

谢！好教我留住芳华。

案例二

《第三交响曲》(英雄)充分体现了贝多芬的创造力，甚至被BBC评为最伟大的20部交响曲之首，请聆听这部经典作品，并运用你所具备的知识研讨以下问题。

1. 交响曲第一乐章的展开部相对于之前有何不同?
2. 交响曲第二乐章为何被称为葬礼进行曲?
3. 交响曲第三乐章为何使用谐谑曲而不用传统的小步舞曲?
4. 交响曲第四乐章是如何进行变奏的?
5. 该交响曲在交响曲历史上处于什么位置?

第五章　体验人生百态——戏剧

戏剧是最古老、最常见的艺术形式之一，每个主要文明都有深厚的戏剧传统。这些戏剧虽风格迥异、类型多样，但都以真人模仿传说或想象，打动观众、构建身份、抚平创伤，产生独特审美体验。

在美育中，戏剧不同于绘画、文学或音乐，它是群体性的活动，参与性和介入感最为显著，人与人之间的互动使戏剧的集体体验具体化；语言、视觉、听觉、想象、动作、角色扮演等皆融入戏剧体验之中。因此，戏剧是美育的理想范式。戏剧美育培养人的审美精神，同时也陶养人的艺术素养和人文素质，指向人格完整的审美养成。

第一节　直面戏剧经典

一、两部经典戏剧：《牡丹亭》《雷雨》

在讨论戏剧审美的具体知识之前，先让我们走进两部经典戏剧之中，去体验戏剧的魅力。

《牡丹亭》（图 5-1）是我国古代戏剧的经典之作，作者是明代戏剧家汤显祖，全本五十五折。这部戏说的是太守之女杜丽娘游后花园，昼梦中与书生柳梦梅相爱幽会，伤情而死，三年后柳梦梅赴考借宿园中，拾得杜丽娘画像，尔后杜丽娘死而复生，有情人终成眷属。柳梦梅和杜丽娘的人物形象和凄美奇幻的爱情故事深入人心。“原来姹紫嫣红开遍，似这般都付与断井颓垣”更是家喻户晓的名句，整部剧本中文采斐然的段落比比皆是。当然，欣赏戏曲（中国古典戏剧）的重点还在于演员现场的精湛歌舞、杂技、武术技巧，“手、眼、身、法、步”和“唱、念、做、打”。此外，鲜艳细致的戏服，简约的空间设置，都是戏曲的特征，观众对戏的假定性欣赏远甚于对真实的要求，中国戏剧的这个美学观念曾启发了西方当代戏剧家布莱希特和梅耶荷德。当然，不管是“一桌二椅”还是对现实的完全模仿，戏剧幻觉产生的前提都是观众和演出者对戏剧惯例的文化共识，亦即假定性，也就是假戏真做，舞台上发生的一切看起来就

图 5-1
《牡丹亭》剧照

像真实的场景。因此，戏曲必须要追求人物刻画的精彩、情节的曲折合理、情感的动人和悬念的紧张，中国古典戏曲这方面的美学论述非常丰富。

在很长一段时间内，昆曲和包括各大小剧种在内的戏曲，处于一种青黄不接的状态，观众流失，市场不振。例如京剧这样的大剧种在一段时期内都面临着生存问题，而向来以雅而小众闻名的昆曲，处境则更加艰难。青春版昆曲《牡丹亭》由著名作家白先勇主持制作，于 2004 年 4 月开始在世界巡演，历久不衰，深受广大观众，尤其是年轻观众喜爱。白先勇团队取其精华将《牡丹亭》原本删减成二十七折，再利用现代剧场的种种概念，根据 21 世纪的审美观，保持昆曲抽象写意、以简驭繁的美学传统，以青春靓丽的形式展现传世经典。观众多有肯定，认为这版《牡丹亭》“复活”普及了昆曲的中国古典意蕴之美。近年来，随着社会的发展，戏曲又获得观众们的衷心热爱，重现往日的辉煌。

我们再来谈谈现代话剧。曹禺的代表作《雷雨》（图 5-2）是中国现代戏剧史上最经典的悲剧作品之一，讲述了旧中国封建家庭的悲剧，涉及两个家庭两代人的恩怨情仇。三十年前，青年周朴园爱上了女佣侍萍，与她有了两个儿子，但为了给他娶门当户对的小姐，周家逼走侍萍和她刚出生不久的儿子大海，大儿子周萍被周家留下。绝望的侍萍投河自尽但被救起，后来嫁给鲁贵，生下女儿四凤。周朴园娶了年轻的蘩漪，生子周冲。周朴园常年在外经营生意，孤寂的蘩漪与继子周萍发生恋情，而周萍耻于乱伦关系急于摆脱，便移情于侍女四凤。同时，单纯的周冲也向四凤求爱。蘩漪得知周萍变心，找来其母侍萍意图赶走四凤。周萍为了摆脱蘩漪打算离家去父亲的矿上。侍萍之子大海在周家矿上做工，作为罢工代表到周家并与周萍发生冲突。在雷电交加之夜，两家人齐聚周家客厅，周朴园道出真相。周萍得知四凤是自己的妹妹，大海是自己的弟弟。四凤羞愧难当逃出客厅触电而死，寻找四凤的周冲也触电而死，周萍开枪自杀，大海出走，侍萍和蘩漪发疯，留下周朴园在悲痛中深深忏悔。

《雷雨》具有经典戏剧的基本特征。首先，它在符合时代精神的现实主义语境中，设计了巧妙而合理的人物关系及其冲突，情节走向符合古典悲剧美学所规定的路线。鲜活的现实主义细节为我们展开了一个与生活逻辑相同的高度浓缩的戏剧世界，营造出生活真实的幻觉。在充满悬念的开端中，观众已经能够体会到不同人物性格、命运带来的张力，在这样的预期中情节以“意料之外，

图 5-2
《雷雨》剧照

情理之中”的方式层层推进，毫无拖沓的枝节；同时，复杂的人物内心、台词、行动的细节都为了剧情主线服务。在这个过程中，冲突和情感逐渐加强，最终推向揭示真相的高潮及终局。

《雷雨》完成于20世纪30年代，当时的演出注重其奇情伦理和娱乐性质。新中国成立后的北京人民艺术剧院应用斯坦尼斯拉夫斯基的现实主义方法，挖掘社会背景，更注重该剧的现实性和批判性，表演重心转向呈现封建家长制下被迫害和扭曲的人性。以焦菊隐等人为代表的表导演风格，结合了体验派与中国传统戏剧美学，使“人艺版”《雷雨》成为中国现代戏剧的经典之作。

二、戏剧的概念与戏剧素养

什么是戏剧？剧作家哈斯恰克给出了一个最简短的定义：“戏剧就是人的行动的扮演。”《大辞海》提供了更为完整的界定：“戏剧是由演员当众扮演角色，进行叙事的一种艺术。在中国，戏剧是戏曲、话剧、歌剧等的总称，也曾被用来专指话剧……其基本要素是戏剧动作，通过从空间到时间、从视觉到听觉的多方面作用，引起演员与观众、观众与观众之间的反复交流，进入集体的心理体验。按作品体裁可分为悲剧、喜剧、悲喜剧、正剧等。”

什么是戏剧体验？和所有的艺术体验一样，戏剧体验分为创作者体验和观众体验。一般情况我们会更看重欣赏者的经验，但从美育的角度讲，二者几乎同等重要。戏剧的特殊性在于，任何一个作为事件的剧场演出实际上都需要观众和演员在现场共同完成，而业余剧团的训练、排演、演出等活动，都具有很好的美育功能。对观众来说，戏剧体验又分成两种：一种是阅读剧本，另一种是去剧场看戏。前者是通过文字进行的想象性文学体验，后者则是戏剧艺术独有的剧场性体验，具有现场性、具身性和参与性。

现场观众对于戏剧是至关重要、不可缺少的，但这里出现了一个矛盾：一方面，一个人似乎并不需要多么高的文化素养，就可以看得懂舞台上的演出，因此戏剧有“文盲的文学”之说，在古往今来各国的戏剧传统里，为了娱乐而非艺术欣赏的戏剧占很大比例，看戏似乎是不需要学习的事；但另一方面，只有通过一定的学习、思考和人生阅历，形成一定的戏剧素养，锻炼出观戏的审美判断能力，方可更加深入地欣赏伟大的戏剧。提升戏剧素养最有效、最重要的途径正是通过戏剧活动本身：看戏、写戏和做戏。

戏剧素养包括审美主体对戏剧的感知力、悟解力、情动力、想象力和表达力等，这些在具有戏剧素养的观众身上会相互交织综合体现。戏剧感知力指感性体验戏剧的能力，当我们在剧场看戏，或在图书馆阅读剧本，透过人物冲突、动作、场景，深入剧情之中时，感知力便发挥作用，这是戏剧素养最基本的能力。戏剧悟解力是对剧情及其主题的领悟和认知能力，悟解力并不等同于科学研究或哲学思考的理性的和逻辑的推理能力，而是一种直觉感悟，这正是戏剧作为一种独特的艺术所具有的认知特征，通过这种直觉感悟，我们便可以穿越纷繁复杂的戏剧现象，直击戏剧的深层。戏剧情动力就是我们在看戏或读戏的过程中产生的情感反应，戏剧是世间各色人物和故事的展现，动情、移情、共鸣等情感反应是典型的戏剧审美效果，悲剧让我们恐惧和怜悯，喜剧让我们开怀大笑，情感反应是戏剧必备的审美特质。戏剧想象力是我们在看戏或读戏过程中产生的超越戏剧本身的关联，由此及彼，由戏剧联想到戏剧以外，比如联想到莎士比亚时期的英伦生活，或是汤显祖时期的明代场景，甚至是自己的个人生活场景，戏剧想象力是一种重要的超越能力，是丰富自己对戏剧的理解不可或缺的通道。戏剧表达力包含了多样化的内涵，它既可以是我们参与戏剧活动的表现力，比如扮演一个角色，亦可以是用语言来表达自己感受的能力，通过对表达力的训练，我们不仅可以知戏剧之然，还可以说出其所以然。当然，这五种能力并不是单独发挥作用的，它们更像是一个系统整合在一起，缺一不可，彼此互动。

戏剧在美育中具有非常重要的作用，我们不仅仅学习戏剧知识，而且可以通过剧本的写作、表演的身体训练和制作排演戏剧等实践，以直接经验的方式来学习。学习表演排演剧目，可以增强人的专注力、想象力，让人更加坚韧、勇敢、负责，拥有更好的团队协作能力、沟通能力和领导力。戏剧还可以让我们在看戏和演戏过程中自我慰藉，在审美体验中疗愈心灵，释放情绪。通过戏剧，我们被别人的故事感动、警醒、逗笑；通过戏剧，我们得以升华和净化精神，领悟真理，产生爱和美的冲动。

三、戏剧的审美特性

但凡有现场观剧的体验，就会体悟到戏剧独特的美学特征。

戏剧与绘画的区别是，绘画是空间艺术和静态艺术，戏剧虽也有舞台空间，但更偏重于戏剧冲突所展现的时间性，是一种时空艺术。一般绘画画家一人便可完成，而戏剧需要编剧、导演、演员、舞美、灯光等人员的集体协作。经典画作可永久陈列在美术馆，戏剧则在上演时才完整呈现，因此有人曾提出过这样的问题：《蒙娜丽莎》在卢浮宫，哈姆雷特在哪里？这揭示了戏剧与绘画的根本差异，只有当舞台上的形象出场时哈姆雷特才会存在。

戏剧与文学的关系比较微妙。西方文学作品分类有抒情、叙事和戏剧三分法，此处戏剧指为舞台表演而创作的剧本，也称戏剧文学。此时的“戏剧”是一种文学体裁。它与抒情诗和叙事小说有很多不同，小说较少受到形式限制，剧本创作则必须考虑剧场、角色、时间、舞台表演等其他要求。阅读文学作品（包括阅读剧本）一般是个人的默读，而看戏彰显出戏剧的本质是人与人互动的现场事件。戏剧与文学差异就在于戏剧特有的剧场性。

戏剧和音乐同属时间艺术，它们共同的形式因素是，节奏对二者都至关重要。此外，戏曲是“以歌舞演故事”，而音乐和戏剧结合的现代产物则是歌剧和音乐剧。歌剧的著名唱段，音乐剧中家喻户晓的曲目，都是戏剧影响社会的重要手段。电影与戏剧的关系最近，早期电影记录戏剧或模仿戏剧。随着电影作为“第七艺术”逐渐成熟，二者逐渐出现差距。影视曾一度造成戏剧的生存危机，但“演员与观众中间感性的、直接的、‘活生生’的交流关系”则是戏剧和电影的本质区别。①不管观众反应如何，电影都按照预先的镜头顺序从头至尾播放；在好的戏剧中，观众在现场与活生生的演员面对面直接交流，一方的现场反应会反馈并作用于另一方，使戏剧充满了现场感和即兴性。

王国维说：“戏曲者，谓以歌舞演故事也。”②或者更具体地说，“必合言语、动作、歌唱，以演一故事，而后戏剧之意义始全”③；亚里士多德强调戏剧是“对于严肃、完整、有一定长度的行动的摹仿”，这些经典说法都表明，戏剧是在舞台上演出的一个完整故事。戏剧同时是一种文学文体；是这种文学作品的排演实现；是一种特殊的符号系统；是一种文化现象；是一种艺术形式；是一种表演的实施；是一个剧目；是一种特殊的人类游戏；是一种文化生产的模式。和其他艺术形式相比，戏剧具有独特的物质媒介，那就是演员的身体。一出戏，无论在什么样的语境中，总是演员在表演动作中呈现给观众看。演员活生生的身体和这个身体所传递的戏剧内涵和艺术技巧，是戏剧最直接的审美对象。

第二节　戏剧的文本与类型

说到戏剧就必然会涉及剧本，因此弄清楚如何写戏是深入了解戏剧的前提，编剧基础知识当是戏剧素养不可或缺的组成部分。戏剧文学的“内容”是发生在人物身上的故事，以及故事传递的意义。其文体的形式要素有场景、对话、

---

① 参见格洛托夫斯基：《迈向质朴戏剧》，魏时译，中国戏剧出版社1984年版，第9页。

② 王国维：《戏曲考原》，见《王国维戏曲论文集》，中国戏剧出版社1957年版，第201页。

③ 王国维：《宋元戏曲考》，见《王国维戏曲论文集》，第36页。

结构。看戏是从观众角度来说的，写戏则聚焦于剧作家及其文本。编剧并不是专业剧作家的特权，每位同学都可以尝试编剧。当然，学习编剧的创作知识，还可以帮助我们更好地欣赏戏剧。

一、戏剧文学的要素与美学原则

（一）戏剧文学的要素

戏剧文学即指剧本的文本，是一种文学形式，以文学语言为基本表达手段，通过对话和舞台提示来叙事。戏剧文学的基本形式是，在一定的戏剧场景和戏剧时空中，戏剧人物展开对话，这些对话实际上是高度凝练化和功能化的，通过这些对话，人物诉诸行动，在一条或多条时间线上相继发生的行动构成了一连串事件，行动构成的事件序列被称为情节，按照一定结构组织的情节最终构成一部戏剧。

1. 人物和对白

人物是最易为观众记住的戏剧文学要素，许多经典戏剧人物都深入人心，狡诈虚伪独裁的周朴园、天真的周冲、懦弱的周萍，这些虚构人物似乎就是我们周围的人，哪怕是悲剧中的哈姆雷特，抑或荒诞剧中的埃斯特拉岗，都在我们脑海中留下活生生、有血有肉的印象。小说可以采取上帝视角，用主客观多种角度描述，电影可以通过镜头把人物直接展现在观众眼前。戏剧文学只能通过人物的台词，蕴含在台词中的行动，以及偶尔由剧作家给出的、说明行动的舞台提示来塑造人物。现实主义戏剧对话的基本原则是什么人说什么样的话，要符合生活逻辑和人物性格。无法用对话表示的行动或传递的信息，比如前传的情节、某些人物心理，则用独白、旁白、舞台提示等手段来补足。①

2. 场景和情境

事件总在某时某地发生，而和生活逻辑（或幻想中的神话、科幻等事件）不同，戏剧事件需要在时空行动上浓缩集中。现实主义审美要求越高，这种集中处理的要求就越高，比如西方古典主义戏剧中的“三一律”②。基于真实时间和空间的限制，戏剧事件或情节的安排需要高度凝练，常有时空集中的巧合出现，这也是俗语中的“无巧不成书”。如此，人物的行动、对话都必须发生在一个固定的时空中，并被称作一个戏剧情境。戏剧重要的叙事因素包括场景和情境。前者仅仅指事件发生的确定时间和地点，它可以是真实的，也可以是幻想中的；而戏剧情境变成更复杂的概念，指剧作家使用各种叙事技巧，诸如巧合、

---

① 舞台提示偶尔也给出其他方面的信息，比如场景的布置、导演方面的要求等。

② “三一律”即三整一律，是古典主义戏剧的创作法则，要求必须实现时间、地点、情节的整一，即一部戏剧中只囊括单一情节、情节只发生在一个地点、情节从开始到结束需发生在一天之内。这一教条据称来自亚里士多德《诗学》，事实上亚里士多德只提出了情节的整一律。三一律对剧作家的能力提出极高要求，实际上即使在十七世纪古典主义全盛时期，也只有拉辛等少数剧作家的个别作品完美符合其要求。

悬念、突降、辨认等，创造出的充满“戏剧性”的场面。

俗话说，“剧本剧本，一剧之本”，这句话一是指某些戏剧观念认为戏剧中文学（文采、故事性和人物塑造等方面）最为重要；二是指剧本是一种特殊的文本，是演出的生产制作蓝图。剧本写作和其他文学形式有明显区别，形成了很多戏剧惯例及其技巧。从古希腊亚里士多德时代开始，就有两种剧本创作重点的分野，或侧重人物塑造，或侧重情节故事（行动）。

（二）戏剧文学的美学原则

有了这些基本的戏剧“零件”，我们可尝试把某些真实的故事、小说、生活事件、想象“装配”成一个剧本。

1. 文学性

戏剧第一个美学原则是文学性。古典的剧本多用韵文写成，讲究文采和“修辞”，比如《牡丹亭》或《哈姆雷特》等。常有一些家喻户晓的戏剧“金句”，如《牡丹亭》中的“良辰美景奈何天，赏心乐事谁家院”，或如莎士比亚剧中哈姆雷特的台词：“生存还是毁灭，这是一个值得考虑的问题；默然忍受命运的暴虐的毒箭，或是挺身反抗人世间的无涯的苦难，通过斗争把它们扫清，这两种行为，哪一种更高贵？”文辞华美、思想深刻、动之以情的戏剧台词是剧本出彩的重要手段。现实主义戏剧和其他戏剧风格则各有不同的文学艺术风格。

2. 冲突

戏剧第二个美学原则是戏剧冲突，悲剧和喜剧中都常常充满着错位和冲突，日常语言中的“戏剧的”往往表达“夸张、巧合、冲突激烈”的意义，因为戏剧性的意涵之一是这种紧张而动人心魄的戏剧冲突。冲突原则不仅体现在剧情中，在任何戏剧元素中，观众都会感知到戏剧张力。斯坦尼斯拉夫斯基认为，每句台词都有表面意思和它的潜台词。演员的任务是利用这种台词和潜台词之间的张力关系，用演员的潜意识来激发角色的潜意识，同时通过对手戏中两个演员的表演和反应，来触发演员的真实情感，造就自然而令人信服的表演。

3. 悬念

戏剧第三个美学原则是制造悬念。虽然观众对很多经典名剧的情节耳熟能详，但人听故事了解历史和他人生活的好奇心不会变，戏剧吸引人的奥秘就在于人类本能的对“下面要发生什么”的好奇和“既在预料之外，又在情理之中”的惊异。悬念通过暗示、伏笔、叙述顺序、设谜解谜等技巧营造出来。悬念的设置、铺陈与解决，是衡量剧作水准的重要方面。无论独幕或多幕，剧本的核心都在于呈现一个完整的行动，悬念就是行动推进的动力。《雷雨》开始就设置了一个很好的悬念：周朴园思念的那个女人到底是谁？《哈姆雷特》（图 5-3）第一幕第一场就给出了关键事件，父王去世，叔父登基并娶了母亲，悬念便出现在观众面前：哈姆雷特王子怎么看待此事？他当下的处境如何？他会做出什么样的应对？他的复仇能否成功？这一系列悬在心头的疑惑和关切，驱动着观众强烈的观戏冲动，直到第五幕，哈姆雷特的命运才最终揭晓，观众一直悬着的心

图 5-3
《哈姆雷特》剧照

也才最后放下来，这是戏剧吸引人的魅力之一。

从跨文化的角度看，在很多非西方戏剧传统中，情节的完整、单一和紧密并不被视为必需，戏剧也允许一种在时间上展开的“散点透视”。《牡丹亭》原本长达五十五折，讲述的事件十分繁杂，但这并不妨碍我们将它拆成折子戏来演出。

二、戏剧的类型：悲剧、喜剧和正剧

最普遍的戏剧分类是：悲剧、喜剧和正剧（又称悲喜剧）。今天最常用的戏剧视觉标识，就是一个（古希腊戏剧中使用的）悲剧面具和一个喜剧面具（图 5-4）。

图 5-4
古希腊的悲剧和喜剧面具

（一）悲剧

鲁迅说悲剧就是把有价值的东西毁灭给人看，喜剧是把无价值的东西撕碎给人看。实际上，悲剧和喜剧不仅是戏剧的分类概念，更是重要的普遍美学范畴。在戏剧美学中，悲剧是表现人类痛苦的戏剧体裁，其主角遭遇不幸或悲惨的事件，结局往往不幸或走向死亡。亚里士多德在《诗学》中对悲剧做了经典定义：“悲剧是对一个严肃、完整、有一定长度的行动的摹仿，……通过引发怜悯与恐惧使这些情感得到疏泄。”[1] 前半句说的是悲剧的形式特征，后半句说的是它的审美效果。

古希腊有著名的悲剧三大家，埃斯库罗斯、索福克勒斯、欧里庇得斯，他们标志着希腊悲剧成为成熟的戏剧体裁。希腊悲剧是典型的“命运悲剧”（主人公遭到命运随机的惩罚，比如《俄狄浦斯王》）。一般来说悲剧有严肃、高贵、激情的特色，它不仅承载不幸与死亡，更蕴含了关于人与社会的深刻哲学问题。亚里士多德认为，悲剧总模仿比一般人更好的人，因此悲剧主人公遭遇厄运总引发观众的同情和怜悯。他认为悲剧的效果是“净化”（也译为“宣泄”或音译为“卡塔西斯”），因为每个人心中都淤积了各种悲痛，通过悲剧将它们释放出来，这让观众身心健康并获得快感。这种快感来自悲剧引发的怜悯与恐惧。我们对悲剧主人公遭遇厄运感到怜悯，主人公的厄运与我们相似引发恐惧。因为仅仅引发同情不是悲剧的决定性特征，精神力量的崇高才是关键所在，正是在悲剧特定的困境中，方显出人物性格的高洁和精神的伟岸。因此，仅仅描绘悲苦不是悲剧的目标，将悲苦升华为崇高乃是悲剧撼人心的内在原因。

（二）喜剧

和悲剧一样，西方喜剧同样起源自古希腊酒神节。喜剧迥异于悲剧，它通过诱发笑声而达到幽默娱乐的效果。古往今来，喜剧都是以滑稽中寓以深意的方式表达公众意见。最著名的古希腊喜剧家是阿里斯托芬，他的代表作《云》《鸟》《蛙》都带有强烈的社会讽喻意味。喜剧也是俗文化的重要载体。

（三）正剧

悲剧与喜剧之外的“正剧”，也是重要的戏剧样式。启蒙运动思想家狄德罗提出了最早的系统表演理论。不同于宫廷化的古典悲剧和类型化的古典喜剧，他的“严肃剧”以悲剧喜剧杂糅的方式传达启蒙理想。从这样一种以普通民众为主角、现实生活为主体、启蒙思想为主题的戏剧形式（戏剧史中称为“市民戏剧”）中，逐渐形成了正剧的美学风貌。正剧在近现代中国的发展尤其与“话剧”（也即新戏）的传播密不可分，它不再讲述旧戏中的帝王将相、才子佳人，也不再依托传统的伦理价值，而是本身就具有启蒙色彩和现世关怀。新中国成立之后，正剧所秉持的创作方法便是社会主义现实主义，总体而言，便是以现实主义逻辑和对现实的严肃态度去展现广阔的社会。

第三节　戏剧实践及其社会价值

一、剧场与舞台

戏剧的审美对象是演出，因此研究戏剧审美的另一个重要方面是剧本和演

① 亚里士多德：《诗学》，陈中梅译，商务印书馆1996年版，第63页。

出间的关系。导演和演员须对剧本有深入的理解和解释，发挥自己的戏剧想象力，把它变成一个演出事件，这个过程被称为“二度创作”，如果演出足够成功，就可以说人物和情节“立”在了舞台上。这是一个充满魔力且具有催眠色彩的过程，莎士比亚在其最后一部剧作《暴风雨》中，充满感情地用主角身份和最后点题的方式精彩地道出了这出戏的深意，使演员和观众共情于令人印象深刻的戏剧之中。

一般说来，尤其是经典剧作的剧本，总是相对固定的，但对它的演绎有多种可能性。从一个固定的剧本，到千差万别的演出形态，其间产生的纷繁变化，正是评判导演和演员艺术水准的依据。《牡丹亭》洋洋洒洒、文辞华美，很少被全本演出过，但它没有仅仅成为一部案头剧，是因为自它诞生以来，无论是昆曲京剧，还是其他剧种，大多将其以折子戏的形式呈现在观众面前。片段式赏析是中国传统戏曲演出文化的基本特点，这样，以一个剧本为基础便产生了无数的演出场景，而它们都是对《牡丹亭》的呈现，也都是各自独立的审美对象。现代戏剧中，导演和演员对剧本的理解不同，同一个剧本的各个演出版本风格迥异，各有艺术特色。当代戏剧对经典剧目的重排往往也不再遵循剧本，而是导演按照自身的理解和艺术追求，赋予剧本全新的组合和表演方式。在德国导演奥斯特玛雅改编的《哈姆雷特》中，哈姆雷特的家庭被设定为黑社会，其创意理解已远离莎士比亚的原作，让观众获得了全新的、符合当下语境的体验。而很多当代试验戏剧，干脆脱离剧本再创作，直接从生活和想象出发。

戏剧场景是不是“像”现实生活，在戏剧美学中被称作“信以为真”。虽说这是观众的主观判断，但它往往来自观众所属文化中成百上千年积淀下的观戏惯例，并构成戏剧的程式化和假定性。比如一个特定的手势或姿势表示某个动作或感情，或戏曲中“一桌二椅”的基本舞台设置，根据不同的情况则表现不同的环境。有经验的观众对此毫无理解和感知的障碍。即便是对戏曲没有什么欣赏经验和知识的观众，看到《三岔口》(图 5-5）这出戏，也能判断出事件发生在黑暗中，是两个不能看见对方的人在打斗，虽然舞台上是明亮的。

图 5-5
《三岔口》剧照

程式化表演是现实主义戏剧出现之前戏剧的基本规范，在戏曲中，表现为生、旦、净、末、丑这样的行当，云手、捋须这样的固定表意动作，等等。在意大利即兴喜剧（图 5-6）中，有上尉、傻瓜、女仆这样的类似行当的类型角色，或者说“人格面具（persona）”。即便是还原现实非常逼真的戏剧，依然在某种程度上依赖假定性。因此，假定性是戏剧审美的基本前提。在这个前提下，单纯的模仿在历史中积累出另外一个重要的审美对象，那就是演员的表演技巧，这种技巧有时表现为在表演中塑造人物的逼真传神或感人，有时是难度较大的身体技巧，比如川剧中的“变脸”，或者京剧、秦腔中的“僵尸躺”。

图 5-6
意大利即兴喜剧中的哈利昆（丑角）和潘塔罗内（吝啬富商）

如前所述，戏剧要制造悬念，而舞台上的视觉、听觉、物品等元素都可以用来制造悬念，这也是衡量导演水平、表演水准的重要方面。在斯坦尼斯拉夫斯基看来，一出好戏的特征，是文学和舞台的悬念、台词和潜台词、演员的表演，以及其他一切包括视觉、听觉因素在内的艺术元素，经过复杂的化合，最后形成不间断的、流动的整体能量。如果做到了，那么就是“有机”的，如果做不到，那么就是“机械”的或“僵化”的。李渔的戏剧美学观点也强调这种综合有机性，《闲情偶记》关于词曲、演习和声容诸部有大量精彩的观点。他强调剧本的重要：“吾论演习之工而首重选剧者，诚恐剧本不佳，则主人之心血，歌者之精神，皆施于无用之地。”在强调戏剧文学性的同时，他也注重剧本和舞台因素的紧密结合：“填词之设，专为登场”，而且因为“戏文做与读书人与不读书人同看，又与不读书之妇人小儿同看”，所以“贵浅不贵深”，“于嬉笑诙谐之处包含绝大文章”。①

不管是追求逼真还是追求表现性的美感，每一场戏剧演出都会营造一个开场前不存在，终场后即消失的戏剧幻觉空间。这个空间在观众感知中的真实性，也是假定性的一个方面。用中国美学的概念来说，戏剧空间的审美是一个境界营造的问题。境界同时具有虚实两面：剧作家在文本中营造出的幻想世界，导演和演员把这个幻想世界带到物质世界，在观众眼前形成“亦幻亦真”、临时性与真实性融为一体的戏剧境界。因此，戏剧空间带有真实和虚构的二重性，假定性起的作用是让观众“忘记”或“忽略”真实的剧场建筑空间，而进入艺术家们用各种手段营造的虚构空间。同时，这些剧场空间真实的方面带来形式美感，也在戏剧审美中的虚构幻觉之外起作用。剧场建筑空间发展的历史是理解

① 李渔：《闲情偶寄》，中华书局 2014 年版，第 184、84 页。

图 5-7
古希腊户外剧场

图 5-8
日本能剧剧场

戏剧美学的重要切入口，一些典型的、具有文化特色的空间形式，自身充满美感，比如古希腊的户外剧场（图 5-7），日本能剧的独特舞台（图 5-8），当代的大剧院等各种演出空间。

在每一个戏的具体戏剧场景中，舞台设计师会根据导演的要求，结合剧场建筑空间（有些是非传统的剧场空间，如户外）的特色，设计出基本的空间形态和视觉风格。经过准备、排练、合成的过程，最后在导演的统领下，演员、舞台美术和灯光、服装、道具、音乐、声音共同努力，营造出幻觉性的戏剧空间。这些虚实结合的空间，有的肖似真实世界，唤起观众的回忆；有的夸张变形，天马行空，引起观众的好奇心。

二、角色与扮演

看戏是一件令人惬意的乐事，戏剧的美育功能不仅体现在欣赏上，参与戏剧实践更是一件陶养自我的具身化活动。任何人都可以拿起吉他，学习几个简单的和弦，唱出自己喜爱的歌曲。同样，开展戏剧活动，排演戏剧，也是非常有效的美育手段。戏剧培育人参与戏剧表演的注意力、自信心、想象力、同情心，培育人对美的感受力和创作力，也培育人的组织、协调、领导和团队协作的能力。总的来说，戏剧是展现人与人关系的艺术，也是关于人与人的艺术，戏剧审美能给予我们的最好礼物，便是使我们更好地面向社会，进入自我与他人共同生活的现实世界。

戏剧活动可以将美育、智育、德育等多重目标寓教于乐地整合在一起，这是戏剧艺术独特的魅力所在。大学的校园戏剧往往产生出社会中最具活力、最富探索精神的戏剧实践。大学生并不以戏剧为终生志业，但能创造出形式多样的戏剧实践。实际上，精湛的戏曲表演、芭蕾表演需要从幼时开始就进行严格的训练，但如果一个人小时候玩过“过家家”，那么他就已经进行了雏形的戏剧表演了，成年以后参与学习戏剧表演，则需要在更深层次上超越这种天然的模仿冲动。

怎样通过观察自己和他人的生活来塑造出令人信服的角色？斯坦尼斯拉夫斯基提供了完整的现代表演训练体系，学习表演的基本模块可按学习顺序分为：呼吸、放松、当众孤独、舞台注意力、身体和舞台想象力、反应力、模仿力、注意和聆听、行动和反应、戏剧情境、情绪记忆和角色体验、塑造角色、声音和台词、最小表演任务单元、不断的能量线、至上目标、戏剧节奏、解放天性等。他之后的戏剧大师（比如格洛托夫斯基和迈克尔·契诃夫），即便不同意他的观点，也基本都没有超出这个框架。中国导演如焦菊隐则汲取戏曲表演的营养，提出“心象说”的表演方法和理论。戏剧教师通过戏剧游戏让演员获得这些能力，演员也可以通过优良的戏剧教材中详细的描述来自学。①

想要自己排一出戏，另外两个不可或缺的角色就是导演和制作。导演是一个剧组审美方面的“总司令”，但这个角色不能是一个刚愎自用的独裁者，他必须学会有效地和演员、舞美、灯光、制作等各部门的工作人员沟通，用平实的语言清晰地表达自己具体的艺术要求，安抚剧组成员的情绪。如彼得·布鲁克所说，这是一个不知道目的地在哪里但假装知道的探险队长。衡量导演工作的标准，在于看他是否能够激发出合作者的艺术才能。因此他必须深谙领导艺术，需要了解多方面的美学和艺术知识，能够以戏剧符号学的方法分析剧本，能够理出一个剧本中的工作元素，讲解给演员。

制作则是一切创作人员的“后勤部长”，他理解戏剧中的艺术要求，因此他才能理性地控制预算、制订排练计划、协调创作人员之间的关系、宣传、预订场地、安排演出。他的工作方式如同军事家，优良的制作工作是优秀的艺术创作的前提。

三、戏剧实践的社会价值

戏剧是一种有效的和他人进行沟通的手段，在社会层面上它是社群最有效的黏合剂。戏剧艺术一个最重要的特点是它的生产和消费同时发生。创作与接受处于同一物理时空，社会性和公共性对于理解戏剧是不可或缺的。观众因而不再只是戏剧活动被动的接收方，而同样也被视为戏剧活动的参与者，毕竟如果没有观众，戏剧就不复存在。以这样一种更为广阔和动态的社会视角看待戏剧，就可以深入理解戏剧的基本美学特征——戏剧一定是关于我们的生活世界的。

关于戏剧起源最重要的假说来自人类学，即戏剧的仪式起源论。从社会科学的角度看，这一认知已经超越了特定艺术活动，在很大程度上揭示了个体的社会化进程。人类生活社会性的一个突出表现，便是自我的表现与身处的集体密切相关，一个人的行为不是单向的，而是与场景、观众和戏剧效果密切相关。社会学家戈夫曼将之称为“日常生活中的自我呈现”，② 所有这些外显特征则是

① 参见三轮绘理花：《英国皇家戏剧学院表演训练法》，张吉琳译，文化发展出版社 2018 年版；契诃夫：《表演的技术》，李浩译，四川人民出版社 2018 年版；格洛托夫斯基：《迈向质朴戏剧》，魏时译，中国戏剧出版社 1984 年版。

② 参见戈夫曼：《日常生活中的自我呈现》，冯钢译，北京大学出版社 2016 年版。

通过复杂的文化建构而形成的，这种文化建构体现了一种适当的自我引导方式，一个人从生物人经由社会化变成社会人的过程，其实就是学习这些角色扮演的过程，把这些角色要求内化。在一个社会共同体中，观众和演员需要使用同样的一套符号系统，表演才能顺利进行。

从社会表演的角度认知人的行为具有相当广阔的应用价值。人的社群生活对于自我的成长和完善不可或缺，因为自我之中需要有对他人的知觉，这样才能更好地完成自我呈现并形成自我认同。因此，在大学校园里积极地参与戏剧实践，将有助于培育学生拥有更好的群体共情能力、团队协作能力和交际沟通能力。大学生戏剧作为一种独特的戏剧形态，在今天大学校园的文化生活和美育系统中，具有无可替代的重要性。戏剧与绘画、文学、音乐和电影的一个显著不同，就是其广泛的社会性和公共性，因而可以设想，一个积极参与戏剧实践的学生，较之于很少甚至不参与此类活动的学生，在心智成长和自我认知上，可能显得更成熟和更有智慧。在戏剧领域，社会性认知还催生了应用戏剧的发展，比如以培育青少年个性发展为目的的教育戏剧、帮助残障人士的疗愈戏剧、促进沟通互助的社区戏剧等，这些都显示出戏剧认知和戏剧实践与现实生活的广阔交融。

第四节　戏剧传统与戏剧的审美表达

了解中国传统戏剧的美学特点，学会欣赏传统戏剧是增强文化自信的重要途径。而从跨文化的眼光来看，每个主要文明都有自己伟大的戏剧传统：中国戏剧、印度戏剧、日本戏剧、巴厘戏剧、西方戏剧等不同戏剧传统之间既有互相借鉴，又有彼此影响，正是这种文明互鉴的跨文化交往，丰富了世界戏剧舞台，也形成了多样性的全球戏剧生态。因此，了解不同文明或民族的戏剧特色，有助于我们理解外部世界，也有助于我们说好中国戏剧故事，还有益于我们走向人类命运共同体。

一、人类文明中的戏剧

从戏剧起源到当下，这一古老的艺术经历了漫长久远的历史演变。西方戏剧的源头是古希腊戏剧，经过了罗马戏剧、中世纪神秘剧、文艺复兴时期的各民族国家的国别戏剧，出现了莎士比亚等戏剧大师，后又有古典主义戏剧、巴洛克戏剧、浪漫主义戏剧等阶段；现实主义兴起之后，又经历了象征主义戏剧、表现主义戏剧、首批欧洲前卫戏剧、荒诞戏剧、当代试验戏剧（贫困戏剧、环境戏剧等）、后戏剧剧场等阶段，形成了现在多元并存的格局。在现代主义之后，不同历史时期的戏剧主流，经历了尤其是二战之后巨大的艺术革新，形成了丰富多彩的戏剧美学风格。

中国戏剧有自身的发展经历，从早期巫术、礼仪、祭祀到宫廷、市场、寺庙里的娱乐和杂耍，再到佛教变文杂剧、传奇、南戏、杂剧、昆曲等，中国逐步形成了各个地方剧种及其市场，[1] 直到清末民初，受到西方文化冲击而产生了新的戏剧样式——话剧。百余年来中国话剧形成了不同的风格和流派，改革开放以降，出现了各种类型的实验戏剧探索。社会变迁催生了戏剧变革，戏剧演变反过来又作用于社会。今天中国舞台上，既有传统的戏曲上演，又有探索性的前卫戏剧登场，形成了戏曲、话剧（主流艺术戏剧）、商业戏剧、试验戏剧四足鼎立的局面，可谓百花齐放、百家争鸣。

王国维认为，中国戏剧在宋以后发展出完整的故事和表现手段，产生了真正的戏剧，此前是戏剧的雏形和前身阶段。他受西方文化人类学的影响，认为中国戏剧起源于巫祝活动，距今将近一千年前的苏轼，就已有此认知。[2] 戏剧研究界学者们的共识是，戏剧起源于祭祀仪式，渗透着通路仪式、顺势巫术、自然崇拜、图腾崇拜等巫术意识，尤其是神降肉身的附身扮演活动大量出现在各种祭祀仪式中，这就形成了后世戏剧的隐性基因，最终转化为戏剧的美学特征（比如，在不同戏剧传统中被广泛使用的面具和脸谱源自萨满文化，面具的出现等于神明的在场）。

我国典型的戏剧范例是戏剧“活化石”傩戏（图 5-9）。华夏民族远古时代的驱鬼逐疫仪式，在商代固定下来，周时正式成为“傩”，最终在宋代形成傩戏。它完好地保存到了今天，发展出包括目连戏在内的多种样式，在广大乡村地区时有演出。傩，本意为祭祀时的仪式性舞蹈。和今天的理解不同，当时的“舞蹈”多是在仪式中祭祀者和观众“灵魂出窍”或“附体出神”之后的肢体舞动，在失控和有意识的边界，是一种“迷狂”，后逐渐节奏化和形式化。

像《诗经》有官方的“雅”“颂”和民间的“风”，傩中也有民间自发组织的乡人傩。傩逐渐由神灵附体的巫术，演变为有对话的人物扮演，故事情节逐渐丰富，表演由仪式而更趋向于娱乐。随着道教兴起、佛教传入，青龙、白虎、金刚、力士也加入表演的队伍；随着唐宋时期世俗化、娱乐化、节庆化程

图 5-9
贵州德江傩戏剧照

① 廖奔：《中国戏曲史》，上海人民出版社 2004 年版。

② 康保成：《〈宋元戏曲史〉百年祭——王国维中国戏剧起源于巫觋说发微》，《学术研究》2014 年第 10 期，第 125—137 页。

度提升，主角从神话人物方相氏成了傩公、傩母、灶公、灶母。多由乞丐充任的“演员”戴着傩面具，穿着红衣，和参与民众一起通宵达旦地纵酒游行，遍索酒食，场面十分壮观。此时，完整的历史、战争和世俗故事，比如《兰陵王》《目连救母》等叙事内容也加入进来，演变成了傩戏。乡人傩一直在民间，尤其是巫术气氛浓厚的四川、贵州、江西、湖北、安徽的边远地区延续，与各地的民俗文艺结合，衍生出多种有完整演出体系的傩舞、傩戏、目连戏，场面震撼、气氛热烈，是我国民间传统艺术的瑰宝。

以今天的眼光看，世界戏剧的发展历程是一个互相学习、影响和融合的过程，比如梅兰芳对梅耶荷德和布莱希特的影响，巴厘戏剧对阿尔托戏剧的影响，印度戏剧对巴尔巴的影响，等等。自 1960 年代以来，很多戏剧家提出要以一种追求世界大同的情怀和胸怀，用人类学式的眼光和方法来看待人类戏剧的伟大传统，并强调不同文明戏剧的融合与创新，比如巴尔巴就努力倡导“欧亚戏剧”。因此，人类命运共同体的理念在戏剧领域得到了很好的体现，不同文化间的戏剧传统在剧作、表演、思维方式等方面互相学习、互相融合的过程更加常见，在这个发展大趋势中，中国戏剧传统成为世界戏剧发展演变中的一个重要资源。

二、戏剧的审美表达

戏剧美育提升戏剧素养中的感知力、悟解力、情动力、想象力，戏剧最终提升我们戏里戏外的表达力。戏剧素养中的表达力有两个层面：一是创作的表现力，二是谈论戏剧时的审美表达，尤其是如何用准确的语言来表达我们看戏、写戏和做戏时微妙的内心感受。我们看完精彩演出，心潮澎湃，灵魂受到震撼，但每当我们试图用语言重述这种感受时，却总有言不及意的情况。这说明了戏剧作为艺术的本质特征，它就是超越于日常语言之外的，此时，唯有审美化的语言，才可能趋近我们的感受，来确证我们的戏剧体验，以便进一步进行交流、评述、批评等智性活动。

（一）中国古典戏曲的美学特点

我本肃然庄也，乃读实甫（元代剧作家王实甫）之“琴心”“酬简”，东塘（清代戏剧家孔尚任）之“眠香”“访翠”，何以忽然情动？若是者，皆所谓刺激也。大抵脑筋愈敏之人，则其受刺激力也愈速且剧。

——梁启超

戏园者，实普天下人之大学堂也；优伶者，实普天下人之大教师也。

——陈独秀

古今之大文学，无不以自然胜，而莫著于元曲。盖元剧之作者，其人均非有名位学问也；其作剧也，非有藏之名山，传之其人之意也。彼以意兴之所至为之，以自娱娱人。关目之拙劣，所不问也；思想之卑陋，所不讳也；

人物之矛盾，所不顾也；彼但摹写其胸中之感想，与时代之情状，而真挚之理，与秀杰之气，时流露于其间。故谓元曲为中国最自然之文学，无不可也。

——王国维

中国人就往往把为人看成和演戏一样，盖以为生命的过程，如同剧情，有悲欢离合；人性的善恶，如同角色，有生旦净丑。

——罗锦堂

这些中国戏曲留给读者的是对更美好事物的向往，而不是对万物有更悲惨结局的感觉……大幕不在主要悲剧事件上落下，而落在悲剧事件所产生的后果上。悲惨时刻所产生的最高热情和最深痛苦，似乎在缓缓的落幕当中退去。

——钱锺书

戏曲是建筑在歌舞上面的。一切动作和歌唱，都要配合场面上的节奏而形成它的规律。

——梅兰芳

中国戏曲，从艺术形式、表现手法讲，它有三个特点：第一，程式化；第二，虚拟化；第三，节奏化。

——焦菊隐

（二）西方文化中的戏剧美学观念

世界是个舞台，/所有男女皆是角儿；/他们各有其出入口，/每个人在其时代都扮演诸多角色。

——威廉·莎士比亚

小说更多是窃窃私语，而舞台则是大声呐喊。

——罗伯特·霍尔曼

对一个伟大的城市乃至是小城市或村庄来说，一座伟大的剧院是它内涵和文化可能性的外在与可见的标志。

——劳伦斯·奥利弗爵士

戏剧是所有艺术形式中最伟大的，是一个人能够与另一个人分享当一个人是什么感觉的最直接的方式。戏剧总是关于人的，它让我们进入我们这一生无论如何也不可能进入的另外的生活。

——奥斯卡·王尔德

戏剧乃是揭露，它是对抗，是矛盾，它导致分析、建设、认知，并最终趋向理解力的觉醒。

——彼得·布鲁克

我把戏剧视作一个严肃的事业，它使或应该使人更人性，也就是说，不再孤独。毕竟戏剧的使命是改变，是提升人们对人类可能性的觉知。

——阿瑟·米勒

艺术绝非反映现实之镜，而是塑造现实之锤。

——贝托尔特·布莱希特

演员必须观察——不仅观察，而且要善于看到自己这门艺术和其他各门艺术，以及一切领域中的美好事物，这需要演员们爱自己的艺术，而不是爱艺术中的自己。

——斯坦尼斯拉夫斯基

戏剧的本质是去除了没有美学必要性的华丽的灯光、美术、服装，而剩下的东西，即演员的技艺。

——格洛托夫斯基

本章思考题

1. 戏剧最重要的审美特征是什么？
2. 悲剧和喜剧有何不同？
3. 如何理解戏剧与现实生活的复杂关系？
4. 如何在本校开展学生参与的校园戏剧？
5. 比较一下你看过的中外戏剧的异同。

推荐阅读书目

1. 周贻白：《中国戏剧史讲座》，北京出版社 2016 年版。
2. 吕效平等：《戏剧学》，南京大学出版社 2019 年版。
3. 布鲁克：《空的空间》，王翀译，中国友谊出版公司 2019 年版。
4. 科恩：《这就是戏剧》，费春放、梁超群译，北京大学出版社 2020 年版。
5. 契诃夫：《表演的技术》，李浩译，四川人民出版社 2018 年版。

本章 DIY 活动

活动一　让小说“动”起来

一、活动步骤

1. 5～8 人一组，以小组集体活动为主；
2. 经集体讨论，选择一部有故事情节和人物冲突的短篇小说，并仔细阅读；

3. 将故事线索转化为剧情，按照戏剧头、身、尾三段式来结构剧本；

4. 学生们设身处地进入特定角色情境，构想人物对白和身体动作；

5. 确定剧本和角色扮演者，并在下一节课时当堂演出。

二、活动评价

1. 是否准确地传递了原作的构思和意图?

2. 是否体现了剧本文体的独特特征并切实可行?

3. 是否加入了自己对原作的理解与阐释?

4. 是否体现了一定的艺术创造力和想象力?

三、活动提示

戏剧文体的特点在于其具体的时空性、动作性和功能性。戏剧文本基本由对话和少量的舞台提示、场景说明构成。因此在小说或其他非虚构叙事文体中，由大量旁观视角叙事的信息，在戏剧文体中都必须由人物的对话来传递。在这个过程中，观众不应该感受到剧作家是为了传递信息而设计对话，各种叙事要素应该在人物对话中有机体现出来，这是剧作（尤其是现实主义剧本）的主要技巧表现之一。

活动二　我知道该怎么做

一、活动准备：空旷场地、宽松服装、A4 白纸若干、记号笔、其他

二、活动步骤

1. 学生组成一个圆圈，进行热身，彼此搭肩、拥抱等。

2. 部分学生根据一个给定的主题用身体构成一组图像，比如“校园霸凌”。构成图像时不必维持圆圈。他们需要迅速作出反应，不必预先思考。

3. 其他学生挨个加入进来，念出用一个词或一个概念，同时用身体动作进行图解；同时已经在圆圈内的学生对新加入的元素作出回应，比如新加入的元素是“跑步”，其他学生可以回应为跑步动作、也可以是倒地抱腿。

4. 在学生轮流将群体“雕刻”为一个动作的过程中，要想办法在规定时间（或规定词语数量）内将这些形状组合在一起。

三、关键点提示

身体状态的改变是非言语的，一个改变之后由另一个接着做出反应，全部活动尽量在不使用语言的方式下进行。

四、活动评价

1. 是否准确地控制了自己的身体?

2. 是否清晰地用身体动作表达了自己的思维?

3. 是否在活动中做到了身体与思维的平衡?

4. 是否在完成自己动作的同时顾及了同伴的动作?

五、活动小结

戏剧活动是一种灵活的工具，可以用于探索问题、表达态度、呈现情感，对于没有很多表演经验、也缺乏表演勇气的同学而言，这是一种让学生以不那么令人生畏的方式去探索和表达自己的感受和经历的方式。

案例分析

案例一

《桃花扇》的故事

传奇是一种戏曲样式，它承继宋元南戏，在明清发展成熟，是我国古代戏剧的一座高峰。传奇的表演涵盖了多种地方戏曲声腔，其中又以昆山腔最为知名、影响最为深远，成就了今天为人所熟知的昆曲。在戏剧文学方面，明清传奇中也诞生了许多传统戏曲中的瑰宝，比如著名的《牡丹亭》。本文所要介绍的《桃花扇》，也是这样一部在戏剧文学中熠熠生辉的作品。

《桃花扇》的作者孔尚任（1648—1718）为孔子六十四世孙，《桃花扇》完成于康熙年间，讲述的是南明政权时期的悲欢离合。故事开始于明崇祯末期的南京，名士侯方域在这里与秦淮歌妓李香君相遇并结合。朝廷恶势力的代表阮大铖送来妆奁，却被李香君退回，就此结下冤仇。阮大铖利用当时政治集团之间的矛盾，迫使侯方域远行投奔史可法，不得不与李香君分离。后来，南明小朝廷开张，阮大铖又利用权势逼迫李香君另嫁。李香君坚决不从，撞头相抗，斑斑血迹溅在侯方域于新婚之夜送给她的诗扇上。目睹此情此景的一位友人深受感动，把扇面上的血迹勾勒成朵朵桃花，“桃花扇”由此得名。后来李香君托人带着这把扇子去寻找侯方域，但侯一回到南京，就被捕入狱，李香君也被迫做了宫中歌妓。直到清兵席卷江南，南明小朝廷覆亡，这对夫妻才分别从狱中和宫中逃出。他们后来在栖霞山白云庵不期而遇，感慨万千，但国破家亡，经由一名道士指点后，双双出家。

《桃花扇》的悲剧感在古典戏曲里是少见的，作者用非凡的笔力写出了美的破灭，让观众直面不可避免的破灭。在《桃花扇》最后一出中，侯李二人的友人苏昆生在南京故地重游，作套曲《哀江南》，全曲苍凉悲慨，是明清传奇中的名段。以下为《哀江南》的最后一曲：

> 俺曾见金陵玉殿莺啼晓，秦淮水榭花开早，谁知道容易冰消。眼看他起朱楼，眼看他宴宾客，眼看他楼塌了。这青苔碧瓦堆，俺曾睡风流觉，将五十年兴亡看饱，那乌衣巷不姓王，莫愁湖鬼夜哭，凤凰台栖枭鸟。残山梦最真，旧境丢难掉，不信这舆图换稿。诌一套哀江南，放悲声唱到老。

近世戏曲改革以来，《桃花扇》先后被改编为京剧、黄梅戏等诸多版本，在舞台上重放异彩。尤其值得一提的重要改编是著名剧作家欧阳予倩在抗日战争时期所作的话剧《桃花扇》，在这个版本的结尾，与李香君重逢的侯方域已经剃发留辫，改换清服入仕，李香君发现昔日爱侣已经不复存在，愤而与其断交。这一改编当然拥有非常明确的时代指向，所影射的就是在日军入侵之时毫无气节的文人与政客。

这一改动使得话剧《桃花扇》与传奇《桃花扇》呈现出了相当不同的精神气质，从一种人生寂灭的美学感受到更为注重对现实人性和环境的挖掘。

研讨题 >>>

1. 简述传奇《桃花扇》和话剧《桃花扇》在故事情节上的不同。你更喜欢哪个版本，为什么？

2. 你怎样看待戏剧故事与所处的传播环境之间的关系？

3. 如果你来改编《桃花扇》，你想要从哪个角度重新塑造这个故事？

案例二

梅兰芳的海外之旅

梅兰芳（1894—1961），著名京剧表演艺术家，祖籍江苏泰州，生于北京，因其精湛演技和爱国情怀而举世闻名，为京剧“四大名旦”之首。

1904 年 8 月，十岁的梅兰芳在北京前门广和楼首度登台；1913 年赴上海演出《穆柯寨》，轰动上海，一举成名。除了在国内声名鹊起，梅兰芳也逐渐拥有了海外知名度，通过自己精湛的技艺拓展京剧艺术的国际影响力。

1919 年，梅兰芳首度访问日本，引起轰动；而后在 1930 年，梅兰芳又出访美国，在西雅图、芝加哥、华盛顿、纽约、旧金山、洛杉矶等地演出了 72 天，获得了各界文化名流的极大关注。而在梅兰芳的多次海外演出中，尤其值得一提的是三十年代的第一次苏联之行。1935 年 2 月 21 日至 4 月 21 日，梅兰芳应邀率剧团出访莫斯科、列宁格勒（今圣彼得堡），演出盛况空前。此行实现了中国戏剧与西方戏剧在美学层面真正的交流互通，是中外文化交流史上的一个标志性事件。

这次出访奠定了梅兰芳个人的影响力，也奠定了京剧艺术的国际地位。当时的戏剧艺术大师斯坦尼斯拉夫斯基、布莱希特都为梅兰芳所代表的京剧表演艺术深深折服，而自成体系的中国京剧的程式化艺术也令其大开眼界，在他们看来，京剧大大区别于以心理现实为根基的欧洲传统，在艺术上给予了强力刺激。连苏联电影大师、蒙太奇艺术的奠基者爱森斯坦都对梅兰芳的程式表演赞叹有加，他在执导经典影片《伊凡雷帝》时就借鉴了梅兰芳的艺术手法，注重用人物构成画面来更多地表达象征性含义。

在观摩了梅兰芳的演出后，另一位戏剧大师梅耶荷德在戏剧创作中借鉴梅兰芳的艺术理念和手法。他认为梅兰芳的京剧传统身段是一种“符号体系”，与他所倡导的“生物力学”是相通的，并将其运用于他的戏剧教学中。

德国戏剧大师布莱希特也在莫斯科观摩了梅兰芳的演出，他把京剧和斯坦尼斯拉夫斯基看作不同的表演体系，即“共同体验”的斯氏体系和“共同创作”的梅氏体系，他在此基础上提出了第三种体系，即著名的“间离效果”，强调演员同角色间的距离、观众与舞台人物和事件间的距离。布莱希特理论体系的提出，与他同梅兰芳艺术的接触，以及由此而来的对中国传统戏曲的理解是分不开的。

在梅兰芳访苏的告别演出中，莫斯科大剧院座无虚席，一直演到凌晨三点，18次出场谢幕后方才结束。梅兰芳这次访苏，向苏联和全欧洲介绍了京剧艺术，并真正使国际戏剧界开始关注我国传统戏曲独特的美学和表演体系。

研讨题 >>>

1. 梅兰芳访苏产生了哪些文化上的影响？
2. 你认为传统戏曲与西方现实主义戏剧有哪些区别？

案例三

日常生活中的自我呈现

戏剧的核心永远是人与人、人与环境之间的关系，这与社会学关注的问题有着千丝万缕的联系。从社会学的角度来看，每一个个体都是在社会互动和交往过程中产生的，社会本身也是由相互作用着的个人所组成。在一些社会学家眼中，自我是社会互动的产物，只有在与他人的互动中，我才有了我的自我。社会学意义上的角色扮演意味着每一个个体想象对方在如何理解这种交往，也就是说，每一个人在社会中扮演的角色实际是由他人（社会）的期待来限定的。比如说，“母亲”这个角色意味着社会对此有一系列的预期、要求、规范，这就是他人（社会）的期待。另外，人类社会依赖于对符号的运用和创造，人使用符号（形象）表达自我、建立联系的特殊能力是社会的最本质特征。这就意味着，为了理解他人行为中的符号意义，人们在社会互动中要相互识别对方、预期对方的反应，就需要相互了解对方的独特的情景定义。

这些日常生活中的“情景”与“角色”就是社会学家埃尔文·戈夫曼（Erwin Goffman，1922—1982）所研究的对象。在其重要著作《日常生活中的自我呈现》（*The Presentation of Self in Everyday Life*，1956）中，戈尔曼探讨了人们是如何在互动过程中在他人心目中创造出一个印象的，或者说，运用哪些方式来让别人产生一种自己希望别人产生的印象。从戏剧角度说，这就是一门表演艺术，这不禁让人想起莎士比亚在《皆大欢喜》中写下的名句：

“全世界是一座舞台，所有的男男女女不过是一些演员；他们都有下场的时候，也都有上场的时候。一个人在一生中扮演着好几个角色……”

不管是否意识到自己在表演，每个人的行为都会给人留下某种“印象”，而每个人都在有意无意地运用某些技巧控制自己给人的印象，比如“我今天穿哪件衣服”，或者“我应该怎样同老师谈论这个话题”。

人在日常生活中确实是在进行角色表演，虽然每个人可能同一时间承担多个角色，但在每一个固定的场景下，人总是扮演一个角色，由此戈夫曼引出了他的前台、通道、后台、戏班和观众等概念用以说明“日常生活”这一个大舞台。

“前台”是人们演出的地方，“后台”是人们进行准备的地方，一般不轻易示人，其实就是为了维护前台演出的完整，一旦前台和后台相混合，其实也就没有演出这一概念了。而“通道”自然是从“后台”通往“前台”的所在，比如一个即将参加重要面试的人，在从“后台”（包括此人的家人、朋友）那里获得帮助和能量后，通往其“舞台”的过程。而“剧班”是维持演出进行的同伴，“观众”同样也是演出的重要组成部分，一场没有人看的演出，就没有区分前台后台的必要。

不同的社会群体都以不同的方式来表达诸如年龄、性别、地区、阶级等特征，并且，所有这些外显特征都是通过复杂的文化构型精心制作而成的，这种文化构型体现了一种适当的自我引导方式。每个地方的舞台和场景是不同的，因此一个人从生物人通过社会化变成社会人的过程，其实就是学习这些角色扮演的过程，把这些角色要求内化。这同时也要求观众和演员使用同样的一套符号系统，这样表演才能顺利进行、意义才能被正确提取。

这便是戈夫曼所创造的“拟剧论”。他借助戏剧构造来理解社会行为的构成方式，认为人的特定行为是被特定角色和情景所塑造的，而社会行为也就是社会表演，社会成员在社会舞台上扮演多种角色，其自身的形象、行动等就是为了自身的角色而服务的。

研讨题 >>>

1. 简述戈夫曼的“拟剧论”。

2. 你是否同意或部分同意将表演行为类比为社会行为的理论？为什么？

3. 戈夫曼的理论同样也影响了当代戏剧演出，社会表演成了表演本身的重要类别，表演更加注重打破艺术与生活的界限，请举出类似的例子，并指出它们与传统戏剧表演的区别。（比如广场舞）

第六章　沉浸光影世界——电影

在艺术大家族中，电影被称为“第七艺术”，较之于其他六兄弟，它是一个“后生”，却受到广泛的喜爱。有人说世界上有三种通行无阻的“语言”，那就是数学、音乐和电影。电影可以呈现一切，从我们熟悉的生活到完全未知的世界；电影可以唤起我们复杂的情感，从爱到恨到悲伤到愉悦；电影可以讲述各种故事，从幽默的喜剧到崇高的悲剧，从小人物的平凡到英雄的伟岸。电影作为美育的一个载体，还有与其他艺术不一样的特别之处。作为综合艺术，电影在相当程度上涵盖了诸多艺术门类，在电影中不难发现绘画、文学、音乐、戏剧的踪影；不仅如此，较之于其他艺术，电影用富有冲击力的视觉效果使观众高度具身化地沉浸在电影情境之中。唯其如此，电影在各门艺术中一枝独秀，包含了更为复杂的美学特性。

第一节　走进电影的光影世界

电影没有“文盲”，人人皆会观影，但观影之道却大有学问。就电影而言，美育的具体目标是提升一个人的电影素养。审美素养说到底是人运用和认知审美符码的能力，包括审美的感知力、悟解力、情动力、想象力和表达力。

一、电影与电影素养

简单地说，电影素养就是一个人观看、理解和评价电影的能力。在当下微电影、短视频流行的社会语境下，电影素养涉及一定程度的创作或制作能力。国际上对电影素养有如下界定：“理解电影的某种水平，自觉并好奇选择电影的能力，以及批判性观影并分析电影内容、摄影和技术方面的能力”，以及“在创意性的运动影像制作中使用电影语言和技术资源的能力”。这个界定把电影素养的层次从“被动观影”提升为“主动制影”，从观赏进入动手实践。

这么来看，电影素养中的感知力、悟解力、情动力、想象力和表达力，均在电影层面表现出相应的电影审美特性。这五种能力一方面体现在电影欣赏中，另一方面又向电影创作和制作延伸。比如表达力，美育基本目标之一是使学生学会审美地表达自己的观影感受，或是写出感言，或是写下简短影评等。然而，当我们提出电影素养还包括创作和制作能力时，表达力也就包含了创作和制作能力，当然表达力需要以感知、悟解、共情和想象为基础，创作和制作是对前四种能力的延伸或展开。在当前高度数字化和媒介化的时代，电影正在成为更多人可介入和可参与的艺术——一部手机就可以拍摄微电影或视频。从这个意义上说，电影走过自己“胶片拷贝 / 影院时代”“无线电波 / 电视电影时代”，正在进入“互联网 / 个人终端时代”。

二、从电影之“窗”看世界

当观众坐在漆黑一片的电影院里，目不转睛地盯着一帧又一帧闪过的画面，沉浸在一个光影幻象的世界时，银幕充满了神奇的魔力，呈现出自然万象或人间百态。观影就好像观众透过一扇窗户，瞥见了或熟悉或陌生的生活世界。“窗”的比喻既是对电影特性的形象描述，又是蕴含深刻文化含义的隐喻。以下，我们通过一部“元电影”[①]——意大利影片《天堂电影院》（图 6-1）来加以说明。

图 6-1
《天堂电影院》海报

《天堂电影院》的故事发生在 1940 年代一个意大利南部小镇，那时二战尚未结束，小镇居民过着简单甚至贫困的生活，看电影成为他们为数不多的娱乐。一个叫多多的小男孩对电影里的影像世界特别着迷，进而产生了探索这个光影世界的强烈兴趣。他收集废弃的电影胶片，和小镇上唯一的放映员学习放电影，进而开始尝试拍电影，最终成为著名导演，创造出属于自己的光影世界。这部电影告诉我们如何理解电影的“窗户”功能。电影中，小镇居民们以一种猎奇的心态去看电影。五光十色的电影画面和故事固然好看，但是他们从来没有思考过这些画面背后的世界和自己所身处的小镇之间的关系。他们看过、笑过、哭过，然后散场回家，继续原来的生活。但多多不同，他觉得电影中的世界和自己所身处的真实世界是紧密关联的，导演设置了很多细节来展示这种“关联”：小时候的多多喜欢在灯光透视下观赏电影胶片中的影像，那可能是一部枪战片，因为多多一边看，一边用手比画开枪动作，嘴里还发出模拟的开枪声——他在模仿电影中的世界。长大后，多多萌生了拍电影的念头。他先是自己买了一台摄影机到处拍，并透过电影这扇“窗”找到了自己心爱的女孩，他第一次看见女孩就是在自己摄影机的取景框里。多多和女孩相爱，但“电影之窗”中的女孩终因门第差别无法进入多多的真实世界。于是，多多无奈地离开小镇，去罗马去拍电影。最终，多多成了一位成功的导演。结尾处，功成名就的多多返回故里，看着多

① 元电影（meta-cinema），即“关于电影的电影”。比如，以“拍电影”“看电影”为内容的电影，或者在电影中直接引用、借鉴、指涉另外的电影作品。

多长大的乡亲们对他投来了钦羡的目光，他们把电影当消遣工具，而多多将电影当看世界的“窗户”，并在其中成就了自己。这印证了巴赞关于“好电影”的判断，电影应该是一种“及物”的艺术。“及物”意指电影必须触及现实，帮助观众接触并思考现实。

三、电影与其他艺术

电影作为一门综合艺术很大程度上吸纳并包容了其他各门类艺术。美国理论家桑塔格认为电影是一种“泛艺术”，能利用、吸收、吞噬几乎所有的艺术门类——小说、诗歌、戏剧、绘画、雕刻、舞蹈、音乐、建筑等。① 人们观影的感受与其他艺术的体验又全然不同。

（一）电影与戏剧

与电影最接近的是戏剧，但坐在剧场里看戏与坐在电影院里观影差异悬殊（图 6-2）。导演格洛托夫斯基的“质朴戏剧”实验，最终发现戏剧能做到而电影做不到的关键一点乃是“演员与观众中间感性的、直接的、‘活生生’的交流关系”。② 坐在漆黑影院里观众看的是屏幕上的画面，而不是活生生的人面对面的直接交流。舞台场景是固定的，电影画面则是天南地北古今中外。因此导演科克托认为，戏剧是人造艺术，面具艺术，被简化、被放大以远观的艺术；电影则全然不同，它是细节的艺术，自然的艺术，被放大以近观的艺术。戏剧像是透过房门钥匙孔看到的家里发生的故事，电影则像一扇巨大的“窗”，观众看到的是更大的景观，从街区到城市到自然甚至到太空。更重要的是，电影的这扇“窗”并不是固定不变的，而是不断移动的。摄影机镜头的推拉摇移，创造了近、中、远景的变化，甚至特写镜头，如此之多的视线变化是传统戏剧所没有的。剧场里观众和舞台的距离是恒定的，演员的移动也仅限于有限的舞台空间。但电影是一扇不断移动的“窗”。电影与戏剧的另一个重要区别在于，电影的主要美学特征是其独有的“上镜头性”，就是镜头上呈现的画面视觉感；而戏剧的主要美学特征则是剧场性。因此，电影更关注镜头中的视觉画面，而不是人物台词及其戏剧性冲突。

图 6-2

观影场景

① 桑塔格：《反对阐释》，程巍译，上海译文出版社 2003 年版，第 287 页。

② 格洛托夫斯基：《迈向质朴戏剧》，魏时译，中国戏剧出版社 1984 年版，第 9 页。

（二）电影与文学

电影与文学之间的关联首先体现在很多小说都被改编成电影。然而，电影与小说毕竟有本质上的差异，前者是视听综合艺术，而后者是语言艺术，媒介差异有天壤之别，尽管两者都有人物塑造和情节结构等。有学者指出，电影与小说的根本不同是："小说的时间是用词汇构造的，电影的时间则是用事实构造的。小说可以促使头脑产生一个世界，而影片则使我们看到一个依据某种连续性组织起来的世界。小说是构成世界的故事，而影片则是构成故事的世界。"① 如果说小说意在以语言来感染人，那么，电影则必须以画面来直接诉诸观众的感官。小说可以反复阅读，掩卷遐思，但在影院观影却是一次性和单向性的。因此，电影在讲故事时有许多限制，一部小说可以有数百页厚，而电影的时间则大多限制在 1 ～ 3 小时之间。电影是影像技术的产物，而小说则是印刷文明的产物。在今天数字技术突飞猛进的背景下，电影的视听表现力远超小说。更有趣的一个现象是，以往是小说的叙事方式（比如视点技巧）和情节方式对电影产生影响，如今，电影无可比拟的视觉叙事效果，反过来影响了小说家，因为当代小说家很多都是在看电影中成长的，电影如何表现人物和场景的技术，对小说家产生了潜移默化的影响。比如余华的小说《兄弟》，许多段落的场景和人物动作，读来极具电影镜头感。

（三）电影与绘画

电影虽然是综合的视听艺术，但视觉在电影中具有无可争议的优先性。说到视觉，电影便与绘画发生关联。尽管两者都诉诸视觉，都要利用光影和色彩进行造型，但电影和绘画亦有许多根本性的差异。第一个差异是：电影是动态影像，而绘画则是静态的图像，一动一静使两种艺术分道扬镳。如果我们展开电影胶片，一帧帧的画幅连续不断，且不断变化。而任何绘画不过是"一帧"或"定格"而已，电影的独特魅力就在于图像的运动。艺术史家潘诺夫斯基认为，电影不同于绘画的关键在于其"空间的动态化"及其对应的"时间的空间化"。电影的动态化首先是画面所表现的空间运动，这体现在如下三个层面：一是镜头推拉摇移的运动；二是画面内部的主体（人物或交通工具等）的运动；三是虽然观众坐在固定不动的位置上，但画面剪辑以及前后接续也把观众带入天上地下，使其处在幻觉性的运动之中。这些都迥异于静止的绘画。另一个明显不同是，绘画作品是无声的观看对象，有声电影则视听兼备，有对白、各种音响和背景音乐，这与缄默不语的绘画形成鲜明的对照。潘诺夫斯基还指出，画家绘画是自上而下的"观念性"活动，画家是将其理念投射到画布上，即使是面对真实的模特；而电影则是自下而上的"感觉性"活动，无论电影要表达什么内容，哪怕是抽象深刻的思维、观念，电影都得从"实实在在的物与有血有肉的人（而不是审美中性的媒介）"开始，进而完成整个作品。② 也正因为

① 法国电影理论家米特里语，转引自贝东：《电影美学》，商务印书馆 1998 年版，第 132—133 页。

② 潘诺夫斯基：《风格三论》，李晓愚译，商务印书馆 2021 年版，第 122 页。

如此，电影对观众的影响是具体的、即刻的，甚至是随着观赏体验同步发生的，具有一种深入人心的强大力量。

第二节 电影语言

每门艺术都有自己的“语言”，电影语言也就是电影构成的基本要素，它们组合在一起显出特定的“语法”规则。了解这些知识非常重要，一方面它们可以助力我们在观影时明白电影运用了哪些“语言”，另一方面在“人人可拍自己影视”的当代，掌握这些语言有助于我们进行影视创作。

一、镜头

（一）镜头的审美构成

镜头是一部电影作品最基本的叙事单位，是指摄影机从开机到关机所拍摄下来的一段连续画面。电影作品的镜头一方面是叙事的基本素材，要传达出明确的意义；另一方面，镜头又给观众直接的视觉刺激，使其产生复杂的情绪反应。镜头的功效在于电影为观众预设了观看视角，也就是前面所说的“窗户”，它规定了观众怎么看和看什么。电影的思想性、文化内涵、审美风格等，都只有通过镜头才能表达出来。以下从机位、距离、调性三个方面展开说明。

机位，即摄影机的位置。机位决定了镜头三要素——视点、构图和（镜头内部）调度，这在很大程度上决定了电影画面乃至整部电影的审美调性。著名导演雅克·贝汉拍摄的纪录片《迁徙的鸟》（图 6-3）最引人瞩目的创新之处在于，将摄影机放置在各种飞行器上跟拍鸟群。从滑翔机、热气球、轻型螺旋桨飞机，到小三角翼飞机、遥控飞行器等。摄影机跟随迁徙的鸟群，或者直接混入它们，或一路跟踪它们，拍下了许多令人震撼的鸟儿飞行的镜头。独特的机位使得这部电影的诸多画面，比如鸟儿飞行姿态的细节、候鸟队列的近距离变化等，都被清晰地展现出来。

图 6-3
纪录片《迁徙的鸟》海报

机位确定的同时也就确定了拍摄角度，也是观众观看电影画面的角度，而不同的拍摄角度本身就蕴含着情感、伦理和价值观指向。比如俯拍的俯视视角一般认为有藐视的含义，而仰拍形成的仰视视角则意味着敬重乃至崇拜，所以视角也是电影审美风格的关键因素。

摄影机在运动中拍摄，这就构成了运动镜头。运动镜头往往能以动态形式来表现紧张、激烈、焦灼、暴躁等情绪和内容。运动镜头在中国武侠电影拍摄中经常被使用，它多用于渲染武打动作的紧张激烈。有时候，电影拍摄的场景虽然是静态的，但是由于角色内心紧张焦虑，导演也往往会使用运动镜头快速移动或切换，以营造紧张氛围。

距离是构成镜头审美的第二个重要元素。所谓距离是指摄影机和摄影对象之间的远近。距离的远近决定了镜头所呈现的摄影对象的范围广度和体积大小，由此形成了不同大小比例的景别。景别一般有远景、全景、中景、近景、特写五种类型。景别用距离形成银幕的空间暗示，这也决定了观众和电影呈现对象之间的心理距离。换言之，观众和观看对象的远近是由镜头拍摄技巧造就的，由此观众被唤起不同的心理体验。景别的心理意义还在于它能暗示观众对角色的了解程度和亲近程度。距离越近，暗示观众对角色乃至叙事的理解就越深入，反之亦然。

第三个构成镜头审美的重要元素是调性。电影被称为光影艺术，这是因为在电影艺术中，光创造了电影镜头中的色彩、线条、轮廓乃至整体画面，就此决定了镜头画面的基本特征和风格，即镜头的调性。可以说，每一部电影都有自己的风格，而电影风格的基础就是镜头调性。

例如电影《黄土地》，讲述了八路军文艺战士深入黄土高原采集民歌时发生的故事。在这部电影中，外来的、新生的、革命的精神力量，与黄土高原上传统的、厚重的，虽充满苦难但饱含希望的农耕文化之间产生了碰撞、映衬、交融等相互关系，折射出中国文化的强大力量，以及在新时代遭遇的冲击与挑战。正是这种文化折射使得这部电影深深地融入了 20 世纪 80 年代中国社会的文化反思浪潮中。而这部电影的镜头也强烈地表现出这种反思性，形成了独特的风格。导演陈凯歌和摄影张艺谋在电影中精心设计了大全景、近景、特写等不同景别的镜头，同时赋予这些镜头相应的反思意味。

（二）长镜头

长镜头是另一种类型的镜头，所谓“长”可以理解为一个镜头的持续时间较长。一般认为，长镜头的特性在于一个镜头的连续性，它让观众可以完整地经历一段时间内事件发展的全过程。长镜头分为两种类型，一种旨在引导观众观看真实世界，这类长镜头被称为纪实性长镜头。这类镜头最大的优势在于它不仅可以完整呈现符合真实生活的场景，而且还能表达相应的意义。在贾樟柯的电影《小武》中，有一个著名的用固定机位拍摄出来的长镜头：小偷小武和妓女梅梅并排坐在床上聊天，随着聊天的深入，两人感情逐渐升温，梅梅让小武唱歌，小武不会唱，但打开音乐打火机，打火机自带的音响中播出了《致爱丽丝》的旋律。整个长镜头持续了 4 分多钟，其背后蕴含了一种稳定且持续升温的感情。另一种长镜头则以炫技或营造特殊视觉效果为目的，这类长镜头被称为奇观性长镜头，这类长镜头的目的不是向观众呈现影像所表征的社会真实，而是利用画面奇观来叙事，著名导演马丁・斯科塞斯指导的电影《雨果》就以一个令人惊叹的长镜头开始：一个“上帝视角”的镜头俯瞰灯火通明的巴黎，进而镜头向下俯冲，越过巴黎上空，进入巴黎火车站，在月台上掠过两旁的一节节车厢以及月台上的人们，进入车站大厅，继续推进，最后定格在一台巨大挂钟的钟面上，透过指针 4 这个数字，12 岁的主角少年雨果的面庞出现在指针 4 的孔洞中。整个镜头一气呵成，观众跟着这个镜头，就像天神下凡一样来到 20 世纪初的巴黎，观看一段关于电影诞生早期的故事。

二、蒙太奇

蒙太奇（montage）是法语音译，原属建筑学术语，意为构成、装配，后来引申为“剪辑”，意指电影画面的组接。如果说长镜头是一镜到底，将观众引入镜头中的场面，进而产生身临其境的现场感，那么，蒙太奇就是按照生活的逻辑通过“短镜头”的组接，把最能表现事情发展的片段以各种技巧连缀起来，让观众发挥想象自动填补其中的空白并完成对剧情的理解，它在电影叙事和表意方面也因此具备了两种功能：叙事和表现。蒙太奇因而具有两种类型：一是用于讲故事的叙事性蒙太奇，二是用于表达情感和意义的表现性蒙太奇。

（一）叙事性蒙太奇

叙事性蒙太奇是按照情节发展的时间流程、因果关系来切分和组接镜头，从而引导观众理解剧情。比如下面三个镜头的连接：一位男士从左向右入镜，一位女士从右向左入镜，两人在一个台阶前分别从左右共同入镜握手打招呼。把这三个镜头连在一起，观众就很容易明白这是在描述两个人相遇的过程。这是叙事蒙太奇最基本的功能。但叙事性蒙太奇远非这么简单，创作者可以通过给蒙太奇加上各种元素来完成更复杂的叙事。比如，上面这两人相遇的叙事，如果我们多加入几个两人走路的镜头，每个镜头中男女主人公身穿的衣服薄厚都不一样，伴随着天气和背景的不同，最后两人还是相聚握手。如此一来，这场画面叙事就有了“光阴流转”的时间因素，暗示了两人经历岁月沧桑后的重逢。

“讲故事”是人类的一个古老传统，从神话、史诗、罗曼司到小说、戏剧等，在电影诞生之前已然出现了很多叙事文体和方法，它们都可为电影所用。至于文学叙事中的倒叙、插叙、补叙，以及叙事立场的“上帝视角”、旁观视角、参与视角[①]等，在电影中也都有特定的呈现。很多悬疑题材的电影在开头先交代影片结局，再用倒叙的方式一步步地将过程呈现出来，这种设置悬念的讲述方法尤其能吸引人。

在文学叙事中的“双线叙事”模式对应的是电影平行蒙太奇手法。比如《红楼梦》第九十八回中一边是“宝玉大婚”，一边是“黛玉焚稿”，这两条故事线同时推进，产生了强烈的对比效果。同样的叙事手法如果用在电影中，就是平行蒙太奇，同样有对比效果。

（二）表现性蒙太奇

蒙太奇之间的镜头剪接技巧也能表现和渲染相应的情绪和意义，这类蒙太奇被称为表现性蒙太奇，常见的有积累性蒙太奇和比喻性蒙太奇两类。积累性蒙太奇是指把一系列性质相同或相近的镜头连接在一起，通过视像的积累效果呈现事实，同时渲染和强化情绪。比喻性蒙太奇也是常见的电影表意抒情的方法，就像文学比喻一样，影视创作中编导也通过建构“本体”和“喻体”之间

① “上帝视角”是赋予讲述者以全知全能的立场，他能够以非现实的方式不受限制地描述任何事物，如在同一地点的不同时间点展开叙述，或是多个角色的心声交替出现；旁观视角是以事件“看客”的身份来讲述故事的视角；参与视角是以事件参与者之一的身份讲述故事的视角。

的关系，来表达相应的情感和意义指向。

值得注意的是，在蒙太奇的使用过程中，叙事和表现的两种功能是不能截然分开的。表现性蒙太奇依旧有叙事的功能，反之亦然。

三、声音系统

除了画面系统，构成电影艺术体系的审美形式因素还有一整套声音系统，包含语言、音乐和音响三个子系统，它们和画面相互配合，构成完整的影视艺术世界。

声音系统在电影中的第一个功能是强化纪实。我们本来就生活在一个有声的世界里——观其行并闻其声，方才符合我们对世界的真实感观。对这种真实感的追求导致电影艺术中第一种声画关系的产生——声画合一。所谓声画合一，就是电影中的声音内容和画面内容保持一致。这又分为两种情况：一是画面中出现的人和事物就是声音的源头，无论是演员面对镜头的演讲，还是两人或多人的对话，场景都是典型的声画合一；二是语言（画外音）具体地阐释画面中的视觉内容，比如画面中出现一幢房子，而声音就具体说明这个房子的相关情况。声画合一具有强烈的纪实性和证实性效果，同时，语言本身也是塑造角色性格、推动剧情发展的重要元素。所谓优秀演员的台词功力是这种重要性的鲜明体现。比如，在英国电影《国王的演讲》中，口语表达是塑造乔治六世这位口吃国王性格和形象的关键因素。特别是在最后一场“国王的演讲”中，乔治六世艰难地发音，很多细微的发音还需在老师的引导下才能勉强发出。但是，国王坚持了下来。在这部电影中，语音不仅仅是重要的叙事元素，而且还参与塑造乔治六世的个性。

在电影叙事过程中，声音还有另一个重要功能——将“另一个世界”引入画面。换言之，当画面呈现相应内容的时候，“画外音”可以将另一个世界带入画面的场景中。此时，声音和画面的内容不一致，但是它们之间的相互关联使得叙事的内涵更为丰富，这就是第二种声画关系——声画对位。

电影声音系统中还有一个重要元素是音乐，关于这一部分的基础知识，请参阅本书“音乐美育”的相关内容，这里从略。

第三节　电影叙事

决定电影叙事水平高低的重要因素之一是剧本，好剧本是一部电影得以成功的基础。剧本首先是一份文学文档，是电影创作者想要讲的故事，无论它是什么类型，都应该像所有的好故事那样吸引人。其次，剧本是一份共享的技术文档，它列出一系列指令，供导演、演员制作和后期的所有人使用。[①] 理解剧

① 朱利安·霍克斯特：《编剧十二法则》，冯永斌译，北京：人民文学出版社2022年版，第17页。

本写作的基本原理，一方面可以帮助我们获得品鉴电影品质的能力，这是电影美育的重要内容；另一方面，这也能让我们在有条件的情况下开展电影创作，在短视频、微电影创作等方面有所建树。

一、电影剧本

电影剧本原本就不是为读者阅读而创作的，而是给导演、演员、制片、摄影、动作设计等一线电影工作者提供一个故事蓝本，进而为他们的工作开展提供依据。因此，好剧本的标准不是“文笔好”，而是在讲好电影故事的同时，还能够用文字表现出电影的“上镜头性”。比如，姜文《阳光灿烂的日子》剧本的开篇：

片头字幕

黑底中，陆续出现影片主创人员名字的白色字幕。

音乐：

笛子吹奏的《远飞的大雁》。

旁白：（中年马小军，下同）

北京变得这么快。20年的工夫它变成一个现代化城市，我几乎从中找不到任何记忆里的东西。

事实上这种变化，已破坏了我的记忆，使我分不清幻觉和真实，我的故事总是发生在夏天，炎热的气候使人们裸露得更多，也更难掩饰心中的欲望。

那时候好像永远是夏天，大阳总是有空出来伴随我们，阳光充足，大亮，使得眼前一阵阵发黑……

黑底中，出现巨大的红色字体：阳光灿烂的日子。

一、大院广场（日）

天空。（摇下）毛主席塑像半身。

礼堂门前，战士挥舞着彩带划过画面。干部列队走出礼堂。

歌词：

革命风雷激荡，战士胸有朝阳。毛主席呀毛主席，我们有多少知心的话儿要对您讲。

礼堂楼顶，四个小男孩儿迎面跑来。

礼堂门前，锣鼓震天，彩带飞舞，干部列队走出礼堂。

锣鼓划过画面，干部队伍迎面走来。

旁白：

“九大”过后不久，我爸爸他们部队接受了新任务要去贵州进行

"三支两军"工作——当军代。

马母在大喊："小军！小军！"
一群孩子冲过，撞在马母身上。
马母："挤什么呀！""小军！小军！"
四个小男孩背身（移），他们看着楼下热闹的场面。
马母画外音："下来！下来！"
队伍迎面走。
毛主席塑像。
众干部敬礼。
众干部敬礼，礼毕。
马母在人群中寻找。
马父在人群中寻找。
马母见到马父，两人在议论、寻找。
童年的马小军在跑。
……

根据这段文本，我们可以分析出剧本写作的一些主要特征：

第一，剧本的基本呈现单元是"镜头"，也就是电影画面。通过呈现一幅幅画面内容，剧本完成故事的讲述。在上述案例中，作者详细描述了片头字幕、广场天空、礼堂楼顶、小孩玩耍、军人敬礼告别、父母寻找贪玩的孩子等这样一组画面，将这些画面描述清楚，一段电影故事也就讲完了。

第二，剧本在呈现镜头内容的同时，更要描述清楚镜头的视听效果，这突出地体现在剧本的音乐、音响效果、光线、色彩、人物表情动作等细节方面。在上述案例中，作者不厌其烦地交代：第一个镜头中字幕的颜色；第二个镜头中乐曲的名称以及画外音的内容；第三个镜头中歌曲的名称和歌词；第四个镜头中人们的动作细节；第五个镜头中母亲和孩子简短而急促的对话；等等。

第三，与小说等叙事文本一样，剧本写作同样要强调叙事的逻辑性和整体性，即画面与画面之间形成彼此关联，以达到电影叙事的整体审美效果。比如上述案例的最后三个镜头，第一个和第三个镜头是关于父母和淘气孩子之间的撕扯，而第二个镜头是解放军干部敬礼。这三个镜头放在一起，暗示着宏大的时代背景和一地鸡毛的日常生活在电影中是彼此交融的，这正是电影故事即将徐徐展开的背景。有经验的观众此时对电影的整体风格也就有了一个基本判断。

可以说，在创作之初，一部电影的故事和各种视听效果会最先浮现在编剧的脑海中，好的编剧能够用文字将它们清晰准确地写出来。有了剧本，导演才知道怎么拍，演员才知道怎么演，服装、道具、灯光、特技等各部门专业人士的工作也有了抓手。

二、电影的叙事结构

编剧和作家的使命是一样的，都是讲故事。但是，编剧写作的特殊性在于，他必须在一部电影的框架内完成故事的讲述，即在 1.5 ～ 2 个小时内将故事结构、背景、人物和思想等融合为一个完整的统一体。从表面上看，每一部电影都有自己独特的结构，但是，最经典的电影剧本结构只有一种，就是“三幕式”。也就是说，一部电影无论它的叙事方式如何（正序、倒叙或插叙）、叙事线索多寡（单线索叙事还是多线索叙事）、故事复杂度高低（单一故事的顺次讲述还是多个故事并列推进），它的剧本最终都能被还原成三幕，即：开头、中间和结尾。这一由古希腊哲学家亚里士多德提出来的最早的戏剧观念，在电影创作过程中依旧适用。

电影学教授悉德·菲尔德详细地阐释了电影中的三幕式剧作法背后的原理和运用的合理性，他对三幕式中的每一“幕”的功能和体量做了清晰的说明和规范。

第一幕的功能是“建制”（set-up），它的时间长度为 20 ～ 30 分钟。① 所谓建制，就是完成电影故事的发生背景、人物关系、世界观，以及情节演化的基本逻辑和故事发展动力来源。有了第一幕的铺垫，观众才会有热情和兴趣把电影看下去。比如电影《长津湖》的开篇是抗美援朝战争爆发，原本在家探亲的解放军连长伍千里接到归队的命令，弟弟伍万里偷偷地和他一起离开家奔赴朝鲜战场。七连指导员梅生、战士余从戎等重要角色也都纷纷归队。于是，朝鲜战争的背景、保家卫国的价值观、一群奔赴前线的解放军战士等电影元素被“建制”起来，在此基础上观众期待着剧情的进一步发展。

第二幕的功能是“对抗”，时间长度是 50 ～ 60 分钟。在第二幕中，主人公一定要深陷各种矛盾冲突，因此必须不断对抗，如此，电影情节才会不断向前发展，引人入胜的剧情也多在这一幕中出现。那么，什么是对抗呢？对抗就是主人公有一个愿望或想法，但是，此时有一个阻碍的力量出现，让主人公很不舒服甚至愤怒，他要努力改变这一切，这种“努力”就构成剧情发展的动力。周星驰在北京大学的一次演讲中曾经半开玩笑地讲授过爱情戏的编写方法，他的大意是：爱情戏如果是两个人相爱，然后结婚，这就没什么好看的。一定是他爱她，但她不爱他，她爱了另外一个他，而另外那个他又不爱她。然后每个人都会有很多事情可以做，这样的故事才好看。周星驰说的“爱而不得继续爱”就是爱情戏当中最主要的对抗，也是爱情戏得以推进的最重要的力量。各种经典爱情电影的叙事推进，莫不如是。

精彩的电影都会在第二幕中设置多重对抗情境，对抗越多元，它们之间的关系越复杂，第二幕呈现的电影魅力就越大。比如，在《卧虎藏龙》的主干部分，玉娇龙几乎在和整个世界对抗，而正是这种对抗构成了这部电影最精彩的部分——玉娇龙离家出走，这是和父母对抗；揭发碧眼狐狸的身份和武功真相，这是和师门对抗；和李慕白、俞秀莲对抗，这是和武林正统对抗；拒绝罗小虎，是和爱情对抗。一场场的对抗，不仅推动剧情，更是塑造了玉娇龙这一经典的银幕人物形象。

第三幕的时长是 20 ～ 30 分钟，其功能是结局。编剧在这一阶段要做两件

① 菲尔德发现，电影剧本的 1 页，大约相当于 1 分钟的电影银幕时间。因此，他规范出的三幕式的时间数字也能对应相应的剧本容量。比如，第一幕大概要占到 20 ～ 30 页。

事情，一是要设置一个关键的“反转”。在第二幕，主人公经历了太多的对抗。但是，如果困难过大，主人公无论怎么对抗都无法成功，那么这个故事就失败了，无法继续下去。因此，编剧必须给角色设置一个反转语境，这个语境敦促主角下定决心，展开行动，去结束对抗。在电影《肖申克的救赎》中，第三幕的反转就是那个杀害安迪妻子的真凶意外落网，当安迪向监狱方申诉以为自己可以重获清白的时候，典狱长为了让安迪长期为自己服务，反而继续陷害安迪，并杀死证人。这让安迪意识到自己永远不可能通过法律程序走出监狱大门。于是，安迪最后下定了越狱的决心，并最终获得成功。编剧如果没有在这个地方设置反转，安迪的越狱传奇依旧，但很显然安迪最后下定决心造就奇迹的动力就不够充分，而且也少了社会批判和反思的力度。

编剧在第三幕做的第二件事情就是给故事画上句号，让故事尘埃落定，即出现大结局。也就是说，第二幕中所有的“对抗”都必须结束，所有的问题都必须解决，每一个角色最终都获得了自己的结局，时间继续向前，但故事到此结束了。

三、人物与情节

如果我们用剧情和人物作为衡量标准，可将电影分为两大类。一类电影是以情节设计见长的，这类电影故事情节曲折动人，观众不由自主地跟着剧情走完全程。军事片、警匪片、间谍片、惊悚片等多采用情节取胜的路径。例如《战狼》(图6-4)、《长津湖》，或者《唐人街探案》《谍影重重》这类影片，它们都有一条清晰的情节主线不断向前延展。另一类电影则是以人物塑造为主导的，励志片、传记片等往往采取这种编剧模式，比如反映中国女排拼搏精神的《夺冠》，反映民国作家萧红的传记电影《黄金时代》，反映英国首相丘吉尔在二战初期风采的《至暗时刻》，等等，都是以人物性格为基调展开情节设计。事实上，架构情节和塑造人物这二者并不矛盾，剧情和人物其实是相辅相成的。

图6-4

《战狼》剧照

（一）人物塑造

关于人物塑造，著名导演拉约什·埃格里认为，好的电影人物必须呈现一种立体性。也就是说，编剧在塑造人物时要能同时呈现人物的三个维度——生理、社会和心理。生理维度就是人物的性别、外貌、年龄等生理要素，人物的形象造型对其形象建构影响巨大。具体而言，就是一个角色选择怎样一位演员来扮演，他的外貌、身高、年龄等观众能一目了然地看在眼里。社会维度则包括人的阶层、职业、家庭、教育、宗教和兴趣爱好等诸多因素，也就是一个人所身处的社会环境的总和。而心理维度则包括一个人的道德标准、个人志向、个性气质、生活态度、价值观等方面的内容。一个电影角色如果能同时呈现这三种维度，那么无疑就是一个优秀的人物形象。值得注意的是，上述三种维度并非并列或前后承接的关系，而是互相影响、相互建构的关系。编剧如果能将三个维度讲清楚，相应的人物就具备了一种令人信服的成长性。比如，《我不是药神》的主角药贩子程勇就具有这种成长性。这个人物的生理维度是由此角色演员的扮相塑造起来的——化妆师、服装师、道具师等和演员一起建构了一个生活在底层的药贩子的形象。随着剧情的推进，程勇这一角色的社会维度开始发生变化，他先是认识了一群经济困难的白血病病友，为了让他们能吃上廉价药，他勇敢地走出国门，来到印度，以低价购买了仿制药。此时，在白血病患者眼中，他无疑是个能人。之后，他为了规避风险，停止卖药，开了一家服装厂，变身为一位企业家，此时，他的社会维度中已经没有了病人，有的是老婆孩子这样的家人和生意伙伴。然后，当年买仿制药的病友因为吃不起天价药病死，这给了他内心极大的震撼，促使他又开始从印度走私仿制药。此时，他的社会维度又开始发生变化，他不仅服务本地患者，还向全国患者敞开大门。他也不好好做服装厂的生意了，而是把赚到的钱全部投入补贴患者的用途上。此时，在患者面前，程勇俨然扮演了一个“药神”，即救命者的角色。程勇的社会维度丰富、多元、运转有力，但充满了风险。伴随着这种社会维度的变化，他的心理维度也在发生变化。他由一个唯利是图的药贩子变成了一个充满爱心的正义人士，并以自己微小的力量拯救了很多人的生命。

（二）情节冲突

所谓情节冲突就是指一件事情要发生，而另一件事情阻止它发生。在这一过程中，故事的张力、节奏、悬念等都被建构起来，而主人公为了化解矛盾必须不断行动，最终自身的个性气质才能够被建构起来，即人物的性格真相只有在他遭受压力的情况下才能得到揭示。压力越大，揭示得越深刻。因此，编剧往往会将电影故事设定在一个具有明显矛盾冲突的宏大背景中，中间再穿插若干小矛盾不断激荡，这就形成丝丝入扣的叙事节奏。例如《冷山》的故事背景是美国“南北战争”，这就是一个充满激烈对抗的社会语境。主人公英曼作为南方士兵，与北方军处于势不两立的对抗中。但他因为厌恶战争而从战场逃离，从而变成了南方的逃兵，他与南方军之间也形成了一种对抗关系。整部电影描绘英曼回家的历程，可以说，在这个过程中整个世界都在与他为敌——南方军和北方军都要抓他，严酷的自然环境不断给他造成归家的障碍，各地的匪徒要劫掠他的财富，等等。在这样密集的对抗中，英曼的个性魅力逐渐展现出来。

对抗未必一定要出现在战争、灾难这样的极端环境中，和平环境中依旧不乏充满戏剧性的对抗。事实上，在貌似温暖、平和的环境中挖掘出具有生活乃至生命本质意义的对抗性，这恰恰最能体现出好编剧的功力。比如，日本导演是枝裕和拍摄的《海街日记》就是在和平舒缓的叙事节奏中埋藏了深沉的矛盾对抗和对解决之道的探索。从表面上看，这部电影描绘了四姐妹及其亲友之间的日常生活，但所有的故事细节都指向一对矛盾——人如何与过去和解，即四姐妹在影片中的各种行动都指向了一份矛盾心态的化解——如何面对那个曾经背叛了母亲和家庭的父亲。正是因为这份矛盾的存在，才使得她们的每一个决策、每一场对话、每一个动作都充满了张力。

第四节　电影美学传统与审美表达

电影不仅继承了人类伟大的艺术传统，而且在思想和哲理探索方面也不断创新。电影家族是复杂的，既有娱乐至死的“无脑爽片”，也有极为“烧脑”的悬疑电影，更有探索终极命题的哲理电影。电影的形态是日新月异的，特别在当下新媒体技术的环境下，“微电影”等崭新的电影种类不断涌现。于是，我们有必要回到电影美学传统，理解电影的本性。

一、电影的美学传统

1891 年，爱迪生获得电影摄影机专利，此后投入商用。当时，他请来了舞蹈家、拳击手、魔术师等演艺界、娱乐圈人士充当演员，拍摄了一系列跳舞、拳击、变戏法、做游戏等娱乐性场景。但是，这些影片不是在大银幕上放映的，而是在一个名为“活动视镜”的装置中，一台机器只能供一位观众通过一个视镜孔观看，这离我们通常所说的电影还有一定距离。但是，爱迪生无意间开创了电影的娱乐传统。于是，看电影成了现代人日常休闲消遣的活动，娱乐是电影最重要的功能，也是其保障商业成功和社会影响的关键因素。

1895 年 12 月 28 日，法国卢米埃尔兄弟在巴黎大咖啡馆用活动电影机公映了他们拍摄的影片《火车进站》(图 6-5)。据说，当观众看到大银幕上一列如此逼真的火车呼啸而来时，无不大惊失色，纷纷起身躲避。后来，人们一致将这一事件作为电影诞生的标志。卢米埃尔兄弟热衷拍摄各类纪实性短片。比如《工厂大门》中下班的工人从大门鱼贯而出；《水浇园丁》中一个淘气的男孩踩住园丁正在浇水的水管，让水流不出来，然后再被园丁教训。卢米埃尔兄弟拍电影的思路与爱迪生完全不同，他们将镜头对准社会现实，为真实世界留下了活动影像，他们开创了电影纪实美学的传统。

图 6-5

《火车进站》剧照

图 6-6
《月球旅行记》海报

法国人梅里爱则把电影当成了表现想象世界的“造梦机器”。梅里爱原本是魔术师，他非常熟悉视觉幻象对人感官和情绪刺激的审美效应。于是，他将电影打造成一场场视觉魔术，其中的代表作是 1902 年上映的《月球旅行记》(图 6-6)。这部电影改编自儒勒·凡尔纳的《从地球到月球》，片长只有 15 分钟，却在布景、道具方面耗资巨大。在摄影棚里，梅里爱精心设计了巨型大炮、炮弹等道具，打造月球表面和海洋深处的场景，用华丽的服装装扮了身穿占星师服装的天文学家、月球怪物、金星、火星、土星和月亮诸神，等等。总之，梅里爱虚构了一个科幻以及神话的世界，并将这个世界用动态影像呈现了出来。通过这种呈现，梅里爱表现了上个世纪初人类的一种普遍精神状态——对自我的信心，对科学的信念，以及对神秘美好世界的向往。可以说，梅里爱在张扬电影娱乐传统的同时，又开创了电影表现主义美学的传统——电影可以直接呈现想象世界的样子，是表现人们的情感、理念、价值观等精神世界的有效手段。

在电影百年的历史发展中，娱乐、纪实和表现这三种电影美学范式不断被发扬光大，形成了电影的不同发展路径。就娱乐传统来说，美国诞生了好莱坞、迪士尼这样的娱乐工业巨头，把电影打造成为给人们提供欢乐的“造梦机器”。印度的宝莱坞、中国香港等也都是电影娱乐工业的重镇。就纪实传统来说，100 多年来电影的纪实功能不断被开掘，不仅出现了纪录片这种专业从事自然、社会和文化纪实的电影种类，而且还出现了诸如“意大利新现实主义”“中国香港新浪潮”“中国‘第六代’电影”“韩国社会问题电影”等极具纪实美学风格特征的电影流派。就表现传统来说，象征主义、超现实主义、精神分析等思想资源被有效引入电影创作中，象征、转喻、暗喻、互文等表现性修辞手段被电影艺术家越来越娴熟地使用。电影大师们不仅创造出《卡里加里博士》《一条叫安达鲁的狗》这样的经典的表现主义电影，还创新了各种电影表现的艺术手法。同时，优秀的娱乐电影、纪实电影也不断追求“表现”力度，因为这在很大程度上决定了一部电影的思想深度乃至艺术水准。

二、电影的审美表达

对于我们每个人来说，还有一个重要的电影审美素养值得用心培育，这就是电影的审美表达——精彩而有效地说出或写出我们关于电影的审美感受和审美判断。要做到这一点，我们必须有两方面的素养：一是对电影作品有着真切的审美感知，二是要能够用相应的语言、文字能力将其表达出来。丰富的观影感受和精准的审美判断如何表达呢？这就需要有某种电影素养的“读写能力”。

审美表达不仅能帮助我们反思和咀嚼一部电影的深层次含义，还能让我们学会电影评论的技能。尤其是在当下自媒体日益火爆的新媒体语境中，我们关于一部电影的分析、评价和判断等很容易被互联网放大并传播出去，融入网络影评文化中。在哔哩哔哩（B 站）这类网络亚文化汇聚的平台，在小红书、抖音这类短视频平台，在豆瓣网这类网络同人社区中，活跃着大量的非职业影视批评者，他们发表了大量文笔精到、见解卓越的佳作，有人甚至因为专门开设影视评论的账号进而拥有了大量的粉丝，开辟了属于自己的影视批评领域。

要学会对电影进行审美表达，一条有效的路径是揣摩和模仿一些名家关于电影的见解和判断，他们或是成就卓越的电影创作者，或是资深的电影理论研究者，他们对电影艺术拥有一种透过现象看到本质的能力。以下，我们就来领略一些对电影艺术有着深刻洞见的人如何表达他们对电影的审美判断的。

首先我们来看对电影艺术的总体性特质的论述，他们要回答的问题是：电影是什么？而要回答这个问题，无论是电影理论家还是电影创作大师，他们大都是从电影与现实的关系入手来讨论这一命题，比如：

> 电影可以表现一切事物，没有另外一种艺术手段，能像它那样迅速地把所要表现的东西送到最广大的观众面前。
>
> ——柴伐梯尼

> 电影终于满足了按照世界本身的形象来重新创造世界的观念和愿望。
>
> ——卡维尔

> 假如要使影片显得自然而又有意义，那么，表演就得既不同于舞台风格，又不同于真实的日常生活。
>
> ——帕诺夫斯基

> 就其呈现方式而言，电影“犹如”梦境：它创造出一个虚幻的现在，一种直接呈现的过程。
>
> ——朗格

> 电影是人生减去了琐碎的片段。
>
> ——希区柯克

> 电影应该去拍人生中那些琐碎的片段。
>
> ——戈达尔

其次，我们再来看对电影创作的论述。在这方面，电影内容创意、细节展示，以及制作电影镜头的思路和方法是电影大师们特别关注的内容，比如：

电影在细节描写上非常方便，因此，电影和小说很相近。

——夏衍

通过镜头看事物和用肉眼看事物是不同的，最明显的不同之处就是通过镜头看事物有一个方框，而肉眼则没有。

——郑君里

影片中静场是不静的，空镜头是不空的。静场恰恰是感情最激荡的时候。

——谢晋

电影手法上存在着两种形式的差别，一种形式在电影中相当于诗的语言；另一种形式相当于小说的语言。

——让·米特里

上下镜头一经联接，原来潜藏在各个镜头里的异常丰富的含义便像电火花似地发射出来。

——巴拉兹

两个蒙太奇镜头的对列不是二数之和，而更像二数之积。

——爱森斯坦

我们再来看电影大师们对电影工作本身的论述。从中我们看出，拍电影是一件繁琐、复杂的工作，需要多部门的配合。同时，有效整合多方面的资源也是对导演、制片等电影主创人员提出的挑战：

很多的痛苦，很多的艰难，很多的讨价还价，很多的嬉皮笑脸，很多的内心忧郁，很多的表面文章，最后集合起来成为你对电影的忠诚。

——陈凯歌

拿起相机。拍点东西。无论多么小，无论多么俗气，无论您的朋友和姐姐是否出演。把你的名字写在上面作为导演。现在你是导演了。然后，你要去谈判预算和你的费用。

——卡梅隆

最后，我们来看大师们对导演和演员的论述。导演和演员是电影最直接的创作者，对这二者功能的思考，往往能直逼电影的本质。

电影演员必须表演得仿佛他根本没有表演，只是一个真实生活中的人在其行为过程中被摄影机抓住了那样。

——克拉考尔

演员也同样是人，与别人并无差别。作家、画家或音乐家可以躲到角落里去舔净他的伤口，但演员却要站在大庭广众面前忍受这种伤痛。

——斯特普尔顿

物色演员第一是形象、气质，第二才是演技，观众首先相信他“是”才行，不“是”，演技再好也白搭，这与话剧不大相同。

——谢晋

如果对有声电影演员提出真正的艺术要求，而不仅是匠艺，那有声电影演员就应该比舞台演员在技巧方面要精湛得多，并且要更加完美。

——斯坦尼斯拉夫斯基

演员的这门艺术不同于其他的艺术，只有自己的身心才既是创作者，又是创作的工具和创作的成品，所谓一身而三任焉。

——赵丹

我所有的电影，都是围绕自我的问题展开。

——黑泽明

本章思考题

1. 电影素养的内涵是什么？
2. 请举例说明，电影是如何运用虚构的创作手法来反映真实社会的？
3. 电影艺术和文学之间的关系是什么？
4. 蒙太奇和长镜头各有怎样的叙事和表意特质？
5. 观众可以从哪些角度入手展开对一部电影作品的分析和评论？

推荐阅读书目

1. 迈克尔·伍德：《牛津通识读本·电影》，唐建兵等译，译林出版社 2019 年版。
2. 戴锦华：《电影批评》，北京大学出版社 2004 年版。
3. 马塞尔·马尔丹：《电影语言》，何振淦译，中国电影出版社 2006 年版。
4. 丁芳芳主编：《中国当代经典电影赏析》，江苏人民出版社 2020 年版。
5. 张艺谋、方希：《张艺谋的作业》，北京大学出版社 2012 年版。

本章 DIY 活动

活动一 “电影之窗”思维训练

一、活动简介

观众透过“电影之窗”看到精彩纷呈的电影世界，而电影创作者要做的事情则是建构“电影之窗”，也就是将电影的内容纳入这扇窗户。本项DIY训练就是让同学们能站在电影创作者（导演、编剧、摄影等角色）的视角上，建构基本的摄影机“取景框”的画面思维模式，进而对电影之“流动画面叙事”有更加感性的认知。

二、活动准备

1. 创作一个叙事脚本；

2. 准备数码相机或智能手机；

3. 掌握Photoshop等图像编辑软件的使用技巧。

三、活动步骤

1. 叙事文本创作

这个叙事文本可以是一个虚构的小故事，也可以是对日常生活中一件真实发生事件的描述，或者是自己曾经经历的一段往事。此流程可以看成是电影IP创意模拟。

2. 镜头分解

将这个故事进行“镜头分解”，即尝试用若干连续、先后承接的画面组合将这个故事串联起来，并辅以简单的文字说明。此流程可以看成是电影剧本创作模拟。

3. 镜头制作

同学们可以采取摄影、手工绘画、AI绘画等方式将上述“镜头”变成一幅幅图像文本，并辅以文字说明。

4. 撰写创作说明

阐释自己为什么用这些图像、以这样的方式来讲这样一个故事。

5. 展示作品

寻找合适的空间，将同学们创作的这些“电影之窗”进行展示。

四、活动关键点提示

先有叙事创意，写出文字脚本，再去制作图像。

五、活动评价

第一，图像的含义是否得到了充分的体现；第二，图像之间前后连接的逻辑关系是否得到了体现；第三，图像和文字之间是否建立了相互补充、相互印证的关系。

六、活动小结

“电影之窗”的思维训练能够以一种简便的方法训练同学们视觉思维的意识，养成自己用图像讲故事的能力。这种能力是所有影视创作的起点和基础。

活动二　经典电影场景仿拍训练

一、活动简介

每一部成功的电影都有自己的经典场景，我们每个人内心也都有自己喜爱的、属于我们自己个人记忆的经典电影场景。电影场景的形成需要摄影、灯光、表演、台词、道具、布景等多元要素的统一配合才能完成。完成一幕电影场景能够深入理解电影艺术魅力来源的背后“生产力”“物资保障”“美学呈现”等方面的原理。仿拍自己心仪的电影场景，能在兴趣指导下完成相应的电影创作技能的实习与训练。

二、活动准备

1. 挑选、确定意欲模仿的电影文本；

2. 准备摄像、录音、剪辑等电影拍摄剪辑设备；

3. 根据电影文本呈现的内容，做好演员、服装、道具等方面的硬件物资准备。

三、活动步骤

1. 同学们召开组会，选择相应的经典电影场景，达成“复原”共识。基于这一共识，同学们组团成立不同小组，组员分别担任摄影、道具、布景、演员等方面的角色任务。

2. 精心揣摩所要仿拍场景的每一个细节，包括且不限于机位、灯光、剪辑、道具、动作、台词等，努力丝毫不差地完整复原原版电影的场景。

3. 举办仿拍作品赏析活动。将原片场景与仿拍场景进行对比放映，同时展开电影创作、电影审美和电影赏析等多方面的理论学习活动。

四、活动关键点提示

一定要精研原作场景的每一个细节。

五、活动评价

由于拍摄环境、拍摄条件等方面的限制，一般情况下，仿拍质量无法达到原作的水平，因此可以从以下两个维度来评价仿拍活动的质量。一是“相似度”，仿拍作品和原作之间的相似度越高，活动越成功。这是一种感性评价。二是电影元素的“达成度”。对于一个关键场景来说，我们可以将其构成要点提炼为以下关键元素：造型、演技、构图、调性、调度等，据此分析仿拍品在这些要素上是否达成相应的效果。

六、活动小结

“仿拍训练”可以让同学们建立一种“以始为终”的学习电影经典的方法，在模仿电影经典场景的过程中，努力思考电影创作的每一个环节的本质内涵，进而启发自己关于“做电影”的本质思考。

案例分析

案例一

《红高粱》与“80年代”

1987年，电影《红高粱》的上映成就了中国电影史上的一段传奇。这部电影背后是一串串星光熠熠的名字：导演张艺谋，演员姜文、巩俐，编剧莫言、朱伟，等等。1988年，该片获得第38届柏林国际电影节金熊奖，成为首部获得此奖的亚洲电影。即便站在今天回望这部电影，它无疑还是一部具有相当水准的优秀之作。当我们被其艺术成就深深打动的时候，还应该注意到的是，这部电影的成功不仅是创作者努力的结果，更是当时社会文化精神滋养产物。从文学原著到电影剧本、再到电影作品，这部电影创作迈出的每一步，其背后都被打上了20世纪80年代的时代烙印。

《红高粱》的导演张艺谋、摄影顾长卫都是中国第五代电影人中的领军人物。而第五代导演登上历史舞台标志着中国电影“新浪潮”达到了一个巅峰。二战之后，世界各地陆续出现电影新浪潮运动。一般看来，一个地区之所以会出现电影新浪潮运动，是因为社会文化的变迁导致人们思想观念的变化，进而影响了电影人的创作思路。比如法国电影新浪潮运动背后是二战后成长起来的欧洲青年普遍存在的苦闷彷徨的心理情绪。中国香港地区的新浪潮运动则是和20世纪70年代香港社会的经济腾飞、社会环境剧变息息相关。中国台湾地区的新浪潮运动则是在政治环境松动的背景下展开的——正是因为政治松动造就了台湾电影人开始关注“本省人”的文化传统和生存状态，成就了一批优秀的电影作品。20世纪80年代的中国电影新浪潮其背后的规律也是如此，就《红高粱》来说，是当时的时代精神造就了这部经典之作。

所谓“文化热”是指党的十一届三中全会以后，在改革开放的形势带动下，我国的思想文化领域兴起了各种文化研讨热潮。这酝酿和形成了相应的思想观念，正是这些思想观念直接或间接地影响甚至熔铸了《红高粱》这部优秀的电影作品。这主要体现在以下三个方面。

首先是文学思潮的影响。电影《红高粱》改编自诺贝尔文学奖获得者莫言的同名小说。这部小说被认为是将寻根文学与现代主义两种文学理念和技巧完美融合的代表之作。而“寻根”和“现代”正是20世纪80年代中国“文化热”中最重要的构成元素，也是文学参与“文化热”的主要路径。“寻根”的旨趣在于主张创作者要反映传统文化的神髓，深挖传统意识、民族文化心理。《红高粱》中的现代主义美学特征则体现在魔幻现实主义手法的使用，符号象征意象的表达，比喻、通感、双关等语言游戏的使用，以及从头到尾意识流叙事手法的使用，等等。电影也承接了小说的上述特性。在这部电影中，导演一方面通过中国传统的颠轿、回门等婚嫁习俗，民歌民乐等传统民间艺术，敬神等民间信仰展示了中国传统文化深沉的文化内涵和丰厚的积淀。另一方面，这部电影通篇又采用“意识流”的叙事手法、象征主义的修辞手法、架空宇宙时空手段等现代叙事的方式，使得这部电影又呈现无比浓厚的先锋意味。

其次，改革开放给电影创造者带来了国际化视野和文化“走出去”的雄心壮志。20世纪70年代末开始的改革开放，让中国打开国门，各行各业都和国外展开积极交流，电影界也不例外。据相关数据统计，1978年至1989年，我国共派出电影代表团（组）614批，2100多人次；接待外国电影代表团（组）252批，1000余人次；参加国际电影节共计589个；送出影片1500多部次，其中故事片781部次；共获得奖项近250个。也正是在20世纪80

年代，第四代和第五代导演的作品开始在世界各大电影节中频繁获奖，这些作品大都是反映中国传统文化内涵的作品，如《黄土地》《菊豆》《霸王别姬》等。这甚至形成当时中国中青年导演创作影片的一种模式，即反映中国传统文化，然后送出海获奖。这种创作电影的思路模式一直延续到1996年，该年度吴天明凭借《变脸》在第九届东京国际电影节获最佳导演奖。《红高粱》正是在这样的整体文化氛围中主动走出国门，获得大奖的。

再次，20世纪80年代思想解放赋予了创作者张扬个性的创作意识以及不断创新的动力。在这部电影中，无论是影片外的创作者，还是影片内的角色塑造者，都呈现出一种鲜明的个人主体意识。这部电影的主创——导演张艺谋、摄影顾长卫、主演姜文等彼时从大学毕业不久，雄心勃勃地要拍摄属于自己时代的电影。他们在方方面面开展创新——为了达成良好的视觉效果，他们专门雇了200位农民种了100亩高粱，并采用人工追肥和灌溉的方式让高粱疯长，形成了电影中遮天蔽日的红高粱蓬勃野性的视觉意象；他们没有选择职业演员，而是到北京电影学院等高校挑选演员，就此开启了巩俐的著名影星的职业生涯。他们更是在电影语言、叙事手法等方面做了大胆创新。而电影中的诸多角色——“我爷爷”“我奶奶”“罗汉大叔”无不自由自在，活得酣畅淋漓。这部电影就是对中国人敢生、敢死、敢爱、敢恨的民族精神的歌颂。当时评论界普遍认为，该片最大的特色是拍出了中国人豪迈爽快的一面，跟中国内地电影一贯的哀伤沉重的传统风格大相径庭。而之所以能做到这一点，是和20世纪80年代的思想解放乃至席卷全国的所谓“第二次启蒙”等社会思潮与时代精神息息相关的。

研讨题 >>>

如何理解“任何电影都是时代精神的产物”这一命题？

案例二

电影创意——《千与千寻》的启示

本章没有涉及电影的一个重要门类——动画片。在此，我们通过分析一部经典的动画电影《千与千寻》稍作弥补。在正文中，同学们已经学习到电影是写出来的、导出来的、拍出来的。但是，电影所有的创作过程都离不开一个重要起点——创意。人物、造型、布景、故事等电影重要的构成元素从某种意义来说都要经由一个“创意”过程才能展开。没有最原初的、原创的精彩“主意”，任何“创作”都无从着手——这正是创意的意义。动画片的创作尤是如此。因为，相对于剧情片和纪录片，动画片的影像完全是无中生有的，纯粹是创作者观念和思维的产物。因此，分析动画片，我们更能有效理解电影创意的奥秘。

“动画”（animated film、animation）一词的词源是拉丁语的anima，其本

义是气息、灵魂。再进一步引申，animation 就有了“吹入气息”“赋予生命”的意义。如果我们将这一意义落实到动画片上，会感觉特别形象，即创作者的创意不仅无中生有地塑造了形象，而且还用特定的思路、逻辑和美学原则将一张张静止的画面通过联结而活动起来，进而展示出一种颇具生命气息的自然和人物。因此，贯穿于动画片中的诸多创意就有了赋予动画人物“生命气息”的含义。以下，我们将以日本经典动画片《千与千寻》为例，来谈谈“创意”在动画电影创作过程中的独特作用。

《千与千寻》是日本电影史上的一个传奇。这部电影讲述了一位名为“千寻”的小女孩意外来到神灵世界后，为了拯救因贪吃而被惩罚变成猪的父母，经历许多磨难的故事。该片 2001 年首映，自播映以来，好评如潮，曾经获得柏林国际电影节金熊奖、美国奥斯卡金像奖、法国电影凯撒奖、日本电影学院奖等一系列大奖，彰显了这部电影优良的品质和艺术价值。那么，这部作品是怎样被创作出来的呢？这起源于这部作品的制片人铃木敏夫和导演宫崎骏各种细碎的日常生活。

这部作品的构思起源于铃木敏夫有一次告诉宫崎骏他一个朋友的“洞见”。这个朋友告诉铃木，在夜店工作的女孩中，有很多人是性格内向腼腆的。但她们受生活所迫，不得不拼命跟各种各样的客人聊天。久而久之，她们就变得越来越活泼了。而经常去夜店的男人们有的也不擅长与人交往，他们就倾向于通过“给钱”的方式和女孩子交往。当宫崎骏听说了这个“洞见”以后，随即获得了相应的灵感。一是《千与千寻》的故事线索——小女孩到了陌生环境如何适应环境并完成自己的使命。二是无脸男的创意——一个内向的男人如何走出自己的心灵困境。

但是，宫崎骏下一步构思的关于小女孩的故事并不是《千与千寻》，而是另一部作品《画烟囱的小玲》。但这部作品的构思被铃木敏夫否定了，这使宫崎骏感觉很沮丧，同时也憋了一口气。为了“回击”铃木，他提出，要为日本电视台电影部的吉卜力负责人奥田诚治的女儿千晶拍一部电影。千晶那一年恰好十岁。每年夏天，她都会来宫崎骏家里玩，宫先生和铃木都很疼爱她。宫崎骏的构思是：这么可爱的一个小女孩如果交给一对不靠谱的父母来养育，那会怎么样？这个创意一出来，铃木也被带入宫崎骏的思路中，进而成就了这部优秀的动画作品。

而无脸男的创意就顺利多了。在和铃木的后续讨论中，宫崎骏随手画出了无脸男的形象——面目模糊甚至没有，嘴大肚子大且四肢短小，与人交往丝毫不主动，总是躲在一旁，能够想到的讨女孩子欢心的唯一办法就是“给钱”，羞涩敏感且易怒，最终被女孩子拯救。

这部电影的人物创意来自宫崎骏的日常生活实践，空间背景的设定也是如此。《千与千寻》的故事发生在“汤屋”，也就是澡堂。宫崎骏从小就特别喜欢到汤屋泡澡——泡在温水里，看着墙壁上的浮世绘，看一个下午都不觉得腻。于是，他在电影中设计了“八百万神灵泡汤治病”的桥段。而很多故事情节也来自宫崎骏的日常生活。比如，影片中有一个著名的段落，汤屋里汤婆婆指挥众人给河神洗澡，河神身上堆满了淤泥，最后是从淤泥中拔出一辆破旧的自行车，河神身上的污垢才松动最后把自己洗干净了。这个段落的创意源自宫崎骏的一段记忆：他小时候常路过一条河，表面上河水非常清澈，但某次清理后发现，河里的淤泥中竟然有那么多东西，特别是还有一辆自行车。

《千与千寻》这部电影的创意曾经作为经典案例被收录在日本学者胜见明和野中郁次郎合著的《创新的本质》一书中。他们总结这部电影的创新和创意的特质如下。第一，好的创意是来自自己沉浸投入生活的每一天，来自自己纯粹的经验世界。"在吉卜力，宫崎骏导演和铃木制片人恐怕都过着忘我的、快乐的每一天。正因为如此，他们才想要彻底活用自己的生活世界。"第二，好的创意的关键在于是否能与"实际存在"联系起来。比如，无脸男一出场就提出了一个伴随我们每个人一生的问题——"我是谁"。第三，通过辩证的对话，将时代性和普遍性附加到源自日常生活的素材中去。如前所述，铃木敏夫和宫崎骏在很多方面意见是不一致的，但是他们通过沟通交流对话反而能够激荡出精彩的创意。第四，所有的创意最终都要回归日常生活中的主观世界。在《千与千寻》中的每一个角色身上，我们都能看到自己的身影——千寻像初入职场的"小白"，无脸男像极了"社恐症"患者，"汤屋"就像一个公司，千寻的爸爸妈妈恰似所有贪婪不知节制的人类。正是这种创意连接了日常生活，才使得这部作品充满了魅力。

（部分材料改编自野中郁次郎、胜见明：《创新的本质》，林忠鹏、谢群译，知识产权出版社 2006 年版，第 187—201 页；铃木敏夫：《吉卜力的天才们》，曹逸冰译，南海出版公司 2012 年版，第 155—171 页。）

研讨题 >>>

阅读《吉卜力的天才们》以及《创新的本质》两本书中的相关章节，思考"想象"和"生活"在电影创意过程中的相互作用。

案例三

"把摄影机扛到街上去"——新现实主义的创新

1945 年，二战刚刚结束。两位历经战争磨难的电影人罗伯托·罗西里尼和塞吉欧·阿米迪立志要拍一部崭新形式的电影。他们之所以要拍摄这部电影，是因为自己在二战中的经历：为逃离战争的伤害，罗西里尼被迫离开罗马，流落街头；阿米迪因为与工人组织有密切联系而遭到纳粹追捕。有一次他被迫从屋顶逃走，才躲过纳粹的魔掌。为了让这部电影的叙事更丰富，更能够反映意大利在二战这段历史进程中历经的苦难，两位主创者还采访了诸多当事人，包括抵抗组织和工人运动的领袖，获得了更多的一手资料。种种构思表明，他们不要拍那种让人“做白日梦”的娱乐电影，而是要拍“真实电影”，要拍这个世界上真实发生过的故事。

但是，没有大机构支持和背书，拍摄这样的电影是不容易的。首先是没有拍摄许可证，这导致他们自己也不知道即便是电影拍出来还能不能放映，但他们还是凭借一种热情和执着将电影拍摄进行下去。其次是资金不足，甚至这部电影开拍之前根本没有预算，两位创作者一边拍摄，一边解决问题。而解决问题最重要原则就是利用生活中任何可得的物品和人物服务于电影拍摄。他们直接将摄影机扛到大街上，二战后罗马的简陋的街头、坍塌的楼房直接成为电影布景进入镜头。在电影选角方面，除了神父和女主角边娜，其他角色都由非职业演员扮演。他们也谈不上有演技，都是本色出演。影片中涉及的战争场景没有条件再现，于是创作者们就将在战争中拍摄的记录镜头直接剪辑进电影中。于是，真实的故事、真实的人物、真实场景乃至真实的情感，造就了这部名为《罗马，不设防的城市》的电影，成为意大利新现实主义电影浪潮的开山之作。

意大利新现实主义对20世纪后半叶世界电影的发展产生了重要的影响，特别是它为以追求纪实美学为主旨的电影创作设定了一系列的原则和方法，比如从现实生活和真实社会变迁中取材、大量使用长镜头、实景拍摄，以及使用非职业演员本色出演，等等。我国也有不少导演深受意大利新现实主义创作的影响，比如我们在张艺谋的《一个都不能少》《秋菊打官司》、贾樟柯的《小武》《站台》，以及王小帅的《十七岁的单车》等作品中，都能看到“新现实主义”的痕迹。

（选自范永邦:《关于电影学的100个故事》，南京：南京大学出版社2010年版。）

研讨题 >>>

比较一部意大利新现实主义电影和好莱坞电影，思考电影“纪实”与“造梦”两大功能分别起到了怎样的社会文化作用。

第七章　触摸历史岁月——手工艺

手工艺属于实用性（或应用性）的艺术，它们属于艺术，也具有相当明显的实用功能。现代社会中，机器大生产在许多领域已经替代了传统手工艺。当人们被工业制品包围时，传统手工艺品反而开始显现其独特的魅力，这不单单是缘于一种朴素的怀旧感，更是因为一种深刻的历史和文化传统的吸引力在起作用。手工艺流淌在我们的血脉中，不但为我们认识过往历史提供了一个视角，也为我们建构文化认同、体认文化多样性创造了可能。因此，讲述传统手工艺的故事，就是讲述我们自己的生活和文化，体会博大精深的历史传统。手工艺与纯艺术不同，它与人们日常起居的生活形态关系更为密切，手工艺品不仅包括摆放在博物馆里的陈列品，还包括我们日常生活所使用的器物。或许正因为手工艺就是我们日常生活的一部分，所以我们往往对它视而不见，缺乏深入的思考。然而，手工艺独特的造物之美不但蕴含厚重的文化传统，同时也能唤起我们的审美敏感性，培养特殊的审美体验。

第一节　走入传统手工艺世界

传统手工艺是人类认识和改造世界的重要方式。在人类历史发展的长河中，我们的先祖创造出了丰富多样的物质文明，传统手工艺制品就是其中璀璨夺目的珍宝。今天，随着科技的进步和人工智能时代的到来，传统手工艺正面临巨大的挑战与威胁。但它的魅力从未被时代尘封，反而在时光的流逝中日益凸显。

一、三个经典范例：南京云锦、哥窑瓷器、龙泉剑

（一）南京云锦

造物之美，或古朴，或奇巧，或粗粝，或典雅。但若说起富丽之感，在我们脑海中出现的可能会是光彩夺目的绫罗绸缎。在古代王公贵族，特别是帝王身着的服饰上常可以看到各种织造工艺，其中就有来自南京的云锦织造工艺（图 7-1）。

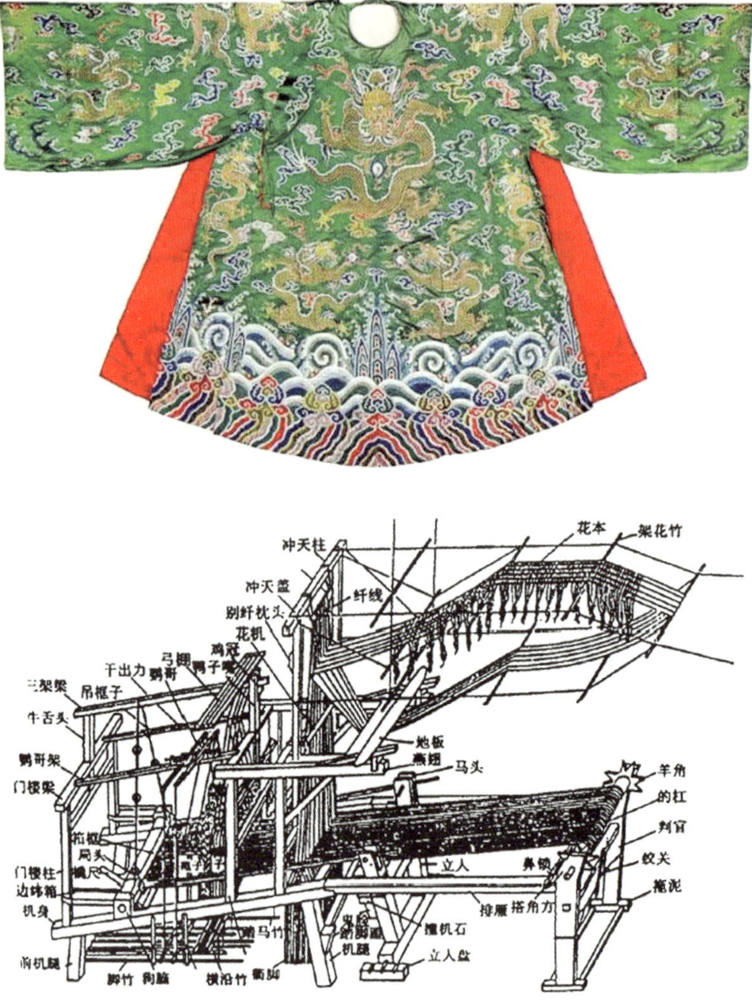

图 7-1

清乾隆绿缎地织金妆花云蟒纹戏袍，南京博物院藏

图 7-2

《天工开物》中织造云锦的大花楼提花机

“云锦”一词由来已久，因锦缎花纹瑰丽如云而得名。南宋洪咨夔向我们描绘了八月十五贵人着锦的绝美画面：“风月分将秋一半。昨夜月明今夜满。有人笙鹤御风来，玉绳转。银河淡。凉入天孙云锦段。”我们今天所说的南京（江宁）云锦织造工艺主要指在元、明、清三朝作为御用贡品而发展起来的织造技术。金线、银线、孔雀绚烂的羽毛等均可作为云锦用料，“寸锦寸金”的说法都不足以述其华贵。

在感慨云锦华贵的同时，我们也应当看到在云锦的经纬之中所蕴藏的手艺人的艰辛劳作。为了呈现云锦的复杂图案和质感，需要用特制的云锦织机（图 7-2）进行操作，这是一种仍未被自动化机器完全取代的传统木制织机，高达 4 米，由 1924 个机件构成，其设计之巧妙与复杂，本身就极具工艺价值。织机需由两名经验丰富的手工艺人共同操作，一人负责提花（即提起经线以控制云锦图案），一人负责织就。一台织机在两名经验丰富的匠人的相互配合下，平均一天也只能织出 5 ～ 6 厘米的云锦，而要完成一件完整的云锦华裳，需要一年甚至更长的时间，可以说，每一寸经纬都凝结了织造者的辛勤与智慧。因此，云锦之盛名不仅仅源自其所用材料的金贵，更重要的是其工艺的复杂和繁重的人工投入。

除了对匠人在技艺上的高要求，云锦织造考验的还有人的耐心与毅力。要创造一个经纬交织的世界，需要匠人夜以继日的重复劳动，单调的工作流程无疑会引发匠人诸种负面情绪，消磨他们的激情和动力，所以，成熟稳重的心智、坚持不懈的韧性、一丝不苟的态度和宁静淡泊的意志，铸就了云锦织造大师的精神与气质。

（二）哥窑瓷器

哥窑是宋代五大名窑之一，哥窑瓷器（图 7-3）具有端庄典雅，静谧内敛，且釉色丰润如“酥油”的特点，代表中国陶瓷的最高水准。同时，哥窑又以“开片”著称，这是一种在釉的表面形成的自然开裂，使得每一个瓷器都是独一无二的，也揭示了宋代审美的一种特色。明代《格古要论》对开片的样式有这样的描述：“哥窑纹取冰裂、鳝血为上，梅花片墨纹次之。细碎纹，纹之下也。”最值得称道的还是开片所具有的特殊风格——“金丝铁线”，即开片大处为黑色，小的地方则呈现出金色的纹理。这种细小的金色使瓷器在秉持典雅气质的同时隐隐生辉，透出不凡神采。除此之外，哥窑还以其挂釉丰厚闻名，这也是其开片能够拥有丰富层次的原因。由于其口部边缘处釉薄而隐露出胎色，并且足底不上釉，故而哥窑瓷器往往具有“紫口铁足”的特征。

图 7-3
明成化景德镇窑仿哥釉碗，上海博物馆藏

传世哥窑瓷器存量极少，且每一件的器型几乎都不相同。哥窑之美，就在于那转瞬即逝的能量绽放和偶然天成的奇迹，它提醒我们不要忘记自己与生俱来的个性和追求，隐喻了具有无限可能的人生之美和生命之妙。

（三）龙泉剑

在历史的江河中，“剑”作为一种主掌杀伐的器具，不仅是武力的象征，更是权力的代表。谈到中国的剑，不得不提及来自龙泉的宝剑（图 7-4）。

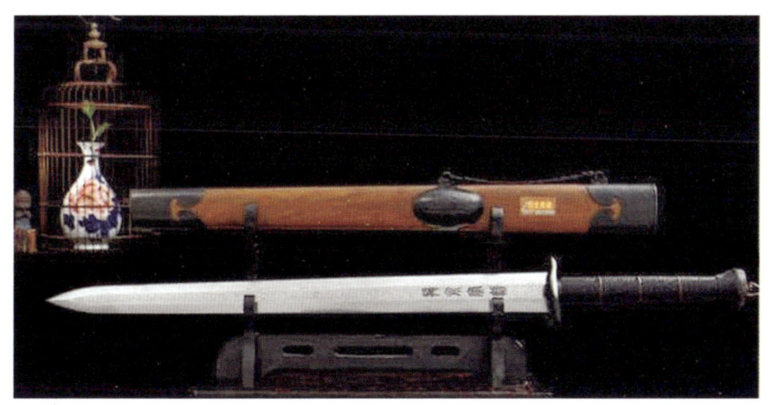

图 7-4
龙泉剑，浙江省博物馆藏

唐代郭震有《古剑篇》，诗云：“君不见昆吾铁冶飞炎烟，红光紫气俱赫然。良工锻炼凡几年，铸得宝剑名龙泉。龙泉颜色如霜雪，良工咨嗟叹奇绝。琉璃玉匣吐莲花，错镂金环映明月。”龙泉自春秋战国时期起便是我国的铸剑重镇。相传铸剑大师欧冶子在名为龙渊之地铸成了第一柄铁剑，唐人为避唐高祖李渊名讳，将其改为“龙泉剑”，此名沿用至今。刀剑如梦，岁月如歌，铸剑师铸剑的同时，也在被宝剑铸造身心。

时至今日，龙泉仍然炉火不灭，延续着手工铸剑的技艺。铸剑的核心工序有三道，分别为锤炼、淬火、打磨。为去除金属中的杂质，铸剑师需要一遍又一遍地反复折叠、捶打剑胚，用双手感受铁锤与剑的每一次撞击。淬火则需要铸剑师根据色温准确地判断剑身的温度，在恰当的时机将其放入水中，进一步提升其强度。最后的打磨则更考验铸剑者的耐心，铸剑师需要先用钢刀削挫剑身，再用亮石打磨。宝剑在一次次锻打中被重新塑造，形成一种正气凛然、一往无前的气势，削铁如泥，吹毛断发。龙泉剑的铸剑精神与文化内涵代代相承，这也是当代龙泉宝剑的价值所在。

从对上述三例中国古代优秀工艺品的描述和分析可见，这些经典工艺品不仅是匠人精湛技艺的完美体现，更是他们崇高精神和优秀品质的充分凝练。我们需要努力培养和提升的“手工艺素养”的核心，正是这些融入作品之中的精神、气质与品格。

二、手工艺与手工艺素养

手工艺美育的主要目标不在于培养具有高超技艺的手艺人，而在于认识、欣赏和思考历史上有典范价值的工艺品及其背后的设计观念和智慧。对传统手工艺的认识、理解和实践，其目的在于培养和提升一种可以称为“手工艺素养”的能力，它以学习手工艺（理论与实践）为桥梁，但又超越了单纯的认知和制作层面，指向背后更为深邃的思想与精神，以期培育精益求精的“工匠精神”，最终实现自我素质的拓展和人格的全面发展。

具体说来，手工艺素养是指手工艺方面的素养。面对一把紫砂壶，或是一件东阳木雕，有手工艺素养的人不仅可以敏锐地察觉到这些传统工艺品特有的美学特质，还能阐明有关它们的历史和知识。外行看热闹，内行看门道，手工艺素养就是培养学生“看门道”的功夫，让学生知手工艺之妙，并知其所以妙。

“手工艺”是指具有高度技巧性或艺术性的手工劳作。“手工”与“艺术”构成了这一概念的基本语义。并不是一切手工劳作均可被称为手工艺，手工制品也未必都是手工艺品，只有高超技艺的手工活及其制品才称得上手工艺及手工艺品。美育对手工艺素养培育的重要性体现在从当代社会语境的角度对手工劳作进行理解和认知。手工劳作是机器大工业时代以前人类劳作的基本形态。人类灵活的双手是人进化的结果，由于人能双脚直立行走，于是双手被解放出来，发展进化成在灵巧性和触觉方面超越其他脊椎动物的器官。人的双手因其无与伦比的功能演变成为最重要的劳动“工具”，从建筑到家具，从陶器到美食，一切皆出自人之妙手。手的进化与人脑及其他部分的协调发展同时展开，用清代画家郑板桥的话来说，这是一个从“胸中之竹”到“眼中之竹”，再到“手中之竹”的完整过程，胸中、眼中和手中三者协调，使人创造出了无与伦比的成果。

对“手艺”的感知、体悟、动情、想象和表现，是手工艺素养的重要层面。这五个方面构成了一个完整的系统，需要在美育过程中逐渐丰富完善。就像其他领域的美育学习一样，手工艺美育指向学会感知手工艺的魅力，理解手工艺的人文特性，体验手工艺的情感特质，想象手工艺创造的奇思妙想，并说出手工艺之所以为“艺”的奥秘所在。手工艺素养作为审美素养的一个组成部分，既有与纯艺术相近的特征，又有作为实用艺术的特有工艺内涵，培育这些素养就是手工艺美育的宗旨。

第二节　手工艺文化及其审美体验

一、手工艺与民族认同

中国传统手工艺以其特有的文化价值和艺术符号构成了中华民族的文化形象。传统手工艺体现了劳动人民的高超技艺，在一代又一代的传承延续之中记录他们的智慧结晶和感性经验，形成中华民族对自身民族文化的认同，维系着中华民族深层的民族情感。正如兰德曼所言，人是“文化的存在、社会的存在、历史的存在、传统的存在”①。共同的文化记忆是民族认同的基础，也是人寻找归属的根本，传统手工艺的发展便是构建文化记忆之路中不可或缺的一环。

例如，充满仪式感的节日庆典是形成中华民族文化记忆和身份认同感的重要活动之一，而传统手工艺则为传统佳节增添了独有的“中国特色”。传统元宵节有观灯、放焰火、逛庙会、猜灯谜等以“灯”为中心的习俗和活动。《东京梦华录》里便记载了宋代元宵节的繁盛景象：“正月十五日元宵……游人已集御街，两廊下奇术异能，歌舞百戏。”在元宵节观灯习俗的影响下，以彩扎工艺为核心的传统花灯制作技术不断传承、发展和创新，如作为国家级非物质文化遗产的“汴京灯笼张”（图7-5），迄今已有200多年的历史。灯笼是具有中国审美特色和凝聚深厚情感内涵的

图 7-5
汴京灯笼张制作的灯笼

① 兰德曼：《哲学人类学》，阎嘉译，贵州人民出版社2006年版，第206—215页。

艺术品，临近元宵和中秋佳节，许多远在异国他乡的华侨华人也会在适宜的地方悬挂上灯笼，以一袭微光照亮思乡之路。

可见，手工艺品一方面承载了中华民族的民族认同与想象，另一方面，随着手工艺品在跨文化语境中的交换，它们的可传播性使其能够突破地理上的局限，在世界各地被华人或其他民族不断使用，构成了他们对中华民族的认同与想象。海外华人总会在春节等重要的中国节日穿着具有传统工艺特色的大红色旗袍、唐装等表示庆祝。这表明了他们在利用传统工艺制品表达游子对家乡的思念之情，展现了他们在海外多民族共同体之中对自我认同感的寻找。

此外，我国形态各异的各民族传统手工艺，依托不同的地理环境发展出了不同的人文特色。以传统的织布技术为例，壮族人民以棉花为原料，在将其除籽、弹棉后搓成棉条进行纺纱，如进行织布，则需要将纱线上浆，以便上机织造；彝族人民养羊、剪羊毛、擀毡、纺线，也形成了自己的织布技艺特色。黎族人民生活的地区多近水，因此，他们主要利用海岛棉、麻、树皮纤维和蚕丝等原料进行织布。黎族的筒裙、花带曾被陶宗仪在《南村辍耕录》里形容为“粲然若写”。各民族人民的织布技艺往往由族中先辈传授，它们不仅仅是该族人民赖以谋生的技能，更包含了一代又一代人民劳动、成长、创新的生命痕迹，也让各族人民对自己的民族文化产生了强烈的认同感。技艺的交流也是中国劳动人民之间重要的沟通手段。随着各民族各地区之间相互交流的日益频繁和深入，发展传统手工艺并鼓励进行产品和技艺的推广，有利于国内不同民族通过技术交流与创新进行更为积极的文化对话和经济互助。近年来，我国在少数民族扶贫计划中常常以传统技艺为依托，利用当地的文化特色开辟新的发展之路。例如贵州省妇联发起、推动的贵州妇女特色手工产业锦绣计划。锦绣计划自实施以来，积极带动当地妇女就业，被誉为少数民族地区妇女脱贫的标志性项目。2020年，苏州妇联、铜仁妇联合作开展的“锦绣计划”女性手工艺刺绣人才培训班也让中国传统的苏绣、苗绣两种绣法穿越时空得以相遇。苏绣和苗绣的融合不仅仅是各民族间技艺的交流学习，更创造了中国各族人民之间同心同德、和睦相处的良好氛围。

日本作家盐野米松在《留住手艺》中说：“留住手艺，就是留住文明的记忆。”[①] 留住手艺不仅是留住过往的记忆，更是在创造属于未来的明日之路。在当代世界呼唤文化交流和文明互鉴的态势中，发扬和传承传统手工艺对重建民族形象、强化民族文化认同感、积极开展跨文化互动起到了举足轻重的作用。

二、手工艺的审美体验

手工艺与民族认同之间的紧密关联，从更深层次上说，是基于浸润在同

① 盐野米松：《留住手艺》，英珂译，广西师范大学出版社2019年版。

一工艺文化中的不同个体相似的感性经验和审美认知。我们对世界的认识是通过感知活动来进行的，身体的一切官能，无论是视觉、听觉、嗅觉、味觉还是触觉，都参与了认识世界的实践过程，并形成了既相互独立又连结统一的身体经验和感知意识。手工艺的审美感知是视觉和触觉的交互作用，这是一个值得注意的审美特点。因为在所有其他艺术中，除雕塑的质感会引发触觉外，这种感觉通常是被边缘化的。从人类感知与艺术的关联来看，触觉的退化和视听的主导是一种发展趋势，手工艺则在维系和丰富人的触觉体验方面发挥着重要作用。基于此，我们将从视觉和触觉的多感官协作角度出发，探究手工艺的审美特征。

（一）造型美

艺术的奥秘在于其“有意味的形式”，造型美无疑是评价一件艺术品价值的重要指标。无论是流畅的线条，还是厚重的块面，一件器物往往凭借其本身的形式就足以打动观者。在这个过程中，人们会发现手工艺的造型美与其他艺术作品的造型美有所不同。在一般的艺术作品中，与造型相对应的是内容，造型与内容的争执构成了艺术发展的主要线索。而对手工艺品来说，需要与造型相协调的总是它作为某种工具所要实现的功能和作用。无论是传统的手工艺制品还是现今更为普遍的工业设计产品，个中佼佼者往往是完美结合了造型与功能的作品。

陶器的制作能够很清晰地体现这一点。我们不难发现，大多数陶器都具有曲线柔和的特点，那些真正为日常使用而制作的器具往往十分贴合人手的形状（图 7-6，图 7-7），这里体现了墨子提出的“便于身”的器物造型原则。在此基础上，手工艺造物的形式便有了一种“合适”，这不同于艺术创作中的“合式”（即符合某种古典理想的标准），而是遵循“便于身”的原则，在创作物品时充分考虑身体使用的需要。我们的祖先在进行手工艺创作活动时的所思所想，并非某种超乎自然的理想，而是基于切实的生活体验进行的考量，是用手来认识世界、改造世界的经验。

图 7-6
新石器时代良渚文化灰陶罐，南京博物院藏

图 7-7
新石器时代良渚文化陶豆，南京博物院藏

如果说石器时代的陶器反映出的是一种圆融的美，那么一些商代青铜礼器体现的则是一种刚硬肃穆的美。在中国国家博物馆馆藏的两件青铜器“四羊方尊”“后母戊鼎”便是其中的代表。后母戊鼎形制巨大，重 832.84 千克，是目前已知中国古代最重的青铜器（图 7-8）。四方对称的样式会给人带来沉稳、威严的感受，以各种饕餮形象为主的纹饰则彰显了青铜礼器的庄重。所谓“鼎”，既是古代盛放食物的器具，也是重要的礼器，它凝聚了制造者对于神圣、王权以及自身命运的想象与理解，李泽厚称之为一种“狞厉的美”，它的神秘恐怖正是与这种无可阻挡的巨大历史力量相结合，才

图 7-8
"后母戊"青铜方鼎，国家博物馆藏

成为美——崇高之美。[①] 在我们想象着或真切地去触摸它的时候，我们可能感受到的是一种冰冷与坚硬，残酷与漠然，这正是它的形式所想要传递给我们的"意味"。这是触觉与视觉相互作用下产生的独特审美体验，由此我们可以领略到，手工艺品的造型之美并非单纯地为美而美，它来自对实用的理解与经验的沉积，凝结着一个族群为生存而操劳的历史。

（二）色彩美

在手工艺造物中，色彩的独特之处在于它是一种"不期而遇"的体验。在中国灿烂的陶瓷文化中，对于釉色的探究和在这个过程中引发的故事数不胜数。例如充满浪漫想象的汝窑"天青色"（据传最初源自五代后周时期的柴窑），这种颜色似蓝非蓝，似绿非绿，犹如雨过天晴的瞬间，又如天空将亮未亮的光景，呈现出一种隐而不发的光鲜和含蓄内敛的气质。同样难得的还有"祭红釉"，这是景德镇陶工在明宣德时期烧制的一种著名红釉品种（图 7-9），釉色如初凝的鸡血，深沉安定，莹润均匀，釉中无龟裂纹理，因祭红器作祭祀之用，故得此名。由于祭红釉瓷器难以烧制，因此它比其他色釉更为名贵，其色彩构成了它最为重要的审美特征。

图 7-9
清乾隆 祭红釉胆式瓶 故宫博物院藏

如果说以上两个案例展现的是典雅方正的色彩美，代表的是一种色彩的权威性，那么在色彩上为我们带来更多意外之喜的应属被评为"艳丽绝伦"的"窑变"。本为青色的釉色，由于紫红色的铜在窑炉中经过复杂的反应，最终形成了斑驳的釉红色，且由于其纯度和色块的形状大小均不可预测，因此有"钧瓷无对，窑变无双"的说法。例如北宋"钧窑玫瑰紫釉菱花式三足花盆托"的边缘便恰到好处地出现了浅紫红色的渐变颜色，与内部的青色交相辉映，形如流云，灿如晚霞。窑变，是一场"天地人神"的四方圆舞，充满着激情、创造与未知。

① 李泽厚：《美的历程》，生活·读书·新知三联书店 2009 年版，第 40 页。

前工业时代的传统手工艺不同于工业化的现代工艺，它们没有严格精准的控制流程，人的手工和传统制作过程充满了变数。瓷器的开片和窑变不约而同地指向人与世界的不期而遇。诚然，在一般人的意识中，偶然性，常常意味着无法如愿，那么我们如何能够欣赏这种“失败”呢？吉永祯和田渊太郎都是日本当代著名的陶瓷手艺人，均擅长制作白瓷器皿。然而，与大众追求白瓷胎体和釉面洁白无瑕、晶莹剔透不同，他们更倾向于呈现白瓷的“瑕疵美”，因为，这些瑕疵是这件独一无二的器物最重要的特征，是它们与世界遭遇所留下的痕迹。正如田渊太郎所言，根本不存在所谓的传统美学，“白不再是瓷器唯一的美学准则，本来，美就有很多种”。与机械生产的标准化量产相对，手工艺品的制作，需要手工艺人在对技巧以及对工具的娴熟把握上用心体悟工艺之道。由于制作者个人经验和情感的不同，不同的手工艺品中包含着独特的个性和痕迹。而手工艺创作的过程也正因为具有偶然性，总是充满着惊喜。偶然、瑕疵并不再是美的对立面。传统手工艺具有的偶然性和不可控性，以及由此而创造的“美”，实际上启迪我们思考一些更为宏大而深远的人生命题：如何从容面对和应对人生的偶然性和不可控性呢？是诚如范仲淹所云的“不以物喜，不以己悲”，还是“身在天地谁非客，得意江湖便是家”呢？

（三）精巧美

手工艺之美的另一个重要层面是技艺的精巧美。精巧一词可拆解为两个不同的意思，一方面是造物之精致，它代表着匠人娴熟的技艺与制作手工艺品时一丝不苟的态度。另一方面，精巧还意味着匠人在制作和使用器具时融入的巧思。例如收藏于南京博物院的汉代错银铜牛灯（图 7-10），不但设计精美，而且在制作时巧用铜银两种不同材质的色泽，形成颜色的完美搭配。铜牛灯通体光滑，工艺精湛，整体运用流云纹、三角纹、螺旋纹，饰以龙、凤、虎、鹿以及各种珍禽异兽的图案，线条流畅，飘逸潇洒，是汉代众多青铜灯具中实用性与艺术性完美结合的上乘之作。

图 7-10

汉代错银铜牛灯
南京博物院藏

同样以精巧著称的还有来自苗族的银饰。苗族银饰工艺复杂，一些大型的银饰往往由成百上千个装饰或支撑的部件组成，最多的时候要经过数十道工序才能完成制作。根据需要，银匠先把熔炼过的白银制成薄片、银条或银丝，利用压、錾、刻、镂等工艺，制出精美纹样，然后再焊接或编织成型。

正如柳宗悦在《日本手工艺》一书中解释的：“手与机器的差异在于，手总是与心相连的，而机器则是无心的……手工作业也可以说是心之作业，没有比手更加神秘的机器。”[①]这也是本雅明在《讲故事的人》中所说的“心灵、眼睛和手的和谐”[②]。手工制品是具有人的生命、情感和温度的。它们是制作者经过多年的潜心修炼才能做出的成果。这些通过手、眼、心、脑之间的紧密配合创造出来的物品，凝聚着千百年来人类最真切的身体经验，透露着岁月无声的流逝绵延。

（四）情感美

手工艺之美还与怀旧、岁月等情感因素密切相关。手工艺器物常常被视作某种文化记忆的载体，特别是在科技急速发展的现代社会，传统手工艺往往能够勾起当代人对带有“温度与情感”的文化技艺的回溯和向往，人们大多愿意以此留住乡愁和童年的美好记忆。在工业化生产的时代，大多数手工艺造物都是以一种“老物”甚至“文物”的方式与我们照面。那些真正打动我们的东西很可能不是器物本身的功能，而是上面的一道划痕，一处掉色。这些痕迹是属于造物的独特姿态，它们承载了我们集体的历史或独特的个人记忆，并在我们与之相遇的时刻被重新唤起。

手工艺作为情感的凝聚还体现在日常生活中不可或缺的仪式感上。从最普遍的意义来说，器物是人们正在生活的明证。在流行于18世纪欧洲的“中国风”潮流中，宫廷贵族和有产者，特别是英国的上流社会，往往以拥有精美的成套中国瓷器为荣，并会在下午茶或者特殊宴会等场合中展示和使用自家收藏的瓷器。特定场合和特定器物所形成的固定关系和内在秩序，就是所谓的“仪式感”。在现代社会中，人们越来越注重日常生活中的仪式感，而工艺品在其中起着极其重要的作用，成为我们审美生活中不可或缺的一部分。

正是由于手工艺制品具有独特的审美经验，即使身处科技日新的当代社会，人们对于手工艺的热情也不会因为大工业生产和人工智能的发展而减退，相反，手工艺品在今天愈发成为人们生活之中不可或缺的表征、铭记和陪伴之物，逐渐获得超越功能和价值存在的更为精神性的审美生命，极大地丰富并成全了人的感性生活和感知体验。如今，人们越来越强调人类对于世界和万物的感知是全方位的，这需要我们尽可能运用身体中的一切官能进行体验。即使在某些时候我们只要依靠一种感官去感受工艺品，但通过联觉和通感等活动，我们也可能获得（至少在想象和意识上）被补充完整的感知。这便是手工艺品作为一种全官能参与制作的物品的本质属性所赋予的强大魅力。试想，如果我们此刻正在使用一只哥窑的瓷碗或者瓷杯喝水，看着精美的开片纹理，碗中或者杯中的普通白水，是否也会让我们尝到别样的甜美？

① 柳宗悦：《日本手工艺》，张鲁译，广西师范大学出版社2011年版，第3页。

② 瓦尔特·本雅明：《写作与救赎——本雅明文选》，李茂增、苏仲乐译，东方出版中心2009年版，第103页。

第三节 手工艺的工匠精神及其审美表达

一、手工艺中的工匠精神

从人类创作出第一件器物至今，随着科技文明的不断进步，那些曾在往昔岁月中陪伴人类成长的手工艺以及手工艺品，要么已离我们远去，要么正逐渐发生深刻的改变，而不变的是人的存在所带来的对工艺的不断认识、尝试和反思，它们构成了手艺人对自身的要求和追求，成为他们生命中特有的气度和秉性，我们称之为“工匠精神”。陈襄在《百工由圣人作赋》指出：“统尔六职，良哉百工。何艺事以斯作，由圣人而是崇……虽大匠之述作，皆往哲之规为。既执技而纷若，诚取法以宜其。”智慧的匠人往往以智慧的圣人为楷模，按照先哲的规矩行事，以虔诚的心态面对自己的职业。而在传统工艺的传承和学习过程中，工匠精神已成为中华民族精神的重要组成部分。

首先，工匠精神是一种精益求精的精神。“天机云锦用在我，剪裁妙处非刀尺”“追求极致完满和一丝不苟”“十年磨一剑”等词句，都展现了“工匠精神”的深刻内涵。如中国御窑工艺传承人向元华在复制御窑制品时，悉心调制所有色料，通过反复烧炼尽力达到最佳色相，而他努力制定的这套标准也被誉为“七星级标准”。① 工匠精神的核心是对材料和技艺以及成品质量的精益求精，使手工艺不至于完全湮没在仅为追求商业利益的投机和钻营之中。

其次，工匠精神也是不断创新的精神。传统并不意味着守旧，它的生命力在于创新。手工艺与艺术的不同之处在于其实用性，制造器物终究是要为了解决实际生活中的问题，这就要求手工艺制品与手工艺者贴近时代，了解人民群众对美好生活有哪些需求。匠人们一方面依靠过往的经验，遵守严格的规范，保证工艺的精益求精。另一方面，他们也会基于切身的体验，重新审视每一次制作过程，尝试创新。以陶瓷来说，从泥条盘筑到轮制，再到后来更为成熟的陶瓷工艺的出现，都是技术创新的成果。如今中国的制造业正面临从量变到质变的突破，要想真正实现这种飞跃，需要不断追求卓越的创新精神。举例来说，航天固体火箭发动机药面整形师徐立平先后设计、制作各类整形刀具 30 余种，他发明的小型发动机整形刀“立平刀”，使该型号整形由纯手工变成了半自动化操作，生产效率提高了 50% 以上；“样板圆弧刀”解决了手工整形复杂、型面不易成型的难题，确保了产品质量。这些在生产过程中看似细微的发明创造，使得我们在走向先进生产力的路径上一往无前。

再次，工匠精神是一种蕴含人文关怀的精神。20 世纪 60 年代，设计师维克多·帕帕奈克来到印度尼西亚的偏僻乡村旅行，他感慨村民对外部世界的茫然无知，于是设计出了用吃剩的罐头外壳作为机身，废旧电子元件和电线作为电路元件，动物粪便作为发电能源的“罐头收音机”，并无偿提供给当地村民。

① 胡平：《景德气象：中国文化的一个面向》，广西师范大学出版社 2021 年版。

帕帕奈克之所以没有直接向村民们提供市场上常规的收音机，是因为他考虑到了村民会面临的部件更换、持续电源、电池短缺等问题。这次经历之后，帕帕奈克开始反思当时商品经济高度发达的国家社会中存在的重大伦理问题：设计师究竟是为谁服务的？基于自身的深切体验，他认为设计师应具有人文情怀，关注弱势群体和社会下层，考虑到他们的需求和生存现实。于是，在 1971 年，帕帕奈克出版了其有关设计伦理的经典著作《为真实的世界设计》，首次向世界发出了应当关注设计伦理和社会设计的声音。由此及彼，手工艺素养的一个重要体现就是认清工艺的目的不在于刻意地炫技或者一味追求极端的奢华，避免陷入马克思一再批判的资本主义消费社会所建立的“拜物教”。

最后，工匠精神是一种培养专注力的精神。传统工艺繁杂的工序对匠人的专注力来说无疑是一场极大的考验。现代社会中碎片化的娱乐享受，让当代人往往难以集中注意力。而手工艺制作中所需要的专注和耐心，正是减少这种注意力损耗的一剂良方。欧阳修在《大匠诲人以规矩赋》中说：“诚以人于道也，非学而弗至。匠之能也，在器而攸施。既谆谆而诲尔，俾拳拳而服之。”工匠的本领，是能长时间耐心地制作器具。高超的技艺来源于长久的练习，打磨器物和打磨人心一样，需要足够沉静。在这一过程中，工匠需要抵抗枯燥无聊的时光，专注于自我工艺的训练。可以说，聚精会神地学习手工艺，不仅能够帮助当代人培养专注精神，还能够让人暂时脱离社会的压力，与自我的内心世界进行交流。

二、手工艺的审美表达

中国传统手工艺起初主要是为了衣食住行等实用功能发展起来的。有学者指出，“体现美与现实世界密切联系的，是工艺的形态”，“工艺之美就是实用之美，所有的美都产生于服务之心”。① 传统手艺的美是一种结实的、无害的健康之美，这样的审美观也对手工艺品的设计产生了一定的影响。中国传统的手工艺不仅仅受实用性的限制，在审美表达上也展现了其对人与自然的思考。例如御窑瓷器注重顶部和底部的修饰，器型讲究骨架，纹饰普遍堆成。梅瓶（图 7-11）模拟人后背的线条，柔和的曲线透射出力度、美和健康，蕴含着人与自然和谐共生的美学思考。中国传统手工艺还重视材料的自然属性，在手工艺制作的过程中能够充分地表现出材料的自然之美。虽然手工艺的制作具有极大的偶然性，但是由于自然材料的物理属性限制，总是能够充分展现出手工的痕迹。在《考工记》“天人合一”美学观念的影响下，传统工艺品讲究“天时、地气、材美、工巧”，只有合此四者才能造出优秀的手工艺品。天人关系是人类与自然环境之间的永恒命题，将其融

图 7-11
明宣德御制青花缠枝莲纹小梅瓶

① 柳宗悦：《工艺之道》，徐艺乙译，广西师范大学出版社 2011 年版，第 27—28 页。

入手工艺的表达之中，实则彰显了中国传统的“大美”精神。

传统手工艺的审美表达常常以符号化的方式介入人们的日常生活。了解传统工艺的审美表达，不能仅停留在对手工艺器物的感受之上，还需要了解工艺生产流程及其文化背景。针对商品世界的异化、物化状态，马克思提出了“完整的人”的概念。只有塑造完整的人，才能有效地防止人的“碎片化”，这是“以一种全面的方式……占有自己的全面本质”的构想。[①] 在机器生产的大工业时代，为了高效生产，人们往往追求同一性、标准性、精确性，而忽视了产品表达的温度。传统手工艺之所以能经久不衰，要义便在于其核心价值“手工性”是对时代和社会集体记忆的表达。而手工艺的大力发展，也体现了当代人对大规模机械生产带来的冷漠性的警觉。

因此，传统手工艺的情感表达构成了其审美语言的重要内涵。苗族人民有这样一句俗语：“男看田边，女看花边。”刺绣是苗族姑娘必备的技能，贵州花溪苗族姑娘在很小的时候就要在家中女性长辈的指导下进行刺绣，待到未来出嫁时完成刺绣品。相传，在上古苗族南迁之时，有位名叫兰娟的女首领，她为了记住迁徙跋涉的路途经历，想出了用彩线记事的办法。因此，苗绣的画面常常会有一些故事性，这既包含了苗族姑娘对未来生活的期盼，也记录着一个苗族少女的生活和成长过程。

传统手工艺情感表达的重点是人性温度，通过手工，人们往往能从中获得内心的平和。以民间剪纸艺术大师库淑兰为例，剪纸于她而言不仅是一门技艺，还代表着她悲苦生活中唯一闪烁着的希望之光。库淑兰出生在陕西的一个贫苦农村，在母亲的影响下，库淑兰在很小的时候就爱上了剪纸这门手艺。成婚之后她的家庭并不幸福，只能通过剪纸来排解苦闷。“剪花娘子”是在库淑兰的作品中出现得最频繁的形象（图 7-12）。大大的脸盘，红红的脸蛋彰显着当地人朴素的审美取向，也暗喻着现实生活中的库淑兰，她将自我的情感、审美、希冀都投射进剪纸之中。在那里，她用自己的双手创造出了另外一个世界，那是一个只属于她自己的、丰饶美丽、生机盎然的世界。传统手工艺彰显着中国重要的审美传统，也体现着中国劳动人民的个体经验。从库淑兰的例子中可以看到，在手工艺美育中，我们不但要关注工匠精神在工艺品形态上的审美表现，还需要用生动优美的语言来表述自己对手工艺之美的内心体验。有一条学会以优美的语言来表达自己的审美感受的捷

图 7-12
库淑兰剪纸作品《剪花娘子》

① 马克思：《1844 年经济学哲学手稿》，人民出版社 2018 年版，第 81 页。

径，那就是学习历史上有关手工艺的一些经典论述。通过阅读这些文字，我们不仅可以提升自己的语言表达能力，还能够进一步加深对手工艺所蕴含的文化意涵的理解。

古往今来，无数著述记录了人们对手工艺的看法，其中既有关于工艺起源和审美的思考，也有对工匠精神和手工艺价值的由衷赞叹。人们在日常起居中与手工艺紧密相连，在一朝一夕之间，体会百工之美，悟得人生百味。

下面，我们来研读一些表达手工艺与人类文明密不可分关系的经典说法。

人之巧，乃可与造化者同功乎。

——《列子·汤问》

人间巧艺夺天工，炼药燃灯清昼同。

——赵孟頫

似出自然，而实雕镌，吾以知人工之巧，幻态万千。

——纪昀

在人类所有的职业中，工艺是一门最古老最正直的手艺。

——卢梭

通过手工艺品进行教育的概念源于对渗透在生活活动中的真理和爱的沉思。

——甘地

美术与工艺二者都是对于人生最重要的东西，倘无美术与工艺来润饰人生，则人生便不堪其苦闷，社会亦将不堪其惨淡了。

——陈之佛

我之所以还能在一件手工艺品中发现这么多的美，是因为我的母亲教导我们不要只把手工艺品看作一种产品，而把它看作人类创造力和人类劳动的体现。

——范达娜·席娃

在有关工艺之美的表述中，“实用性”“功能性”等语汇被反复提及。与侧重审美欣赏的“美的艺术”不同，手工艺诞生自“一个实用与美分离之前的世界”，手工艺独特的造物之美来源于使用功能与审美艺术的相辅相成。一顶华丽的花轿、一只清透的瓷盏，或许都曾在历史的某段时期里作为精致的器物被使用，寄托着制作者和使用者的情感，与人们的生活息息相关。在欣赏和表达手工艺之美时，可以透过器物的图案纹饰等艺术要素，触及其情感丰沛的生活世界，体会其实用功能所带来的生活价值。阅读以下关于工艺的实用性与艺术性方面的经典论述，可以发现手工艺重要性的不同理据。

备物致用，立功成器，以为天下利，莫大乎圣人。

——《易·系辞上》

百工制器，必贵于有用，器而不可用，工不为也。

——程颢、程颐

百工者，以致用为本，以巧饰为末。

——王符

一人之所需，百工斯为备。

——程登吉

好的器物当具有谦逊之美，并具有诚实之德……诚实之性和坚固之质，才能保持工艺之美。

所谓用，既是物之用，又是心之用。器物并不仅仅是使用，也可以供观赏和把玩。

——柳宗悦

一个玻璃水壶，一个柳条篮子，一件粗布外衣。它们的美与它们的功能是不可分割的。手工艺品属于一个实用与美分离之前的世界。

——奥克塔维奥·帕斯

最后，让我们再次回归工匠精神，它也是传统手工艺的审美体验之一。工匠精神与工艺制作相关，代表着制作者精益求精的境界和对于完美近乎苛刻的追求。优秀的手工艺品是灵感与高超技艺的结合，二者缺一不可。非凡的想象力借由精湛的技艺具化为现实的物件。工匠们将毕生精力投入手中从事的事业，以沉静之心，精雕细琢、不断革新，力求使每一件作品臻于完美。精益求精、守正创新，是历代工匠们留下的美好品质，也是贯穿时代的精神追求。要体会和表达工匠精神的可贵之处，可以与当代社会生活相联系。在生活节奏加快、信息碎片化的社会，工匠精神或可抵御浮躁之风，为当代人提供一方沉静内心、专注生活的天地。

知者创物，巧者述之守之，世谓之工。

——《考工记》

用志不分，乃凝于神。

——庄子

工贵其久，业贵其专。

——陈亮

我亦无他，惟手熟尔。

——欧阳修

书痴者文必工，艺痴者技必良。

——蒲松龄

不怕一点一点加，天长日久成巨匠。

——赫西奥德

对于好产品的追求是无止境的，它来自对每个细节的打磨和探究，它是基于一种将细节做到极致的欲望，是对以往的颠覆和创新。

——乔纳森·艾夫

如果一个人想要精通任何技艺，他需要奉献一生的练习，把自己变成是技艺练习中的一件工具，让这件工具被使用到的功能，任何时候都处于最佳状态。

——弗洛姆

灵感是不存在的。艺术家的优良品质，无非是智慧、专心、真挚、意志。像诚实的工人一样完成你们的工作吧。

——罗丹

手工艺之美与人紧密相连。手工艺品由匠人的双手创造，凝聚技艺与情感，是人与物的对话。对手工艺品的欣赏不仅是对其外在美的赞叹，也是在透过物品与其制作者和使用者达成某种交流，是得以窥见历史与人生的奇妙之旅。匠人的情感、思想和生命记忆在手工制作的过程中凝结于具体的造物上，参与、塑造着物品的内容与风格。无论是日常生活中可触可感的手工艺品，还是博物馆中遍历风尘却光彩依旧的工艺文物，都承载着制作者的心血和时代的烙印。欣赏手工艺之美，是一场穿越时空的历史情感体验。

本章思考题

1. 怎样理解手工艺中的不可控性？如何辩证地看待现代工艺之下精确的流程与传统工艺中的高报废率之间的关系？
2. 怎样理解文中所提到的“手工艺素养”的能力，该能力包含哪些方面？
3. 你如何看待在新时代、新思路、新技术的背景下手工艺的发展前景？
4. 谈一谈你心目中的手工艺，并思考手工艺给你带来了哪些影响？

推荐阅读书目

1. 杭间、郭秋惠:《中国传统工艺》，五洲传播出版社 2010 年版。
2. 杭间:《手艺的思想》，山东画报出版社 2017 年版。
3. 徐艺乙:《手工艺的文化与历史》，上海文化出版社 2016 年版。
4. 柳宗悦:《工艺之道》，徐艺乙译，广西师范大学出版社 2011 年版。
5. 盐野米松:《留住手艺》，英珂译，广西师范大学出版社 2019 年版。

本章 DIY 活动

活动一　个人体验：油泥、孔明锁、手链编织和简易金缮体验

一、油泥体验

教师购买黏土、油泥或者人工黏土，分发给学生进行揉捏（不一定需要教授技巧），感受材料，缓解学习和生活压力，训练专注力。

二、孔明锁体验

教师购置不同难度的孔明锁，在介绍中国传统的榫卯结构之后，分发给学生，以个人或者小组为单位，按照说明进行解锁和复原。

三、手链编织

教师购置一些不同材质的线（以棉线为主），学生在教师或者教程的带领下进行手工编织。

四、简易金缮

教师购置素胚瓷盘、陶瓷乳胶、笔刷和金箔（仿）等物品，请学生先在素胚瓷盘上进行彩绘，而后将瓷盘敲碎，用乳胶和金箔进行修缮。

活动二　田野调查：记录家乡正在消失的手工艺

在科学技术飞速发展的现代社会，为了提高效率与增加产量的目的，机器大生产在许多方面逐渐取代了以手工劳作为基础的手工艺活动。人们在享受物质丰富和劳力轻松的同时，往往也会感慨物品中曾经充溢的爱与温度的消逝，从而怀念那些手工的器物。你的家乡还有手艺吗？让我们一起追寻它们的身影和声响！

活动三　小组分享 / 集体展览：“寻找生命中的老物件”

人生的足迹多是由我们生命中曾经遇见的器物所标记的，如餐具、玩具、衣物和首饰等，它们不仅满足了我们基本的日常生活所需，还凝聚了我们最深的情感，讲述自己与心爱之物的小故事，分享人生难以遗忘的瞬间。

案例分析

案例一

制陶起源的传说

传说黄帝时期人们虽已懂得用火烧熟食物食用，却没有锅、盆、碗等器

物，只能用双手抓着吃，口渴了就到河边用双手掬水喝，很不方便。

有一次，宁封子从河里捕回很多尖尾鱼，放在火堆上烤，结果全烧焦了，一气之下，他把剩下的鱼用泥封住放进火堆里。就在这时黄帝派宁封子外出办事，一走就是三天。回来后有人问起，宁封子这才想起他临走时放进火堆里的尖尾鱼，急忙跑到火堆去刨。谁知刨出来一看鱼早已没有了，只剩下一个泥外壳，再用手一敲还发出当当响声。围观的人挖苦他说："你本事大，把软鱼烧成硬鱼了。"

可宁封子毫不在意，只把烧过的泥壳拿在手里左看右看，把水装进泥壳里居然点滴不漏。于是他想假若把泥封在其他东西上，用火烧后会是什么样子呢？于是他就把泥沙糊在树墩上，架起大火一连烧了三天四夜。等火熄后他刨开一看，泥糊的半截树墩变成了土红色的硬泥筒。宁封子用兽皮袋把河里的水灌进硬泥筒里，直到灌满为止也没有发现有漏水的现象。

再后来，宁封子又想，泥土经过火烧能变成硬壳，既能装水又能盛食物，为什么不多烧一些呢？可是到底怎么烧制，他还是没有新的想法。于是，他把两次试烧的情况汇报给了黄帝，黄帝认为这项发明十分有用，便任命宁封子为桥国的"陶正"（官员），并安排他继续研究陶器烧制。这个官职也就是后来我们在史书记载中常见的官窑瓷器监察官。

案例一分析要点提示

研讨题 >>>

1. 请你说说在上述案例中，人民的需求与手工艺品之间具有怎样的关系？
2. 你认为偶然性事件与传统手工艺之间有什么联系？你还知道别的例子吗？

案例二

万工轿

在中国浙江宁波宁海地区，有一项被称为"十里红妆"的盛妆嫁女习俗。根据这一风俗，女方会使用多人（一说38人）扛抬嫁妆，嫁妆的种类包括了衣、鞋、住、行、婚、桑、绫、罗、农、工十个方面的物品，送亲和迎亲的队伍浩浩荡荡，绵延十里，一路上鞭炮锣鼓满天响，满眼望去十里皆红。与这一盛大婚嫁仪式相关的是一些工艺作品，包括千工床、万工轿等。所谓千工床和万工轿中的"千工"和"万工"指的是这些工艺品所耗费的巨大工时数。

浙江省博物馆所藏的"万工轿"为清末民初所制，为现存最豪华的一顶花轿。它不用钉子，完全采用榫卯结构联结，内部结构非常复杂，由数百片花板组成，由于没有轿门，每次使用时需要由专门的工匠进行拆卸。在总体装饰上，花轿木质雕花，朱漆铺底饰以金箔贴花，金碧辉煌，犹如一座微型宫殿。万工轿轿顶是魁星点斗，往下两层屋檐上群龙舞首，凤凰展翅，各路神明挺枪骤马来护驾，非常气派。这顶万工轿采用圆雕、浮雕、透雕三种工艺手法进行装饰，雕有250个人物，花鸟虫兽无数，所以宁波人也称它为“百子轿”。除了天官赐福、麒麟送子、魁星点斗、独占鳌头等吉祥主题，还有《西厢记》《天水关》《铁弓缘》《水浒传》等戏曲场景。

作为民间女子出嫁的花轿，万工轿之所以能够如此豪华，得因于一个传说。相传南宋开国皇帝赵构被金兵追杀，幸得一位村姑所救，后来赵构与村姑约定，将来派人接她入宫，就以她身上的青布襕为凭。不料当使者来到宁波以后，却发现家家户户都挂上了青布襕。无奈，赵构登基后只好许诺“浙东女子皆封王”，出嫁时准许穿戴凤冠霞帔，乘坐龙凤花轿。于是，自南宋以后，宁波新娘出嫁坐花轿的民风被保留下来，花轿制作也愈来愈考究。民间也以花轿的豪华程度，以及轿内雕饰故事人物的多少及工艺水平来显示主人的身份。而这顶万工轿上还暗藏着工匠的小心思——所雕刻的人物底下都安装有活扣，在行进过程中，戏台上的人物会左右晃动，栩栩如生。

思考题 >>>

1. 万工轿在审美层面上有哪些独特之处？
2. 从你的角度谈一谈，如何分辨手工艺品的装饰性和功能性之间的关系？

案例二
分析要点
提示

第八章　体验空间造型——建筑

建筑是人的安居之所、工作场合或交流空间，一个人可能与诗歌、音乐或绘画没有过多交集，但几乎无人能脱离建筑生存。古今中外的建筑背后都有说不完道不尽的故事。相较于其他艺术形式，建筑的功能更为复杂，它既是具有实用性的生存空间，又是令人愉悦的审美对象，还是具有深厚人文传统的文化符号，在体现不同民族和文化的传统的同时，彰显出不同的时代风尚。建筑不只是建筑设计师的成果，更是艺术史、艺术爱好者甚至大众感兴趣的文化产品。

如果我们到首都北京旅游，故宫、八达岭长城或新老“十大建筑”一定会给我们留下深刻的印象；如果我们去巴黎观光，卢浮宫、巴黎圣母院或埃菲尔铁塔一定会在我们的视觉记忆中留下难以磨灭的印迹，可以说，城市形象最基本的元素就是其中形态各异的建筑。可是，面对形形色色的建筑，除了慨叹人类的创造性和想象力，如何深入理解和把握建筑的奥秘，如何表达对各式建筑的复杂审美体验，正是建筑美育的题中之义。

第一节　步入建筑世界

在中国快速城镇化的当下，城镇的面貌正经历巨大的变迁。重塑城镇形态的正是各种各样的建筑。中国是一个古老的文明国度，在迈向现代化的进程中，古代建筑和现代建筑交相辉映。无论是徜徉在高楼林立的北京长安街，还是漫步在传统老屋成排的成都宽窄巷子，建筑都会成为令人印象深刻的视觉背景，给人以惬意的审美体验。如果了解这些建筑的风格渊源，知其造型构架的美妙之处，对建筑的审美体验就会更加深刻。

一、两座著名建筑：正阳门与联合国大厦

北京的正阳门（图 8-1）建成于明朝永乐十七年（1419 年）。正阳门不单是一座城门，它由城楼与箭楼组成，建有瓮城。正阳门可以说是一座“城中城”。由于正阳门位处内城的中轴线上，立于紫禁城的正前方，而崇文门与宣武门则

图 8-1
北京正阳门

分列于两侧，因此正阳门俗称“前门”。从规制上讲，正阳门是北京内城建制最高的城门，城楼面阔七间、进深三间，通高 40 余米，位居北京内九门之首。有所谓“前门楼子九丈九,四门三桥五排楼”的描述。饱经战乱的正阳门屡受损毁，现存的城楼是在清朝光绪二十七年（1901 年）重新修建的。

正阳门以北是紫禁城的内城，作为面对皇城的正门，享有最高规格的正阳门具有烘托皇权之庄严的象征意义，故有“国门”之称。皇帝无论是前往天坛祭天、去先农坛亲耕还是御驾亲征，国门都是必经的“御路”。正阳门以南是外城，清代开始，有很多汉族官民来到外城居住与生活。久而久之，便形成了正阳门外繁华与热闹的市民生活场景。因为吏、户、礼、兵、刑、工六部位于正阳门内，所以来京办理公务的各地官员以及进京赶考的举子通常就住在正阳门外的大栅栏一带，这促进了正阳门一带商业的发展。正阳门还具有防御功能。它不单拥有护城河与箭楼这样防御设施，而且军队出征或班师回朝时都要于正阳门的瓮城停留清点。除去上述象征意义与现实功能，正阳门还体现出中国古代建筑的审美理念与追求。

中轴线以及平衡的空间布局是中国古代城市规划的主要观念。在皇城北京，中轴线的意义尤其突出。梁思成认为北京以中轴线为依据分配着左右对称的体形空间，因为中轴线的建立，北京也拥有了独有的壮美的秩序和雄伟的气魄。① 作为地处北京城中轴线的城门，正阳门不仅外观壮美，而且反映出传统的“中和之美”的审美理念。正所谓“中”为根本，“和”为法度。尽管正阳门处在极为关键的位置，并且具有多重功能与内涵，但是它仍旧被平和地安放在中轴线的整体序列之中，雄壮但又不突兀，极大地彰显出中和之美的价值观以及天地和合的自然观。

正阳门的中和之美还体现为一种不屈的精神所向。正阳门虽然经历了清朝道光年间箭楼失火、清朝光绪年间庚子国难等破坏，却巍然屹立，一次又一次于磨难中重生。可以说，在北京这座已经步入现代化的国际大都市中，正阳门

① 梁思成：《梁思成文集》（第 4 卷），中国建筑工业出版社 1986 年版，第 58 页。

图 8-2
联合国大厦

无疑是极富历史感的建筑。无声的建筑及空间语言述说着过往的盛世与沧桑，也承载着新的繁荣与希望。位于天安门广场最南端的正阳门亲历了每一次盛大的阅兵仪式，也在每一天的旭日东升之中，见证着中华民族的伟大复兴。

与中国建筑不同，西方建筑具有另一套独特的体系。下面的案例是西方现代建筑中极具代表性的联合国大厦（图 8-2），它位于纽约市曼哈顿岛，于 1953 年建造完成。作为承载着和平理念与世界安全信念的建筑物，除基本的办公楼宇功能之外，联合国大厦更加被看作是人类命运共同体的丰碑。美国建筑师华莱士·哈里森担任大厦首席建筑师与策划人，同时他还组成了十人顾问委员会，委员会成员包括法国现代建筑大师勒·柯布西耶，以及哈里森特别邀请的中国建筑家梁思成等。因此联合国大厦的设计与建造规划可谓凝聚了各方智慧。

从整体着眼，联合国大厦是现代建筑的审美与价值取向的典范。以大厦主体为核心的建筑群包括三个部分，分别是秘书处大楼、会议楼与联合国大会堂。虽然各部分的形制与构造均有不同，但它们是相互协调、彼此协作的。这种极具现代美感的样态，与古典建筑美学所强调的对称感与平衡感截然不同。除了整体结构的差异性，联合国大厦还彰显出现代建筑的一些新原则。诸如新材料的应用、简洁明快的装饰以及趋于极致的几何形式等。尤其是大厦的主体建筑，外立面通体由玻璃幕墙打造，没有任何额外的、不必要的、繁复的装饰组件。远远看去，大厦就像是一个拔地而起的巨大玻璃盒子，不仅给人带来了极强的视觉震撼，也体现出归于理性的肃穆之感。这是现代建筑非常重要的一种性格特征，也即建筑家密斯·凡·德罗提出的“少即多”的理念。它强调简洁严谨的处理，采用标准化的现代建筑材料，用高度精简的“少”替代繁复多样的装饰设计。这种理念在根本上促成了新的美学观念与建筑风格。联合国大厦以其简单、简洁但又不失稳重感的建筑主体，突破了河岸沿线的单调与平缓，带来了一种前所未有的现代节奏感。而且，通体的玻璃幕墙以其平滑的表面，与河水的波光粼粼相映成趣，构成了一幅自然与人类造物和谐共处、交相呼应的现代画卷。

二、建筑体验与建筑审美素养

有建筑师认为，理解建筑之美其实并不需要专门的知识或技能，对建筑的日常体验就是理解和评价它的最好手段。建筑师罗伯特·麦卡特曾说："唯当建筑被人体验过，唯当我们所有的感官同时参与到居住之中，唯当建筑为日常生活行为和仪式提供背景时，建筑对我们的意义和重要性才能被彰显出来。建筑在人类历史和居者的记忆中经久不衰，它既为人类体验所启迪，又植根于人类体验之中，并塑造着人类体验。建筑吸引我们的感官，塑造我们趋近它的体验，激励我们去反复接触，并随着时间的推移逐步展现出其完整特性。"建筑与人类体验之间有密切的关系。建筑向我们的感性体验敞开，塑造我们的建筑体验，并在人们的体验中呈现出建筑美的意义与价值。

说到建筑体验，就不得不提到建筑的审美素养问题。建筑的审美素养是我们体验建筑美的必备能力，不同的人对建筑的体验和理解亦有差异。着力提升大学生的建筑素养，使其学会欣赏并理解建筑是建筑美育的主要目标。建筑的审美素养就是对建筑的美学符号的编码—解码能力。具体说来，建筑的审美素养包括对建筑的审美感知力、体悟力、情动力、想象力和表达力。如果我们把建筑的审美体验视作一个完整系统的审美过程，那么，它应当始于感知，达至体悟，唤起审美愉悦的情感和想象，最终使我们可以用合适优雅的语言说出自己的审美体验。这就需要我们了解建筑方面的相关知识，当然，这些知识并不是建筑师或专家具有的专业知识，而是把握建筑美的基础知识。基于此，我们将从建筑的基本要素入手，进入古今中外斑斓的建筑世界，探索其中所蕴含的复杂美学观念和人文意涵。

第二节　建筑及其空间艺术

一、何为建筑？

在一篇名为"什么是建筑"的文章中，梁思成开宗明义地将建筑直接定义为"房子"，并指明建筑的功用就在于解决居住问题。"自古以来，为了安定的起居，为了便利的生产，在劳动创造中人们就也创造了房子……我们今天称它为"基本建设"，这个名称就恰当地表示房屋的性质是一切建设的最基本的部分。"[①] 在此基础上，梁思成分析了建筑的多重内涵，诸如建筑是人类对抗自然的记录，建筑是艺术创造与审美表征，建筑反映了各个时代社会及经济的总体境况，建筑是民族性格与精神特质的真实写照，等等。从生存需求到情感需要的延伸，反映的正是建筑自身强大的张力。

诚然，建筑的实用功能是最优先的，但建筑决不等同于一个搭建出来的空间。我们总是希望建筑在满足基本需求的同时兼顾美观与舒适性，甚至要承载我们对美好生活的理解与憧憬。这便使建筑超越了纯粹的物理性，进入审美层面。当然，说建筑是艺术，绝非弃其功能性于不顾，而是我们站在了更高的层

① 梁思成：《中国建筑的特征》，长江文艺出版社 2020 年版，第 16—17 页。

面与维度上考虑建筑的特性。建筑的发展规律表明，评判它的标准绝非只有功能性或技术水平，优秀的建筑体现的是功能与审美的辩证统一。

建筑是一个总结的概念，其下包含了许多类型。梁思成将建筑概括为九个类型，分别是“民居和象征政权的大建筑群”“宗教建筑”“园林及其中附属建筑”“桥梁和水利工程”“陵墓”“防御工程”“城市点缀”“建筑的附属艺术”以及“城市的总体形和总布局”。不同类型的建筑在功能、空间与主观体验等方面均存在明显差异，但是又在总体上恪守着建筑的基本原则。民居和象征政权的大建筑群是最常见的一类建筑。民居因地域不同而各有特色。北方民居的代表是山西晋中的王家大院，南方民居的代表则是苏州的东山民居，以及宏村、西递等徽州民居建筑群。象征政权的大建筑群无论在尺度上还是在规模上都远超民居建筑，诸如北京的故宫紫禁城、伦敦的威斯敏斯特宫、巴黎的卢浮宫等。宗教建筑也是比较常见的建筑类型，如嵩山的少林寺、拉萨的布拉达宫等；西方宗教建筑中比较著名的有梵蒂冈圣彼得大教堂、巴黎圣母院等。

建筑是空间艺术，是人类在征服空间时对空间的经营和创造。建筑本身以空间的形式存在，我们对建筑的理解和体验也是通过空间来感知的。建筑的空间特征是通过围合来圈定空间，建筑内部是中空的，可以供人使用或者活动。建筑的构件同样具有文化或审美内涵。比如，中国传统建筑中的斗拱、额枋、飞檐、山墙、台基等，它们既以其自身的材料体现出中国古代农耕文明的根基，又能作为独立的构件乃至建筑结构，彰显古代中国建筑的审美追求。西方的建筑构件与架构也是自成体系、独具特色的。穹顶是西方古代建筑中独树一帜的结构。文艺复兴建筑家布鲁内莱斯基在建筑史上最为突出的成就与贡献就在于其恢复了古代西方建造穹顶的方法。某种意义上说，如果没有布鲁内莱斯基对穹顶结构的深入研究与技术支持，不但无法成就佛罗伦萨圣母百花大教堂的卓越与精彩，就连最具西方特色的建筑结构也会就此陨落。与穹顶同样重要的是在古代希腊与罗马时期形成的经典柱式，包括多立克式、爱奥尼式、科林斯式等（图 8-3）。石柱本身便是由多个构件组成的复杂结构，同时也是支撑建筑主

图 8-3

希腊柱式，从左向右：多立克式、爱奥尼式、科林斯式

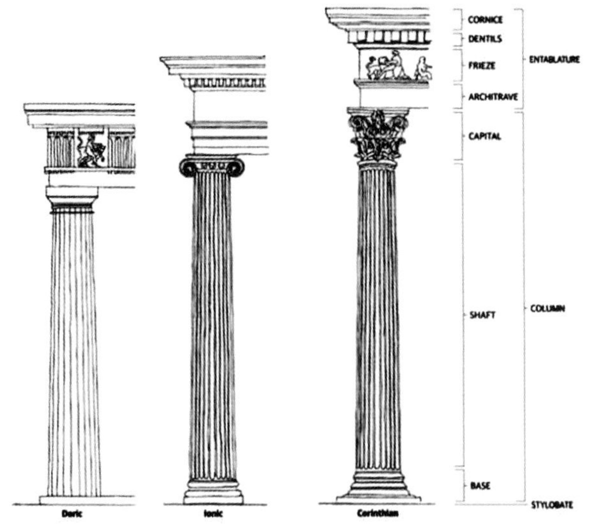

体不可或缺的基本组件。如果说穹顶是为建筑的顶部覆盖上一个富有文化特色与历史传统的"大盖子"，那么石柱则是在工程意义上将建筑支撑起来的基点。石柱或者起到相似作用的构件通常是隐藏在建筑内部的，如同骨架般的存在，它们是"让建筑站立起来"的关键所在。诚如建筑史家罗斯与克拉克所讲："建筑最显著的部分，或者使建筑拔地而起的正是建筑的结构。"①

二、营造建筑的基本原则

（一）中心与围合

当我们被建筑打动时，其实是对独具匠心的建筑空间营造的一种钦佩。《周易·系辞传》曰："上古穴居而野处，后世圣人易之以宫室，上栋下宇，以待风雨，盖取诸大壮。"上栋下宇，正是中国古代对空间营造的经典描述。"上栋"是指椽子和檩子等结构，它们起支撑建筑顶部的作用。"下宇"则指代建筑的梁柱以及周围的墙壁，它们为建筑空间包裹上了一层外衣。简言之，当一个非常稳固的中空空间在上下、前后、左右六个维度被全部遮挡住时，便成了建筑。

如果用现代的语言描述"上栋下宇"，那便是"中心"与"围合"这组基本概念。在通常的理解中，建筑的中心就是一根柱子，是支撑起建筑的关键结构。但是，中心同样也是对空间的一种抽象概括。例如圣彼得大教堂中心位置的顶部，从米开朗琪罗设计的穹顶到向下呼应的贝尔尼尼设计的青铜华盖，就形成了从物理空间到象征意义的转化。有些时候，一根柱子既是独立的建筑，又能通过自身来强化中心的内涵。屹立在天安门广场中心位置的人民英雄纪念碑（图 8-4），不仅凭借自身诠释着新中国建立的雄伟和不易，而且也以中心的作用支撑起了整个天安门广场，在平面的建筑规划之间树立起了精神的支柱。因此建筑不只限于房子，一组建筑群或者一个广场，甚至是一个城市、区域乃至于国家，我们总会在不同层面邂逅各种中心以及它所富含的象征含义。

图 8-4

北京人民英雄纪念碑

① Leland M. Roth and Amenda C. Roth Clack, *Understanding Architecture*, New York & London: Routledge, 2014, p.33.

与中心相比，围合更加贴近它的本来含义。围合就是将空间用各种材料及方式围起来，使之变成一个内部的空间，以区分出内与外、私人与公共的不同属性。想象一下我们的家，如果没有四周的墙壁，家的意义与私人空间的属性也就荡然无存了。因此，必须要使用物质材料进行阻隔，表明内部空间的归属，这就是围合的功用。在公共空间中，围合的材料与方式是多种多样的。墙壁可能会被替换成街道、绿化带、护城河、界碑等，它们的材料未必坚固，但在概念上明显属于围合。中国古代修建的长城，或许是世界上尺度最大的围合。中心与围合是营造建筑空间的基本原则及逻辑，也是我们理解建筑、领悟其空间构造的基本要领。

（二）功能优先

著名的华裔建筑家贝聿铭设计了巴黎卢浮宫庭院内的玻璃金字塔（图 8-5）。这个别致的建筑在当初却饱受诟病，许多人认为它不符合卢浮宫建筑群的整体气氛，而且显得过于简单，看起来不过就是一个透明的玻璃盒子而已。贝聿铭对此的回应是："它预示着未来！"这个回答颇具现代性意味，它揭示了建筑的奥秘。玻璃金字塔很好地表现出建筑的基本单元与构造。一个三角体，或者立方体、长方体、椭圆体等，扣在地面上就构成了一个房子。玻璃金字塔对应三角体；俗称"水立方"的国家游泳中心对应立方体；前些年在网络上火爆的"最孤独的图书馆"，从远处看去就是一个立于海滩上的长方体；而国家大剧院则呈现为椭圆体。虽然这些建筑的建造工艺与技术都极为复杂，但无一例外都反映了房子作为建筑基本构造的逻辑。"预示未来"的应有之意也在于此。玻璃金字塔并不像以往那样强调外部的设计，而是注重建筑的本意，为"活着的人"进行服务。简单的几何结构绝非形式上的简化，而是透露出以功能性为核心的主导原则，这是建筑最根本的原则之一。

崇尚功能性是现代建筑兴起的一股主要潮流。功能主义的倡导者认为，建筑的外观与形态应依据功能与实用目的而定，就像美国建筑师沙利文提出的"形式永远追随功能"的观念。在功能主义之父勒·柯布西耶看来，建筑本身应

图 8-5
巴黎卢浮宫的玻璃金字塔

图 8-6
萨伏伊别墅，
勒·柯布西耶

充分考虑经济效益，要使用更加耐用的材料，去除复杂的装饰元素，以几何形状替代繁复的结构。在他的代表作品中，如萨伏伊别墅（图 8-6）、马赛公寓，我们可以发现房子的生命力在重新得到绽放。最具冲击力的当属勒·柯布西耶设计的朗香教堂。相较于繁复至夸张的哥特式建筑（如科隆大教堂），朗香教堂那种单纯又素雅的形象更能突显建筑本来的意义。

（三）内部与外部的辩证关系

有关建筑空间营造的另一个问题是内部与外部的关系。内部指建筑功能性空间，是建筑设计的根本目的。外部既指代建筑的外部形象，又可以指敞开的空间，比如广场、公园或街道。外部空间主要承担的是有关装饰、美观、情感、想象的职能。通常情况下，单体建筑或者建筑群均是由内部空间与外部空间共同构成的，两者彼此关联、相互渗透，存在一种辩证关系。比如承载学生学习生活的校园，就能很好地展现出内部空间与外部空间的辩证关系。每天清晨，

图 8-7
苏州拙政园

我们走出家门或宿舍，从校门走进教学楼，最后进入教室坐到座位上，在这个连续的行为过程中，我们总是通过识别外部空间的形象，继而进入特定的功能空间内部。内部空间具有主导性，它规划着外部空间的设计风格；外部空间则要依据内部的功能需求，选择适合的材料、设计方案与形式风格。当内部空间与外部空间达到一种平衡，形成合作与互补的关系时，便有可能诞生不朽的建筑杰作。中国古典园林，如苏州的拙政园（图 8-7）、留园或者上海的豫园，其建造讲求中国古典美学的意境和意蕴，以及意境背后深藏着的人文品质与气息。在这样的建筑营造中，无论是外部的园林景致还是单体建筑内部的布局与经营，都高度统一于传统文化精神，形成了内部与外部乃至整个建筑群的平衡与秩序。

第三节　建筑原则之美及其风格演变

一、建筑原则之美

有哲学家曾这样描述：“在建筑物上，在其惊人的不动性中，可以发现有某些类似节奏的效果。形式上的对称，同一建筑模样的一再重复，使我们的知觉能力一再徘徊于多个相同形象之间，并使我们去掉那些惯有的和不断的变化，这些变化在日常生活中时刻使我们意识到自己的人格。”① 这段话看似简单，其实已经触及建筑原则背后的美学要素。

建筑的首要原则是坚固性与稳定感。古罗马建筑学家维特鲁威的《建筑十书》提及了“适用”“坚固”与“美观”三个基本原则。适用是建筑的基础，美观是发展建筑的推进力。那么，“坚固”何以成为建筑三原则之一呢？维特鲁威的说明是：“当把基础挖到坚硬地基，对每种材料慎重选择充足的数量而不过度节约时，就会保持坚固的原则。当正确无碍地布置供使用的场地，而且按照各自的种类朝着方向正确而恰当地划分这些场地时，就会保持适用的原则。其次，当建筑物的外貌优美悦人，细部的比例符合于正确的均衡时，就会保持美观的原则。”② 从美学的角度考虑，维特鲁威的坚固原则似乎仅指代建筑在物理层面上的牢固，没有特殊含义。但对人类的心理状态而言，坚固原则却有着非同凡响的意义。不论是躲进洞穴的原始人，借助长城抵御外族入侵的古代军人，抑或是忙碌完一天工作归家的现代人，对他们而言，坚固的家园为他们内心带来的力量都是不可替代的。那些厚重、质朴又承载着人类智慧的大型建筑工程，无不以坚固与稳定之感彰显出建筑的美学魅力。

建筑的第二个原则是流动性与节奏感。尽管建筑以坚固性与稳定感著称，但如果止步于此，不仅会让建筑失去活力，生活在其中的人们也会感到乏味。无论面对什么建筑，我们总能够在其中捕捉到一种生命的韵律。这就是建筑的

① 柏格森：《时间与自由意志》，吴士栋译，商务印书馆 2017 年版，第 11—12 页。

② 维特鲁威：《建筑十书》，高履泰译，中国建筑工业出版社 1986 年版，第 14 页。

流动性与节奏感。音乐理论家豪普德曼就将音乐描绘为“流动的建筑”，旨在说明音乐有着类同于建筑的严谨性与结构之美。哲学家黑格尔也说：“音乐和建筑最相近，因为像建筑一样，音乐把它的创造放在比例的牢固基础和结构上。”① 与此相对应，在建筑领域中也有“建筑是凝固的音乐”的说法。歌德、雨果、谢林等文学家与思想家们都将此奉为建筑的真理。事实上，无论建筑还是音乐，强调的都是稳定性与流动性的兼顾，或者坚固感与节奏感的共存。这种审美意象也在中国古典建筑中得到充分体现。宗白华先生指出，中国的建筑和艺术都具有一种“飞动之美”——“舞”，并且认为“飞动之美”就是中国古典建筑的重要特征，即让建筑的秩序努力化为流动的音乐。“尤其是‘舞’，这最高度的韵律、节奏、秩序、理性，同时是最高度的生命、旋动、力、热情，它不仅是一切艺术表现的究竟状态，且是宇宙创化过程的象征。”② 事实上，那些令人赞叹的建筑名作，通常都是充满音乐感的，建筑在形式上的变动不居赋予了建筑灵动性，同时也为人们欣赏建筑增添了无穷的审美想象力，激发人类对美的向往。

建筑的第三个原则是对称与重复。无论是坚固性还是节奏感，建筑的审美意蕴终归离不开艺术的具体布置及实施。在诸多建筑工程的原则中，“对称与重复”无疑是最基础的。对称能带来稳定感。可以回想那些我们日常生活中接触到的建筑，如居民楼、写字楼、商场、医院、学校等，通常都是依据对称原则来设计与规划的。相较过去，如今的建筑在对称方面稍显不足。这是受现代主义观念以及反对乃至抵抗传统的逻辑影响所致的。当然，有些看似不对称的设计，实际上也是对称在形式上的延伸。这便涉及重复。从对称到对称的不断重复，形成了打破建筑纯粹的稳定性与坚固感的新原则。比如以中轴线为主干的故宫紫禁城，有的不但是“轴对称”的美学意蕴，而且还是不断延续的对称美学，以至形成一种独特的复调性的美感，使建筑给人带来在纷杂中拥有统一，单调中又不失美的趣味。

建筑的第四个原则是尺度。尺度就是尺寸，涉及建筑物及各个组件部分的大小、长短、高低等。如果从美学的角度来看，尺度是数量与数学的问题，而且兼顾人对数量的感知，涉及比例上的协调与不协调，整体数量上的合适与不合适。如果不在乎尺度问题，就可能出现民居被建造成宫殿，或者纪念碑被建造成小品建筑之类的现象，那么一切艺术与审美就无从谈起了。从这个意义上说，尺度其实也关乎建筑的类型划分。民居、庙堂、宫殿、道路、桥梁，等等，各有各的尺度。可以说，建筑的尺度原则是具有基础性意义的。从建筑工程的角度来讲，尺度直接决定着建筑能否得以被建造；而从艺术与审美的角度来讲，尺度的协调与否直接决定了人们对于建筑的感知、理解与认同。因此，古往今来的能工巧匠不断钻研，以求能够达到对建筑尺度合理、合适、协调的把握。李诫的《营造法式》与维特鲁威的《建筑十书》这样的古代建筑典籍，均专辟

① 黑格尔：《美学》(第三卷上册)，朱光潜译，商务印书馆 2017 年版，第 356 页。

② 宗白华：《美学散步》，上海文艺出版社 1981 年版，第 79 页。

章节讲述建筑的尺度问题。

当然，建筑的原则绝不止于此，我们在此只是罗列出一些基本的，与美学关系密切的原则。基于建筑涉及范畴领域之广泛，建筑的美学原则不单数目众多，而且必定拥有无以计数的组合变化以及形式衍生。

二、建筑风格及其历史演变

面对不同的建筑，我们会产生迥异的感受或体验。建筑形式影响我们的体验，并与我们的体验共同构成建筑的风格。建筑理论家利奇认为，传统上看，建筑话语很大程度上是一种形式话语，一般来说，形式话语受制于围绕风格问题展开的论争。① 这就是说，对建筑的评价通常聚焦于建筑形式，而建筑形式的核心问题就是建筑风格。因此，当我们讨论建筑之美时，核心问题就是建筑风格，而建筑风格往往与审美关系密切。任何一个有个性特征的建筑，总是充溢着独特的风格气质，或取决于其设计、材质、形状、色彩和装饰等内在因素，或有赖于环境、采光等外在要素，由此给人某种独特的直观印象和感悟。因此有学者说："历史学家用风格来划分过去，而建筑师用风格来组织当下。" ② 下面将大致介绍中外建筑的风格特征、美学旨趣及其历史演变。

决定建筑风格的因素是多方面的。其中，最基础性的因素当属建筑的物质材料。有别于绘画与雕刻，建筑的根本要求是实用性，所以选材的因地制宜，以及文化与审美对材料的影响，都直接决定了建筑的风格特征。诚如赖特所讲："每一种建筑材料都传递着专属于自己的信息，就好像每个具有创造力的艺术家都有属于自己的歌曲。" ③ 用钢筋水泥浇灌的摩天大楼，用大理石筑成的帕特农神庙，以及布满山石草木的中国古典园林，各有各的旨趣与品味，透露出其特有的风格取向。单凭物质材料，人们便可窥见建筑的文化基因及其传统。

古代中国以农耕文明为基础。古代中国人民与土地、植被，以及自然的气候与环境因素有着紧密的联系。这对中国传统的自然观和宇宙观塑造有着决定性意义。反映在建筑上，暂且不论那些精巧的榫卯结构，那些支撑起建筑的抬梁、穿斗与井干的框架方式，单是制作它们的原材料，就已经将农耕文明的基因充分展现出来了。根据建筑史家刘敦桢的考察，木架构作为建筑主要结构方式的传统是在夏商周三代形成的，这种传统为中国古代建筑及其风格定下了基调。而在后来的发展中，木架构以及辅助的"砖石为体""结瓦为盖"等，伴随着各种建筑营造技术的更新与审美观念的变迁，创造出了无比精彩、多元的建筑样式，同时也形成了诸多具有典型中国风格的建筑装饰与内饰。甚至到了今

---

① Neil Leach, ed., *Rethinking Architecture: A Reader in Cultural Theory.* New York: Routledge, 1997, p.xii.

② 维托尔德·雷布琴斯基：《如何理解建筑》，金政延译，浙江教育出版社 2019 年版，第 144 页。

③ 维托尔德·雷布琴斯基：《如何理解建筑》，金政延译，浙江教育出版社 2019 年版，第 218 页。

天，尽管我们生活的环境已经发生了巨大变化，但是仍旧对木质材料情有独钟，这无疑是由文化基因决定的。

西方建筑也遵循类似的原理，不同的是他们选择以石质材料及结构为主导。单是凭借直观感受，我们就可以体会到中西建筑的差异。中国建筑有着木质材料特有的质朴与温和之感，追求人与自然“物我一体”的和谐共存，同时具有很强的灵活性与适应性。而西方建筑则显得更加坚固与稳定，尤其是那些直插云霄的教堂建筑，不仅将石质材料的优势发挥到极致，而且还充分表达出西方古代社会的精神理想及其归属。诚然，木材或石材只是建筑的原材料，但实质上却决定了设计者如何构思建筑，规划与营造建筑空间。也正是在这个意义上，建筑史家森佩尔才将材料看做是“最重要的、最具有决定性的”。①

由此，我们触及了一个重要的建筑文化问题：建筑的民族性及其人文意涵。我们再次回到宗白华先生关于中国建筑“飞动之美”的讲解。宗白华尤其强调中国建筑的“飞檐”，他认为由于古人注重对动物形象的借用与应用，习惯将龙、虎、鸟、蛇等生动的动物形象应用在艺术表现中。辅以翻腾的云纹、雷纹，这样便形成了中国艺术特有的活力，以及动态的、动感的审美取向。如其所说：“在汉代，不但舞蹈、杂技等艺术十分发达，就是绘画、雕刻，也无一不呈现一种飞舞的状态……这种飞动之美，也成为中国古代建筑艺术的一个重要特点。”② 回忆中国的重要古代建筑，朝向天空的巨大飞檐总是其固定的建筑组件，而且无一不在彰显与传递着独特的飞动之美。庄严的故宫太和殿（图 8-8），肃穆的佛光寺东大殿，徽州古民居都会选择以飞檐来表达建筑旨趣与审美理想。可以说，飞檐正是中国建筑的民族性与人文意涵的集中体现。

材料，工程技术，民族性与审美观念共同构成了建筑总体的风格印象，也构成了本土建筑风格史的发展线索。回顾中国古典建筑，其在新石器时代形成的原始的木架与草泥的穴居，在夏商周三代得以固定成型，并且被确立为基本的结构形式。两汉到魏晋南北朝时期，建筑迎来了爆发式的发展。诸如殿、台、

图 8-8
太和殿

① 戈特弗里德·森佩尔：《建筑四要素》，罗德胤等译，中国建筑工业出版社 2010 年版，第 239 页。

② 宗白华：《美学散步》，上海人民出版社 1981 年版，第 62 页。

榭、阙等建筑形制业已确立，宫廷建筑的营造方面也有了质的飞跃。更重要的是，伴随外来思想在东汉时期的涌入，传统的营造形式开始与西方概念产生跨越地域的交流，产生了新的风格。隋唐时代，中国的艺术与文化进入全盛期，建筑也随之进入成熟期。梁思成以“倔强粗壮兼顾柔和精美”来概括该时期的建筑风格。虽然隋唐时期的建筑实物因当时“不求原物长存”的概念取向以及木质材料难以保存等因素留存有限，但是在山西忻州南禅寺、佛光寺以及日本奈良等处还是能够窥探到唐代那种雄伟又不失精致之美的建筑风格。宋代以来的建筑在风格上更加倾向“华丽细致”乃至“纤细文弱”。这与文人精神的崛起以及礼制的强化不无关联。元明清三代，均以北京为首都，其宫殿建设规模之大、工艺之繁复、法则之规范是此前所未有的。尤其是在清代，一些堪称琐碎繁缛的装饰，在颇显宫廷建筑富贵之气的同时，也隐约表现出了程式化与样式化的风格。明清以来的民居建筑得到了较大发展。无论是彰显文人气象的古典私家园林，还是隐藏于山水之间古朴又颇为灵巧的皖南古建筑群，都是民居建筑的典型代表。在漫长的历史进程中，专属于某个阶段或者某个地域的建筑风格，其实是难以一言以蔽之的。

西方建筑通常按不同时期和不同地域进行建筑风格和类型的划分。这也许是因为西方学术更偏重逻辑划分和技术分析。作为西方文明源头的古希腊，其在古风时期与古典时期的建筑，为西方建筑奠定了基本的柱式类型与梁柱结构，以及神庙、宫殿、广场等主要的建筑形制。希腊化时代，各个地域与民族的建筑逐渐融合，形成了很多地方性建筑风格。在古代罗马，希腊式的建筑结构与风格得到了继承式的发展，并且创造性地出现了纪念柱、凯旋门及公共大型角斗场等新的建筑类型。成熟的古罗马建筑有着富贵华丽，更加着重装饰性的倾向，与原先质朴古典的古希腊判然有别。到了中世纪，建筑的最高成就体现为

图 8-9

巴黎蓬皮杜艺术中心

教堂建筑。教堂建筑的风格先后经历了早期基督教式、拜占庭式、罗马式，以及对后世影响广泛且极具形式意味的哥特式。文艺复兴式风格标志着西方建筑进入新的阶段。在人文主义观念的影响下，形成了诸多既灵活变通又效仿古代形制的建筑实践。自此之后，更加张扬与富有动感的巴洛克风格、雍容华贵的洛可可风格，以及具有复兴传统意味的古典主义风格等相继出现，构成了西方建筑风格的不同历史篇章。20世纪以降，西方建筑进入了现代主义时期，以包豪斯为代表的现代主义建筑风格以功能性见长，主张去装饰化，崇尚理性和简单性，前面分析过的纽约联合国大厦即是典型。20世纪60年代以后，西方建筑又进入了后现代主义时期，它拒绝现代主义冰冷简约的风格，趋向于丰富的色彩、不规则的形状和多种元素的混杂，最典型的建筑就是巴黎的蓬皮杜艺术中心（图8-9）。

第四节　建筑的审美体验及审美表达

一、建筑的审美体验

建筑的审美体验问题不易讲清，因为建筑夹杂着从实用性到审美性的各类元素，涉及从形式美到历史感、从技术原理到人文精神等方面内容。精妙的布局、精确的结构、精致的外观，都在某种程度上揭示了建筑之美。可以说，建筑的审美体验于不同层面有着不尽相同的意涵。那么，我们究竟要如何审美地观照建筑呢？

观赏建筑有视点大小之分，从远处看到的是特定建筑及其与周边环境的关系，甚至是建筑群；从近处着眼，看到的往往是一个个的房间。美学家朱狄说："由外墙和墙面所显示出来的轮廓，它围绕着一个内部的空间，人们在那里生活着，在这里，审美的程序不是从外到内的，而是从内到外的。"① "生活着"是其中的关键。回想下我们儿时的居所，它们之所以在脑海中留有深刻的印象，就是因为我们曾经在那里生活着，它们与我们的活动以及点滴感受和记忆密不可分。建筑的审美观照并非简单的、纯粹的，在转瞬之间达成的形式直观，它是一个由浅入深的过程，有着不同的审美阶段和层级。歌德曾这样描述自己欣赏哥特式教堂，并从中体验到庄严和壮丽，心灵受到震撼的经历：

> 当我一走到教堂面前，就被那景象所深深地震撼，激起的情感真是出人意表！一个完整的巨大的印象激荡着我的心灵，这印象是由上千个和谐的细部构成，因此我虽然可以品味和欣赏，却不能悟彻它的底蕴，有人说，天国的欢乐就近乎此……无数的局部融合成完美的整体！而这个整体就单纯而又

① 朱狄：《当代西方美学》，武汉大学出版社2007年版，第405页。

高贵地屹立在我的心灵面前，我感到心旷神怡，欣赏和理解同时并进。[①]

歌德的感言并非对建筑具体细节的描述，而是对建筑民族文化精神的审美判断。审美体验是完整的、运动的，是一个从初始直观到精神领悟的升华过程。

那么，具体到各阶段或层面，建筑的审美体验又有何特征呢？德国美学家哈特曼的建筑审美静观“分层”说很有启发性。从微观的角度着眼，哈特曼以“实用布局”“空间布局”与“动态布局”三个层级来划分。“实用布局”是基础，目的是解决实际的问题，所以满足功能及实现工程是首要问题。“空间布局”则部分地联系到艺术问题，尺度、比例等因素影响着空间规划，并且决定了建筑总体面貌或印象的呈现。“空间布局”可理解成从技术到美学的过渡阶段，因为它既涉及美感，又是解决具体问题的方法。而“动态布局”则有所不同，它是最集中地体现审美特征的阶段。技术与结构上的限制、风格上的更新及其在审美意义上的表达都归属于“动态布局”。如前所述，美感是构成建筑并推动其发展的必要环节之一。

除了对层面与阶段的划分，哈特曼还认为建筑有“外层”与“内层”之分。建筑的“外层”既包括物质材料与技术，又涉及审美与艺术性的处理。而“内层”则指向时代背景、精神旨意或者是世界观的问题。建筑总会受制于时代。信仰时代的宗教建筑，与现代社会中诞生的经济型公寓，以及诸如博物馆、体育馆或者纪念碑等公共建筑，在规制与审美准则上都存在本质差异。比如我们无法用“房子”的逻辑理解屹立于巴黎市中心的埃菲尔铁塔（图 8-10），因为它意图展现的是现代国家权力。罗伯特·休斯曾指出，如果从建筑史或者建筑的工程构造来看，埃菲尔铁塔无疑是人类征服天空的一次壮举，具有里程碑式

图 8-10

埃菲尔铁塔

① 歌德：《论德意志建筑》，见《美术史的形状——从瓦萨里到 20 世纪 20 年代》，范景中编，中国美术学院出版社 2002 年版，第 151—152 页。

的意义。但是设计与建造埃菲尔铁塔的初衷并不在于建筑本身，“巴黎世界博览会的规划者想把它办得比水晶宫更加壮观，但再造一座水平方向的建筑物，是不可能超过约瑟夫·帕克斯顿成功设计的水晶宫的，因此他们决定往上走：建造一座地球上最高的人造铁塔”①。追求象征意味虽然不是现代特有的，却决定了我们欣赏埃菲尔铁塔的主导方向。

如此也就涉及建筑的精神旨趣问题了。建筑是人类精神表达的一种，人们总是依据自己的理解及其所持的世界观来营造建筑。有什么样的世界观就有什么样的建筑，艺术史家李格尔曾使用“艺术意志”来概括这一逻辑，这个概念指代一种特定的方向，也就是对美好、惬意和愉悦的生活的精神向往，人们总是期望通过艺术来实现改造与美化生活环境。因此所有艺术在本质上都是“明确的、有目的性的艺术意志的产物”。②作为艺术领域中特殊的审美对象，建筑将功能或技术与审美愉悦完美融合，自然也反映出形而上的精神旨趣。如此一来，我们也就触及建筑审美的最高层级，亦即对人文精神及其价值的感悟。如果说，建筑技术及风格能应用于对建筑本体的阐释，那么人文精神便是使人回归到人自身，触及建筑与人类文明最为深刻的关键——“建筑是世界的人性化的模式，是我们生命反映其清晰形象的形式图案；这就是它的真正的美学，也正是在这里我们才能找到良好建筑的第三个条件——愉悦——的法则”③。因此，建筑的审美体验不应只是一种感性的愉悦，更是一种复杂的精神感悟。面对北京天安门广场上的人民英雄纪念碑，我们能领悟中华民族在现代化征程上艰苦卓绝的追求；踏上宏阔精美的天坛，我们能体验到来自远古圣贤们的精神诉求和召唤；徜徉在皖南宏村古宅街道上，中华古老文明的魅力扑面而来；坐在国家大剧院里聆听贝多芬《第九交响曲》，那里涌动着期盼实现世界大同的强烈愿望。

二、建筑的审美表达

下面我们将分门别类地遴选一些有关建筑各个方面的经典语录，作为学习建筑审美表达的范例。

中国建筑是本土性的，它们就处在我们周围，同我们朝夕相伴。中国建筑是世界建筑体系中一个非常有特色的部分，它与我们的文明和历史密切相关。下面是一些关于中国建筑的论述：

> 不是孤立的、摆脱世俗生活、象征超越人间的出世的宗教建筑，而是入世的、与世间生活环境联在一起的宫殿宗庙建筑，成了中国建筑的代表。从而，不是高耸入云、指向神秘的上苍观念，而是平面铺开、引向现实的人间联想；不是可以使人产生某种恐惧感的异常空旷的内部空间，而是平易的、

① 罗伯特·休斯：《新艺术的震撼》，欧阳昱译，中国美术学院出版社 2019 年版，第 14 页。

② 李格尔：《罗马晚期的工艺美术》，陈平译，北京大学出版社 2010 年版，第 5 页。

③ 斯科特：《人文主义建筑学》，张钦楠译，中国建筑工业出版社 2012 年版，第 106 页。

非常接近日常生活的内部空间组合；不是阴冷的石头，而是暖和的木质，等等，构成中国建筑的艺术特征。

——李泽厚

不但建筑内部的装饰，就是整个建筑形象，也着重表现一种动态。中国建筑特有的“飞檐”，就是起这种作用。根据《诗经》的记载，周宣王的建筑已经像一只野鸡伸翅在飞，可见中国建筑很早就趋向于飞动之美了。

——宗白华

塔、楼、阁、凉亭、牌坊，也代表中国传统建筑艺术的特色。塔、楼、阁，可以供人极目远眺；十里长亭则是古人送别的地方，既富诗意，又近人情；牌坊则表征中国人的重视道德。这一系列的建筑，形成中国特有的风景线。

——韦政通

人之不能无屋，犹体之不能无衣。……夫房舍与人，欲其相称。……创造园亭，因地制宜，不拘成见，一椽一桷，必令出自己裁。……土木之事，最忌奢靡。匪特庶民之家当崇俭朴，即王公大人亦当以此为尚。盖居室之制，贵精不贵丽，贵新奇大雅，不贵纤巧烂漫。

——李渔

中国园林妙在含蓄，一山一石，耐人寻味。立峰是一种抽象雕刻品，美人风细看才像。九狮山亦然。鸳鸯厅的前后梁架形式不同，不说不明白，一说才恍然大悟，竟寓鸳鸯之意……拙政园的荷风四面亭，人临其境，即无荷风，亦觉风在其中，发人遐思。

——陈从周

我们再来看看建筑师们是如何看待建筑的。建筑师或是从功能、结构视角，或是从形式、设计视角，或是从文化意蕴来分析建筑，不同的看法恰恰说明了建筑是一个复杂的文化符号。这些说法有的涉及对建筑本体的认知，有的关乎建筑师的创造力和想象力。当然，其中也不乏对建筑这门“职业”或“行业”的经验之谈，具有很强的现实性。总之，这些经典话语为我们更加深入地理解建筑乃至形成初步的审美表达提供了很好的样本和参照。

建筑是耗费空间的艺术。

——菲利普·约翰逊

伟大的建筑必须始于不可测量的东西，在设计时必须经过可测量的手段来实施，而到最好，必须又是不可测量的。

——路易斯·康

有一种职业，而且仅有一种，这就是建筑，在这职业中，进步并不被看做是必要的，而且懒惰被奉为圭臬，总是以昨天作为参照。

——勒·柯布西耶

建筑师的业是什么？直接地说是建筑物之创造，为社会解决衣食住三者中住的问题，间接地说，是文化的记录者，是历史之反照镜，所以你们的问题是十分的繁难，你们的责任是十分的重大……你们创造力产生的结果是什么，当然是“建筑”，不只是建筑，我们换一句话说，可以说是“文化的记录”——是历史。

——梁思成

大体上，建筑就是一个装东西的容器。我希望他们享受的并不是茶杯，而是其中所装的茶。

——谷口芳夫

没有一件优秀的作品是在瞬间完成的，是可以不经历时间考验的。无论是建筑还是艺术，它最真正的价值最终都只能交给时间去做评判。时间对我的创作来说至关重要。

——贝聿铭

当每座建筑看起来都很壮观的时候，其实就有了一种危险；看起来它似乎正在改变着世界。我并不在意建筑的外观是否有意义，并非就建筑师而言，重要的是建筑的使用者。

——大卫·奇普菲尔德

我不认为建筑只是个庇护所，仅是非常简单的围墙。她应该能够激发人的情感，使你平静，让你思考。

——扎哈·哈迪德

我将我的建筑看做是城市的组成部分，并且在我的设计中，试图将它们变成有责任感、有贡献的公民。

——塞萨尔·佩里

最后，我们来看看哲学家、美学家与艺术史家是如何谈论建筑的。虽然他们并不从事建筑的设计与建造，但是他们能从文明史、哲学和美学等视角看待建筑，往往既有思想性，又有文化意涵，读来给人启发良多。

建筑是凝冻的音乐。

——弗里德里希·谢林

建筑之价值基于两大特征——一是她从人类力量中所形成的印象，二是她所承载的自然造物之形象。

——约翰·拉斯金

建筑乃是一种形式上的演说，有时是劝诫式的甚或是献媚的，有时则只是居高临下地发号施令。

——弗里德里希·威廉·尼采

房子是用来居住而非用来观看的：因此，让我们先使用，再来统一两者。

——弗朗西斯·培根

建筑当显出时间和地点，但她渴望永恒。

——弗兰克·盖里

在所有艺术中，建筑对心灵的影响最为缓慢，但也最为确定。

——欧内斯特·迪姆内特

建筑是设计建筑物及建筑物之间空间的艺术与科学。

——罗伯特·派珀

本章思考题

1. 北京天坛的外观具有象征意义，代表中国古代建筑的自然观和宇宙观，请加以解释。

2. 中国古典园林既讲究意境与真山真水的自然意象，又追求通过各类型微缩景观营造出幻觉效果。两者是如何达成矛盾中的平衡的？请选择一座古典园林进行具体说明。

3. 法国沙特尔大教堂是哥特式风格的代表，请详细描述其重要构件与结构，并说明它们表达与反应了什么样的美学追求与美学理想。

4. 建筑设计是如何依据美学原则来影响人们的心理状态的？请选择一个著名的建筑具体说明。

5. 建筑总是依据自然环境的状况进行设计，同时又寻求打破种种限制，进行创新。请结合美学原则，来思考建筑中因地制宜与创新性的辩证关系。

推荐阅读书目

1. 梁思成：《中国建筑史》，生活·读书·新知三联书店 2011 年版。

2. 陈从周：《园林清话》，中华书局 2017 年版。

3. 狄龙、比斯蒂：《建筑的故事》，姜南菲、吴婧译，北京联合出版公司 2019 年版。

4. 雷布琴斯基:《如何理解建筑》，金政延译，浙江教育出版社2019年版。

5. 麦卡特、帕拉斯玛:《认识建筑》，宋明波译，湖南美术出版社2020年版。

本章DIY活动

活动一　审美体验与表达

挑选一件中外建筑史中的经典作品，谈谈你的审美体验与认识，并通过风格的表达方式撰写一篇不少于500字的短文。

活动二　手绘与感受

用手绘（包括图片临摹、手工模型、数字绘画等）的方式，复现一件中外建筑史中的经典作品，并谈谈在绘制过程中你对该作品的感受。

案例分析

案例一

阅读梁思成《建筑和建筑的艺术》(节选）并研讨文后的问题。

建筑和建筑的艺术（节选）

梁思成

建筑的艺术和其他的艺术既有相同之处，也有区别，现在先谈谈建筑的艺术和其他艺术相同之点。

首先，建筑的艺术一面，作为一种上层建筑和其他的艺术一样，并且是为它的经济基础服务的。不同民族的生活习惯和文化传统又赋予建筑以民族性。它是社会生活的反映，它的形象往往会引起人们情感上的反应。

从艺术的手法技巧上看，建筑也和其他艺术有很多相同之点。它们都可以通过它的立体和平面的构图，运用线、面和体，各部分的比例、平衡、对称、对比、韵律、节奏、色彩、表质等等而取得它的艺术效果。这些都是建筑和其他艺术相同的地方。

但是，建筑又不同于其他艺术。其他的艺术完全是艺术家思想意识的表现，而建筑的艺术却必须从属于适用经济方面的要求，要受到建筑材料和结构的制约。一张画、一座雕像、一出戏、一部电影，都是可以任人选择的。可以把一张画挂起来，也可以收起来。一部电影可以放映。一般它们的体积都不大，它们的影响面可以是由人们控制的。但是，一座建筑物一旦建造起来，它就要几十年几百年站立在那里。它的体积非常庞大，不由分说地就形成了当地居民生活环境的一部分，强迫人去使用它，去看它，好看也得看，不好看也得看。在这点上，建筑是和其他艺术极不相同的。

绘画、雕塑、戏剧、舞蹈等艺术都是现实生活或自然现象的反映或再现。建筑虽然也反映生活，却不能再现生活。绘画、雕塑、戏剧、舞蹈能够表达它赞成什么，反对什么。建筑就很难做到这一点。建筑虽然也引起人们的情感反应，但它只能表达一定的气氛，或是庄严雄伟，或是明朗轻快，或是神秘恐怖等等。这也是建筑和其他艺术不同之点。

（选自梁思成：《中国建筑的特征》，长江文艺出版社2020年版）

研讨题 >>>

1. 建筑是如何区别于其他艺术类型的？

2. 在你的眼中，建筑是如何体现美、表达美的，又有怎样的特点？

3. 梁思成提到，对建筑的审美接受具有一定的强制性，你如何理解这个观点？

案例二

阅读林徽因《论中国建筑之几个特征》（节选），并研讨问题。

论中国建筑之几个特征（节选）

林徽因

中国建筑的美观方面，现时可以说，已被一般人无条件地承认了。但是这建筑的优点，绝不是在那浅现的色彩和雕饰，或特殊之式样上面，却是深藏在那基本的，产生这美观的结构原则里，及中国人的绝对了解控制雕饰的原理上。我们如果要赞扬我们本国光荣的建筑艺术，则应该就它的结构原则，和基本技艺设施方面稍事探讨；不宜只是一味的，不负责任，用极抽象，或肤浅的诗意美谀，披挂在任何外表形式上，学那英国绅士骆斯肯（Ruskin）对高矗式（Gothic）建筑，起劲的唱些高调。

建筑艺术是个在极酷刻的物理限制之下，老实的创作。人类由使两根直柱架一根横楣，而能稳立在地平上起，至建成重楼层塔一类作品，其间辛苦艰难的展进，一部分是工程科学的进境，一部分是美术思想的活动和增富。这两方面是在建筑进步的一个总题之下，同行并进的。虽然美术思想这边，常常背叛他们的共同目标——创造好建筑——脱逾常轨，尽它弄巧的能事，引诱工程方面牺牲结构上诚实原则，来将就外表取巧的地方。在这种情形之下时，建筑本身常被连累，损伤了真正的价值。在中国各代建筑之中，也有许多这样证例，所以在中国一系列建筑之中的精品，也是极罕有难得的。

大凡一派美术都分有创造，试验，成熟，抄袭，繁衍，堕落诸期，建筑也是一样。初期作品创造力特强，含有试验性。至试验成功，成绩满意，达尽善尽美程度，则进到完全成熟期。成熟之后，必有相当时期因承相袭，不敢，也不能，逾越已有的则例；这期间常常是发生订定则例章程的时候。再来便是在琐节上增繁加富，以避免单调，冀求变换，这便是美术活动越出目标时。这时期始而繁衍，继则堕落，失掉原始骨干精神，变成无意义的形式。堕落之后，继起的新样便是第二潮流的革命元勋。第二潮流有鉴于已往作品的优劣，再研究探讨第一代的精华所在，便是考据学问之所以产生。

（选自林徽因：《中国建筑常识》，北京理工大学出版社 2017 年版）

研讨题 >>>

1. 建筑的美观与艺术上的美感是一回事吗？

2. 林徽因谈及中国建筑的优点与美在于结构原则，请你列举几个具有代表性的结构，谈谈其美感所在。

3. 艺术总会在一定阶段开始类同，形成较为普遍、一般化的风格。作为空间艺术的建筑是如何基于创造力突破这种风格局限的？

案例三

图 8-11 是著名的悬空寺，始建于北魏晚期，请运用所学知识对该建筑进行描述并研讨以下问题：

1. 悬空寺体现了怎样的传统文化理念？

2. 从建筑艺术的角度看，悬空寺的风格特征是什么？

3. 面对该建筑，你会产生怎样的心理活动与情感反应？

图 8-11

悬空寺

第九章　陶养设计感——设计

设计无处不在，设计感是一种直觉，是人对设计的外观的功能的直接感悟。苹果公司创始人乔布斯说过：设计不只是观感到的外形，更关乎系统如何运行。这个说法，揭示了设计之真谛，小到一部手机，大到社会生活，到处都有看得见和看不见的设计。美好生活离不开社会经济的发展，也和设计密切相关。在大学校园里，我们每天都会和各种设计照面，从宿舍到图书馆，从校园活动到社团海报，设计总是伴随着我们的校园生活，它既为我们的生活提供了便利，又使我们产生了相应的审美体验。身处设计的世界，我们形成了自己的设计感，并将其运用于生活、学习、工作和交际等方方面面。

第一节　走进设计经典

一、两个设计案例：北京奥运会运动图标和瓦格纳的扶手椅

设计素养的培育和提升，既有培养人文教养的价值，又有面对当代的现实意义。在以下两个案例中，我们可以从感官—功能—审美—文化四个层面领略设计之奥秘。感官印象是指从你的眼光或肢体接触到物品的第一秒就产生的感觉，是设计作品带给我们的初始的直观印象。设计与绘画艺术不同，它们总是更强调物品的使用功能，首先必须满足某种实际的使用需求，因此，好的设计也意味着使用便捷和高效。另一方面，设计无疑具有审美特性，它要求在实现功能的同时让使用者精神愉悦。而当设计师在构思、实践他们的方案时，又会将自己的文化传统及其人文意蕴隐含其中，并构成设计背后深厚的或传统、或现代的人文气质。

2008 年北京奥运会的运动图标设计（图 9-1）是一个经典案例。作为图标它简明清晰地标示出相应的运动项目，让不同文化背景的人们一眼可以辨识出来，而且这两组图形在极富创意的同时能够彰显中国传统文化，有鲜明的“篆书之美”。图标从中国先秦时期青铜器上的篆书中汲取灵感，蕴含了深厚的中国书法审美特征。图 9-1（A）是白底黑色图标，展现了运动项目典型动作，线条

图 9-1
2008 年北京夏季奥运会运动图标设计方案

流畅圆润，颇有书法中“朱文”之意趣；图 9-1（B）则正好相反，是黑色背景中的白色图形，恰似篆刻中的“白文”。

美学家宗白华认为，中国艺术最典型的特征在于“线条的艺术”，中国艺术善于把形体化成飞动的线条，形成线条的流动，体现“道、舞、空白”的艺术意境。无论书法、绘画、诗歌，还是建筑、音乐、舞蹈，“‘舞’是中国一切艺术的境界的典型。中国的书法、画法都趋向飞舞。庄严的建筑也有飞檐表现着舞姿。”① 这些看似简单的运动图标既实现了标识简洁明了的功能性要求，又蕴含厚重端庄的文化风格，流布金石气息，图标没有方折线条，显得流畅自然。小小的图标虽简洁却不简单，反映出深厚的设计之道，其中深蕴着我们丰富的历史文化和人文意蕴。

第二个案例是丹麦设计师汉斯·瓦格纳的扶手椅（图 9-2A），其设计灵感源于中国明式圈椅（图 9-2B），经由某种创造性的转换，最终成为一款流行且经典的扶手椅。中国元素在瓦格纳手中变成了国际化的设计语言，一方面，瓦格纳简化了明式圈椅的结构，另一方面，他又在扶手、靠背和坐垫部植入了更为舒适的曲线造型，将中国古典家具设计形态融入北欧简洁为上的设计风格。同时，他将座椅标准化为 9 个组装配件（图 9-2C），便于批量生产和装配。

扶手椅最具特色的设计是其圈形靠背，不同于明式圈椅采用的粗的圆形扶手和靠背，瓦格纳独具匠心地重新设计，在追求靠背扶手一体化的流线型变化的同时，兼顾加工时木材的弯曲状况。从视觉上看，椅子圆形的靠背和扶手能让人想到早期飞机上木质的螺旋桨叶片，椅子的线条流畅，宽窄有别，切面从靠背的垂直面向扶手的水平面过渡自然。如此设计既符合人体工学规律，增加了座椅的舒适感，又产生一种多样统一的整体美感。瓦格纳借助这把扶手椅，实现了与几百年前的中国工匠跨时空、跨文化的对话。他对中国古典美学的现代诠释，体现出他对中国传统和西方现代文化的融合意识，蕴含了丹麦人对设

① 宗白华：《美学散步》，上海人民出版社 1981 年版，第 69 页。

计和工艺制造业的理解，这两点始终贯穿于瓦格纳后来的设计生涯中。这把扶手椅的经典设计案例表明，中国传统的设计元素在全球现代设计中极具吸引力，不但是丰富的历史资源，更是灵感和创新的源泉。同时，这个案例也揭示了设计的一个发展趋势，那就是跨文化设计和创新不但是可能的，而且也是可行的，这是设计进步的一条重要路径。

图 9-2

A：瓦格纳设计的扶手椅
B：明代圈椅
C：瓦格纳扶手椅结构拆解

二、设计素养

在遇到一些设计时，我们会产生某种直觉判断：这个设计很棒！但这个设计为什么棒？它棒在何处？我是怎么意识到它很棒的？这就涉及设计素养的问题。

设计素养首先体现在主体的设计美感上，人们可以敏锐地感知设计的美妙，理解特定产品或器物设计的功用和原理，在使用这些产品或器物的过程中产生丰富的情感体验，并通过想象力和表达力来呈现自己对这些产品或器物的感受，这就是人们日常语言中所说的“设计感”。一个人有设计感，那么对生活的理解和感悟是完全不同的。能体悟到设计之奥妙的人便是具备了设计素养的人。因此，要提高设计素养，设计的感知力、悟解力、情动力、想象力和表达力缺一不可，它们共同组成一个整体，使我们不仅能体会各种设计之妙，而且知其所以然。

国际设计界对公民设计素养有很多讨论，研究者从当代社会发展的现状和问题出发，赋予了设计素养以更复杂的人文内涵。消费社会逐渐显露出的某些问题，诸如设计所导致的环境危害，或新设计导致物欲过度膨胀，等等，使人们开始思考设计素养应包含更多的内容。根据诺贝尔经济学奖得主西蒙的看法，设计的要旨就是设计某种行动方案，使现有情况变得为更好。① 因此，设计素养中所包含的改变现状的自觉意识便显得不可或缺，其目的就是使生活变得更美好。视觉素养还蕴含了更深一层的设计美感，这种美感不仅是对产品或器物外观和功能的感知，而且蕴含某种深邃的生存哲学观念，即趋向于建构人与生

① Herbert A. Simon, *The Sciences of the Artificial*. Cambridge: MIT, 1996, p.111.

活世界的和谐关系。

第二节　设计的类型、形式与功能

设计围绕产品及其功能展开，这是它与绘画、雕塑等传统美术的根本性差异。但设计与视觉艺术又都诉诸人类的感官并产生作用。在带来审美愉悦这方面，它们遵循相似的规律和原则。如果说设计的形态是“设计语言”，那么这些原则就相当于“设计语法”。了解了它们，是我们深入理解设计的基础。

一、设计的含义和基本类型

设计作为一门学科的历史只有一百多年，而人类设计建筑、器物、图案的历史则能追溯到人类产生之初。中文的“设计”一词，意指人们对事情的谋划，使其按照预想的轨迹发展。在词源学上，“设计”有着更宽泛的意义。英文中的“Design”一词源于文艺复兴时期的意大利语“Disegno”，就是草图的意思，这可以从两个方面理解：一种是艺术家通过画稿确定作品的最终形象，通常是素描画稿，就是对作品的“设计”；另一种代表了人类对于一些实用工具的构思，通过自己的构思和想法去改变、创造一个满足人们需求的器物，就是“设计”的基本意涵。

广义的设计无处不在，简单来说，除了那些机器内部的复杂机构，人的感官可以感知的所有产品的局部和整体都属于设计的范畴。因此可以说，我们不论是待在家里，或是走上大街，不论是与朋友家人相处，还是在工作场所，都会接触到各式各样的设计。狭义的设计指向设计学科，这一相对专门的人类文化活动出现在 19 世纪下半叶，其产生与发展与现代化进程紧密相关。具体说来，狭义的设计至少包含了四种类型。

（一）平面设计

顾名思义，平面设计是在二维的平面上进行设计，早期包含了纹样、图形、字体的设计，我们在很多古代的工艺品、招贴、抄本中都可以见到令人印象深刻的平面设计作品。进入现代社会以来，平面设计又产生了新的内容，比如我们在校园中常见的各种海报、时尚杂志、公共标识等，它的外延随着社会的变化而不断变化，传统的设计门类可能会突然消失或改变，新的设计门类则会不断涌现。今天我们去任何一个城市的地铁站都可以看到线路和站点的示意图，相似的例子还有我们在公共场合看到的“出口”“电梯”“卫生间”等标识，这些设计可以跨越文字和文化背景，清晰地向人们传递信息。当我们行走在现代都市巨大的公共空间中时，我们就已在不停地感知平面设计的功能和美感，如果没有这些平面设计，这些空间对我们而言将变得混乱不堪。

（二）工业设计和产品设计

工业设计和产品设计的源头可以追溯到久远的过去，从理论上来说，它起源于生活中人类使用的每一件人造物。史前人类改良他们的石斧、制作各种陶罐，其中就蕴藏了产品设计的理念。在中国春秋战国时期的《墨子》《考工记》等文献中，就记载了青铜器、漆器、木器等器具、机械的设计方案。文艺复兴时期意大利画家达·芬奇的一些设计图稿也具有工业设计的特征。18世纪，英国工业革命完成，工业设计得到了很大发展。对今天的生活影响最大的工业设计产品莫过于计算机。一般认为，世界上第一台现代电子计算机“埃尼阿克”（ENIAC）在1946年诞生于美国宾夕法尼亚大学，当时这个庞然大物重达约30吨，占地面积约170平方米，需要多人配合才能完成操作。经过半个多世纪产品设计的不断改进，计算机从军用走向家用，从一头“巨兽”变成了操作便捷、功能强大、拥有个性化外观的生活必需品，其间设计的作用无疑是巨大的。产品设计不仅包括电脑，环顾日常生活的四周，可以看到一系列生活器具，如榨汁机、电视机、微波炉、复印机等，它们伴随着全球化浪潮迅速地在不同国家流行，塑造了现代生活的新图景。换言之，在很长一段时间内，我们关于什么是“优质现代生活”的想象，很大程度上是经由工业设计构建的。

（三）环境艺术设计

环境艺术设计是建筑设计在20世纪后半期新发展的产物。环境艺术设计的历史可以追溯到人类对居所的选择和建造。古今中外对住宅、墓葬、城邦、纪念性建筑等的营造，在事实上构成了空间设计的历史轨迹。现代的空间设计者与古代相比，更加重视对“为谁设计”“提供何种居住体验”等问题的思考。很多设计既在空间设计中体现了不同社群的生存状态，又包含对人与周围自然环境的生态关系的理解。简单来说，环境艺术设计包括外在居住环境和室内设计两大部分，这两个部分既有差异，又密切关联。可以设想，一个在环境艺术设计方面有审美素养的人，对自己的外在居住环境和室内环境都会有所要求，这类人一定会珍惜自己的生存环境，改善并美化自己的居所。此外，环境艺术设计通常涉及跨学科的合作，20世纪90年代以来，随着气候变化和人们对各种社会、文化方面问题的反思，环境艺术设计又与公共艺术结合，更加具有道德和人文的立场。

（四）整体设计

城市的购物中心、交通枢纽、剧院等大型公共空间中采用整体设计的方案进行综合设计的建筑越来越多，乡村建设中的生活空间也常需要整体的规划设计。

除了以上几种大的设计类型，设计还与传统手工艺及其他实用艺术存在错综复杂的关系。传统手工艺与设计之间的差别主要体现在三个方面。第一，从时间角度来看，设计被视作一个独立的领域是比较近的事情，我们通常将20世纪初包豪斯学院的创立视为现代设计诞生的标志性事件。进入20世纪之后，人们对设计有了更自觉的认识，并且从材质、功能、设计伦理等方面对设计进行了反思，这与长期存在的手工艺传统有很大差异。第二，现代设计的发展与工业大批量生产关系密切。我们今天谈及的现代设计，其背后都依赖于社会化大生产，每一个设计的产品，都需要大生产来实现；这一点与传统由工匠主理的作坊制加工很不同，也跟世代家传的手工艺制作差别很大。第三是创新性的差别。传统的手工艺更重视传承性，虽然杰出的工匠总是会在传承的过程中对图样、技术等细节做出改变或改良，但是总体上来说这些变革是调整性的，而不是革命性的。而现代设计更加强调在一件物品被创造出来之前，主动地对它的功能、外形、材质等方面先行构思，再付诸实践。

二、设计的形式美原则及形式与功能的关系

要谈论设计，就不能脱离其功能，器物的功能总是通过形式来展示的，人们也总是通过身体的各个感官接触器物的形式，以体验其功能。离开形式，设计将无所依靠，形式承载着设计师各种各样的观念和思路。在商品极其丰富的今天，设计的形式自然也是丰富多样的，但这并不意味着它们毫无规律可循。下面我们分别陈述设计形式美的四个基本原则。

（一）多样统一

多样统一是一个古老的美学原则。就设计而言，多样统一是指系列设计中往往既包含几件变化的个体，又有一个贯穿整个设计过程的思路。这个思路可以通过颜色、材质、图案等元素体现出来，使整个方案具有整体感。同时，在这个方案内部的不同小项目上，又可能实现各种差别，如来自北欧的宜家公司的产品展示图（图 9-3）。这些产品来自不同的设计师，其材质、形状、颜色、大小各有不同，但是它们都遵循宜家公司简约的整体设计风格，视觉效果统一。宜家公司的设计只是一个例子，今天几乎所有有影响力的品牌都希望在自己不同的产品中保持一种统一性。这些设计，还可以根据不同国家的文化传统、流行元素等方面进行更多元的调整。这种对设计规则的成功运用为这些公司赢得了商机，是这些商品风靡全世界的重要原因，也是设计遵循多样统一原则的最显著的例证。

图 9-3
宜家公司的产品展示图

（二）均衡

均衡主要指视觉上的平衡感。从新石器时代的彩陶纹样中就已出现了对均衡原则的应用。人类感官对均衡的追求是一种本能，因此在建筑、空间、器物形制、色彩方面，均衡原则都能得到体现。当然，在有些案例中，也可能反向运用均衡原则，即故意制造一种失衡的关系，将观者的注意力置于一种不安之中，达到引人注意的目的。

（三）主次有别

设计作品的各个元素之间常常会呈现一种主次关系，这种关系比较容易直观地显示出来。在校园中，主次关系在幻灯片、海报、书籍版式的设计中最为常见。比如海报需要将其中的关键信息在极短的时间内传递给路过的观众，所以占据海报中最醒目的位置的一定是最重要的信息。如果观者有兴趣，他们才会驻足了解更详细的信息。书籍封面同样会将书的名称、作者等主要信息置于醒目的位置。这种内容上的主次关系，往往会形成字体的大小、颜色、位置等设计的视觉效果。

（四）比例关系

图 9-4

大众的产品标识

古今中外的设计师探索了多种达到理想状态的比例关系。由于这种比例关系并不直接在设计的外形、色彩方面呈现，所以相对难以被察觉。图 9-4 是德国大众汽车公司的标识。这张设计草图显示了这个经典标识背后遵循的比例关系，其结构比例并非偶然，设计师对比例关系有多种探索，它们就像隐藏在一个游戏背后的规则，规范着各个细节的秩序。设计中的比例原则细分起来还有很多，例如团块、对比、重复、韵律等。在具体的设计案例中，对这些原则进行灵活地选取和组合运用，才能达到理想的视觉效果。

20 世纪之前，设计基本停留在器物外表的修饰或者装饰层面，更注重形式，这使得设计成为某种附属的、“额外”的东西。从 20 世纪初开始，以德国包豪斯学校为代表，设计师开始强调设计的功能性，而额外的装饰因素则被淡化或有意地避免了。包豪斯学校的创始人格罗皮乌斯强调了功能在设计中的基础性地位，并指出功能本身具有的艺术性，这一观念对设计界产生了广泛影响。

寻找功能的实用性和形式美之间的平衡，是设计师最具挑战性和最有价值的一项工作。如果一个产品只有纯粹的功能性，那么无论它在完成工作方面有多出色，都可能对消费者缺乏吸引力。要实践形式服从功能的原则，首先要从使用的角度来考虑问题，例如：谁是目标受众？他们有何需求？这个方案的预算成本是多少？这件作品是否需要批量生产？它是在墙上张贴还是在手机端推送？从实现功能的角度开始构思设计，充分考虑现实条件和制约因素，是大多数设计师进行产品设计的基础。

经典设计将“形式服从功能”作为基本原则，随着社会文化的变迁，尤其是体验经济和服务经济的崛起，设计观念也发生了许多微妙的变化。好的设计不只是追求完美的东西，更要帮助人们建立自己的身份认同，设计已经从“形式跟随功能”转变为“形式跟随情感”，用于满足人在生活中的愉悦体验。“形式服从功能”被赋予更加复杂的内涵，推动设计师寻找合适形式的主要问题不再是“它有什么作用?”而是“它传达了什么?”

在21世纪，设计师们更加注重探索设计如何形成具有吸引力的情感交流方式。如果设计仅仅满足功能需求而不考虑形式方面的吸引力，则可能被时代抛弃。

第三节　设计感与审美体验

在日常生活中，我们会在各种场景中与设计的作品相遇，我们也不总是基于功能讨论设计作品。好的设计作品是人类创造力的结晶，是设计师在形式和功能方面的完美融合。从这个角度来说，设计是一种审美的对象，设计的体验也是审美体验。

一、设计感及其内涵

上一节介绍的设计原则主要从视觉的角度出发，但在实际设计中，身体的体验感与视觉经验同样重要。触觉体验在美育中是一个被遗忘却又很重要的感觉。① 我们每天都在使用的产品，如家具、手机、书本、餐具、冰箱、汽车等，不仅带给我们视觉方面的体验，也会通过材质、轮廓线、体积等方面与我们的触觉发生联系。有时材质的气味也会与其他因素共同参与我们的体验。因此，设计感是一个复杂的感官体验系统，这也是设计与其他艺术的根本区别。

设计的最终目标是服务于人，因此设计尤其强调“人体工学”。尽管一般认为人体工学是二战之后才被关注的，但工匠们基于触觉体验设计器物的探索很早就开始了，中国和欧洲最早的长度计量单位都是以人的手或脚的长度为标准的。《考工记》曾经这样记载：

车有六等之数：车轸四尺，谓之一等；戈柲六尺有六寸，即建而迤，崇于轸四尺，谓之二等；人长八尺，崇于戈四尺，谓之三等；殳长寻有四尺，崇于人四尺，谓之四等；车戟常，崇于殳四尺，谓之五等；酋矛常有四尺，崇于戟四尺，谓之六等。车谓之六等之数；凡察车之道，必自载于地者始也，是故察车自轮始。凡察车之道，欲其朴属而微至。不朴属，无以为完久也。不微至，无以为戚速也。轮已崇，则人不能登也；轮已庳，则于马终古登阤也。故兵车之轮六尺有六寸，田车之轮六尺有三寸，乘车之轮六尺有六寸，六尺有六寸之轮，轵崇三尺有三寸也，加轸与轐焉，四尺也。人长八尺，

① 参见周宪:《手工艺美育与触感体验》,《南京社会科学》2021年第8期，第118—126页。

登下以为节。①

作者以车的设计为例，指出车轮的半径长度与车的行驶速度（性能）、人登车的便利（体验感）之间的关系；而人体的高度也与车载的兵器，如戈、矛、戟、殳的长度，以及车轸（车厢的后横木）之间的比例关系密切相关。不同功能的战车其车轮尺寸也不相同。因此，考古发掘出的战国战车非常华美，但其设计不仅考量了美观，它的每个局部尺寸都不是孤立的，其功能与美观处于一种相互制约的整体设计中。这种整体设计与战车的性能、驾乘者的体验、作战兵器的配合等因素密切相关。这种设计思维被一直延续下来，在明代的文献《天工开物》《长物志》对家具尺寸的记载，也体现了中国古代工艺设计中的人体工学思维。

到 20 世纪早期，人体工学问题在设计中被重视起来。设计师佩里安分析了椅子部件尺寸与人体比例的关系，后来设计师特里和德拉福斯出版了《人体度量表：设计中的人体因素》一书，对人体各部分的比例和尺度进行了详细分析。这些人体数据实际上决定了设计师在设计时应采用何种尺寸才能使使用者感觉到舒适和便捷，也成为一种隐藏在成功的产品设计背后的“密码”。在生活中，不同颜色带来的心理暗示、水龙头的高度、床的宽度与身体的适配度、蚊香的长度与人的睡眠时间的匹配度等细节都是设计者应该考虑的因素。

21 世纪以来，我国加快了博物馆、美术馆等大型公共空间的建设，大大丰富了人们的文化生活。这些空间周围的环境设计本身也标志着文化内部结构的变化。经过设计的市民生活空间，背后蕴藏着与传统社会不同的文化观念，为每个人提供了更加平等的文化资源。这些建筑的环境设计往往集外观、主要功能、内部标识系统于一体，体验这样的空间设计，不仅是多种感官综合调动的过程，也是身体与观念综合感知的过程。

二、设计感中的审美体验

设计感不但是一种感知体验，而且蕴含了复杂的审美趣味，也就是“品味”。就设计而言，“好品味”植根于一个人的内在修养和审美判断力，可以说，“好设计”引领“好品味”，好设计师是“好品味”的塑造者。好品味的核心是一种价值观，是一种向善和向美的驱动力，也是一种走向美好生活的冲动。它不但体现在对被设计的器物和环境的感知理解上，同时还呈现在人们的某种价值取向上。大学阶段正是学生形成自己身份认同和审美取向的关键时期，因此设计美育的一个重要任务就是培养大学生好的设计品味，并为未来职业生涯积蓄更多的潜能。

品味或趣味这个概念原本是指味觉，后来在美学中意指审美的判断力。就设计而言，审美品味意味着对设计及其器物具有良好的审美判断力，能够分辨什么样的设计是好的，什么样的设计是糟糕的。设计品味可以做不同的层次的

① 闻人军：《考工记》，中国国际广播出版社 2011 年版，第 160 页。

区分，高雅的品味和低俗的品味有着天壤之别。前文所述的设计原则，都属于好设计与好品味的内在特质，无论是设计的形式美还是功能美，都是设计中好的审美品味的基本要求。因此，设计品味首先是指对设计中一些基本美学原则的感知能力和理解能力。其次，在今天飞速发展的消费社会中，物欲崇拜泛滥，奢侈消费随处可见，良好的设计品味还包含不可或缺的生态意识以及对过度物化和奢靡之风的抵制，这也可以看作是良好品味的伦理内涵。最后，设计品味还意指对设计风格的某种取向，高雅的设计品味必然指向高雅的设计风格，低俗的设计品味则不可避免地受到低俗平庸设计风格的制约。无论是一个人的着装、宿舍的室内环境陈设与安排，还是日常生活用具，都存在不同的审美取向。如果说设计具有以人为本的内涵的话，那么具体设计风格的形式和功能一定是它的外在表现形式。习近平总书记在 2021 年 4 月考察清华大学美术学院时勉励师生："要发挥美术在服务经济社会发展中的重要作用，把更多美术元素、艺术元素应用到城乡规划建设中，增强城乡审美韵味、文化品位，把美术成果更好服务于人民群众的高品质生活需求。"将美的元素用于各个层面的设计，提高审美韵味和文化品味，以满足人民对高品质生活的需求，就深刻地触及了设计品味问题，它不但是对设计专业人士的要求，也是对普通人的期望。在中国走向世界强国的伟大进程中，在建设和谐社会和美好家园的进程中，高雅的设计品味是国民文化素质不可缺少的组成部分，也是美育的重要目标之一。

那么，如何培养和提升我们的设计审美品味呢？

培养和提升设计审美品味的路径有许多，重要的一个方法是在相关课程中学习设计的基础知识，主动接触和体验各式各样的好设计，逐渐形成自己的设计敏感性和理解力。设计品味的形成是一个经验积累的过程，不可能与生俱来，这与艺术品味的形成规律相似。但是艺术欣赏是无功利性的审美过程，而设计则是带有明显功能性和实用性的过程，所以对设计的感知和理解也就更有具身性，需要将自己主动带入器物使用或环境感知的具体情境，作为设计的真实"用户"来体验，而不是远距离欣赏。这样的带入构成了对设计的独特审美体验，也会逐步建构起设计的审美品位。

培养和提升设计审美品味的另一条路径是进行不同程度的参与性实践。以大学校园为例，从社团活动海报到班级活动场景布置，从校庆、院庆的仪式性活动到校园文化创意大赛或最美宿舍评选，各式各样的设计提供了参与和实践的机会。尤其是平面设计，是几乎每个大学生都有机会参与的实践，哪怕是在黑板上写一则通知，也可以引入富有美感的版式设计。具体的实践活动可以将大学生从"用户"转变为"设计师"，亲力亲为地参与设计，也就能够更加深入地理解设计之道，在这样的实践过程中，设计的审美品味也就自然地确立起来了。

第四节　设计传统与设计的审美表达

设计的漫长历史反映了人类文明的演进历程，伴随着这一历程，我们的生活方式也发生了翻天覆地的变化。为了完整理解作为人类文明的设计，我们将浏览一下设计的历史发展进程。

一、文明史中的设计

从古到今，设计改进和提升了人类生存条件，推动了社会和文化的进步。中国作为一个文明古国，有着漫长的设计传统。从仰韶文化生动的彩陶器型和纹样到先秦时期复杂多变的青铜器，从马王堆出土的帛画到汉代墓葬的画像砖、再到唐代形成高峰的敦煌壁画、宋代活字印刷和瓷器、明清建筑和家具，中国独特的设计文化无疑是世界设计史中无比辉煌灿烂的篇章。其实，无论中国还是西方，都有令人叹为观止的设计遗产，正是这些纷繁多样的设计形态，使得我们这个星球的文明充满了丰富性和多样性。

18 世纪工业革命带来的社会分工和大生产，使得越来越多的厂商开始委托艺术家对流行商品进行装饰设计。但是，艺术家们对美学概念如何能转换到产品中知之甚少，他们既需要掌握制造方面的工艺知识，又要将图像和装饰结合。于是时尚顾问和绘图员应运而生，他们成为最初的现代设计师。当时流行的观念是将艺术引入设计，但这种观念过于强调外观设计，尚未对功能加以关注。19 世纪下半叶，罗斯金和莫里斯等人发起的“工艺美术运动”，对工业社会的平庸设计和大批量重复的设计现状进行了批判，主张回顾过往的历史传统，从手工艺匠人的设计中汲取灵感，尤其是在家居及其装饰中追求干净、简单的线条，推崇自然元素和简约风格，这些深刻地影响了现代设计的走向。

进入 20 世纪，现代设计翻开了新的篇章，越来越多的设计师强调以设计改造社会，建造理想的生活环境和用具。德国设计师格罗皮乌斯等人在德国创建了包豪斯学院，并提出一系列革命性的现代设计观念，强调通过设计将艺术、技术和工艺融为一体，正如他所言：在创建最初的包豪斯学院时，我有一个指导性的观念，那就是存在着一种构成各个设计分支基础的基本统一性。包豪斯学派认为设计应该利用机器大生产的优势将艺术的力量传达给社会各个层面，利用廉价的材料为人们提供便捷的生活。

随着格罗皮乌斯定居美国以及包豪斯学派影响力的扩大，二战以后美国成为现代设计的中心，消费社会的出现使设计变成了人们日常消费隐而不现的重要推手。为了刺激市场，产品必须时时更新，并投入大量广告，这些导致了顾客进行无节制的购买，进而出现了一系列新问题。其一，消费主义的取向导致了设计上对材料和物质无所限制的利用，在激发消费者消费欲望的同时，还助长了他们用后即扔的消费倾向，颠覆了古老的惜物传统。其二，消费主义必然导致设计对生态的忽略，大量生活消费品的使用带来了新的生态破坏和环境污染问题。生态主义的绿色设计和可持续设计随即被提上议事日程，引起设计界的高度关注。其三，大批量工业制品的流行，导致了产品千篇一律的趋势，过度强调功能性也使产品和环境设计出现了机械、冷峻和非人性化的局面。

1980 年代以来，设计发生了深刻的转型，各种“后现代设计”频繁登场，在反思包豪斯学派为代表的现代主义设计的同时，出现了更加生态化、个性化、地方化和多样化的设计思潮。对功能的考量不再是设计的唯一追求，形式与实用性的联系更趋多元化，它们任意地、频繁地出现和搭配，多样化和个性化设计成为新的潮流。

此外，全球化进程一方面使西方设计进一步影响全球，另一方面也唤醒了地方性设计，曾经被视为设计标准的统一化设计，比如快餐和饮料那样提供标准口味的做法遭遇了严峻挑战。换言之，无论是包豪斯学派追求的普遍适用的平民生活解决方案，还是在美国出现的那种消费主义风潮，都在新的历史条件下得到深刻反思，设计开始追求一种环境友好型的、更轻松愉悦的、更加多元的表现方式。另一个重要的趋势是由经济发展和新兴技术带来的，设计师为具体客户提供的产品定制服务，如手机上的各种应用程序就是这种设计的产物。

中国自 1980 年代改革开放以来，经历了一个从“中国制造”向“中国创造”的深刻转型。习近平总书记在 2021 年中国文联第十一次全国代表大会、中国作协第十次全国代表大会开幕式上指出：“要挖掘中华优秀传统文化的思想观念、人文精神、道德规范，把艺术创造力和中华文化价值融合起来，把中华美学精神和当代审美追求结合起来，激活中华文化生命力。”“过去 20 年，中国的设计一直受到西方思维的影响。人们长期以来对中国设计师的成见是，他们青睐传统美学和风水。但如今，他们从更多维的视角，通过传统工艺、技术和新材料的棱镜来看待‘中国性’。”在联合国教科文组织发起的“创意城市网络”项目中，中国已有四座城市获得联合国颁发的“设计之都”称号，它们分别是深圳、上海、北京、武汉。越来越多的城市把设计作为文化和经济发展的核心战略之一，“中国设计”必将在中国现代化发展的各个领域开花结果。

二、设计的审美表达

设计感是一种直觉，是人对设计的外观和功能的一种直接感悟。我们不但要学会用感官来体验设计，而且要学会用语言来表述自己对设计感的直觉体验。我们先来看看中国传统文化中的设计智慧，从瓷器到家具，从建筑到园林，中国式的设计感无处不在，一方面它催生了博大精深的器物文化，另一方面这些富含设计美学观念的器物文化又塑造了中国人的设计感。

> 园林巧于“因”“借”，精在“体”“宜”……“因”者：随基势高下，体形之端正，碍木删桠，泉流石注，互相借资；宜亭斯亭，宜榭斯榭，小妨偏径，顿置婉转，斯谓“精而合宜”者也。“借”者：园虽别内外，得景则无拘远近，晴峦耸秀，绀宇凌空，极目所至，俗则屏之，嘉则收之，不分町疃，尽为烟景，斯所谓巧而得体者也。
>
> ——计成

> 楚国的图案、楚辞、汉赋、六朝骈文、颜延之诗、明清的瓷器，一直存在到今天的刺绣和京剧的舞台服装，这是一种美，“错彩镂金、雕缋满眼”的美。汉代的铜器、陶器，王羲之的书法、顾恺之的画，陶潜的诗，宋代的

白瓷，这又是一种美，“初发芙蓉，自然可爱”的美。

——宗白华

这几段经典表述，呈现了具有中国特色的美学原则和美感体验。如明代计成强调了园林设计应兼顾远近与内外关系，地势的变化与人的行动路线等理念，呼吁人工构思要以因势利导、合于天然为最终目标，反映了天人合一的思想。宗白华则精辟地将中国美学传统概括为“错彩镂金”和“初发芙蓉”两类。

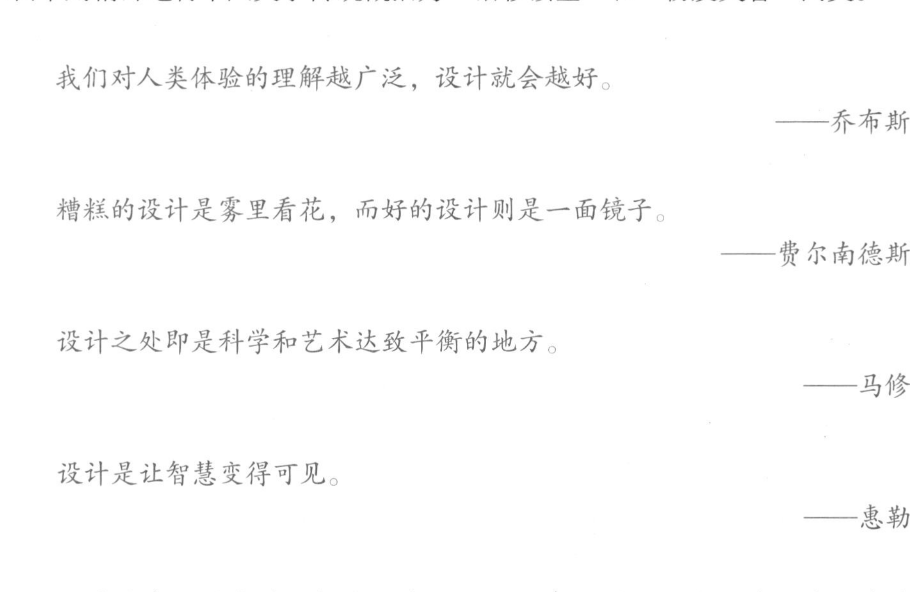

我们对人类体验的理解越广泛，设计就会越好。

——乔布斯

糟糕的设计是雾里看花，而好的设计则是一面镜子。

——费尔南德斯

设计之处即是科学和艺术达致平衡的地方。

——马修

设计是让智慧变得可见。

——惠勒

设计是在限制中寻找解决方案。如果没有限制，那就不是设计而是艺术了。

——杜尔特

自由是唯一的风格。这就是为什么我从不谈论美或美的产品，而是谈论“好（善的）产品”。如今我们面临着极多挑战；关心美并非真正的优先事项。对我们来说，唯一的方法是关注伦理行为和生态行为。

——斯塔克

乔布斯一针见血地指出设计与人的复杂关系：只有广泛地理解人，才能理解设计的真谛。费尔南德斯则形象地说明设计的意旨不在于炫目花哨地装饰外表，而在于真实地展现时代精神和人的生存状态，所以设计应像一面镜子一样反射出人的现实存在。马修言简意赅地道出了设计不但有艺术的要求，更要有科技元素，尤其是在当下科学技术突飞猛进的时代，新观念、新材料、新方法会不断催生新设计。惠勒强调设计是人智慧的外化，设计既不是炫技也不是魅惑。杜尔特强调设计总是在有限的条件下找到合适的解决方案，不像艺术家那样天马行空。斯塔克则指出设计有许多超越形式美的优先考虑，尤其是对伦理和生态的考虑。

真正优雅的设计将最佳的功能性融入简单、整洁的形式之中。

——刘易斯

设计中我只追求两件事：简单和清晰。伟大的设计源于这两件事。

——里德

留白如同空气一般，因为设计也需要呼吸。

——杰林斯基

内容先于设计。缺乏内容的设计不是设计，而是装饰。

——泽尔德曼

设计是在以下两者之间探寻奇妙的平衡：商业与艺术，艺术与手工品，直觉与理性，概念与细节，风趣与正式，客户与设计师，设计师与印刷商，印刷商和公众。

——佩蒂斯

好设计十大原则：第一，好设计是创新性的。第二，好设计是实用的。第三，好设计是有审美特性的。第四，好设计不难理解。第五，好设计不招摇。第六，好设计是真诚的。第七，好设计永不过时。第八，好设计贯穿在细节中。第九，好设计关心环境。第十，好设计是尽其可能的设计。

——拉姆斯

这些丰富多样的论说在相当程度上解释了什么是设计感，并从设计感进一步延伸至好设计对社会文化的促进作用。刘易斯的看法彰显了设计的要旨是最佳功能与简单形式融为一体，器物的功能也许很复杂，但它的形式应是简单整洁的。里德指出设计应简单却不失明晰，杰林斯基则指出简单性与留白的依存关系。泽尔德曼所谓内容优先的说法，实际上再次强调了功能性优先的原则，他认为徒有其表的外在形式美应当尽量避免。佩蒂斯的经验之谈更加深广地概括了设计之道是一系列二元因素的对立统一，偏废任何一方都不可能是好的设计。最后，拉姆斯的系统表述道出了好设计的基本特征，这十个方面贯穿设计的各个环节和层面，缺一不可。

本章思考题

1. 设计与绘画、雕塑等艺术门类相比，有哪些主要差别？
2. 在你的专业领域里有哪些与设计相关的问题、元素和原理？
3. 以某个从中国传统设计中发展出来的现代设计为案例，分析传统设计与现代设计的关系。
4. 设计的功能性与审美性是怎样的关系？

5. 如何认识设计感及其重要性？

推荐阅读书目

1. 赫斯科特：《设计无处不在》，丁珏译，译林出版社 2013 年版。
2. 维涅里：《设计的准则》，汪芸译，广西师范大学出版社 2016 年版。
3. 高桥佑磨：《图解平面设计原理》，陆贝妮译，机械工业出版社 2022 年版。
4. 文震亨著，海军、田君注释：《长物志图说》，山东画报出版社 2004 年版。
5. 徐恒醇：《设计美学》，北京大学出版社 2006 年版。

本章 DIY 活动

活动一　利用栅格系统辅助设计练习

栅格系统（Grid System）（图 9-5）是设计师利用网格的规律性来构思设计、排列信息和构造整体感、秩序感的辅助工具。栅格系统在书籍的排版、图形设计和标识设计中都至关重要。不论是成熟的设计师，还是设计新手，利用栅格系统协助设计都是行之有效的方法。

图 9-5
栅格系统（Grid System）视觉设计

在视觉设计中，栅格系统可以帮助设计者根据排序的列和行对齐屏幕元素。设计者可以像制作地图一样应用栅格系统的单元格结构来排列文字、数字、图像等元素，确保它们之间遵循一种规律，在实现信息高效传递的同时产生美感。栅格系统没有固定的形式，设计者可以根据自己的思路在纸面上进行单列、多列、模块化的划分，然后开始自己的设计。

请同学们利用栅格系统作为辅助手段，尝试为自己的院系或专业学科设计一个新的标识。

活动二　色彩搭配练习

24 色色相环（图 9-6）常用于平面设计中的色彩搭配练习。24 色可以被分为同类色（色相环中夹角 60° 以内的色彩）、邻近色（色相环中任意两个间隔 60° ～ 90° 的色彩）、对比色（色相环中夹角 120° 左右的两种色彩）、互补色（色相环上夹角为 180° 的两种色彩）。同类色常用来呈现出协调、统一的视觉效果，使作品强调整体感的同时分出层次。邻近色在明度和纯度，冷暖和明暗上

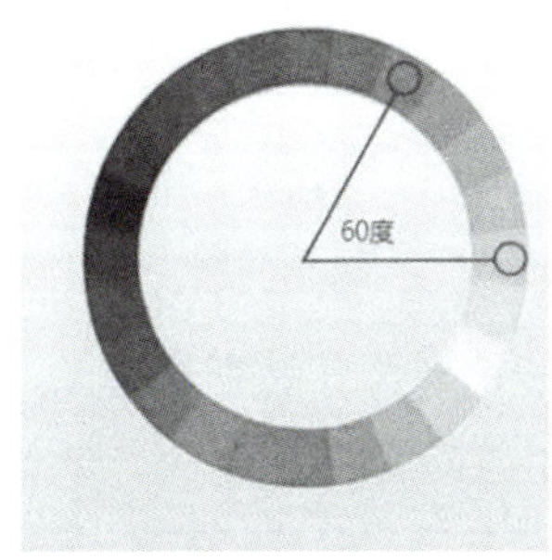

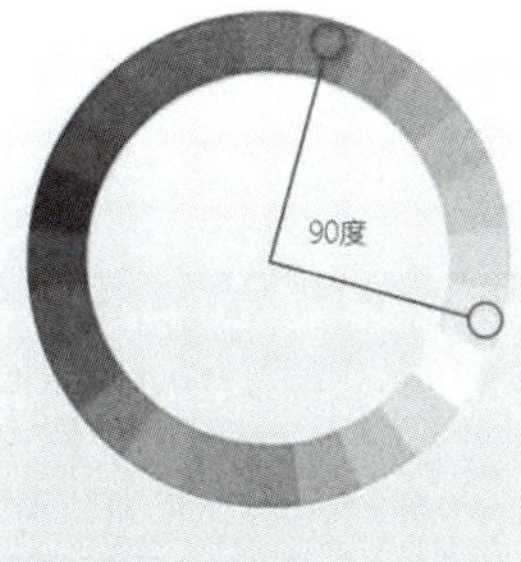

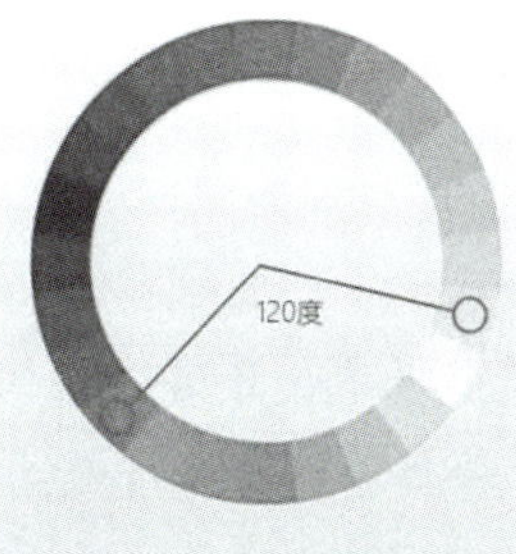

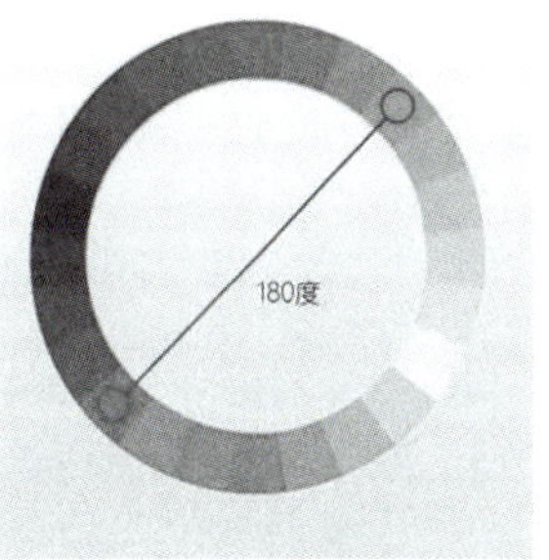

图 9-6

24 色色相环

有较大的反差效果，因此这类色彩搭配常用来表现活跃的整体调性。对比色和互补色因为对比强烈，常用来突出一种对比或冲突的关系，如果使用不当会使作品产生分裂感。

图 9-6

请同学们从网络上下载一张空白的填色图片作为自己的练习素材，尝试使用上述四类色彩搭配方式分别进行填色练习，看看最终的效果差异。掌握不同的色彩搭配关系与其视觉效果，不仅对理解设计作品有帮助，也会对着装、室内布置等方面有所助益。

案例分析

案例一

图 9-7 是设计师黄海为顾晓刚导演的《草木人间》设计的海报，海报展现了电影对浙江茶农生活和情感的讲述，延续了他的水墨设计风格，这也是利用画面的形式均衡传递设计师想法的经典案例之一。海报利用地平线将画面分为对称的上下两部分，下半部分看似水中的倒影，其实却是一个混杂的正向图像。在这部分里，既保留了倒影中的云，又增加了重山、塔影等元素。据设计师自己解释，片名“草木人间”四个字分开，海报上半部分的“草木”表现的是孩子本身具有的自然、纯净、执念，下半部分的“人间”则加入了表现人类存在的人工痕迹，显得略有浑浊，没有上半部分的清澈美丽。通过对称的图像元素，设计师将人世间的复杂和纠葛呈现出来。这种对倒影的运用使画面达成了均衡，图像元素的变化则产生了画面的差异，使“草木”与“人间”形成一种有意味的对照关系，这在黄海的其他海报设计中也时有运用。

图 9-7

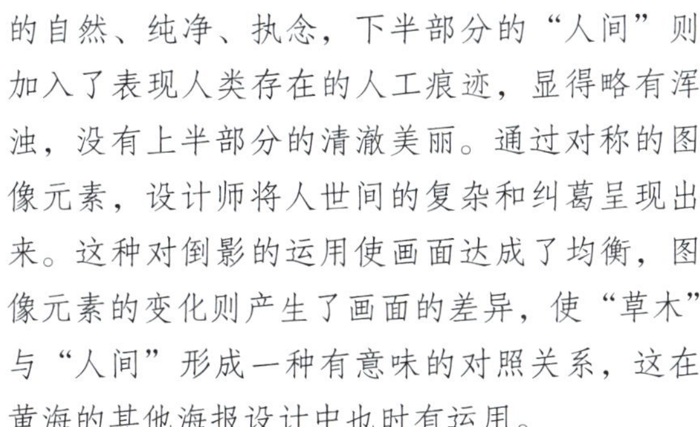

图 9-7

《草木人间》海报

如果将眼光投向海报中的具体细节，我们可以发现诸多中国传统文化元素。在色彩方面，海报的主体部分运用了水墨的黑白效果，云影、塔影和重山都没有强调其体积感，而是形成了类似剪影的效果，这是黄海在电影海报的设计中经常采用的手段。而片名也没有使用印刷字体，而是使用了书法体，配以泥金的色彩效果，这种古代漆器、经书上使用的色彩效果常常蕴含着赞颂、珍重等情感内涵，也与主体的黑白效果形成鲜明对比。

研讨题 >>>

这幅海报中，还有哪些元素利用了倒影的对称和差异来吸引观者的目光，传递更多信息？

案例二

中国人民银行的标志（图 9-8）由设计泰斗陈汉民先生设计。仅从形式来看，这件作品似乎是一个简单的设计，但它却是在形式的完满、设计理念的运用、设计功能达成的效率、对文化精神的创造性演绎等诸多方面表现出色的案例。

图 9-8 中国人民银行标志

整个标志以春秋战国时期流行的布币与汉字中的“人”字形象为造型元素。春秋战国时期是我国大城市兴起的时期，商业活动的发展推动了货币制度的发展。陈汉民先生选择以那一时期的古币作为图案元素，是将金融机构的渊源进行了文化上的回溯。三个古币的组合构成“人”字的基本形，同时又在中心位置围出了一个“人”字形，通过画面元素反复强调“人民”的意味。三个“人”字形的布币形成的向心式三角形，构成了一种扩张的动感和稳定发展的态势。整个标志表达了中国人民银行以人为本、以人民为中心的基本属性，并突显出中国人民银行所具有的凝聚力、严谨性与权威性。可以说整个标志的构成元素与核心含义一目了然，令人过目难忘。

陈汉民先生的还设计了中国农业银行的标志、1997 年香港回归专用标志等家喻户晓的经典作品。在他的设计生涯中，他始终要求自己的设计主题鲜明，并且有中国风、民族情、国际观，每一件作品都贯彻着他“好看，好记，好用，好懂”的设计原则。虽然他没有像西方设计师那样提出“少即是多”这样的观念，但是在他的设计中，无疑用最少的形式元素完美地实现了设计功能，并进一步表达了丰富的文化内涵。

研讨题 >>>

1. 举出一件陈汉民先生的其他设计案例，分析其图案的构成元素。
2. 你认为设计师是如何运用传统文化元素塑造案例中的标志的？

第十章　涵育数字美感——数字文化

当代社会，数字文化已然渗透到人们生活的方方面面，成为引领时代的重要力量。可以预见的是，不断革新的数字技术将对日常起居生活、思维和情感等方面产生持续影响。在审美领域，数字艺术正在取代传统艺术成为“时代宠儿”，各种人工智能技术的出现，使原本依靠手工和想象力进行创作的各门艺术，在数字技术的协助下展露出新的形态。“人人都是艺术家”在数字文化时代已不只是一个口号。

第一节　数字文化与数字艺术

所谓数字文化，是在电脑、互联网和移动通信设备等数字技术基础之上形成的新的文化，包括数字艺术、音乐、电影、网络游戏、社交媒体等领域。数字文化重塑了人与技术的关系，重构了人们在社会中的行为方式、思维方式和交往方式。今天，几乎无人能脱离数字文化生活，青年人更是如此，他们不但是数字文化的接受者，同时也是数字文化的创造者。

一、数字文化的“审美化”

从人类文明的发展角度来看，数字文化是继口传文明，抄本文明，印刷文明和电子文明之后的一种全新的文明形态。它的突出特征是“可编程性”，数字世界中的一切内容本质上都是 0 和 1 构成的计算机代码语言。在数字世界，人们不仅能跨越不同的媒介类型，更能整合各种信息，形成统一的新媒体语言，建构数字世界并赋予其各种复杂意义。

数字文化既是新的文明形态，也是新的技术文化。数字文化给社会带来的变化是颠覆性的，它改变了我们的工作类型和工作方式，以及相应的语言表达和使用方法，更重要的是它重塑了人们的思维方式。最终，数字文化全面重塑了我们的生活方式。自 20 世纪 80 年代以来，数字技术的进步推动了当代社会文化的快速发展。其背后的基本构成是计算机算法、媒体形式的数字化以及基于互联网的社交网络，我们可将其统称为数字网络。[1] 换言之，算法、媒体数字化和全球互联网三者左右了社会的发展大势，重塑了文化的当代形貌。如果说工业革命时代的技术充满了冷冰冰的技术理性，那么，今天数字文化时代的数字技术则彰显出一种全新的文化逻辑，不但诉诸人们的情感体验和表达，而且提供了无数新的审美参与和互动的可能。这就是克莱维茨所谓数字世界的“文化化”——“科技……席卷了日常生活的各种文化形质的生产，这些文化形质带有叙事、审美、设计、乐趣、道德—伦理方面的质量，由文字、图片、视频、影片、日常话语和游戏组成。因而现代科技有史以来第一次从根本上变成了文化机器”[2]。

数字世界“文化化”的核心要素是“审美化”，技术手段不再是无关情感的冰冷之物，今天的数字技术充满了文化和情感特征。无论是社交媒体上的视频，还是先锋的数字艺术，又或是直播的文艺演出、体育赛事，都充满强烈的情感体验特征。数字文化的“审美化”就此体现在如下层面：

首先是数字媒介的感性化。在数字时代，要使信息得到有效传递，必须诉诸受众的感性，尤其是情感。只有那些带有充分感性效果或情感反应的信息才能够吸引公众的注意力。娱乐化信息概念颇能说明此问题。比如，电视媒体会有意模糊新闻与娱乐之间的界限，这使得新闻更具娱乐性，并通过形象、音效和语气实现煽情效果。

其次是数字文化的视觉化。相较于人的其他感觉，视觉是最重要也最有效的文化“感官”。从图片到影像再到虚拟现实等，视觉形象的数字化是数字文化发展最为迅速的领域之一。数字文化的传播介质主要是屏幕，无论是电脑显示器，还是手机的触摸屏，人们总是通过观看屏幕，操作屏幕而进入数字文化领域中。“看”作为一种人类最基础的感性经验在数字文化的运作过程中起到了关键的作用。人们沉浸在数字世界中，通过观影、操控游戏界面、与网友视频聊天等视觉行为，获得了巨大的感性愉悦。数字文化倾向于将所有原本非视觉的内容视觉化，弹幕视频网站哔哩哔哩网站（简称“B 站”）就是这方面的典型，它既是视频网站，又是文化社区。在“B 站”里，知识传播以前所未有的多样化视觉传播形态存在。所以说，信息的普遍视觉化是数字文化最突出的特征之一。

再次是数字传播的重形式化。传统的信息传播追求“辞达而已矣”的效果，但今天几乎每一种新的数字文化形式都以吸引受众眼球为核心目的。在这方面，传统的艺术家也不能幸免。在数字文化的发展演变过程中，越来越多的作家、艺术家、设计师、策展人和艺术跨界人士正在参与数字文化，无论是视频直播，节目制作，还是新闻报道等，都需要信息的审美化包装。数字文化的发展消解了文化的旧有层级，打破了雅俗分界，取消了接受者与创作者的角色划分，使

① 克莱维茨：《独异性社会：现代的结构转型》，巩婕译，社会科学文献出版社 2019 年版，第 167 页。

② 同①，第 168 页。

得艺术创作的技能和技法被普遍化甚至平民化了。

最后是数字文化的具身化。随着数字技术深度介入人的生活，各种数字设备层出不穷。人们必须通过电脑、手机等数字终端与数字文化打交道。于是，除了用眼睛观看屏幕，人们还要动手操作鼠标、键盘，触摸屏上的按钮乃至把控手柄这样的外接装备。总之，人们必须操作由各种装置组合而成的数字界面。此时，人们的视觉、听觉、触觉甚至整个身体的动作、姿势等都构成了具身化的体验场景。最具代表性的是数字可穿戴式设备。这些设备不仅让人的身体有了全新的感受，也让人获得了全新的认知。

二、数字艺术的美育功能

构成数字文化的核心要素之一是数字艺术。一般认为，数字艺术是基于数字化的可计算艺术，它通过数字技术来创作、存储和流通，并以这些技术为媒介进行艺术传播。数字艺术与传统艺术最大的差异就是其媒材不再是画笔颜料等，而是各种数字技术。数字技术具有强大的跨媒介功能，不仅可以完成特定艺术形式的创新，还可以在不同门类的艺术之间轻松转换。此外，数字艺术的优势在于可通过互联网传播，这就克服了空间的限制，使得数字艺术在人们的日常生活中无处不在。人们习惯按照技术逻辑为数字艺术命名和分类，如虚拟艺术、增强现实艺术、沉浸艺术等。一旦有新的数字技术被研发出来，就会出现新的艺术样式。在数字文化高速发展的当下，美育显然不能只限于传统艺术，还应不断触及发展变动中的数字艺术，这既是跟上时代步伐的要求，又是拓展美育领域的举措。

数字艺术具有很强的包容性。任何基于数字技术创作、存储和流通的艺术样式，都可以宽泛地纳入数字艺术的范畴。数字艺术的形式也是多种多样的，例如互动艺术、互联网艺术，虚拟现实或增强现实艺术，通过智能手机等移动设备制作和传播的艺术等，不一而足。2008 年的北京奥运会开幕式就是一场盛

图 10-1 2008 年北京奥运会开幕式的“卷轴”舞台

大的数字艺术盛宴——舞台是一块由44000颗LED灯（发光二极管）形成的长147米，宽22米的大屏幕，这块屏幕被设计成中国古典卷轴形象，呈现出中华文化的独特艺术意象（图10-1）。陶瓷、青铜器、书法艺术、水墨画等图像在屏幕上流动。在开幕式进行到呈现书法艺术的环节时，演员在大屏幕上做出各种舞蹈动作，舞者的脚下便形成一道道“墨迹”，给观众带来强烈的视觉震撼。

日常生活中的数字审美形态也是多种多样的，比如网页页面设计、社交账号头像创意、短视频节目创作等，许多数字实践行为背后都有美学因素。这足以说明数字艺术是一个开放性的领域。正是通过这些案例，我们看到了数字艺术有别于传统艺术的独特美育功能——广泛的参与性。由于电脑和智能手机已经成为生活工作的必需品，这些技术装置的普及导致每个人都在一定程度上参与了数字艺术的生成、传播。这就降低了人们进入艺术的门槛，也极大地调动了受众参与艺术创作或制作的热情，为美育的扩展和深化提供了新的路径。

数字艺术对美育的另一个重要意义在于其“生成”特质。一方面，只要设置好相应的算法、参数等指标，就可以自动生成数字艺术作品。另一方面，生成性意味着数字艺术持续的可修改性。一个由数字技术生成的艺术品就像一幅未完成的画作，只要调整算法、参数、程序等，就可以对其进行不断修改，这就为美育提供了天赐良机。每一位美育的参与者都可以加入艺术品的持续创作中。这可以让人们在与数字艺术不断互动的过程中完成美育。利用数字艺术的互动性加强美育效果，进而实现“翻转课堂”，实现良好的教学效果。

数字艺术是随着数字技术而不断演化的，其在相当程度上受制于技术逻辑而非艺术规则。在数字艺术中，泾渭分明的分界是不存在的，数字媒体具有融合性与整合性的特性。这使得基于“通感”的美育在数字技术语境中更容易实现——基于视觉效果的美育同时可以整合听觉效果和其他感觉效果，或通过视觉来表现听觉、嗅觉、触觉甚至味觉，由此造成多媒介多感官的效果。如果说传统艺术分类下的美育仍有一定缺憾，那么，在数字艺术的跨媒介融合过程中，艺术真正实现了德国音乐家瓦格纳的理想——整合艺术。各门艺术达到了深度融合，进而形成一个全新的艺术构架，为美育开辟了新的空间。

第二节　数字审美素养

在数字文化时代，一个合格的公民必须具备相应的数字素养。所谓数字素养是指使用数字技术的能力及相关的数字认知。数字素养除了指向数字技能，还有广泛的社会文化意涵，如通过数字技术创造性地参与特定社会实践的能力，建构适当的社会身份认同的能力，以及形成或维持各种社会联系的能力。[①] 换言之，数字素养是一个公民批判性和创造性地使用数字技术的综合能力。对美

① Rodney H. Jones and Christoph A. Hafner, *Understanding Digital Literacies*, London: Routledge, 2012, p.13.

育来说，我们要培养的是大学生利用数字文化来进行审美表达和交往的能力。其中，有三种能力尤为重要，分别是：专注力、连接力和介入力。

一、审美专注力

如前所述，数字文化是计算机算法、媒介数字化和全球互联网融合的产物，与数字文化概念对应的是社会学意义上的“信息社会”，传播学与文化研究意义上的“媒介文化”，以及经济学意义上的“注意力经济”。如果我们把这些概念整合起来，可以窥见数字文化的独特性，那就是信息的无所不在以及信息量的富裕乃至过载。面对这一境况，数字素养中的审美专注力变得越来越重要。

注意力经济也称眼球经济其基本法则即信息要吸引受众的注意力。事与愿违的是，当海量的信息都在着力吸引受众注意力的时候，受众的注意力反而被分散了。“注意力经济”概念的提出者经济学家兼计算机专家西蒙曾一针见血地指出：信息富裕的社会里信息的增加必然导致另一种东西的匮乏，即人的注意力，因为信息所消耗的正是人的注意力。正是海量信息的诱引和轰炸，改变了人们的行为方式，这使得人们普遍形成一种所谓的超级注意力。与数字时代超级注意力对应的是印刷时代的深度注意力。“超级”体现在人们越来越无法长时间聚焦某个对象进行深入思考，而是同时对多个目标予以关注，在不同的信息源之间跳转。日常生活中最典型的场景就是在电脑或智能手机界面上同时接受不同的信息，并做出反馈或回应。如在手机上浏览短视频时，上一个视频是一只猫咪在撒娇，下一个视频则是记录美食佳肴，再下一个视频可能是美妆博主在推销产品。视频与视频之间既无逻辑上的关联，也不容用户有时间思考，人完全被海量信息淹没。在这样的常见场景中，作为主体的“我”完全丧失了主动选择，被强大而过载的信息所“绑架”，丧失了专注力。

那么，提升数字审美素养是否可以抵抗注意力分散呢？这就要回到审美的本源——“静观”。静观指人们进入到一种沉思冥想或凝神注视某物的状态，这恰恰就是审美典型的状态。从心理学角度看，静观就是一种深度注意力。面对数字文化的纷扰信息，如果我们形成了良好的审美静观习惯，便可以不受干扰地保持一种专注的状态。

在数字文化铺天盖地的当下，人们试图利用各种途径去探求注意力管理和分配的办法。但数字文化诉诸感性的特质使其对人有很强的吸引力，因此依赖外在手段的解决往往是治标不治本的。美育在这方面恰好提供了人们孕育自己审美静观习性和心境的可能性。一方面，我们可以通过熏陶传统艺术中的深度注意力模式来培育自己的审美专注力，形成良好的静观心态；另一方面，我们可以用深度注意力模式来面对纷繁复杂的数字文化，保持一种内心的镇定，批判性地选择有效信息，不被信息洪流误导。从中国传统美学角度看，“虚静说”对疗愈专注力匮乏也有一定帮助。比如老子主张“涤除玄览”，这就是强调人只有保持内心虚静才能看见隐而不现的“道”；庄子“虚者心斋也”的命题，深化了老子的想法；魏晋时期大画家宗炳则用“澄怀观道”说明了这个道理。从这个意义上说，提升数字审美素养，首先是要培养“涤除”“心斋”或“澄怀”的审美习性，使大学生养成在审美活动和其他活动上的专注力。

二、审美连接力

面对“信息迷宫”，如何通过创造性选择和批判性评价来有效地利用信息，构成自己独特的信息结构，这是一道难题。因此，创建高质量、高品位的数字场景的能力，也是数字审美素养不可或缺的一部分。

我们可以从信息传播和审美建构两方面来理解审美连接力的内涵。一个拥有审美连接力的人能够通过直觉、甚至本能将自己的注意力连接到那些能引发积极审美情趣的信息上，进而建构健康的审美人格。反之，连接了消极负面信息的人只会让主体内心更为混乱和焦躁。从这个意义上说，审美连接力是主体拥有一种判断、选择和获取有效信息的能力。数字世界是一个浩瀚的信息世界，任何数字行为都可以还原成信息的生产、发送和接收，乃至产生相应的信息效果。从信息论的角度来看，成功的信息传播意味着信息主体不确定性的消除，说到底，这是一种主体的内心定力支配的信息选择行为方式。缺乏这种内心定力的人，看起来是自己在做主动选择，实际上却是被各种链接所诱导，甚至被支配，成为信息世界里没有目标的“漂移者”，成为各种偶然性信息的“超载者”。最终，这些人在面对不断扩张的数字文化时，对算法的暗中操作浑然不知，迷失在各种网站、视频、公众号等碎片化的文本、视频或图像中。

那么，如何才能拥有审美连接力呢？

面对数字世界，人必须拥有的内心定力和目标感就是一种数字审美素养。有了它，便可在杂乱的信息海洋中有目的地建构有效的审美信息结构。作为一种创造性建构，审美连接力是主体的一种审美的“前理解结构”，它能对读取的信息进行批判性分析的应用，决定哪些信息要被连接并储存，哪些信息应该被拒斥。在多样化的数字连接行为中，这种判断和分析往往是一种先在的直觉。用艺术史家贡布里希的话来说，知觉活动是在内在秩序感的指引下进行的。是我们的内心先有秩序，才能将数字行为过程中获取的信息纳入既有秩序，进而丰富和扩大我们内心的秩序。这恰恰是所有艺术行为中的一条普遍法则——人内心的秩序感。它是遵循所谓“先制作后匹配”的原则建构起来的。也就是说，我们要先在自己内心建构一个有效的理解世界的图式，然后根据实际情况对该图式进行修正和矫正，使之从简单走向复杂。在数字文化的多元世界里，有秩序感的人的活动与艺术家相仿，他们能够有选择性地面对庞杂的信息，目标明确地连接信息源，每一次连接都是自己内心图式的投射和匹配，而不是在信息洪流中随波逐流。

在接触数字世界海量的信息之前，应该通过预先学习和批判性思考，明确自己的“不确定性”在哪里，进而才能建构自己在数字世界里“消除不确定性”的方向和路径。在这方面，审美的直觉判断力非常重要，而数字美育实践有助于形成或提升这样的审美直觉判断力。在数字文化领域，提出好问题远比单纯获取答案更重要，而好问题的提出则有赖于主体的审美直觉判断力和对问题的预判。

三、审美介入力

数字审美素养建构的第三个核心要素是审美介入力。不同于前数字时代审美的距离感和静观特性，数字世界出现了一种崭新的形态——审美介入。它不是针对某一具体的艺术品的审视、鉴赏，而是通过操控界面介入或干预其背后的技术逻辑。当我们进入数字世界时，不仅仅是作为接受者去听、看、感受，更重要的是必须“做”些什么。也就是说，我们不是单纯地静观审美对象，而是要介入并改变审美对象。

在传统的媒介中，审美者的参与方式主要是被动地“观看”。但是，如果通过数字新媒体来审美，除了“观看”，我们还可以通过发弹幕、在评论区发帖、给相关作品打分评级等行为参与整个审美的过程。换言之，数字新媒体平台不仅是一个播映平台，也是一个传播、交流个人体验的界面，在这个界面中，除了有影视播映的画面，还有点赞、弹幕窗口、评论窗口等功能。面对这样的系统，观众作为具有主观能动性的主体，参与了整个审美过程的建构。再比如一些人工智能网站，更是为不同用户参与创新提供了诸多可能。

观众或用户通常是通过操控界面介入数字艺术世界的，从这个意义上说，他们不仅仅在“欣赏美”，同时也是在“创造美”。在数字游戏世界中，“游戏之美”就是用户和游戏的设计者共同创造的。设计者设计游戏的算法和叙事，玩家则要按照预先设置“通关”，这是一个完整的合作完成的叙事过程。随着游戏技术的发展，很多设计者会在游戏过程中设计一些充满视觉震撼力的场景，玩家想要体验这些场景，就必须在游戏界面遵照游戏操作规则来进行准确操作，直到到达某个流程才能看到它们。所以说，“游戏之美”是经由设计者与玩家互动合作创造的。

随着新媒体的“自媒体”属性的不断增强，大众借助新媒体技术“创造美”的途径也越来越丰富，“创造美”的便捷性和有效性在逐步提升。技术的进步和使用门槛的降低，使得受众介入数字审美创造的可能性较过去有很大的提升。人们可以使用各种移动设备或人工智能软件来创造自己心仪的审美对象。数字文化正在消解被动鉴赏的受众角色，所以在数字文化中，人人皆为艺术家并非夸张之说。

提倡介入是数字艺术的重要发展方向之一。在数字艺术领域，艺术家趋向于充分介入创作对象，用各种数字技术手段对艺术对象加以分解、重组，形成数字艺术作品。而受众则通过操控界面、进入艺术语境等方式，使自己变成艺术品的一部分，或和艺术品一起运作并塑造出独特的艺术效果。比如德国艺术家詹妮·凯迪芙的增强现实混合视频艺术《老火车站步道》(图 10-2)，就鲜明地呈现出审美介入的特色。创作人员在德国一个老旧的火车站——卡塞尔火车站中设计了一条小路，以这条小路为场景，按照参与者的行走顺序预先拍摄系列视频画面，并将这些画面导入一个视频播放器中。然后，参观者可以拿着这个播放器、戴上耳机，一边比对播放器中出现的画面，一边在专门的引导员引导下穿过车站，此时他们走过的地点和播放器屏幕上出现的地点是一一对应的。在参与者面前，一个另类的世界就这样出现了——屏幕上的世界（预先录制的老火车站景观）和现实世界（真实的老火车站景观）叠加在一起。现实和虚拟以一种不可思议的方式融合在一起。参与者在小屏幕上观看事件的展开，同时他们又处于拍摄这一视频的真实空间中，因此现场的人们会产生一种感觉，过去和现在以一种非常奇妙的方式联系在一起，这种“连接”直接生成了相应的文化——记忆、时间、真实、虚拟等观念。

图 10-2
詹尼特·凯迪芙《老火车站步道》(2012)

在这件艺术品的创造过程中，“火车站”的视觉元素被创作者重新解析进而形成数字景观，这是第一重“介入”；而观众带着这个数字景观进入相应的现实，是第二重“介入”。正是这样的多重介入，使得数字艺术充满了神奇的无法预料的魅力。观众也在这样的介入中实现了自己的角色转变，从被动的接受者转变为主动参与的创作者。这种介入意识和能力的涵养与提升，正是数字美育的内在目标之一。

第三节　数字文化中的审美体验

如果我们思考审美主体与审美客体之间的关系，就会发现数字文化给人带来的全新审美体验体现在以下两个方面：一是传统的审美距离消失了，人沉浸在数字技术营造的审美世界里。二是新型的审美主体出现了，一种全新的“审美用户”深入全面地介入了数字审美场景。

一、审美沉浸体验

审美沉浸体验始终是艺术追求的目标。中国古代的园林通过人工造景，引入溪流湖泊、瀑布林泉、山峦洞壑、古木奇树，创造了引人入胜的沉浸体验。然而数字文化带来的虚拟现实大大超越了传统艺术，将沉浸式体验带入了一个更高的境界。如果我们在数字大展《梵高再现》（图 10-3）的现场，被巨大的屏幕投影所营造的虚拟环境所包围，则会完全沉浸在梵高的生活和作品之中，感受到前所未有的沉浸感和视听冲击。

图 10-3

数字光影大展《梵高再现》

数字文化越来越诉诸人的感性和情感，数字文化的审美化随着技术迭代，超越了传统艺术的感性体验，将光、色、音、形、动态等元素的功能发挥到极致，进而创造了一个极其逼真的虚拟现实场景。数字环境的沉浸式体验有如下几个特征。首先，特定的数字场景多是相对封闭的人工环境，以此形成一个环绕四周的全景效果，甚至是 360° 的完整空间，所以它与传统的壁画或穹顶画效果迥然不同。一旦人进入了这样的全景空间，便有一种进入真实物理空间的具身化效果。比如环形球幕影院中的 360° 甚至 720° 的球幕，可以营造出一个以观众为中心的全视角整体观影的球形场景。与平面一块幕布的传统电影相比，这样的虚拟现实全景，既体现了数字艺术无所不包的特性，又使观众沉浸其中真假难辨。其次，特定数字场景之所以有沉浸式感知效果，是因为其逼真的视觉效果整合了听、触、动等其他感觉，造就了一种具身体验的幻真性冲击。这就超越了传统艺术的“视觉艺术–听觉艺术”，或“时间艺术–空间艺术”的分界，全景式与多感官成为数字沉浸体验的典型状态。再次，沉浸体验既有全景式的宏大视角和景观，也不时伴有细节的逼真展示，许多细节的放大效果同样令人震撼，促使观众深入微观场景之中，这是日常视听场景中难以企及的。最后，置身其中的具身感消解了人与场景及其事物之间的距离，观众不是置身其外的观察者，而是身处场景的亲历者。更重要的是，人与场景距离的消失，使得观众以前所未有的程度介入场景，并由此产生丰富的情感反应。

随着数字技术的迭代进步，沉浸体验已经不限于在封闭人造空间里的数字体验，而是越发广泛地被应用于各种界面和环境。从硬件上看，三维立体显示器、运动跟踪硬件、新的输入设备、电脑、平台，甚至智能手机，都可以作为沉浸效果的载体。从软件上看，各种新的立体化和运动跟踪软件、游戏引擎、虚拟现实浏览器和播放器等新技术的问世，将会不断增强数字化虚拟现实的表现效果。从内容主题上看，沉浸体验不限于艺术和电影，还会进入更广阔的领域，从科学知识到历史文化，沉浸体验的领域将变得无限广阔。

毫无疑问，审美的沉浸体验是数字艺术追求的目标之一，但它也带来了一些新的问题。如前所述，沉浸效果消解了主体与审美对象之间的距离，这是否会使观众失去自我意识，丧失自主的审美判断，而被各种预先设计好的美轮美奂的数字场景牵着走？美育要培养个体的审美自我意识和审美判断力，所以我们需要用批判性眼光看待沉浸式的审美体验。

二、审美互动

数字艺术的一个特点就是审美主体与其对象的互动性，这是数字艺术超越传统艺术的一个显著优势。事实上，传统艺术也一直在探索如何使主体与对象处在一种平等的互动关系之中。西班牙画家委拉斯凯兹的《宫娥》即是其中一例。画家有意在画面中预设了他自己的观察角度，而观者在看画时正好与画家视角融合，好像自己也在绘画现场一样。然而，观看《宫娥》的互动只是一种想象性的互动场景，观众只能在想象中与维拉斯凯兹的视线一致。数字艺术则提供了真实的现场互动效应。“包豪斯人工智能无限档案馆”（图 10-4）就是这方面的典型案例。包豪斯设计学派是源于德国，并在全球具有广泛影响的现代设计流派，柏林包豪斯档案馆拥有超过 150 万件的设计作品。该项目借助数字技术实现了“无限策展”，观众可以在屏幕上画任何形状的线条，或直线，或圆形，后台会很快根据算法呈现出与观众所给线条对应的包豪斯设计产品。每位观众还可以生成个人专属的包豪斯作品档案，其审美效果正如创作方 ART+COM 工作室的项目经理斯格列夫所言：让人们通过颜色和形状而非文本来浏览包豪斯的档案，这让他们对作品有一种完全不同的感性触达。数字技术所带来的主客互动性还体现在多元场景中，最常见的是电子游戏——玩家必须介入游戏文本，才有可能启动整个游戏的审美机制。旅游景点中也不乏互动场景，如南京大报恩寺遗址公园中有一个新媒体装置——设计者将触感互动系统设计到一段玻璃台阶的表面上，当游客踩上台阶表面的时候，脚底屏幕就呈现出一朵莲花盛开的影像。此时，游客和这段玻璃台阶就共同创作了“步步生莲”的艺术意象。

图 10-4
包豪斯人工智能无限艺术档案

数字艺术的互动性特征其实也蕴含在沉浸式体验中，一些独特的数字场景的沉浸效果也包含了某种程度的互动性。当审美主体与审美对象的距离消失时，主客互动所形成的动态关系就会构成一种重要的审美特质。借用王国维的词论，数字文化的互动场景既是“有我之境”的“以我观物”，又是“无我之境”的“以物观物”，这两种情况是交错在一起，相互作用和转化。

审美互动性虽然发生在主体与对象之间，但说到底它是一种主体与他者平等的对话交流。正像哲学家哈贝马斯所言：

纯粹的交互主体性是由我和你（我们和你们），我和他（我们和他们）之间的对称关系决定的。对话角色的无限可互换性，要求这些角色操演时在任何一方都不可能拥有特权，只有在言说和辩论、开启与遮蔽的分布中有一种完全的对称时，纯粹的交互主体性才会存在。①

虽然作为主体的我们面对的是物质性的数字界面，但是这个界面也是由他人设计的，是信息、观念在数字技术作用下共同生成的成果。其本质就是人与人之间对话的产物。哈贝马斯所强调的“纯粹的交互主体性”有两个要点：一是角色可互换性，即言者和闻者是可以互换的；二是对话性，即交互既是聆听又是言说。这里的关键是平等，这是一切交往或交流行为的关键所在。互动性提升了欣赏者对数字场景的参与性，并产生了一定程度的对话性。

如果从对话性来理解数字文化和艺术的审美特性，那么是否沉浸体验中就能体现自觉的主体意识和判断了呢？其实不然，数字场景中的互动并不具备无限的可能性，一切可能都是经过算法事先设定好了的。观众只能在有限的选择中互动。因此，这里的对话性也还是有限的对话性。这是利用数字技术开展美育时的一个难点。

三、虚拟主体

数字化生存是数字文化的典型特征。数字文化是独立于现实世界的平行时空，当人们进入数字空间展开各种类型的数字实践时，就需要为自己建构一个数字身份，这是一种充满各种可能性的“第二人生”。美育引导人向美而生，如何在“第二人生”中走向美的理想生活境界，是数字美育需要思考的问题。

在传统美育中，人们通过对艺术品的理解和鉴赏走向美，实现向美而生的人生。而在数字文化中，人们更强调通过数字实践来建构自己的审美主体性。这一过程一般包括三个阶段：

首先是身份建构阶段。当我们进入数字世界，并与其互动的时候，需要用各种信息符号为自己“命名”，就像新生儿来到世界要取名一样。“命名”是一个人数字虚拟身份的起始。基于这个名字，我们才可以进一步丰富自我的身份建构——选择一幅自己心仪的图片作为头像，书写一句话作为自己的签名档，购买虚拟服装装扮自己，或购买“皮肤”、装备等附加物品丰富自己的数字空间，这就是打造我们的数字主体性。

其次是交往实践阶段。在这一阶段人们与网络数字世界进行信息交往，向网络世界发布自己的信息，彰显自己的存在，进而建构自己的主体性。如何用网名、头像、签名档以及各种发言都可以构建自己在网络世界中的个性气质，如何建构有高雅审美趣味的虚拟主体正是数字美育意欲达成的目标之一，这并

① Jürgen Habermas, “Social Analysis and Communicative Competence,” in Charles Lemert, ed., *Social Theory*. Boulder: Westview, 1993, p.416.

非易事。事实上，以丑、怪、奇、异为数字审美标识的主体建构是数字文化中司空见惯的事情。除此之外，如何应对其他网民通过跟帖、转发、点赞等方式对自己的评价，也是数字主体建构的重要内容。而如何进行“应对”“回复”，则是对主体自身审美塑造的重要内容。总之，对于数字主体来说，说怎样的话，就意味着你是怎样的人，这里充分彰显出一个人内在的审美素养的重要性。

最后是形象完善阶段。数字主体是信息主体，因此一个人的信息内容偏好，制作和发布信息的能力，以及其背后所隐含的审美素养和趣味等，直接决定其主体建构的类型和特质。每一次信息的发布，都在某种程度上体现出发布者驾驭文字、图像、音乐、视频等信息形式的审美素养，以及个人审美偏好和取向。值得注意的是，随着新媒体环境的日益复杂，数字主体的建构逐渐成为团队合作的产物，而非个人努力的结果。比如在网络平台上拥有众多粉丝的博主，其背后往往是一个强大的策划制作团队。从这个意义上说，数字主体的建构既是个体性的，又是体制性的。这种体制性的审美建构往往具有更强大的感染力和渗透力。因此，对当代大学生来说，通过美育提升自己的数字审美素养，在建构自己虚拟主体性的同时，应自觉地承担数字文化审美的引领责任，建立自己独立且正确的审美判断，并以自己的亲身实践为构建健康网络文化生态而努力。

第四节　数字人文精神与审美表达

一、数字人文精神

数字文化是高度技术化和自主性的，技术的逻辑极大地改变了我们的生存状态。人工智能、元宇宙、人机互动等——越来越多的新技术正在重塑社会和文化。一方面，我们为技术进步及其带来的福祉欢欣鼓舞，另一方面，我们又为技术对人类的潜在危害忧心忡忡。

数字文化时代的大学美育也同样面临着许多新问题。如何通过美育来培育学生反思数字文化的人文精神？如何通过个人数字实践创造一个健康的数字文化生态？这些都是我们当下要思考和解决的问题。

首先，我们应准确把握数字文化的本质，形成自觉的数字文化批判意识。比如，如何面对数字文化中非理性的“网络暴力”现象；再比如，“过滤气泡”或“信息茧房”的普遍存在，使得我们越来越远离真相，常常自鸣得意地深陷信息孤岛之中。审美虽然是一种感性认识，但是美育关注的是审美活动中的审美理性，将审美理性的分析纳入数字文化的讨论中，使大学生清醒地认识到，在面对复杂的数字文化，尤其是计算机算法、媒介数字化和全球互联网三位一体的数字场景时，个体的批判理性及其人文精神便显得尤为重要。大学生应保有自觉的批判理性，对网络信息保持清醒的头脑，有所甄别和评判。理性地面对数字文化现象，积极地介入并发表具有反思性的声音，有利于形成良性的讨论对话和多元的声音。

其次，数字文化的另一个显著问题是信息技术进步导致的隐私保护问题。许多事实表明，个人隐私已成为网络中的特殊“商品”，这就提出了一个严肃的伦理问题，如何尊重和保护个体的隐私权。美育的最终目标就是真善美的统一，因此伦理道德的考量亦是其中之义。但在网络中，我们很容易忘却尊重隐私权的责任和义务，这些值得所有人警惕。

再次，在数字技术无所不入的当下，监管与立法往往是滞后的。在这种情况下，如何培养大学生自律行为和自律意识，便成为数字美育的重要任务。自律的行为主体必须知晓数字行为的道德底线何在，清楚该做什么和不该做什么，这是法律意义上对自主行为主体的基本要求。大学既是生产知识的场所，也是培养人正确三观的摇篮。作为新时代的大学生，必须具有自觉的数字伦理意识以约束自己在世界中的行为。

最后，人与技术的关系也是数字文化中的人文精神的核心内容。今天数字技术的飞跃远远超越了人的想象，计算机“深蓝”打败国际象棋大师就是一个典型例证。人工智能的跨越式进步，不但改写了技术发展的图景，而且对人与技术的关系提出了严峻的挑战。维也纳数字人文主义宣言（2019）提出了一系列令人深省的观念和命题：人类正在经历技术和人的共同进化，数据、算法和计算能力的提升改变了人际互动和社会文化，计算机在运算速度和精确度乃至分析推理方面的能力已超过了人类，人与机器的界限日益模糊。“我们必须基于人类的价值观和需求来塑造技术，而不是让技术来塑造人类。我们的任务不仅是严加控制信息和通信技术的危害，而且要鼓励以人为中心的创新。所以我们呼吁建立一种数字人文主义，以此来描述、分析技术和人类的复杂的相互作用，最重要的是影响这一相互作用，以趋向于更好的社会和生活。”① 在数字文化无限扩张的当下，提倡数字人文主义或数字人文精神尤为必要。这就需要我们从过往的人文传统中汲取资源，形成富有创新活力的数字人文精神。席勒认为，美育的现代方案是以“游戏冲动”来弥合“感性冲动”和“形式冲动”的分裂，实现人格的和谐完善。今天，美育面临着一个新的任务，那就是弥合人与技术的冲突，以人为中心来建构或调整人与技术的关系，这是美育提倡数字人文精神的关键所在。

二、数字文化的审美表达

数字审美素养不仅包含一系列关于数字文化的审美观念，以及在数字文化场景中的个体或群体数字实践，而且还应包含审美表达能力，就是准确并富有创意地说出数字文化的积极面，以及批判性地道出它的问题。为了提升学生的数字审美表达能力，以下我们挑选一些精彩的说法作为范本。

> 我们希望数字世界服从于你的真实生活，作为一个人的你的真实情感生活，我们不希望你屈从于计算机。
>
> ——罗尼·阿伯维茨

① Hannes Werthner, et al. eds., *Perspectives on Digital Humanism*. Cham: Springer Nature, 2022, p.vii.

任何真正的虚拟现实爱好者都可以回顾一下VR科幻小说。这不是关于玩游戏……《黑客帝国》《雪崩》，所有这些小说都不是关于坐在房间里玩电子游戏的事。它是有关在与我们自己并存的平行数字世界中，与其他人交流，与其他人一起嬉戏。

——帕尔默·拉基

数字世界中最重要的事情之一是能讲故事，并有助人们想象与不同技术相关的可能之艺术。

——杰米·米勒

我们从一个几乎无人知晓计算机的世界，进入了一个几乎所有人一天大部分时间都待在计算机极客的世界。我希望看到生物分子的数字世界也如此。

——乔治·丘奇

数字世界不存在时间和空间。人们通过社交网络聊天和互动。文化偶像在网上吸引了数百万粉丝，那是他们从未去过的地方。公共生活和私人生活之间的界限如今关乎每个人。

——爱德华多·佩斯

数字世界之所以如此有力量，那是因为它拥有动态信息，然而重要的是，我们要保持人性，而不是成为机器前面的另一台机器。

——普拉纳夫·米斯特里

只有当人们都在窥探自己和彼此时，他们才会对整个过程感到麻木。当全世界都在试图最大限度地提高各种形式的警觉时，镇静剂和麻醉剂，都会成为世界上最大的商业，无论是私人的还是企业的。作为新的陈词滥调，声光秀实际上是部落状况的合并和恢复。……随着信息本身成为世界上最大的商业，数据库对个人的了解比人们对自己的了解还要多。数据库记录的关于我们每个人的信息越多，我们的存在就越少。

——马歇尔·麦克卢汉

在一个实时联系不断的时代，自我审视的核心问题已经不再是“你是谁”，而是转向了“你在做什么”。

——汤姆·查特菲尔德

我认为当前对计算机及其主要产品信息的迷恋应有更严厉的回应。这是因为计算机如此巧妙地模仿人类智能，以至于它可能会极大地动摇我们对大脑使用的信心。必须用头脑来思考一切事物，包括计算机。

——西奥多·罗斯扎克

超过80%的千禧一代睡觉时会使用手机（而婴儿潮一代中只有三分之一）；超过一半的人在半夜检查手机。三分之一的人在上床准备睡觉后发送了超过35条短信。对于数字原住民来说，生活是通过媒介来展开的。

——朱莉·奥尔布赖特

关键是互联网……我们必须在那里。互联网是这个新文明的心脏，而电信是神经系统或循环系统。

——卡洛斯·斯利姆

信息是营养，知识是营养，艺术是营养，它们让我们自由。互联网是一个伟大的图书馆，伟大的图书馆是这个数字时代智慧的自由。

——巴里斯·杰尼赛尔

我们之所以认为电脑作图技术成功地冒充了现实，是因为在过去的一个半世纪里，我们逐渐将照片和电影的图像视为真实。

——列夫·马诺维奇

当一台电脑让人们误以为屏幕那边的也是人类，它便值得拥有“智能”的称号。

——艾伦·图灵

在虚拟现实中，技术已经消失，因为我们身在其中。

——贾瑞恩·拉尼尔

屏幕是一扇窗户，通过它人们看见了一个虚拟世界。如何让这个世界看起来真实、动起来真实、听起来真实、感觉真实是一项挑战。

——伊凡·苏泽兰

虚拟现实好像穿越屏幕，进入“电影”的虚构世界，进入某个虚拟环境，它好像能走过某人的电视或电脑，走过尽头或旋涡，进入符号的三维场域。

——玛格丽特·莫尔斯

如果说，人们愿意把录像视为新媒体艺术，但觉得把版画叫作新媒体艺术就有点勉强，版画只能叫媒体艺术，那么，看起来“媒体艺术”就比“新媒体艺术”的解释力更强。唐朝的那卷《金刚经》雕版木刻，我们也可以认为是媒体艺术，但我们总不能说龙山的蛋壳黑陶或者越王勾践剑也是媒体艺术。

——邱志杰

与新媒体艺术相关的主要范畴有5组，包括11个基本概念，分别是：媒体，艺术，艺术媒体，媒体艺术；新媒体，新媒体艺术；数字媒体，数字媒体艺术；多媒体，多媒体艺术；交互艺术。

——许鹏

本章思考题

1. 数字文化的“审美化”包括哪几个方面？
2. 举例说明数字艺术的“生成性”特质对美育的意义。
3. 举例说明“审美专注”与“审美沉浸”之间的关系。
4. 简述数字人文精神的内涵。
5. 简述虚拟主体与真实主体之间的关系。

推荐阅读书目

1. 贾伟、邢杰：《元宇宙力：构建美学新世界》，中译出版社2022年版。
2. 高名潞、陈小文：《当代数码艺术》，广西师范大学2015年版。
3. 安德雷亚斯·克莱维茨：《独异性社会：现代的结构转型》，巩婕译，社会科学文献出版社2019年版。

本章DIY活动

活动一　卢浮宫数字观展以及观展体验描述

一、活动简介

进入法国卢浮宫的数字展厅（https://collections.louvre.fr/en/），完成一场完整的数字观展。然后，根据观展体验以及相应的背景材料，撰写一篇艺术评论文章或者录制一段观展短视频。

二、活动准备

1. 浏览数字展厅的展品目录，锁定自己感兴趣的内容；
2. 阅读艺术史或其他相关文献资料，了解相关展品的背景；
3. 准备好电脑设备。

三、活动步骤

1. 登录数字展厅，进入展厅内部，仔细观看数字展品，并对作品细节和相关观展体验做详细记录，记录包括作品图像截屏以及自己观展时候的心得体会。

2. 根据观展经验和相关背景资料，撰写一篇艺术评论文章或者录制一个短视频。艺术评论写作注意图文并茂；短视频录制注意与观展过程中的截屏配合。

3. 将艺术评论文章或短视频在相关平台上结集发表，比如学校或院系的微信公众号，同学们自己的短视频号，等等。

四、活动关键点提示

观展之前，请务必阅读艺术史或其他相关文献资料。

同学们可通过与教师交流、同学之间交流以及自我评估的方式思考数字观展和现场观展之间的差别，进而衡量数字观展在学习知识、审美体验、观念领悟等方面的作用。

五、活动小结

“观看原作”一直被认为是艺术史和艺术理论学习过程中的重要环节。数字展馆为学生学习艺术史和艺术理论提供了便捷。但数字场馆与真实的场馆之间毕竟有差别，如何扬长避短，利用数字技术将艺术知识的学习效果最大化，是一个值得探索的问题。要回答这一问题，有赖于每一位同学亲身观展体验，并进行总结。

活动二　美育日常生活化：打造自己的艺术评论公众号

一、活动简介

每位同学选定一个特定类型的自媒体平台，包括且不限于微信、小红书、B站、抖音等，注册账号成为发布者，已有账号的同学可直接使用自己账号。然后，就自己感兴趣的艺术类型和艺术文本开展相应的艺术评论写作（也可以向外组稿完成写作），形成文字、图像、短视频等艺术评论文本并予以定期发布。在已有账号里发布内容的同学，可根据自己“人设”和垂直内容，从特定的角度展开艺术讨论。如，已是旅行博主的同学，可做一期美术馆城市漫游内容；身份是美食博主的同学，可以讲解一期食物色、香、味共同形成的多感知的美学；身份是搞笑博主的同学，可探索艺术中的幽默。同时，发布者要展开自媒体推广活动，利用各种有效方法增加自己公众号的粉丝，习得在数字时代获得个人文化影响力的能力。

二、活动准备

1. 针对自己感兴趣的艺术门类，挑选合适的文本。

2. 准备好相应的制作工具：如准备好图像编辑软件、图文排版软件等。

三、活动步骤

1. 制作相应的艺术评论文本。可采取多样的形式进行传播，如图文编排、发布者出镜演讲、各种类型的叙事短视频，等等。

2. 从身边的朋友、同学等入手，发展粉丝，进而探讨艺术评论类公众号粉丝增长的规律。

四、活动关键点提示

在公众号正式运营之前，应准备一定数量的内容作为储备，以保证一定时间的内容能够持续更新。

五、活动评价

1. 发布内容的质量评估，可由专业教师来完成。

2. 活动指标（社交媒体的产出）、到达指标（受众规模及增长速度）、互动指标（你与机构、受众的互动，受众间的互动）、转化指标（线下有效活动的产生），等等。

六、活动小结

一个人艺术评论能力大小是其审美素养高低的决定性因素之一，也是其审美表达能力的综合体现。一个人保持对艺术世界进行批评乃至批判的兴趣和能力，是保证其审美素养不断提高的有效手段。

案例分析

案例一

故宫博物院打造“数字文物”

2023年5月18日，故宫博物院举办“‘新’中有数，共‘创’未来——5·18故宫博物院‘数字故宫’建设成果发布会”。发布会上，故宫“数字文物库”向社会公布了最新的2万件数字文物影像，同时举办了“故宫·腾讯联合创新实验室”落成仪式，向社会展现“数字故宫”建设最新成果。通过进一步提升数字技术赋能文化服务水平，让数字文化资源成果更好地惠及大众。

2019年，故宫博物院推出了线上数字文物项目“数字文物库”。在公开186万余件藏品基本信息的基础上，首批项目精选了5万件文物高清数字影像向社会大众免费开放，以此扩大文物数据资源开放力度，激活数字文物的价值。随着近年“数字故宫”建设步伐的加快，“数字多宝阁”“故宫名画记”等文物展示平台以及“故宫博物院”小程序、“每日故宫”应用程序等一系列文物数字化产品持续发力，将故宫文物搬上“云端”，实现了文物数字化保护成果的开放共享。

目前，“数字文物库”浏览量已超3300万次，是故宫博物院官网上最受公众欢迎的数字产品。如今，“数字文物库”文物总数超过10万件，同时知识图谱技术的应用增强了文物检索功能，以此落实国家文化数字化战略、国家文化大数据体系的建设要求，进一步满足公众欣赏、学习、研究文物的需要，持续发挥文物所承载的中华优秀传统文化的社会价值。

研讨题 >>>

进入故宫博物院“数字文物库”网页（https://digicol.dpm.org.cn/），在“分类”中选择一个细目，如绘画、碑帖、雕塑、陶瓷、织绣等，浏览部分作品，简要阐述数字技术对艺术与文化传承的意义。

案例二

烧毁艺术品原作造就NFT版本标出天价，NFT真的能成为艺术转折点吗？

“NFT”（Non-Fungible Token），中文翻译为“非同质化代币”，就是不能互换的代币。NFT作品本质上是一种有价值的虚拟互联网物品，但和一般的虚拟互联网商品不同的是，NTF是经过加密的，具有唯一属性，并且具有确权性，一旦掌握了其私钥，谁也改变不了拥有它的事实。而“加密艺术”是

NFT 的一个应用场景，买家可以通过代币在区块链上创作密码登记的限量版艺术。加密艺术品的兴起与绘画、雕塑等传统艺术不同，加密艺术是在数字艺术的基础上，利用区块链技术解决艺术品的版权问题，并结合基于区块链的加密货币，实现艺术品在虚拟空间的展示与自由交易。通俗来说，借助区块链技术，数字作品成为加密货币后，任何人都将无法伪造和篡改它。在这方面，著名街头艺术家班克斯的作品曾被率先实践并产生了重大的社会反响。

2021 年 3 月 8 日，班克斯的作品《白痴》被其持有者烧毁并全程视频直播。在作品被毁掉前，画作持有者将其电子版经区块链技术处理后生成了独一无二的标识，使其拥有了不可替代的代码（NFT），相当于获得了它的所有权。3 月 4 日该电子版本以约合人民币 247 万元的高价被卖出，是其原画购入价的 4 倍。据悉，拍卖所得将全数捐给慈善机构。

无独有偶，在 3 月 11 日，数码艺术家迈克·温克尔曼的 NFT 作品《每一天：前 5000 天》经过 353 口竞价，最终以 69346250 美金落槌，约合人民币 4.49 亿元。温克尔曼成为在世艺术家中拍卖成交价格前三名的艺术家。

两个重量级艺术事件相同之处在于 NFT 作品巨大的市场价值令人咋舌，不同之处则在于温克尔曼的作品一开始就是数字作品，从创作到拍卖没有形式上的转换；而班克斯的作品一开始是实物画作，之后被数字化并完全焚毁，由此百分百完成了从实物到数字产品的转化。

这幅惨遭焚毁的画作《白痴》描绘了在一个拥挤的拍卖场内，拍卖师身旁摆放着一幅镶框的艺术品，上面写着：“我真不敢相信你们这群白痴买了这个。”

策划此次烧画的是作品的所有者——区块链公司 Injective Protocol，公司发言人表示，他们认为烧画本身就是一种艺术表达，“如果它依然存在，该作品的价值将会继续被绑定在实体上，而无法转移到数字资产上。我认为班克斯会欣赏我们的所作所为，因为他也倡导具有创造力和打破旧习的想法！”

对于此番烧画的行为，观看过视频的网友们展开了激烈讨论：

有网友认为这种行为完美诠释了画作的题目“白痴”，画作所有者损坏艺术品不配自称为“艺术爱好者”；也有网友认为当代艺术品本来就是商业价值大于艺术价值，画作所有者从金钱角度考虑无可厚非，况且全部收入还捐赠给了慈善机构，这种行为才是将艺术的价值最大化，而非只为富人服务；也有网友表示艺术品 NFT 化可能成为一种新的艺术拍卖与收藏“黑科技”，并且可能会引爆新一轮“文艺复兴”；还有网友表示班克斯也有过类似毁坏自己作品的行为，所以这可以称得上是一次“致敬”。

（选自“艺术中国”，http://art.china.cn/txt/2021-03/21/content_41492877.shtml. 有改动）

研讨题 >>>

随着数字技术的不断发展，你认为所有的艺术形态乃至艺术生态都会被数字化吗？为什么？

第十一章　走出校园的社会参与

大学有四大功能——人才培养、科学研究、社会服务和文化传承。大学是社会的一部分，大学生毕业后将投入社会主义建设事业。所以，大学美育必须建构校园与社会的关联，使中华美学精神从校园延伸至社会。大学美育不仅能使大学生了解社会、增强社会参与意识，也能使社会美育的内涵得以扩展。大学美育的社会参与需要打通美育和社会关联的“堵点”，一方面将大学美育作为社会美育的资源，另一方面则充分利用社会的美育资源，同时促使大学生从美育受教者的角色，向社会美育践行者的角色转变。

一般认为，社会美是和艺术美、自然美、科技美平行的美学范畴，包括日常生活的美、社会行为的美、社会交往的美等复杂内容。这也是人民向往的“美好生活”的重要内涵之一，大学美育向社会美育的拓展就是在培育和加强社会美。

第一节　美育为何要社会参与?

一、社会参与项目案例：“菜市场里的美术馆”

多数的大学美育项目走向社区时需要依托学校的推进。这些项目以课程为锚点，以社会为背景，以社会文化机构为平台，由教师带领学生深入生活，推广美育及相关艺术活动。在这种形式中，大学生实现了角色的转换，成为实施美育的志愿者和推广者。

华南理工大学“营造的风景”课程的老师既是艺术家又是美术馆馆长。他在2018年带领学生设计了“菜市场里的美术馆”等一系列活动。① 该项目源起于艺术家宋冬“无界的墙”（图11-1）等作品，艺术家通过空间改造、装置艺术等途径，打破了美术馆与所在的竹丝岗社区之间的空间边界和文化隔阂，创

① 该项目的描述参考了唐雅雯：《艺术介入的都市型社区营造：台湾内埗里、竹围和广州竹丝岗的比较研究》，华南理工大学建筑学院硕士论文，2019年；马增锋：《城市街区公共艺术活动策划研究——以广州农林街为例》，华南理工大学建筑学院硕士论文，2020年。

图 11-1
宋冬“无界的墙”展览

造出一个新文化空间。“无界的墙”等展览不仅在广州一所大厦内的展厅展出，还延伸到了大厦所在的外墙。“无界的墙”上摆放着各色老物件——窗框、灯具、器皿、家居用品等，它们承载了家庭记忆和社区历史。此后这片空间不但是美术馆室外展览的场地，也成了周边居民举行社会文化活动和节庆活动的公共空间。

在“菜市场里的美术馆”这一活动中有一个名叫《手美术馆》的作品，是美育进行社会参与的良好案例。首先，老师会讲授公共艺术方面的相关知识，指导学生如何在菜场中进行观察、如何与摊主交流，并进行一系列的艺术创作。随后参与项目的同学尝试一些手段来引起摊主注意，但都未获成功。接着，交流的契机出现，有学生在台风中主动帮助摊主抢救物资，于是摊主开始接受他们，带动了彼此之间的交流。此后，在老师进一步的启发下，学生注意到摊主们的“手”是一个重要的身体符号，进而发现众人之“手”一直以来被忽视。他们意识到，“手”不再只是日常生活中的“工具”，它成为了个体生存状况与生存意义的表征。在这种审美发现中，学生实现了将自己的体验与他人经验的融合，完成了倾听他人诉求的环节。这也是美育介入社会的关键环节。在审美意识的指引下，学生们重新认识了“手”的现象学意义和审美价值，通过“手”实现了彼此生命体验的交流和分享。于是“手”系列作品诞生了，学生们拍下各色饱经沧桑的“手”，并请摊主们领回自己的照片，在自己摊位“布展”，这些照片后来也在其他美术馆展出。最后，摊主们在老师和学生的引导下也参与了创作。①

此案例反映了美育走出校园进入社会的新模式。学生在多重身份间转换，

① 《菜市场里建美术馆，能给摊贩更多尊严吗？》，原文见扉美术馆官网 http://www.feiartecture.com。

他们既是“营造的风景”这门课的学生，又是“菜市场里的美术馆”项目的艺术创作者，同时还是菜市场摊主参与审美活动的引导者。这些不同角色的扮演，锻炼了学生的沟通协调和介入社会的实践能力，培养了他们的审美素养与人文关怀精神。可见，美育的社会参与促进了和谐社会的建构，推动了文化的创新性转化。

二、大学美育的社会参与及其价值

美育是一个复杂的教育工程，从教育学分类上看，美育可以分为学校美育和社会美育两大领域，前者是指在大中小学展开的美育，后者则是学校美育之外的各种美育。显然，大学美育是学校美育的重要组成部分，相较于社会美育的宽泛性和开放性，大学美育囿于校园的课程和实践，带有自主性和一定的封闭性。在新时代探索美育新思路时，如何突破学校美育的局限性和封闭性，将大学美育与社会美育相结合，是一个重要的方向。

大学美育向社会美育的延伸，蕴含了美育观念的更新和范式转换。于是，审美素养的考量也就转向社会参与意识或参与感，因为美育的直接目标是培养社会主义事业的栋梁之材。今天大多数大学生都是从中小学校园直接步入大学校园的，长期的校园生活使其在社会参与及社会实践方面都相对薄弱。

所谓社会参与是指个体介入社会或社区，与他人互动的行为。显然，社会参与是当代大学生的必修“功课”，是他们必须具备的社会能力或经验。社会参与既是一种自觉的社会意识，又是成熟的行为能力，涉及社会交往能力、组织协商能力、同情心等诸多方面。美育社会参与问题的提出，是大美育观念的体现，它超越了美育只是艺术欣赏和技法学习的狭隘理解，这使美育获得了广泛而深刻的社会意义。

提倡大学美育的社会参与将促使大学生主体角色发生转变。在校园里，大学生更多是现有的教学计划的接受者，走出校园则能让他们从被动受教者转变为美育的践行者。在这个过程中，大学生会针对性地提出富有创意的各种美育项目，并将这些项目引入日常生活之中。学校美育向社会美育转变的过程实现了大学生从受教者向施教者的角色转变。这个转变的意义不只是校园里的“翻转课堂”效应，更带有广泛的社会育人功能，它提供了校园里相对匮乏的社会实践机会，进一步完善了当代大学生的人格建构。

美育的社会参与在哪些方面重塑了当代大学生呢？第一个方面是促使大学生深入了解社会，形成对社会生活的认知。如果说校园里的美育多限于书本和工作室的封闭环境，那么，美育的社会参与就是要大学生直面活生生的社会现实，进入社区居民的日常生活。现实环境和交往对象的变化，有助于大学生改善自身认知，直接获得重要的社会经验。对当代大学生而言，这是正式进入社会前的难能可贵的“实习”。

第二个方面是促使大学生社会交往能力的提升。校园虽是一个“小社会”，需要相应的交往能力，但与现实社会的实际需求相比，这种能力终归是有限的。美育进入社会或社区，就意味着大学生需要运用多种艺术的与社会的交往能力。

比如与社区管理者和普通民众协商谈判，倾听当地社区居民的意见和诉求，说服他们接受、参与和认同特定的社区美育项目等。经过各种实际锻炼，大学生的社会交往能力便可获得有效的提升。一些成功的社区参与实例不但丰富了社区审美化的日常生活，同时锻炼了一大批具备出色社交能力的大学生，可谓一举两得。

第三个方面是人文精神的涵育。美育进入社会就是要深入人的精神世界，与社区的各式人物交流，学会倾听他们悲欢离合的人生故事，并以艺术和审美的方式唤起他们的希望，分享喜怒哀乐。这样可以培育大学生的人生理解能力和人文关怀精神。在美育的社会参与中，一种重要的人文关怀便是同情心的陶养，使人形成善于倾听他人的意识，建构人性观念和人道精神。审美说到底是关乎人的，移情是审美中常见的心理现象，所谓移情就是感同身受地分享他人的痛苦和欢乐，这正是艺术重要的审美功能，是美育之所以会提升人文教养的关键所在。与人亲近不但可以培养人的同情心，还可以形成宽容心，因为接触社会就是接近不同的社区和地方文化，这些文化差异既开阔了大学生的视野，也萌发了他们对各种差异的宽容和理解。这对维护一个健康社会的文化多样性具有不可小觑的作用。因为文化多样性有赖于彼此理解，当代大学生作为社会主义建设的栋梁之材，必须义不容辞地培养自己的宽容心和相应的社会责任。

第四个方面是对大学生价值观的塑造。通过美育的社会参与，当代大学生能深切体会到社会主义核心价值观的重要性，富强、民主、文明、和谐，自由、平等、公正、法治，爱国、敬业、诚信、友善，这些价值观，其实就蕴含在具体的美育活动之中。大学生在社会参与中不但可以体认这些价值观的重要性，而且也会推广并促使更多的人自觉接受这些核心价值。

总之，美育的社会参与具有重要的价值。美育进入社区文化不是一次性的活动，而是具有可持续性的美育或文化项目，这使得美育不再局限于知识的传授，甚至可以转化为新的文化产业，真正实现了美育社会参与的可持续性发展。

第二节　美育社会参与的目标和路径

一、发现美是美育社会参与的目标

美育社会参与是要发现并丰富日常生活中的美，从而提升社会风尚。上述案例中的师生正是通过深入社区生活，以审美的眼光审视菜市场里司空见惯的生活，从中探寻劳动人民的“手之美”。发现美是美育社会参与的主要目标。诗人柯尔立治说道：“给日常事物以新奇的魅力，通过唤起人对习惯的麻木性的注意，引导他去观察眼前世界的美丽和惊人的事物，以激起一种类似超自然的感觉；世界本是一个取之不尽、用之不竭的财富，可是由于太熟悉和自私的牵挂的翳蔽，我们视若无睹、听若罔闻，虽有心灵，却对它既不感觉，也不理解。”[①] 柯尔立治指出的艺术规律同样适用于美育的社会参与。我们一方面要有在生活中发现美的能力，在寻常物中发现不寻常之美。另一方面，我们不但要能发现美，而且还要有表现这些美的创意和技能，赋予日常事物以新的魅力。

今天，社会生活的形态发生了很大的转变，一方面教育的普及提升了全社会的文化水平，另一方面，惯常化的生活方式导致了普遍的从众趋势，审美的眼光也就受到了相当程度的抑制。加之各种技术装置和信息界面的不断迭代，装置的技术范式提供了千篇一律的信息和娱乐方式，这在一定程度上遏制了人们用独到的审美眼光观察世界的可能性。当今社会出现了计算机算法、媒介数字化和全球互联网三合一的趋势，这些趋势制约甚至控制着人们对世界及自我的认知和体验。审美作为一种有别于惯常化和从众性的独特活动，具有开启人们重新认知和体验生活的功能，发现自己周围日常生活的美。这种眼光有时也被称为审美的“陌生化”，即以陌生的眼光去看待习以为常的生活，发掘出隐而不现的复杂多样的社会美。

二、美育社会参与的路径

美育社会参与是通过向生活提供美的内容，引入看待生活的审美方式来达成的。我国不同地区的高校根据自身特点和当地社会文化发展水平，已有一些卓有成效的大学美育社会参与模式。这些模式一方面为大学美育广开渠道，丰富了大学美育的内涵；另一方面，这些模式又向社会提供了有价值的美育资源。总体上看，大学美育有三种最基本的社会参与路径，分别是普及型美育、扶助型美育和生产型美育。

（一）普及型美育

普及型美育是大学美育社会参与最常见也最有效的路径。它利用大学的教学科研资源，向社会做美育“科普”，提升社会整体的审美文化水准。其常见做法是大学美育团队向中小学推展美育，或在定点中小学成立美育实践基地。尽管从大学美育向中小学普及的活动仍然局限于学校美育的范畴，但是亦可将其视为广义上社会参与的一种形态。这一模式的通常做法是，通过大学美育团队的课堂讲授和艺术实践，指导中小学生如何欣赏美的艺术，掌握艺术表达的基本技能，体会不同艺术的殊异风格，感受博大精深的中国美学精神。这种美育的服务对象通常是大学周边的中小学。比如，北京大学艺术学院多年在其附属小学、附属中学以及中国人民大学附属中学开设美育课程，传授专业的文化艺术和美学知识，指导中小学生排演戏剧和昆曲等。这个项目中的戏曲戏剧汇报演出，如戏剧《城南旧事》、昆曲《西厢记·长亭送别》都获得了很大的成功。2018 年，北京大学附属中学建立了“北大昆曲传承基地的实践基地”，进一步深化了与北京大学的合作。

随着科技迭代更新和教育技术的进步，“云美育”成为推进美育社会参与的

---

① 柯尔立治：《文学生涯》，见刘若端编：《十九世纪英国诗人论诗》，人民文学出版社 1984 年版，第 63 页。

图 11-2
中央美术学院美育研究院：《新时代中华美育故事》

重要渠道。大学联合其他社会资源，结合融媒体、直播等各种传播途径，可以扩大大学美育的影响力。比如，中央美术学院美育研究院与中央广播电视总台联合推出的《新时代中华美育故事》(图 11-2)。在国家广播电视总局“2021 年度优秀网络视听作品推选活动”中，荣获优秀网络直播类节目。其电视纪录片与 5G 直播结合的融媒体形式产生了很大的社会影响和传播效应。“云美育”的优势显而易见，在传播新技术的帮助下，大学美育突破了时空的限制，为广大公众提供了丰富的数字文献、数字影像、虚拟现实场景等内容资源。

（二）扶助型美育

扶助型美育是指对相对不发达地区或部门的美育支援，这旨在改善中国当代社会文化发展的不平衡现状，是走向全社会文化“共同富裕”的必经之途。扶助型美育可以有效地配合国家乡村振兴战略，扶助不发达地区的文化建设，这方面的典型形式就是乡村美育。与普及型美育稍有不同的是，乡村美育不但有普及美育的功能，还有扶助农村地区文化教育事业的作用。乡村美育的对象既有乡村中小学生，还包括广大的乡村居民，只有广泛地服务中小学生和乡村居民，乡村美育才可能发挥整体效能，进而全面提升乡村文化。

较之于城市的普及型美育，乡村美育难度更大。但各地高校已经探索出一些行之有效的做法，比如湖南大学在湘西州龙山县茨岩塘镇树溪村的乡村学校开展的“湖小树”美育实践，通过朗诵儿歌、童谣等方式教孩子们播音的发音技巧，打造乡村振兴童声朗诵团。团队还设有绘画、影视编导、媒介素养等一系列美育素养类课程。“湖小树”团队还在调研了乡村学生的个人状况后，开展线上线下长期美育计划。乡村美育的最大难题在于如何深入乡村生活，并产生持续性的效应，所以因地制宜乃是乡村美育成功的关键所在。乡村美育的设计首先需要对所在乡村的社会文化进行调研，了解当地民俗文化和生活方式，针对乡民和中小学生设计不同美育计划。乡村美育的另一个难点是稳定有效的乡村美育机制的建构，如果缺失机构设置，乡村美育往往会成为一次性的“过眼云烟”，扶助活动一旦结束也就不复存在了。因此，欲使乡村美育有可持续性和可延伸性，一方面要在乡民和当地中小学生中留下爱美的兴趣和生活方式，另一方面则要依赖有效的本地美育机构作为制度保障。有学者提出以“艺术计划”“乡土课堂”“地方工作站” 等项目作为乡村振兴视域下的社会美育模式。“艺术计划” 旨在在乡村中开展周期性、持续性、艺术化的展览、节日或活动，以事件整合乡村资源、联合村民日常参与、解决地方的问题或诉求。“乡土课堂” 是把校园课堂转移至乡村，以差异化的环境作为教学的第一现场，以乡村问题为课程主题。“地方工作站” 则是在乡村设立长效的、切实的运营空间，让 “艺术计划”“乡土课堂” 以及一切围绕乡村问题展开的工作，能够在当地机构的运作下进行。[①] 总之，乡村美育并无统一的格式，可谓 “条条大路通罗马”。

（三）生产型美育

生产型美育强调创新性，并与文化产业相融合，不同于一般的学校美育，生产型美育注重通过美育来带动创意性的文化产业。这类美育聚焦富有创意的文化产业项目，对接国家经济和文化发展的战略目标，如 “双创”、文化产业或非物质文化遗产保护等。生产型美育可以依托校园进行培育，在美育课程中由老师或驻校艺术家、设计师引领，组织发动大学生充分发挥聪明才智和创意想象，形成一些有产业或商业价值的美育项目，经过大学校园里的培育和推进，在逐渐完善和成熟后，对接文化创意园区或下游企业，将这些原本属于校园美育的创意项目推向社会和大众，这就实现了大学美育从知识型教育，向更具创新创业价值的生产型模式转变。这一转变不但有助于丰富美育的内容和成效，也有利于大学美育向社会服务和文化传承的方向拓展。

美育从校园向社会的延伸导致了三个方面的转变。第一，美育环境的转变，从城市到乡村，从校园到社区，从课堂到公共文化机构等，这一转变也就是寻常生活的艺术化或日常生活的审美化。审美的氛围并不局限于校园内，审美是无处不在的，它包围着每个居住者，同时又内化于个人的行为方式、情感态度和认知框架之中，如美学家叶朗所言：“这种氛围，犹如玫瑰园中的芬芳，看不见，摸不着，但是人人都可以感受到，而且往往沁入你的心灵最深处。”[②] 第二，美育的社会参与使美育参与者趋于多元化，不仅有学校师生，还有艺术家、公共文化机构专家，以及社区工作人员、志愿者、本地居民等。这就形成了一个集多方社会力量合力协作的 “社会大美育” 局面。第三，美育从产品中心模式向过程中心模式转变。通常的学校美育聚焦于知识传授，其目标指向一种可考核可展示的教学成果，比如艺术品、演出或展览等。美育社会参与则改变了这一目标，而转向了美育的过程，强调各类美育主体的参与性、互动性和可持续性，以当下社会问题关切为导向，以彼此情感交流为途径，以协商走向共识为目标。所以，过程中心模式不再只关心成品的完成情况，而是一种动态的交流、互动、理解和共情。

大学美育的社会参与是美育系统工程中不可缺少的一环，它既有赖于美育

---

① 曾晓嵛:《乡村振兴视域下社会美育协同创新与实践模式研究》,《艺术教育》2022 年第 5 期，第 258—261 页。

② 叶朗:《美学原理》，北京大学出版社 2009 年版，第 216 页。

师生共同体强烈的意愿和动机，也需要他们改变大学美育观念，探索百花齐放的社会参与路径。大学时代是人最具创造性和成长性的时期，如何在美育中激发学生真正的角色转变，从被动的受教者转变为投身美育社会参与的践行者，乃是大学美育的题中之义。

第三节　公共文化机构的美育

美育是一个终身教育的事业，大学美育只是其中一环。因此，利用现有的公共文化机构来拓展美育，既可以有效利用社会美育资源实现大美育的目标，也可为学生参与其中扮演美育志愿者的角色提供契机。公共文化机构的美育对大学美育具有两方面的价值：其一是能为大学生提供校园之外继续美育的条件。其二是作为公共文化服务平台，学校可以与这些文化机构合作，开拓学生参与美育社会服务的渠道。用好公共文化机构的丰厚资源，形成大学与公共文化机构优势互补的格局，是大学美育必须积极探索的一项工作。

一、公共文化机构是美育新空间

博物馆、美术馆、图书馆、音乐厅、剧场、电影院等，都是与美育相关的公共文化机构。公共文化机构的资源和体验空间是对大学生美育的重要补充。大学与公共文化机构合作推进美育已成为发展趋势。总体上说，大学利用公共文化机构开展美育有以下三种模式。

（一）传统的展览模式

参观展览是一种体验性的非正式教学活动，博物馆等公共文化机构能提供亲近历史和艺术原作的机会，这对大学生审美经验的培育颇为重要。展览的通行做法是围绕一个主题，通过设计规划展品的陈列顺序、灯光安排、标签、导览等注意力管理，把学生引向一些焦点问题，进而激发学生的审美兴趣，进入特定场景体验，获取相应的艺术知识。将参观展览融入课堂教学系统，实现与美育教学内容的有机结合，可以大大丰富大学美育的教学的模式。当然，博物馆、美术馆或艺术馆等公共文化机构的展览，往往并不是针对大学美育设计的，所以，教师应寻找展览与大学美育教学的契合点，防止观展体验与美育课堂完全脱节。

（二）多感官沉浸体验观展模式

数字技术和媒体技术的进步重塑了展览的形态，展览越发以观者体验为中心，这就改变了传统展览自上而下的模式，通过观者与展览情景的互动来提高观者兴趣，通过增强现实技术使观众获得视听等多感官沉浸式体验。在这种情境中，观众不再是静观主体，而是动态介入展览情境的能动主体。如今许多博物馆都建造了数字沉浸体验空间，运用数字投影、虚拟影像、界面互动等方式创造了让观众沉浸其中。《蒙娜丽莎–越界视野》（图 11-3）是卢浮宫 2019 年推出的第一个虚拟现实体验项目，为的是纪念达·芬奇在法逝世 500 周年。观众可以带上专门的眼镜，进入一个栩栩如生的虚拟世界，在瞥见这幅世界名画的各种可视化细节和背景的同时，探知这位艺术大师精湛的艺术技法和复杂的作画过程，身临其境的体验使观众仿佛在和艺术家一起作画、交流和观赏。在科技迅猛发展的当下，如何利用科技来推进美育的沉浸式体验，并将这种体验从博物馆带入课堂，是当下美育的一个重要发展方向。

图 11-3
《蒙娜丽莎-越界视野》

（三）"云端" 展览模式

随着数字媒介及互联网技术的发展，典藏品"物"的性质已经发生了巨大变化，它们可被高清扫描，成为可以在网络上共享的数字图像，并在虚拟展厅中展出。打造不受时空限制可以随时上线参观的云端展览，已经是现今各个博物馆、美术馆、艺术馆的一个建设新方向，这也是美育建设中数字化、智能化的努力方向。近年来，越来越多的博物馆加大了数字化建设，开放了更多样的线上美育服务通道。故宫博物院、中国国家博物馆、中国美术馆等公共文化机构都在大力发展馆藏资源的数据库，并向公众开放这些宝贵的数字资源（图 11-4）。国家大剧院等表演型艺术机构也在官网上分享了演出实况、纪录片、经典唱片、音乐会等各种资源。

图 11-4
故宫博物院数字文物库

一般而言，公共文化机构并不是大学的附属机构，尽管有些大学设有校内的博物馆、美术馆、音乐厅等，但大多数高校并没有属于自己的公共文化机构。所以，如果把大学美育视作一个复杂运作的系统，不仅限于校园内的课堂教学，那么如何与所在地的公共文化机构合作推行美育，设计有助于大学美育的专题项目，是美育师生共同体需要探索的问题。大学与公共文化机构的合作方式多种多样，第一种可行的方式是以公共文化机构现有的展览或活动为基础，将大学美育课程的相关内容融入这些机构的活动之中。比如组织师生观摩欣赏或是组织艺术团队参与当地的音乐节或戏剧节，使得课堂美育和公共文化机构的活动深度融合。第二种方式是发挥师生的聪明才智，利用所在地公共文化机构的资源，设计与课程密切相关的专题美育活动，促使大学生主动参与到这些活动之中，将公共文化机构作为课堂美育教学的重要补充。第三种方式是以社会美育为目标，由师生团队和公共文化机构共同参与，推出面向社区或中小学生的美育项目。这些项目一方面锻炼了大学生，使之以项目设计者、志愿者、实习者的角色加入其中；另一方面又推动了社区美育，实现了美育的社会服务功能。

二、参与公共文化机构的美育服务

在大学美育社会参与的过程中，大学生既是美育的受教者，又是推广美育的践行者。这双重角色要求大学生充分发挥主观能动性，为他们的社会服务创造出更多有效的路径和方案。以下是几种实现大学生主动参与社会美育服务的方式。

第一种做法是“文创 + 非遗”模式，这也就是我们前面提及的生产型美育。公共文化机构为普及美育和弘扬中华优秀传统文化提供平台，创立更有吸引力的、让文物“活起来”的项目。比如“考古盲盒”（图 11-5）就是一个案例。这类活动吸引人们主动去了解文物，学习文物背后的历史文化知识，并从中形成独特的审美体验和理解。这一模式旨在增强人们的审美兴趣，促进文创产品的消费。但如何更好地与美育结合，在消费中产生审美体验，在习得中获得美育知识，仍是一个需要进一步探索的难题。如果过于强调消费导向，就可能会遏制美育价值，使之成为完全的消费行为。

图 11-5
河南博物院“失传的宝物”考古盲盒

第二种做法是“大赛征集”方式，这也是一种生产型美育的路径。这种模式更加偏向于吸引人们主动参与特定的文创活动。2018 年，故宫博物院联合 NEXT IDEA 腾讯创新大赛、QQ 音乐举办了音乐创新大赛“古画会唱歌”，比赛以《千里江山图》《清明上河图》《韩熙载夜宴图》《洛神赋图》等名画作为素材，要求参赛选手在专家及音乐老师的指导下选择其中一幅进行音乐创作，阐释画意。郑州歌舞剧院的《唐宫夜宴》（图 11-6）舞也将场景设置在博物馆中，并虚拟呈现了贾湖骨笛、莲鹤方壶、唐三彩、唐代仕女陶俑、《簪花仕女图》《捣练图》等十余件古物、古画。这些做法都采用了媒介转换的思路，化静观欣赏为动态表演，把原本的古物、古画、古典场景“复活”，并按照现代思路进行表演。这种方法极为契合当代年轻人的兴趣点，因此引起了年轻人对传统文化的浓厚兴趣和自发“考古”。

图 11-6
郑州歌舞剧院《唐宫夜宴》剧照

第三种方式是大学生以志愿者身份参与公共文化机构的社会服务。大学生申请前往公共文化机构担任引导员、讲解员等工作，这对大学生来说也是一个参与美育社会服务并了解社会的绝佳途径。在当下一部分人中，追求即时回报的工具理性流行，以不求回报信念做事的价值理性相对偏弱。志愿服务不但有利于在社会层面上弘扬价值理性，而且是培育大学生价值理性和社会人文关怀的有效途径。大学生在公共文化机构中扮演社会美育“义工”的角色，不但有助于这些机构的社会美育事业，同时也会提升自身的审美素养和社会交往能力；不但使学生在直面艺术的过程中获得生动的审美经验，而且能使之在引导公众进行讲解的过程中锻炼自己的语言能力和交往能力。从博物馆、美术馆等公共文化机构的发展来看，借助美育或艺术介入生活已然成为普遍趋势。公共文化机构面临从知识性铺陈向以观众为中心、深度服务社会的转型，这为大学美育的社会参与提供了更多契机。

第四节　社会美与社会参与的审美表达

一、美育中的社会美

对个体来说，美育的功能在于人格的完善，对整个社会来说，无数个体的人格完善最终会走向社会美。社会美包含了社会存在层面的诸多方面，其一是作为社会主体的人之美，包括人体美，人的姿态或气质的美；其二是社会生活的美，包括从社会行为到文化休闲活动等民俗风尚之美，以及从家庭团聚到国家节庆等礼俗仪式之美，它涉及生活的方方面面；其三是日常生活的器物之美，从老物件到老家具，从装饰到庭院等。大到举国上下的节庆，小到街坊邻里的居家生活，都从不同的侧面体现出社会美的特质。大学美育之所以要提倡社会参与，一个重要的原因就在于要通过大学师生丰富多彩的社会参与提升主体的人之美，升华社会的风尚美，完善日常的器具美，总之，美育的社会参与具有全面提升社会美的功能。

我们还应关心的是一种作为生存方式的社会美，它超越了人的外观形体、节庆仪式或日常器具的实体性，体现为更深刻、更内在和更具总体性的美。这种生存方式上的社会美，说到底就是“美好社会”或“美好生活”，就是向美而生。自有人类以来，它始终是人们向往的理想，是世世代代为之踔厉奋斗的目标。古今中外的伟大思想家和美学家对此多有精彩论述，儒家的观念是所谓“尽善尽美”的社会，道家的理念是所谓“得至美而游乎至乐”的生活。柏拉图在谈论美时指出了美从低到高区分为五个层次，最基础的是“美的形体”，然后是“美的形式”，又升至“美的心灵”，再上升则是“美的行为制度”，最后达至“美的学问知识”。[①]“美的心灵”所实现的是“美的行为制度”，也就是美的社会。历史上的智者们把这样的理想社会或描绘为“桃花源”，或叫作“阿卡迪亚”“乌有之乡”，马克思的科学社会主义则明确指出了人类社会发展的规律，描绘了从资本主义到社会主义再到共产主义的社会进步之途。

美好社会应当是和谐社会，社会美体现为社会和谐之美，“和谐”正是中国美学的基本原则。中国文化历来有强调“天人合一”与“和而不同”的传统，如今，和谐已成为我们的建设方略。和谐不但体现在经济、政治、文化和社会等方面的协调发展，也呈现为人与自然的和谐共存，还彰显为中华民族与人类命运共同体的求同存异、协和万邦。一个具有审美精神的人，在面对纷繁复杂的社会文化现象时，其审美素养必定会在暗中发挥重要作用，追求和谐之美的冲动驱使他们化解矛盾，宽容异见，保护环境。美育的社会参与可以让大学生从小处做起，从审美沟通入手，为创造和谐的社会生活贡献力量。

社会的和谐之美既体现为社会关系的协调和顺，也表现为诸多层面的多样统一。美好社会的和谐依赖它自身的多样统一，多样统一也是重要的美学原则。说到底，和谐乃是不同要素之间的关系，而美学的多样统一就是指由不同要素构成的和谐关系，正是这种关系形成了美感愉悦。不但艺术如此，社会也是如此。从这个角度看，社会美至少体现为三个层面的多样统一：其一是社会多样性的统一，指的是人们的生活方式、思想观念和行为方式的多样性，这种社会多样性统一于一个共通的社会道德和法律规范之中；其二是文化多样性的统一，指的是人们兴趣爱好、休闲娱乐或文化消费的多样性，这种文化多样性又统一于整个社会的共同文化之中；其三是生物多样性的统一，指的是人与自然的关系，也就是从人类中心论的窠臼中走出来，转向多样的生物世界，并将人视为其中一个平等物种，这种生物多样性又统一于特定的生态系统中。可以设想，

① 柏拉图：《文艺对话录》，朱光潜译，人民文学出版社 1983 年版，第 271—272 页。

一个社会如果没有这三个层面的多样统一，美便无处可寻。美育的社会参与对这三个层面的多样统一都有所助益。因为美育陶养了人的美感和伦理心，所以学生会对社会性的多样统一敏锐而自觉；因为美育涵育了人的审美趣味和感知能力，所以学生不但会赞成文化多样性，也会努力践行共同文化的建设；因为美育唤醒了自然美意识和敬畏自然之心，所以学生必然趋向于维系人与自然的和谐共生关系。

社会的和谐之美还反映在社会审美风尚和高雅的趣味上。美好生活一定是人民有充分获得感和幸福感的生活，这自然包含了审美愉悦感。当代社会文化产业高度发达，娱乐化倾向普遍存在，人们有丰富多样的文化艺术活动。但是，我们不得不指出“娱乐至死”的倾向正在吞噬美育所提倡的高雅审美趣味。美育的基本目标就是审美素养的培育，而审美素养的高下往往表现在审美趣味上。审美趣味鼓励多样性，但总体上，美好生活之“美”理应包含对美的追求和向往。然而当代社会文化产业提供的产品良莠不齐，有的甚至败坏了人们的审美趣味，导致了受众的媚俗、猎奇。人们看似享有充分的娱乐活动，却与整个社会向美而生的目标背道而驰。一个文化自信自强的社会，一个充满健康文化氛围的社会，必须建构高雅的审美趣味。在这方面，大学美育的社会参与实际上起到了引领社会审美风尚的作用。在美育的社会参与中，大学生从被动的受教者转变成为主动的践行者，这就为具有良好审美趣味的大学生走向社会、引领社会审美风尚提供了可能性。如果说大学具有文化传承和社会服务等多重功能的话，那么，美育的社会参与则是实现这些功能的有效路径。

二、社会参与的审美表达

美育的社会参与实际上是一个组织审美活动的交往过程，是大学师生不同程度介入社会文化的运作过程。在这个过程中，组织者与受众的沟通是相当重要的一环。要和他人有效沟通，很大程度上依赖语言的审美表达。因此，要更好地参与社会服务，还必须具有一定的审美表达能力。我们可以通过学习一些古今中外思想家和艺术家的经典话语，提高自己的审美表达能力。

以下两段话的基本主题是艺术与生活的关系。美育的社会参与通常是借助一定的艺术手段展开的，所以对艺术与生活关系的理解便十分重要。钱穆《略论中国文学》中的这一段话道出了中国文化中生活艺术化的传统，就是将看似简单的日常生活，努力塑造成具有审美品位的生存方式。《限界与界线》中，艺术家渠岩通过策划“许村计划”与“青田范式”，把艺术融入乡村建设，敏锐地发现艺术可以修复乡村的人际情感关系，起到温暖乡村的作用。这些话语聚焦艺术对社会生活的重构与提升作用，体现了艺术与生活的关系。

中国人生则期望其能文学化、艺术化，亦即可谓期待能戏剧化。人生而真能如戏剧，现实人生一如舞台人生，岂不回肠荡气，可歌可泣，为人生大放一异彩乎。此诚中国人生中国文学一至高意义价值所在。

——钱穆

通过艺术，修复乡村人与人之间的情感是最为重要的，艺术发生作用是潜移默化，它不是传统的审美，不是风花雪月，也不是视觉的表达，艺术实际上是一个温暖乡村的方式，一个重建人和人关系的过程，艺术本身也有鲜明的身份特征……

——渠岩

美育社会参与所以具有重要价值，是因为审美具有神奇的精神力量，召唤人走向美好社会和美好生活，升华人的精神境界，陶养人的情操。以下几段精彩的说法鲜明地揭示了艺术的多重审美作用。王国维评述《屈子文学之精神》，以中国先秦古代诗歌为例，说明南北诗派虽然风格迥异，但它们都旨在改造或创新社会；小说家沈从文则在《小说作者和读者》中以朴素的语言说出了一个道理，那就是好的文艺作品不但使人感到真与美，而且会引导人“向善”，这里的“善”除了具有伦理学意义外，更能使人洞见人生和生命的意义。

诗之为道，既以描写人生为事，而人生者，非孤立之生活，而在家族、国家及社会中之生活也。北方派（诗）之理想，置于当日之生活中；南方派（诗）之理想，则树于当日之社会之外。易言以明之，北方派之理想，在改作旧社会；南方派之理想，在创造新社会。

——王国维

一个好作品照例会使人觉得在真美感觉以外，还有一种引人“向善”的力量。我说的向善，它的意义，不仅仅是属于社会道德一方面“做好人”为止。我指的是读者能从作品中接触了另外一种人生，从这种人生景象中有所启示，对人生或生命能作更深一层的理解。

——沈从文

美育的社会参与就是突破校园教育的局限性，打通校园与社区的通道，使师生在推展美育的同时更加深入地了解和介入社会，这对培养合格的、有创新意识的社会主义建设者来说，显然是一个重要的教育环节。美育之所以可以走向社区，其中还包含了一系列的超越陈旧美育观念和艺术原则的可贵尝试，这些尝试旨在打破传统的艺术边界，创造出全新的艺术存在方式。以下诸说法涉及这些超越性的探索。林语堂在《艺术是游戏和人格的表现》中表达的是全民艺术化和业余性的重要意义，尽管伟大艺术家不可或缺，但更重要的是每个人都有自己的艺术兴趣和艺术介入，这样全民族的艺术修养便会有很大的提升，对业余性的赞美还包含了显而易见的教育民主化诉求。贝林特《艺术与介入》中的这段话旨在颠倒传统的美学观念，即受众是被动的接受者，只有艺术家才是主动的创造者，他提倡欣赏者以积极的姿态介入艺术和环境，由此改变艺术家与欣赏者的二元对立。斋藤百合子作为当代日常生活美学的代表性学者，她在2015年的《日常生活美学》一文中指出了一个正在发展的事实，那就是美学或美育已经越出哲学的藩篱进入各个领域，并为这些领域提供原则和策略，这些都是我们提倡美育社会参与的重要语境和话语。

每个儿童和成人都能够自创一些东西以为消遣，是比一个国家产生一个罗丹更加重要的。我认为只产生几个以艺术为职业的艺术家，还不如教学校全体学生塑造黏土的模型，……我主张各方面的人士都有业余活动的习惯。……我听着一个朋友随便地弹着一首钢琴的乐曲，跟听一个第一流专门职业者的音乐会一样地快乐。

——林语堂

最为重要的是这样一个观念：欣赏者以参与的姿态介入艺术对象或环境。在许多大胆革新的艺术家和学派的工作中，介入并不仅仅是一个外在因素，它成为使审美经验的各个部分变得容易理解的一个最为关键的因素。……审美参与并不只是解释当代艺术的原则，它同样适用于传统艺术，并重新充实了我们对于它们的经验。

——贝林特

日常美学已超越了哲学话语并在多种学科和实践中产生影响……它为商业、消费主义、医疗保健、体育、法律、科学、教育，以及城市研究、可持续性、时尚和设计等领域，提供了原则和策略。日常美学广为接受和利用的原因在于，它洞察到审美在每个人的生活世界中的普遍性，以及它希望培育审美素养和情感，进而有助于改善一个人的幸福感、社会交往，改善社会和世界的现状。

——斋藤百合子

本章思考题

1. 学校美育中的社会参与主要有哪些模式？
2. 社会机构中的美育社会参与主要有哪些模式？
3. 网络数字技术的发展对美育社会参与产生了哪些影响？
4. 如何看待博物馆美育在当代的发展？
5. 美育社会参与如何进入社区进行审美表达？

推荐阅读书目

1. 蔡元培：《美育与人生——蔡元培美学文选》，山东文艺出版社2019年。
2. 陶行知：《生活即教育》，长江文艺出版社2019年。
3. 贝林特：《艺术与介入》，李媛媛译，商务印书馆2013年。

4. 杜威:《艺术即经验》，高建平译，商务印书馆 2017 年。

5. 朱健刚等主编:《社区艺术与公共空间》，花城出版社 2017 年。

本章 DIY 活动

活动一　青少年美育启蒙课

青少年是心理发展、价值观培养、审美趣味培养的关键时期，在这一时期向青少年提供多元的文化内容以及健康的审美趣味引导是有重要意义的。联系所在大学的对口中学，招募成员、针对青少年开展一次美育启蒙课。

在与对口学校师生开展课前交流后，可开设以下美育课程。例如，中国传统中的笔墨纸砚。课程内容可以包括:

1. 介绍中国文房四宝的历史发展及其文化特色;

2. 介绍历史中有关“笔”(或砚、纸、信封)的文字记载;

3. 制笔(或砚、纸、信封)方法发展的演变介绍;

4. 艺术作品中出现过“笔墨纸砚”的案例分析。

在实践中可以做以下设计:

1. 指导学生制作一支毛笔;

2. 引导学生查找历史典籍、地方志，或当地民间风俗传说中有关笔墨纸砚、书画及古玩商铺的记载;

3. 在掌握一定史料的基础上，引导学生探讨以笔墨纸砚为代表的传统文化在面对新时代经济转型、文化转型、技术转型、创意转型过程中经历的考验与成败得失。

活动二　云端美育

云端美育充分利用公共机构的文化资源，将美育从课堂延伸至社会，引导学生形成自主培养审美素养的意识，形成对当下社会重大问题的关切与思考。云端美育的公共资源一般包括各大博物馆、美术馆、图书馆官网提供的云端课程及虚拟展览等公共资源，还包括网易公开课、哔哩哔哩、喜马拉雅等音视频网站的公开课资源。

组织学生参观一次云端展览，结合在线展览的内容学习、拓展相关知识。比如南京博物院的在线展览《大报恩寺琉璃塔拱门(手语版)》，了解南京大报恩寺的历史发展，中国宝塔的形制及代表类型，大报恩寺作为文化符号的形象和意义变迁，以及大报恩寺塔在当代重建等问题。最后形成一份课程小论文或调查报告。

案例分析

案例一

下列材料介绍了北京大学团委举办的一次美育活动，请阅读并思考问题。

云端育美

北大团委聚焦思想引领，启动“思政云实践·五育育人”主题教育系列活动，围绕戏曲文化、非遗艺术等主题，以网络直播为主要形式，呈现了别具特色的美育课堂。

第一期的美育课堂于2021年11月推出，国家非物质文化遗产——北京“面人郎”第三代传承人、北京大学艺术学院校友郎佳子彧为同学们带来了一场以“面人郎：指尖上的世界”为主题的美育直播课堂。课堂分为讲述分享、作品展示、互动体验三个环节，郎佳子彧将文化讲述与艺术实践结合，让观众在了解面人文化、感受非遗魅力的同时，共情于手艺人制作面人的快乐，传承非遗文化。

在课堂中，郎佳子彧阐述了许多面人作品的内涵：对学子的祝福，对传统的继承，对医者的致敬，对人性的歌颂。其作品《北大毕业生》塑造了六位杰出校友，他们神采飞扬，一身正气，以昂扬斗志激励着燕园学子砥砺前行，向梦想高歌。《巾帼》致敬了抗疫征程中的医务人员，作者将传统京剧经典形象穆桂英与医者形象相融合，向身处一线的女性医务工作者们表达敬意。

郎佳子彧和同学们分享了自己在北大的成长经历与学习和传承非遗文化的故事，并表示美育课堂有助于创新美育教育形式，培育更多德智体美劳全面发展的优秀同学。课堂也设置了互动环节，郎佳子彧邀请两位学生代表在他的指导下制作面人郎，体验制作面人的乐趣。

第一场美育课堂在轻松愉快的观众互动中落下了帷幕。这次美育课堂在北京大学的抖音账号、快手账号、B站账号、微信视频账号直播平台，以及北京大学官方微博五个平台同步播出，其中快手直播平台观看互动3.1万人次，微信视频账号观看互动2.6万人次，抖音账号观看互动1.8万人次，多平台累计近10万人次观看直播。在美育直播课堂中，观众同郎佳子彧一起见证了面人的前世今生，感受到传统文化焕然一新的生命力。

研讨题 >>>

1. “云端美育”属于大学美育社会参与路径的哪一种？这种美育路径的主要特征是什么？
2. “云端美育”在社会美育中具有什么优势？
3. 你认为短视频平台在“云端美育”方面有什么优势？

案例二

在大学美育社会参与的三种基本路径中，生产型美育对学生的主动性、参与性与创造性都提出了很高的要求，“博物馆戏剧”便是推广生产型美育的一种有趣形式，请阅读下文，讨论并回答问题。

博物馆戏剧

博物馆戏剧是新近受到关注的一种美育途径，是指运用戏剧和戏剧技术作为传播知识和理解文化的一种手段。其特征就是用“表演”来阐释古画、画意，让文物“活”起来。

博物馆戏剧主要包含两种形式：一种是为了传达信息而创作的戏剧。这时采用“戏剧”形式其实是作品阐释的一种手段，它把作品的各种信息隐藏在表演里，这样便让作品“活”了起来，大大增强了对观众的吸引力。另一种则是在表演中表达自己的艺术灵感。后者因此更带有戏剧方面的创造性，并把注意力从阐释知识转向表达自己的观点、态度、个人反思，等等。时下博物馆流行的让“文物”活起来的文创项目就是采用了这一方式，著名的《唐宫夜宴》舞便是一例。2021 年中国国家博物馆与中国传媒大学戏剧影视学院共同打造的舞台剧《笑颜人》上演了一场人与俑的跨时空对话，这也是典型案例。

从学校美育的社会参与来说，如果学生担任了表演者的角色，那么他便会在准备和表演过程中增加对角色的兴趣、投入情感、并逐步加深对角色的理解。学生表演的过程就是基于理解的审美传达过程。表演时，他既是向他人生动地介绍一件作品，也是将自己的理解传递给观众，并可能会引起观众的交流。《唐宫夜宴》或《笑颜人》中的表演是专业的，但舞台戏剧的表演方式可以灵活，它可以随各种情境、环境条件、经济条件、参与者的情况调整具体的做法。博物馆戏剧只是一种特定的称法，它还包括短剧、独白式的表演、角色扮演、互动型表演、木偶戏等表演方式，其中的关键是带来观众参与的兴趣、理解的热情和互动的效果。这种做法也不限于博物馆等文化机构，而是可以在学校美育、社会美育中广泛采用。

博物馆戏剧是一种在审美中加深理解，又在理解中畅达表现的美育行动。其大致步骤如下：第一步，请一组团队的学生选择自己感兴趣的名画或其他令人触动的作品，比如《韩熙载夜宴图》。在选择时，需要考虑参与人数、道具准备难度、作品主题的价值等因素。第二步，了解作品及艺术家背后的故事，作品的艺术风格，它所处的社会文化语境，它在艺术史、思想史中的地位，等等。准备工作也包括筹划表演脚本，准备服饰道具和排练。第三步，解说和进行角色扮演。在最后的演出过程中，即使表演形式可能会有些现代，但学生在表演过程中形成的有关文物的历史文化知识和人文情感可以在解说和表演中传递给其他人。

研讨题 >>>

1. 学生在生产型美育中扮演着什么样的角色？
2. 较之于通常的课程教学，生产型美育有什么特点？
3. 从文中介绍的活动过程推测，生产型美育能培养学生的什么能力？

第十二章　身体文化的审美观念

美育是完善人格的教育，说到底是人的主体性建构。美育应包含对人身体的审美观念的孕育。我们不但要把身体作为审美对象，也要将其作为审美反思的主体，最终走向人身心和谐、全面发展。大学阶段正值青年人走向成熟的关键时期，大学生不但对社会和人生形成了自己稳定的看法，而且也形成了关于身体的种种观念。在青年人的成长过程中，适时地引入身体审美观的教育，有利于帮助大学生实现身份认同。健康正确的身体审美观的树立，是一个人成长过程中不可或缺的重要环节。美育对身体的帮助不在于传授化妆或健美身材的技法，而是探究人体美的审美观如何生成，进而培养青年人的身体审美智慧，并让这种智慧伴随其一生。

第一节　自然的与文化的身体

人的身体是一个具有多重特性的存在，古往今来，人们进行了各种探究。马克思说：“人作为自然存在物，而且作为有生命的自然存在物，一方面具有自然力、生命力，是能动的自然存在物。”另一方面，“人也是总体，是观念的总体，是被思考和被感知的社会的自为的主体存在”①。马克思道出了人的两重性：人既是一个自然存在物，又是一个社会存在物。自然的身体是不可选择的，父母的基因决定了我们自然的身体，但在不同历史阶段和文化中，人们总是通过种种身体观念重塑自己的身体，因而自然的身体难免与社会的身体处于紧张的关系中。

一、身体的自然与文化

在生命诞生之初，遗传基因在相当程度上就决定了一个人身体的形态，身高、长相、肤色、毛发等要素是不可选择的。自然的身体总是呈现出某些特征，比如东亚人和欧洲人在长相方面会差异悬殊，黄皮肤、黑眼睛是东亚人的典型

① 马克思：《1844 年经济学哲学手稿》，中共中央马克思恩格斯列宁斯大林著作编译局编译，人民出版社 2018 年版，第 103、81 页。

特征，而白皮肤、蓝绿眼珠则是欧洲人的标志。

自然的身体就像世间万物一样，形态各异，丰富多彩。生态的多样性当然包含了人的多元形态，敬畏生命也就是敬重人千差万别的自然身体。有趣的是，人是并不安于现状的物种，用人类学的概念来表述，就是人具有超越其他物种的“未特定性”。“未特定性”指人发展的无限可能性，这不但体现为人对社会文化的创造和变革，也体现在人对自然的身体的塑形上。换言之，自然的身体虽不可选择，却可以按照社会和文化的风尚加以改变。马克思认为：“动物只是按照它所属的那个种的尺度和需要来构造，而人却懂得按照任何一个种的尺度来进行生产……因此，人也按照美的规律来构造。”① 人不但能从美的角度塑造家园和器物，也会以此塑造自己的身体。因此人的自然的身体也是社会的或文化的身体。人是群居的社会性存在，自然的身体总是存在于特定的社会和文化之中，必然受到特定观念的影响。至此便触及一个有关身体的难题：自然的身体与文化的身体到底是什么关系？

人的身体是被自然、社会与文化构建出来的，个体的身体形象、身体经验和身体知识，必然受到特定生活环境和文化形态的影响。因此，身体的历史也是身体的文化史。从唐代女性以丰腴为美，到当下“骨感美”大行其道，清楚地说明了时代文化对身体及其功能的塑造。

二、美的观念与身体美

人类学研究发现，世界上有着千差万别的重塑身体的习俗，如：泰国和缅甸交界区域的帕东族妇女，会随着年龄增长在脖子上套上层叠的金属项圈；非洲埃塞俄比亚南部苏尔马族的未婚女子，会用木质唇饰将下唇扩展撑开，表示自己婚期已近。我们自然的身体不断经历着文化身体的塑形和改造，这就引出了一个复杂的问题，为何在所有物种中唯有人会改变自己的身体？

其实马克思已道明了原因，即人超越了动物依其动物尺度塑造的限制，所以会按照美的规律来塑造自己的形体。马克思的论断告诉我们一个朴素的道理，人总是会按照特定社会和文化的风尚来塑造自己的身体。文化的身体常常会对自然的身体施加看得见和看不见的影响，进而诱导、激发或促使人们去追求某些身体的时尚。这就涉及一个美育必须面对的难题：美的观念和身体美的关系。

人在身心不断发育的过程中走向成熟。这种成熟体现在两个方面：一方面，人对自己身体的发育变化越来越有反思意识；另一方面，特定社会和文化中关于身体的观念和时尚，也会成为制约人们反思身体的规范。心理学家认为，12 到 20 岁是人心理发育的青春期，在这一时期，人无可避免地会产生所谓的“认同危机”（或“同一性危机”）。心理学家埃里克森发现，“正在生长和发展的青年人，他们面临着一场内部生理发育的革命，面临着摆在他们

① 马克思：《1844 年经济学哲学手稿》，中共中央马克思恩格斯列宁斯大林著作编译局编译，人民出版社 2018 年版，第 53 页。

前面的成年人的使命，他们现在主要关心的是把别人对他们的评价与他们自己的感觉相比较……自我同一性的感觉是一种不断增长的信念，一种一个人在过去经历中形成的内在恒常性和统一感（心理上的自我）”①。生理发育引发了心理认同的危机，其主要的表现是将他人评价与自我感觉相比较，进而形成自我认同。这一理论对我们理解青春期青年人对自然身体的认知和反思具有启发意义。青年人在青春期很容易接受社会和文化上的身体美偶像（如影视体育明星等），进而形成自己对身体美的觉知，并反观或改变自己自然的身体。

理想的身体美形象是一个历史性的概念，它随时代而变。以女性身体为例，不同时代有不同的身体美标准。有研究指出，在古埃及，理想的女性是纤细的，追求窄肩，高腰，脸部对称；到了古希腊时期，理想女性则是丰满圆润的，具有光亮的皮肤；中国汉代，女性追求细腰，大眼睛和白皙的皮肤；文艺复兴时期，女性偏爱丰乳肥臀圆肚；维多利亚时期的英国，女性美的特征是丰满、束腰和圆润。20世纪20年代的女性以平胸、鲍勃式短发和孩子般的身材为美，30—50年代，好莱坞电影流行，人们开始追求曲线形、沙漏形体型；在摇摆乐流行的20世纪60年代，修长的、苗条的体型在社会上流行，80年代以后，社会审美进入超模时代，健美的、苗条的和高挑的体型成为理想女性体型；90年代以来，瘦弱、甚至女性特征不明显的体型成为时尚。进入21世纪，平腹和丰乳肥臀再次流行。

每个时代都有其理想美的标准，为了达到理想的身体美形态，人们发明了各式各样的美容方法，使自然的身体更符合特定文化理想之美。在不同的文化中，男性和女性都会通过美容的方式使自己更符合理想的身体形象，例如使用化妆品、服装、配饰等来展现各自文化所认同的理想身体。古埃及人早在公元前4000年左右，就开始使用化妆品来修饰眼睛和眉毛，中国亦有历史悠久的化妆技术。今天，化妆不但是女性日常生活的一部分，也有越来越多的男性介入化妆和护肤活动。除此之外，整容也成为常见的重塑身体美的一种方式，这充分体现了爱美之心人皆有之。

身体美的观念和模式可以从两方面来解析。一方面，爱美之心看起来是为自己，实际是对他人的眼光和回头率的在意。这表明，处在社会复杂人际关系中的个体，是通过获取他人赞美钦羡的眼光来实现对自己身体认同的，因为“他人是自我的一面镜子”。另一方面，从社会和文化角度看，任何社会和文化都会创造出具有时代风尚的身体美的观念和典范，尤其受当代媒介社会和消费文化影响，身体美的观念与典范更具广泛的传播力，对青少年的影响更大。因此，通过美育向处于青春期的年轻人传递正确健康和积极的身体审美观，是一件不可小觑的事。

① 心理学家埃里克森语，转引自赫根汉：《人格心理学导论》，合瑾、冯增俊译，海南人民出版社1986年版，第162页。

第二节　作为审美对象的身体

身体是每个人自我显现的最直观形式，作为观看行为的主体和客体，人的身体呈现出一种复杂性：身体既构成“自我”，也可变成“他者”；可以是主观的审美主体，也可以是客观的审美对象。下面，我们将从造型艺术和日常生活两个维度，对作为审美对象的身体展开具体探讨。

一、造型艺术中美的身体

造型艺术不同于文学的文字描述，它采用色彩和线条等直观的语言来呈现人的身体。中西古典艺术中有大量审美身体的个案，蕴含诸多描绘身体的技法、规则和原理。中国古代绘画中存在着大量经典的人物画，如顾闳中的《韩熙载夜宴图》，顾恺之的《女史箴图》，吴道子的《八十七神仙卷》，张萱的《虢国夫人游春图》，周昉的《簪花仕女图》等。

顾恺之的《女史箴图》效法晋代文人张华的《女史箴》而成，以建构宫中妇女封建道德规范为目的，展现出了中国古典身体的贵族端庄美。《女史箴图》以婉转和秀美的线条描绘了象征理想化道德的女性身姿，宫廷妇女在身体上所显现出的纤柔和矜持的礼仪规范，符合传统思想对绘画倡导的“成教化、助人伦”的目的和要求。张萱的《虢国夫人游春图》和《捣练图》描写贵族妇女出游和劳作的场景，通过画中妇女的身体表现贵族的日常生活，刻画了风姿绰约的贵族女性身体。相传唐代吴道子所绘的《八十七神仙卷》（图 12-1）是他为一个道观大殿所作壁画的长卷小样。画中众仙女列队一字排开，个个雍容华贵，仪态万方。她们边行走边弹奏乐器，衣裙飘逸灵动，整个画面充满变化的动感，尽显“吴带当风”的特点。

图 12-1
吴道子《八十七神仙卷》

在西方造型艺术史上，男性裸像一度是艺术的主要表现对象，女性裸像直到公元前 5 世纪才出现。史前艺术将身体与生殖崇拜关联在一起，如《维伦多

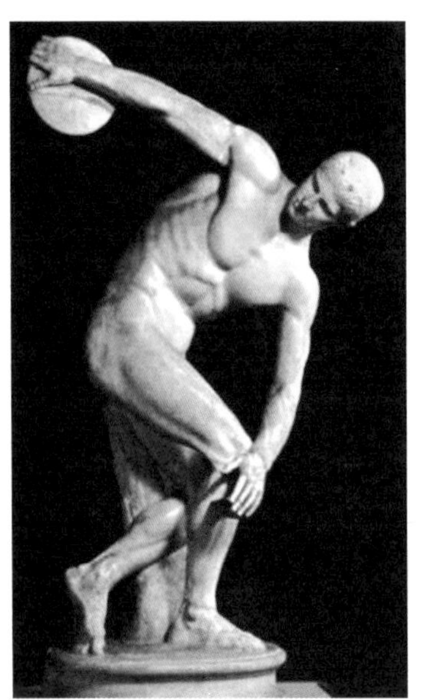

图 12-2
米隆《掷铁饼者》

夫的维纳斯》圆雕。古希腊艺术极力展现美的身体，如雕像《米洛的维纳斯》《掷铁饼者》等。米隆的《掷铁饼者》(图 12-2）呈现了一种强壮而有力量的身体形态，是体现古希腊男性身体景观的典型艺术案例。《掷铁饼者》充满体育运动的节奏感和力量感，把人体的和谐、健美、力量表达得淋漓尽致。雕像人物宁静典雅的动态、强健壮美的体格、静穆单纯的神态，充分体现了健全的精神寓于健全的体魄这一身体审美观，直到今天仍然是体育运动的理想。

米开朗基罗的《大卫》和安格尔的《泉》（图 12-3）则展现了一种富有青春活力的身体形象。《大卫》中的男子体态健美、肌肉饱满、富有生命力，凸显完美和谐的男性人体比例，是文艺复兴时期欧洲男性身体美的典范。《泉》描绘一位举瓶倒水的裸体少女形象，是女性身体美的典范。《泉》的重心在左脚，画中女子从最高点肘关节开始，自头部到上身到臀部，再到左边的脚，呈现出一条长长的 S 形曲线。右手手臂向左延伸扶瓶，左手手指托瓶，瓶口的水流畅直泻，与身体的曲线呈现鲜明对比。画中女性的身体曲线呈现出对立统一的变化规律。画中女性虽然身体袒露，却让人感觉如清泉般圣洁，是人体美与古典艺术造型美的完美结合。在当代艺术中，人的身体仍是最重要的艺术表现主题，尽管美学观念和风格特征与古典主义艺术迥异，但追求完美的身体表现仍是艺术强大的动因。比如意大利当代艺术家德埃尼的《女像》(图 12-4）就展现了楚楚动人的日常女性形象，

图 12-3
安格尔《泉》

图 12-4
德埃尼《女像》

他的女性写实绘画是当代艺术中的典范。

尽管中西艺术在表现人体美的方式上有许多差异，却也存在着共同特点。其一，每个时代的审美风尚对身体美的认知和表现均有所不同，从原始艺术到古典艺术再到现代艺术，都有不同的身体美的艺术表现规范，它们或体现在身体表现的直观形式中，或隐蔽在形态构成的背后。其二，身体美的艺术表现还有一个理想与真实的区别。在摄影出现以前，绘画和雕塑是身体美表现的主要艺术门类，身体的美要通过艺术家的观察、研究和探索加以呈现，必然受特定时代审美观念的影响。因此，身体美在艺术中更多的是对一种美的身体理想形态的表现，而非特定个体的身体再现，这是绘画雕塑有别于摄影的一个突出特点。就像希腊大画家宙克西斯所说，要表现海伦的美，至少要集五位美女之所长；安格尔的《大浴女》为了表现女性背部的美，有意拉长了画中女性背部的曲线，甚至打破了正常的身体比例。这些例子都清楚地表明，身体美的观念对身体形态的认知和理解具有相当重要的作用，这一点在日常生活中也同样存在。艺术创作是为了追求美，因此艺术家会以自己的眼光来发现美，并通过精巧的艺术表现手法将身体的美展现出来。古往今来，许多伟大的艺术家正是通过对人的形体的艺术塑造，培育了公众观赏和理解身体美的能力，既展现出特定时代的审美观念，又为不同民族及其文化的身体美留下了宝贵的艺术遗产。

二、日常生活中美的身体

与艺术中的身体景观不同，日常生活中身体的审美着眼于我们身体的外在特征和审美体验性。从外在形体特征来看，我们身体的容貌、体形等，都有时代的审美标准；身体的外在美化有美容、化妆、服饰、节食等方式。

古希腊人有爱美的天性，“在城市里，年轻人在体育操场内裸体角力；人们穿着宽松的衣裳上街，并且任意地在公共场所暴露自己的身体”①。“青年人大半时间都在练身场上角斗，跳跃、拳击、赛跑、掷铁饼，把赤露的肌肉练得又强壮又柔软；目的是要练就一个最结实，最轻灵，最健美的身体，而没有一种教育在这方面做得比希腊教育更成功的了。”②古希腊人认为，理想的人不仅要具备有思想、有意志、感觉敏锐的心灵，而且要拥有发育好、体格匀称、身手矫健和擅长多种运动的肉体。奥林匹克运动会就源于古希腊，参赛的运动员力图在赛场上展示健美的身体，时至今日，这种健康的身体审美观念依然盛行。

现代日常生活中最具代表性的男性身体，是具有男性阳刚之气的身体，如拥有结实的肌肉、魁梧的身躯、宽广的肩膀等。比如功夫巨星李小龙的身体无疑具备了这种特征。李小龙的身体美不仅源于视觉上的男性身体特性，更在于其身体所承载的锄强扶弱、敢于担当的道德责任感与符号隐喻。在李小龙身上，功夫与理想的身体之间形成了完美的契合，这样的身体形态为当代男性提供了

① 桑内特：《肉体与石头：西方文明中的身体与城市》，黄煜文译，上海世纪出版社2006年版，第5页。

② 丹纳：《艺术哲学》，傅雷译，人民文学出版社1997年版，第43页。

一种可能：通过自律和健身，男性可以拥有同他一样的理想身体。

日常生活中的女性身体更关注苗条、纤柔以及漂亮容貌等特征。中国古代女性的身体审美强调端庄秀丽、仪态娴静，如形象秀丽，身姿具有婉转和秀美的线条，呈现出纤柔和大家闺秀的礼仪规范。当代女性在审美上则追求时尚和性感，如“维密天使”作为全球最著名的内衣品牌，该品牌的模特代言人拥有“魔鬼般”的身材，面容漂亮兼具媚态，这定义了当代女性的性感美。日常现实中女性审美身体的另一种现象级文化是“封面女郎”。杂志的封面女郎穿着形象自由率性而有品位的服装，妆容自然精致，更重要的是她们苗条的身材和白嫩的皮肤，成为日常生活中女性身体的审美追求。

如今，大众文化和消费意识形态对身体产生了越来越大的影响。铺天盖地的护肤、美妆和整容广告，向消费者传递着诱惑性的信息：使用这些商品，你就可以拥有广告中美的身体。娱乐明星则通过大众传媒将公众的身体审美范本定型，各种身体美的偶像成为青少年追逐或模仿的对象。消费社会中标准化的身体审美规划，体现了社会对身体的规范要求。一些人热衷于追逐美的虚幻形象，看不到现象背后身体异化的真相，在美化身体的游戏中无法自拔。这就带来了一系列潜在的危机：有些人认为身体可以通过外在手段加以改变并美化，不知不觉将自己自然的身体置于“暴力”的宰制过程中，因而面临着各种风险；大众传媒所建构的明星，成为青少年的追逐偶像，使他们在不知不觉中将自己的身体变成一种消费品，失去了对身体的敬畏和尊重。面对消费社会及大众传媒所炮制的种种身体美的“神话”，如何保持一种健康的身体审美观，保持一种清醒的自我认知，是当代青少年面临的难题。

第三节　身体审美观的建构

虽说爱美之心人皆有之，但如何去爱美，如何葆有一颗健康的爱美之心，背后大有学问。作为一名新时代的大学生，有必要培养自己的正确的身体审美观。要树立正确的身体审美观，以下两个层面尤为重要。

一、正确地认识身体美

今天我们正面临新时代的种种挑战，生态观念已经深入人心。在身体美的层面上，其实也有一个生态观念问题。由于人是一种具有“未特定性”的物种，因此流行的社会观念和规范会以各种不同的方式作用于自然的身体，进而改变自然的身体。尤其是当代消费社会和媒介文化，不断地更新着人们关于身体美的观念，生产出花样繁多的身体偶像，促使人们不停地追逐时尚，进而忘却了自己自然的身体，甚至衍生出对身体的焦虑。如果我们清醒地意识到两种身体存在着相互影响，并形成敬畏生命和珍重身体的自觉意识，就会科学而健康地调和自己的身体，这就是身体生态意识的要义。

首先，我们要清醒地认识到，我们的身体是人类经过漫长进化的结果，是人与环境相互作用的产物，其中蕴含了深刻而复杂的自然规律。我们的身体又是特定人种、民族或家族繁衍生息的结果，基因决定了我们现在的样貌，黄皮肤黑眼睛的中国人，不可能成为白皮肤蓝眼睛的欧洲人。身体的自然形态决定了我们对自己的文化认同。承认我们身体的自然形态，而不是按照流行的时尚标准来苛求或改变自己，就是认同并敬重我们自己自然的身体。身体是一个人生命的一个载体，它绝非一个可以轻率处置的物品。

其次，多样性与独一性是人体美的生态基础。生物多样性是我们这个星球赖以生存的重要生态基础，维护生物多样性的生态系统对人类当下和未来的发展极为关键，没有多样性，人类的存在将岌岌可危。身体同样也存在着多样性，这种多样性对人类社会来说同样重要。多样性就意味着身体的美不可能定于一尊，绝不能用某种同一标准来要求所有人。如果我们每天对着镜子端详自己的身体，幻想着拥有模特般的身材，有影视明星般的脸，想办法照某个偶像来重塑自己，那不但是在肉体上摧残自己，而且会产生挥之不去的内心焦虑。每个人都有自己的身体特质，特异性是身体美独一性的体现。正是因为有了各式各样的身体形态和特点，人类社会才是一个具有生物多样性的“大家庭”。珍爱身体就体现在对自己身体独一性的敬重上，任何人都是为自己而活着，不是为了某个标准或他人的眼光而活着。这不但是一个人自主和自信的表现，更是敬畏生命和维护身体多样性的表现。所以说没有什么是比自我身体的自由更美的，这并不意味着放任身体，而是要采用科学健康的方法来管理好自己的身体。

再次，身体的美不只是一种外形或比例关系，更重要的是身体的内在活力。青少年的身体应充满活力，这种由内到外的精气神必然会使形体趋向于美。这种内在的活力既需要饮食、休息和有规律的生活，也有赖于一个人的生活状态和自我调节能力。在高校校园里，有的学生疲于学业，缺乏体育锻炼，有的学生被求职不顺所困扰，还有的学生的精神缺少内生动力，身体也失去了内在活力。这些人即使外表再出众，体型再有吸引力，也会因缺乏活力而失去身体美的魅力。因此，比外形因素更重要的是内在活力的积蓄与情绪自然而然的流露。如果大学生能意识到身体美的这个关键所在，把内在精气神的培育看作是比塑造外在形体美更重要的任务，必然会使自己更趋向于真正的身体美。

最后，敬畏生命和珍爱身体还体现在对身体的自我呵护。身体是我们存在的基础，身体不在，灵魂就无法存续。反过来说，灵魂如何“呵护”身体也是身体审美观应该关注的问题。这里的“呵护”不是指使用化妆品或其他保健品，而是指与身体“对话”，对自己的身体认同和赞美。如果每天早上醒来看着镜中的自己叹息，抱怨自己长相有所缺憾，或祈求有一天获得偶像般的长相，这样消极负面的心态不但会使我们的情绪变坏，还可能导致身体失去活力。正确的身体审美观提倡用一种善意和友爱的积极态度去肯定自己，形成一种对身体新的发现和褒奖，这样便会获得自信与自爱，并为自己的模样感到骄傲和自豪。我们不必为自己的缺憾忧心忡忡，而应该按照自己的方式生活，为自己的身体来定义美，不为追随流俗的身体美观念而损害自己的身心健康，不因效仿他人而丢失自我。

二、建构身心和谐的人体美观念

从古至今，始终存在着一种关于美的哲学观念，那就是身体的美并不只是外形的比例或长相，而是与人的内在密切相关。柏拉图早就指出，美是一个由浅入深由表及里的完整系统：

> 凡是想依正路达到这深密境界的人应从幼年起，就倾心向往美的形体。如果他依向导引入正路，他第一步应从只爱某一个美形体开始，凭这一个美形体孕育美妙的道理。第二步他就应学会了解此一形体或彼一形体的美与一切其他形体的美是贯通的。这就是要在许多个别美形体中见出形体美的形式。……再进一步，他应该学会把心灵的美看得比形体的美更可珍贵，如果遇见一个美的心灵，纵然他在形体上不甚美观，也应该对他起爱慕，凭他来孕育最适合于青年人得益的道理。从此再进一步，他应该学会见到行为和制度的美，看出这种美也是到处贯通的，因此就把形体的美看得比较微末。从此再进一步，他应该受向导的指引，进到各种学问知识，看出它们的美。……
>
> 先从人世间个别的美的事物开始，逐渐提升到最高境界的美，好像升梯，逐步上进，从一个美形体到两个美形体，从两个美形体到全体的美形体；再从美的形体到美的行为制度，从美的行为制度到美的学问知识，最后再从各种美的学问知识一直到只以美本身为对象的那种学问，彻悟美的本体。①

柏拉图的这段话说明了人对美的认知和体验是一个过程，分为五个阶段。其一是从美的形体开始，其二是进入美的普遍形式，其三是上升一步达致心灵的美，其四是进一步提升到行为和制度的美，最后走向知识和学问的美。柏拉图告诉我们，形体美只是认识美的起步阶段，只停留在形体美阶段是很肤浅的，我们需要向美的普遍形式迈进，尤其是要走向心灵的美。美是一个整体性的概念，是由外在形态与内在心灵的和谐关系构成的，只追求外形的美是很肤浅的。个体的美取决于诸多方面，气质、风度、仪态、涵养等多重因素决定了一个人整体印象，并形成美的气场。中国的审美传统也一样，“妇人之美有三，曰德、曰才、曰色”②。女性的内在美主要体现在“雅”“艺”“宜”三个方面：“雅”体现在精神涵养、文化素质和才能智慧等形于外的风韵气度，“艺”强调女性应该接受教育以有知性，“宜”强调女子应该秀外慧中。

外在的形体美如果没有内在的心灵美衬托，其实只是徒有其表的空壳，也就失去了美的特质。换言之，是内在的心灵美决定了外在的美。达·芬奇认为，身体美是会随着时间流逝而逐渐消失的，但艺术美则永存。我们可以将其作为树立身体审美观的原则，身体的美终会消失，心灵的美则是永恒的。在这个意

---

① 柏拉图：《文艺对话录》，朱光潜译，人民文学出版社1963年版，第271—273页。

② 李渔：《曹细君方氏像赞》，见《李渔全集》第一卷，浙江古籍出版社1991年版，第117页。

义上，美是由内而外的，心灵美决定了形体美的最终呈现。

在新时代，青年一代不但要努力掌握知识，同时也要实现身心和谐的成长，充实心灵，增长智慧，提升修养，这些内心修炼的功夫必不可少。在柏拉图的论断中，只有达到心灵美的阶段，才能踏上行为制度美的阶梯，最终走向学问知识的美。这个逻辑的顺序表明，对知识和学问的完整把握需要美好心灵作为前提。

第四节　身体审美呈现与表达

身体是充满生命、情感和灵性的存在。古往今来，人类文明中积累了无数赞美和表现身体的艺术品和表现方式，这些内容已成为我们宝贵的文化遗产。理解这些人体美的审美表达，不但可以提升我们对身体美的审美体验能力，而且有助于我们理解身体美的本质，表述自己的审美感觉。

一、身体美的艺术呈现

造型艺术是最直观地呈现身体美的艺术门类，这里我们从舞蹈、摄影、电影来看身体美的艺术呈现。

（一）舞蹈

舞蹈是体现身体美最具代表性的艺术，舞蹈呈现的是一种动态的身体美，是具有放大了的肢体表现和夸张的动作幅度的身体语态。艺术史家格罗塞认为，舞蹈起源于本能性的情绪冲动和身体有节奏的运动，如原始的酒神舞就是身体根据节奏展开的狂欢式运动。“舞蹈动作的节奏似乎仅是往来动作的自然形式，由于感情兴奋的压迫而尖锐地和强力地发出来的。”① 格拉姆强调，舞者的工具就是她（他）的身体，每一位舞者对动作都有特殊的捕捉和把握能力，通过这样的能力，舞者使舞蹈成为一个有灵气的整体性存在，舞蹈的真正创造就在于有着舞之灵的身体。舞蹈依靠身体来表现美，注重身体表现力的发挥，擅长用身体传情达意，同时也超越了身体的物质性本身，关注身体与精神的融合。舞蹈是身体的形态美，表现为精准和优雅的身体动作。精准指舞者对身体运动的准确掌握和运用程度。优雅则是精准的身体动作的灵魂构成，即身体超越了物质性形式，在身体的舞动中体现灵性。

现代舞要求身体动作源于自然，如现代舞的开创者邓肯认为，身体是美丽的、实在的、真实的、无约束的存在，应当通过舞蹈解放身体，释放身体的自然之美，舞蹈这门艺术不仅是通过动作表现身体，同时它为更自由、更和谐、更自然的完整生活概念奠定基础。2022 年央视春晚的古典舞剧《只此青绿：舞绘〈千里江山图〉》（图 12-5）中，身体美学与青绿山水互融互生，实现了身体意象的诗性表达与“沉浸式”剧场的完美结合。舞者们通过身体的多变样态和

① 格罗塞：《艺术的起源》，蔡慕晖译，商务印书馆 1984 年版，第 166 页。

流动造型、队形的游移变换与错落有致，生成青绿山水梦幻般的映像，营造出孤峰远望，烟霞弥漫的千里江山意境，传递出浓郁的宋韵美学气氛。

图 12-5
舞蹈《只此青绿：舞绘〈千里江山图〉》

（二）摄影

摄影是艺术与技术的结合，镜头取代了传统的画框，它可以自由拉伸和游移。摄影依托技术实现了对身体的高度写实，如桑塔格所言，摄影轻而易举地实现了人像的还原，这是“任何人都可以制作或获取的现实缩影”①。摄影使身体形象的记录和呈现变得更为容易，尤其是在当代智能手机和数字摄影无处不在的情况下，摄影已成为当代视觉文化中身体表征最便捷也最普及的领域，大量关于身体审美表现的图像被生产出来，并在互联网上广泛传播。如莫洛独具匠心地开创了水下人体摄影（图 12-6），以男女演员优美的身体动作来演绎水下芭蕾，全然不同于舞台上的舞姿和场景，有一种独特的梦幻效果。随着数字技术和光学技术的发展，许多新的“数字造颜”技术出现了。人们可以借助各种软件的美颜功能，创作出符合社会时尚的各种身体图像。这一方面丰富和美化了网络图像资源，另一方面强化了人们对特定时代身体美的社会标准的认同。

图 12-6
莫洛的水下摄影

（三）电影

电影作为“第七艺术”，在塑造身体美方面具有无与伦比的功能，人们常说电

① 桑塔格：《论摄影》，黄灿然译，上海译文出版社 2008 年版，第 4 页。

影是“梦工厂”，电影也是生产“身体美”的工厂。前文我们提及身体美标准的历史演变时，特别提到20世纪30—50年代流行的由好莱坞电影塑造的曲线型、沙漏型体型。这表明电影在身体美流行观念的建构方面的强大功能，那些在荧幕登场的男女明星，一旦成名变成大众偶像，其形象的影响力将会超出电影本身，其形象会在广告、电视剧、大众传媒中广泛传播，甚至成为特定历史时期的社会“脸面”进入文化记忆。由于电影表现的是人的生活，而观众期待看到具有高度吸引力的美丽面庞和身体，因此电影为了表现身体的美常常无所不用其极。从特写镜头到慢动作，从镜头推拉摇移到光线布置，一切都是为了营造出“梦幻般的美丽”。有电影史家指出，电影发展历程中有一个从“叙事电影”向“奇观电影”的转变。“叙事电影”注重故事情节的表现，用动人心魄的情节来打动观众；而“奇观电影”则为了表现人体形象以吸引观众注意力，可以中断情节和故事进程，全力表现身体的奇观。换言之，“奇观电影”改变了电影的重心，故事的叙事在其中不再重要，优先考虑的是如何向观众展示美轮美奂的人体，尤其是女性身体。① 营造身体奇观如今已成为电影吸引人的基本视觉策略，影星及其身体的视觉呈现也成为拉动票房的主要手段。这就向青年一代的观众提出了一个值得思考的问题：如何在欣赏这些富有视觉吸引力的身体美的同时，正确建构自己健康的身体认同及审美观念？敬畏生命和珍爱身体是一个重要且有效的美育原则。

二、身体美的审美表达

中国古代画论总结出人体“立七、坐五、盘三半”的比例法则，以及人物面部比例“三停五部”“面像八格”等理想比例的绘画规则。在古希腊的审美观念中，身体艺术的最高境界在于追求和谐、对称、比例、平衡、匀称等，如希腊雕刻家波利克里托斯认为，“美寓于身体各部分的比例之中”。② 毕达哥拉斯学派从“数”的比例来表达美的身体，认为美的规则就是事物的数的形式规律，而人体美感的呈现就在于身体各个部分之间“数”的适当比例，如各指之间、指与手的筋骨之间、手与肘之间的比例，等等。

文艺复兴时期，透视法和解剖学等科学被应用于造型艺术，艺术家对身体美的认识更加深入和全面。达·芬奇的《维特鲁威人》(图12-7）绘制了一个男人在同一位置上的“十”字型和“火”字型的姿态，并根据人体解剖实验和统计数据，从人体比例的角度对身体美作了精确表述：人的头是身高的八分之一，肩宽为身高的四分之一，平伸双臂的长度等于身高的长度，叉开双腿使身高降低十四分之一；分举两手使中指指端与头顶齐平，这时候肚脐是伸展四肢外接圆的圆心，而两腿当中的空间恰好构成一个等边三角形；人平伸

① 穆尔维：《视觉快感与叙事电影》，殷曼楟译，见周宪主编：《视觉文化读本》，南京大学出版社第265—280页。

② 塔塔尔凯维奇：《古代美学》，理然译，广西人民出版社1990年版，第52页。

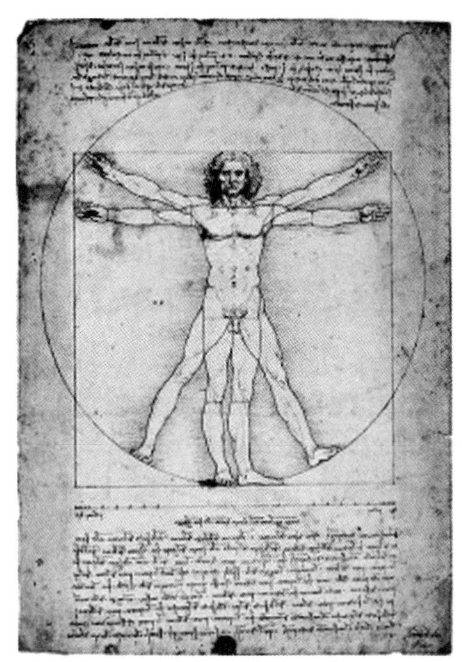

图 12-7

达 · 芬奇的《维特鲁威人》

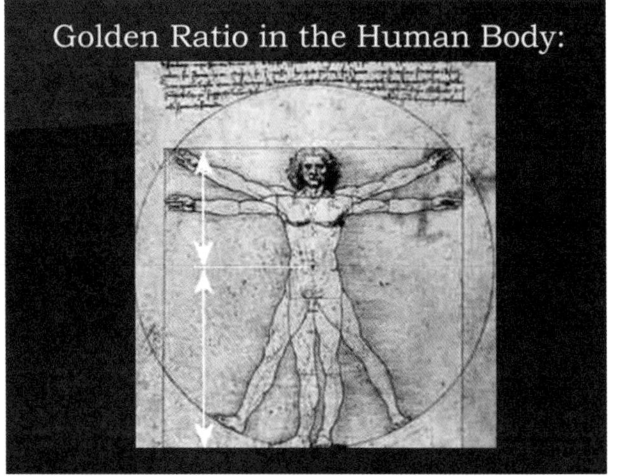

图 12-8

身体的黄金分割比例

双臂，可以沿人体做一个正方形，人伸展四肢，可以沿人体做一个圆形。① 还有一些研究者从黄金分割率角度来研究人体，将达 · 芬奇《维特鲁威人》以黄金分割率来测量（图 12-8），用以说明人体美的比例关系。西方的造型艺术起源于古希腊，至文艺复兴时期提出比例身体之美，并在现代形成“完美人”概念，这是身体美的一种理想形态，同时也在很长一段时间成为西方身体审美的典范。

以下是古今中外一些著名文学作品中对身体美的表达。这些精彩话语对今天大学生如何言说美的身体，无疑具有启迪性和示范性。通过学习和模仿关于身体的经典表达，我们可以慢慢形成身体的审美表达方法，进而提升自己的审美表达能力。

手如柔荑，肤如凝脂，领如蝤蛴，齿如瓠犀；螓首蛾眉，巧笑倩兮，美目盼兮。

——《诗经 · 硕人》

增之一分则太长，减之一分则太短；着粉则太白，施朱则太赤；眉如翠羽，肤如白雪；腰如束素，齿如含贝；嫣然一笑，惑阳城，迷下蔡。

——宋玉《登徒子好色赋》

肩若削成，腰如约素。延颈秀项，皓质呈露，芳泽无加，铅华弗御。云髻峨峨，修眉联娟，丹唇外朗，皓齿内鲜。明眸善睐，靥辅承权，瑰姿艳

① 凌继尧：《美学十五讲》，北京大学出版社 2003 年版，第 56 页。

逸，仪静体闲。

——曹植《洛神赋》

薄云衣、细柳腰。一般妆样百般娇。眉眼细、好如描。

——张先《醉红妆·中吕调》

北方有佳人，绝世而独立。一顾倾人城，再顾倾人国。宁不知倾城与倾国，佳人难再得。

——李延年《北方有佳人》

回眸一笑百媚生，六宫粉黛无颜色。……风吹仙袂飘飘举，犹似霓裳羽衣舞。玉容寂寞泪阑干，梨花一枝春带雨。

——白居易《长恨歌》

两弯似蹙非蹙罥烟眉，一双似喜非喜含情目。态生两靥之愁，娇袭一身之病。泪光点点，娇喘微微。闲静时如姣花照水，行动处似弱柳扶风。心较比干多一窍，病如西子胜三分。

——曹雪琴《红楼梦》

嵇康身长七尺八寸，风姿特秀。见者叹曰："萧萧肃肃，爽朗清举。"或云："肃肃如松下风，高而徐引。"

——刘义庆《世说新语·容止》

生得身长七尺五寸，两耳垂肩，双手过膝，目能自顾其耳，面如冠玉，唇若涂脂。

身长九尺，髯长二尺；面如重枣，唇若涂脂；丹凤眼，卧蚕眉：相貌堂堂，威风凛凛。

身长八尺，面如冠玉，头戴纶巾，身披鹤氅，飘飘然有神仙之概。

——罗贯中《三国演义》

她的乌油油的头发一串串挂在前额，美丽而润滑的前额发出灵光，她的两条眉毛好像新月一样。她的面颊泛出青春的红润，有时达到一种透明的光彩，仿佛她的筋脉像闪电般流动。

——拜伦《唐·璜》

她是大自然孕育出来的女儿，犹如一朵含苞欲放的玫瑰，在阳光的沐浴下和露水的滋养下而愈显妩媚动人：她又像是一朵出淤泥而不染的莲花，让人可远观而不可亵玩焉。

——哈代《德伯家的苔丝》

人是一件多么了不起的杰作！多么高贵的理性！多么伟大的力量！多么优美的仪表！多么文雅的举动！在行动上多么像一个天使！在智慧上多么像一个天神！宇宙的精华！万物的灵长！

——莎士比亚：《哈姆雷特》

在上述文字中，有的通过借物喻人和直抒胸臆的方式对身体容貌和体态的直观描述，如《诗经》用自然界中的事物比喻卫庄公夫人庄姜的容貌，用“凝脂”比喻光洁白润的皮肤，用“瓠犀”比喻又白又齐的牙齿，用“螓首”比喻宽阔温润的额头，用“蚕蛾触角”比喻又长又弯的眉毛；接着用“巧笑倩兮”描绘庄姜的妩媚容颜，将一个古典美人的娇媚态韵完美地呈现了出来。有通过侧面烘托的方式对盈盈细步的窈窕身体的间接描述，尤其是对林黛玉病态美的描绘更是精彩绝伦。《世说新语》和《三国演义》两段是对男性身体的审美表达，罗贯中在《三国演义》中对刘备、关羽和诸葛亮的形象描述堪称经典。《唐·璜》《德伯家的苔丝》选文是关于女性身体审美的精彩表述；而莎士比亚通过《哈姆雷特》之口对人体的内在精神性的修辞和隐喻表达。在这些有关身体的审美表达中，不论是对外在容貌的直观描述，还是对身体形态的修辞比喻，都体现出人体美感的审美表现性。如果仅限于对身体形态的直白陈述，而不是采用艺术化的表达方式，就不能将人体美感的多样性展现出来。

本章思考题

1. 如何理解自然的身体与社会的身体之间的关系？
2. 造型艺术中与日常生活中的审美身体有何区别？
3. 当代青年大学生应当建构一种怎样的身体审美观？
4. 舞蹈、绘画、摄影中身体审美观有哪些不同的表达？
5. 为什么身体的审美表达很重要？

推荐阅读书目

1. 克拉克：《裸体艺术：理想形式的研究》，吴玫、宁延明译，中国青年出版社1988年版。

2. 恩特维斯特尔：《时髦的身体：时尚、衣着和现代社会理论》，郜元宝等译，广西师范大学出版社2005年版。

3. 维加莱洛：《人体美丽史：从文艺复兴到20世纪》，关虹译，湖南文艺出版社2007年版。

4. 舒斯特曼：《身体意识与人体美学》，程相占译，商务印书馆2011年版。

5. 李渔：《闲情偶寄》，《李渔全集》（第三卷），浙江古籍出版社1991年版。

本章DIY活动

活动一

图12-9呈现了不同民族人们多样化的长相和体型，请思考中国人的身体有

哪些独特之美？写一篇短文谈谈你的看法。

图 12-9
不同民族的人们

活动二

你最喜欢哪些电影明星？他们的身体造型是否影响了你？请思考如何保持一种批判性的身体审美观？

案例分析

案例一

欣赏唐代画家张萱的《虢国夫人游春图》（图 12-10）和唐代诗人杜甫的《丽人行》，请从身体审美的角度展开分析，并回答问题。

丽人行

（杜甫）

三月三日天气新，长安水边多丽人。态浓意远淑且真，肌理细腻骨肉匀。绣罗衣裳照暮春，蹙金孔雀银麒麟。头上何所有？翠微盍叶垂鬓唇。背后何所见？珠压腰衱稳称身。就中云幕椒房亲，赐名大国虢与秦。紫驼之峰出翠釜，水精之盘行素鳞。犀箸厌饫久未下，鸾刀缕切空纷纶。黄门飞鞚不动尘，御厨络绎送八珍。箫鼓哀吟感鬼神，宾从杂遝实要津。后来鞍马何逡巡，当轩下马入锦茵。杨花雪落覆白苹，青鸟飞去衔红巾。炙手可热势绝伦，慎莫近前丞相嗔！

研讨题 >>>

1. 请结合绘画，谈谈自然的身体与社会的身体之间的关系。
2. 请找出诗中描述身体的语句。
3. 请谈谈诗和画作为不同的艺术门类，在身体审美表达上有何区别？

图 12-10
张萱《虢国夫人游春图》

案例二

以下是一个关于人脸部审美的经典研究。心理学家兰罗瓦采用图像叠加的技术，即以几何级数来叠加不同的人脸照片进而合成一张新的人脸。结果发现男性 16 张照片的合成脸最美，女性 32 张照片的合成脸最有吸引力。据此，兰罗瓦否定了美学上传统的五种观念，即美在人心里，美的标准随时代而变，美属于人的第一印象，美是表面的东西，以及美的标准与偏爱是通过媒介习得的。她的结论是，最美的（最有吸引力的）脸是趋向于平均值或常模（averageness）的脸。

图 12-11 说明 9 ～ 10 张照片的合成脸远胜于前面数字较低的合成脸。

（详见周宪编译：《艺术的心理世界》，中国人民大学出版社 2003 年版，附录。）

研讨题 >>>

1. 美究竟是主观的还是客观的？

图 12-11
人脸照片合成试验

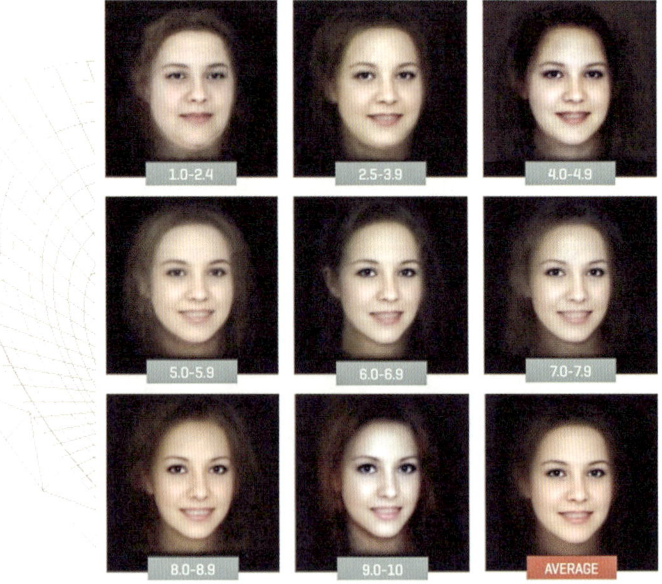

2. 如何理解人脸的平均值或常模（averageness）?

3. 社会文化或媒体对人的审美判断有无影响?

案例三

法国女艺术家奥兰的行为艺术《圣奥兰的转世》(图 12-12)，按照西方传统的理想美标准（如丹枫白露派所绘戴安娜的鼻子、布歇笔下欧罗的嘴唇、达·芬奇笔下蒙娜丽莎的额头、波提切利笔下阿芙洛狄特的下巴等），对自己身体做了多次整容手术。她明确表示，反对历史上强加给女性的美的观念，而这些女性形象历史上被公认为是美的，所以她以手术“行为”来再现这些所谓的“美”，进而揭示了美是一种“强暴”的社会文化观念。

研讨题 >>>

1. 奥兰激进的行为艺术对女性身体美观念进行了颠覆，这对我们有什么启示?

2. 奥兰的行为艺术与今天流行的整容手术有相似性吗?

3. 当下面对消费文化与媒介文化的冲击，大学生应当如何建立一种积极、健康的身体理念?

图 12-12
奥兰《圣罗兰转世》

第十三章　科学探索的审美赋能

艺术和科学一方面被视为人类文明的两颗璀璨明珠，另一方面又是相互对立的“两种文化”。[①] 大学阶段学习理工农医等专业的学生，往往会认为美育对自己没什么用处。这其实是一种误解，无数事实表明，美育不但可以促进人的全面发展和人格完善，而且与科学研究关系密切。本章主题是探究科学中的审美赋能，这体现在三个方面：第一，科学家的爱美之心赋予其科学研究的内在动力；第二，科学素养中包含了审美素养；第三，科学的审美表达能力是科学家不可或缺的能力。

第一节　爱美之心助力科学研究：以爱因斯坦为例

要说明科学与审美的关系，最直接的路径就是从伟大科学家说起，爱因斯坦就是一个典型案例。科学与审美融会贯通于他的一生，从中可以清晰看到审美对科学的赋能作用。爱因斯坦曾直言：“如果我不是一个物理学家，我或许会成为一个音乐家。我时常在音乐中思考。我在音乐中做我的白日梦。”[②]

一、艺术与科学融为一体

爱因斯坦的母亲是一位钢琴家，深谙艺术教育在儿童成长过程中有着重要的作用。因此，在他幼年时，母亲送给他的宝贵礼物便是小提琴的课程。爱因斯坦生性讨厌刻板无趣的学习，认为兴趣爱好是学习的根本动力。他 13 岁时便爱上了莫扎特的音乐，一生都徜徉在音乐旅程中。爱因斯坦不仅热爱音乐，还参加过各种音乐会的演奏，他早年喜欢拉小提琴，晚年则弹奏钢琴，不但和专业音乐家一起登台表演，还和一些同时代的伟大科学家们（如普朗克等）一起演奏。爱因斯坦在普林斯顿高研院工作时，当他和妻子艾尔莎找到新的住房后，便在家里举办了一场小型音乐演奏会，演奏了海顿和莫扎特的作品。他还邀请

① 斯诺：《两种文化》，纪树立译，生活·读书·新知三联书店 1994 年版。

② 卡拉普赖斯：《新爱因斯坦语录》，范岱年译，上海科技教育出版社 2017 年版，第 138 页。

了著名的俄罗斯小提琴家塞德尔担任第一小提琴，而他自己则担任第二小提琴。爱因斯坦还曾经与茱莉亚音乐学院的四重奏乐团一起登台演出，演奏了莫扎特的《G 小调五重奏》，演奏中他仍担任第二小提琴，其音乐理解力和精妙绝伦的演奏水平给观众留下了深刻印象。

在爱因斯坦一生中，音乐与其科学研究互动，形成了彼此促进的格局。他说自己常常是“在音乐中思考”，“在音乐中做白日梦”，这绝非夸大之词，传记《爱因斯坦：其生平与宇宙》，生动描述了音乐和科学是如何在爱因斯坦那里神奇地融为一体的：

> 对于爱因斯坦来说，音乐不是单纯的消遣，而是相反，音乐有助于他思考。他儿子汉斯·阿尔伯特说：“每当他感到山穷水尽或工作面临艰巨挑战时，他就会到音乐里去避难，这将会解决他的各种难题。”在他独居柏林与广义相对论“搏斗”的岁月里，小提琴被证明是很有用的。他的一位朋友回忆道：“他深夜常在厨房里拉小提琴，在思考复杂问题时他就会即兴创作旋律。”尔后在演奏的过程中，他会突然激动地宣布：“我明白了！”仿佛灵感降临，难题的答案会在音乐中呈现在他面前。①

有研究发现，爱因斯坦关于音乐本质的深刻理解，有助于他形成狭义相对论中无任何参照系具有优先性的想法，同时对广义相对论中至关重要的等价概念亦有所启迪。他对音乐的体验暗含了空间和时间之间的某种非牛顿式的联系，这有助于他形成最初的思路。因此，有学者认为，爱因斯坦在 1905 年前开始做的思想实验，也许就包含了某种对音乐的冲动和理解。② 他的第二任妻子艾尔莎也说过，爱因斯坦有一个习惯，每当他的科学理论思考陷入困境时，便会走出书房来到钢琴前，弹奏几个音节或和弦，或是演奏一两段旋律，很快他就有了新的想法，便回到书房做进一步的思考。由此可见，音乐不但对爱因斯坦的科学发现有所启迪，而且在科学和艺术的交替中，使其思维更有活力和更富创造性。这也许就是爱因斯坦一生挚爱音乐的原因之一，因此，爱因斯坦认为音乐并不影响研究工作，两者都从同一种渴望中得到滋养，在提供放松作用方面相互补充。③1921 年，他曾接受柏林一家杂志的采访，在被问及艺术经验和科学经验有何共同之处时，他陈述了自己独到的看法：“作为欣赏、学习和观察的自由的存在者……我们进入了艺术和科学的领域。如果用逻辑语言来描绘所看到和所经历的东西，我们便是从事科学。如果它是通过形式来传达的，而这些形式的关联是意识无法触及的，但我们直观地发现它们是有意义的，那么我们

① Walter Isaacson, *Einstein: His Life and Universe*. New York: Simon & Schuster, 2007, p.13.

② Leon Botstein, “Einstein and Music,” in *Einstein for the 21st Century: His Legacy in Science, Art, and Modern Culture*, eds by Peter L. Galison et al., Princeton: Princeton University Press, 2008, p.169.

③ 卡拉普赖斯编：《新爱因斯坦语录》，范岱年译，上海科技教育出版社 2017 年版，第 138 页。

就是在从事艺术。”① 科学和艺术的差异只是所使用的符号性质有所不同，它们都涉及直观经验，在爱因斯坦的大脑中，逻辑语言与形式语言是相通的，是可以相互转换的，因此音乐对爱因斯坦的科学研究来说不可或缺。

二、科学观念与古典音乐相融通

爱因斯坦对音乐的挚爱还表现在他成熟的音乐审美趣味上，他最爱古典音乐，尤其是莫扎特和巴赫的乐曲。这就引发了一系列令人好奇的问题，爱因斯坦为何对莫扎特和巴赫情有独钟？为何对二者的挚爱远超其他任何音乐家？在他钟爱的音乐家名单里，排在后面的还有海顿、舒曼、肖邦、门德尔松，以及贝多芬的早期风格。他对贝多芬的态度最为有趣，晚期风格的贝多芬他很不喜欢，比如贝多芬晚期最伟大的作品《第九交响曲》。他认为贝多芬的音乐是人为创造出来的，而莫扎特的音乐则纯粹得好像一直存在于宇宙中。他还对贝多芬与巴赫进行过比较：“听贝多芬（的音乐）我感到不舒服。我认为他太突出个人，几乎是赤裸裸的。还是让我听巴赫吧，然后还是巴赫。”② 他认为贝多芬的晚期作品过于个性化且太戏剧化，虽然这正是浪漫主义音乐的典型特征，但并不是爱因斯坦所喜欢的音乐类型。

爱因斯坦为何钟爱莫扎特的古典音乐？人们一般认为他的音乐审美趣味趋向保守，所以古典音乐成为他的必然选择，这种常识性的结论并不恰当。我们对爱因斯坦的音乐品位和偏好的考量，应该与其科学观念结合起来，这样或许才能找到更为合理的解释。

爱因斯坦坦言，莫扎特的音乐是如此纯粹和美，以至于将其音乐视作宇宙本身内在之美的显现。③ 他还说道，莫扎特的音乐具有无与伦比的美，是因为莫扎特音乐具有纯粹的简单性。我们知道，“纯粹性”“美”和“简单性”始终是爱因斯坦评判科学理论的重要标准，因此他对莫扎特和巴赫及其古典音乐家的赞誉，可视作他科学基本观念向音乐领域的合乎逻辑的延伸或渗透。他还说过自己喜欢即兴演奏（图 13-1），“当我在即兴演奏中出现某些想法时，就需要巴赫的明晰结构来进一步引导我的思路。”④ 因此，爱因斯坦关于音乐的审美趣味并不完全是音乐性的，而是与其科学基本观念相互融通的。这么来看，他不喜欢贝多芬的晚期作品，显然是合情合理的。至于勋伯格及其后的现代主义音乐，完全不在爱因斯坦喜欢的音乐家备选名单中，因为现代主义音乐完全打破了和谐有序与简单纯粹的古典音乐原则，不和谐、杂乱、个性化和戏剧化有悖于爱因斯坦的科学理念。由此可见，在爱因斯坦那里，科学与艺术是完美统一的，这种统一既体现为他的科学基本观念，又反映在他的音乐审美趣味中，它

---

① Leon Botstein, “Einstein and Music,” in *Einstein for the 21st Century: His Legacy in Science, Art, and Modern Culture*, eds by Peter L. Galison et al., Princeton: Princeton University Press, 2008, p.173.

② 卡拉普赖斯编:《新爱因斯坦语录》，范岱年译，上海科技教育出版社 2017 年版，第 140 页。

③④ 同②，第 141 页。

图 13-1
爱因斯坦在演奏小提琴

们如同一枚硬币的两面。因此他深有体会地说道："在技艺达到某一高度之后，科学和艺术往往在美学、可塑性和形式方面结合起来，最伟大的科学家也是艺术家。"①

爱因斯坦是从音乐中得到科学研究的启迪，而另一个有趣的例子来自他的好友丹麦物理学家玻尔，有研究推测，玻尔量子力学理论的发现与立体主义艺术有关。1932 年，丹麦科学院决定让玻尔一家搬入嘉士伯基金会拥有的一座豪宅，里面藏有毕加索等人的立体主义作品。玻尔还特意悬挂了一幅法国立体主义画家梅金杰的画作《骑马的女人》(图 13-2)。据说玻尔早就对梅金杰作品有着浓厚的兴趣。于是，有研究推测，玻尔于 1927 年提出了原子实体的两种形式——波粒二象性理论，并主张两者之间存在着互补性关系；这一理论的提出也许与其喜欢梅金杰的立体主义作品有关，梅金杰是第一个系统阐释立体主义绘画的艺术家，他和格莱兹合著的《论立体主义》一书是对该艺术流派美学观念的首次系统阐释。这部著作指出了立体主义的一个重要美学观念，那就是从几个运动的不同视角来描绘同一个场景，形成一组形象的创造性组合。这种观念彻底颠覆了文艺复兴以来的单眼透视法则，突显出图像和空间的复杂互渗和转换关系。这种新的艺术观念也许启发了玻尔，使他最终提出原子实体波粒互补的

图 13-2
梅辛热《骑马的女人》

① 卡拉普赖斯编：《新爱因斯坦语录》，范岱年译，上海科技教育出版社 2017 年版，第 212 页。

经典理论。

从爱因斯坦到波尔，伟大科学家不但将艺术融入自己的人生，而且从艺术中得到启示，进而推动了他们的科学思考。从这些个案来看，美育不只是对学习人文社会科学有益，对于自然科学的学习与研究也有重要的赋能作用。

第二节　科学素养包含审美素养

一、科学和审美的关联

很多伟大的科学家都说过，一颗“爱美之心”对科学事业来说很重要，因为美的信念和直觉在科学研究中不可或缺。伟大的法国科学家彭加勒以自己科学研究的经验，深入说明了审美对科学研究的重要性。

科学家并不因为有用才去研究自然，之所以研究自然是因为科学家在其中感到愉悦，因为自然美令他快乐。如果自然不美那就不值得去认识，如果自然不值得认识，生活也就不值得了。当然，这里我说的并不是那种刺激感官的美，不是那种品质和外观的美；这并不是我低估了远离科学的美，但它的确与科学无关。我说的是一种源自各部分和谐秩序的深邃之美，是某种纯粹的、智力可把握的深邃之美。正是这种美赋予那些干扰我们感官的斑斓外表以躯干，即赋予一种结构。如果没有这一构架，这些短暂的梦之美是不完美的，因为它模糊不清且总是稍纵即逝。相反，智性之美本身足矣，科学家所以献身于漫长而艰苦的工作，就是为了这种智性之美，这也许超出了只谋求人类未来利益范围。

故而，对这种特殊的美之追索，对宇宙和谐感的追求，使我们去选择最能促进这一和谐的事实，如同艺术家从其模特儿中选择那些使画面更完美的特征，选择那些赋予画作以性格和生命的特征。我们无需担心这种本能的和隐秘的先入之见会使科学家偏离对真理的探求。……

因为简单的就是美的，壮阔的就是美的，所以我们更愿去寻找简单的事实，崇高的事实，现在我们乐此不疲地追踪行星的壮丽轨道，用显微镜去考察那惊人的细微之物，它亦是某种宏大，现在我们还乐于在地质学时间中追索遥远但引人入胜的过去之痕迹。

……

我们感到美的事物本身就是最适合我们智性的事物，同时也是完美智性深谙如何加以使用的工具，这不是很容易理解的吗？①

① Henri Poincaré, *The Foundations of Science*, Cambridge: Cambridge University Press, 2015, pp.366–367.

彭加勒这段话揭示了科学与审美之间的关联。一方面，科学家对美的追索是科学研究的内在动因。科学家的研究动机并不只是为了实用，而是蕴含了探索某种“深邃之美”的冲动。他特别提及三种自然美的现象：一是行星的壮丽的运行轨道，这是一种宏观世界的崇高宏大之美；二是显微镜下令人惊异的微观现象，这是人肉眼无法捕捉的，微观世界的“细枝末节”也不失为一种美；三是自然演化漫长历史的留痕，地质学的时间远远超出了人一生的时限而显出另一番图景。宏观宇宙、微观世界和久远历史都充满了美，显出世间万物各美其美。

另一方面，科学研究并非枯燥的实验和抽象的推理，其中深蕴了自然美所引发的情感愉悦，他坦陈科学研究的目标是对“智性之美”的追索。如果仅仅限于实用性和功利性的目标，科学研究就会走入困境，很多带有探索性和超前性的科学研究就不可能存在，比如彭加勒自己所从事的几何学、微分方程理论、电磁学、拓扑学和数学哲学等方面的创造性研究，很多都远超眼前的实用功利性。正是对“智性之美”的追求，彰显了科学家更为高远的愿景和更加深层的探索冲动，这就需要审美的驱动。

有研究发现，很多大科学家在谈及自己的科学发现时，都曾说到研究对象唤起自己对美的感悟与好奇，科学研究往往始于一个艺术的、前逻辑的、充满情感的和基于直觉的阶段，这时，研究对象的美会以形象或意象的方式出现，强烈吸引着科学家的注意和思考，激发他们的好奇心和探究欲。显然，科学活动中隐含着与欣赏艺术杰作相似的审美反应，科学家往往会惊叹于研究对象的美、优雅，以至于有的科学家被一种强烈的情感所震撼——“在美面前颤抖”，这种经验先于理性认知和逻辑推论。一项对获得诺贝尔奖的科学家所做的系统研究发现，他们都有一个共同的特点，那就是强调在科学研究中特有的审美体验。诺贝尔奖得主化学家伍德沃德写道：

> 感官因素在我的化学兴趣中扮演了相当重要的角色。我酷爱水晶，酷爱其美的形态及其构造；液态，休眠态，蒸馏，晃动，旋转，烟雾，（好闻和难闻的）气味，绚烂的彩虹，大小、形状和用途不一的闪亮的器皿等。尽管我也许会想到化学，但如果没有这些物理的、视觉的、有形的、感官的东西，它对我来说是不存在的。①

还有科学家撰写了一本题为《化学之美》的著作，逐一分析化学中常见的泡沫、晶体、燃烧、有机等化学现象特有的美，并以图片直观地呈现出这些美，以下硫酸铝钾晶体照片（图 13-3）即如是。该书作者虔信，化学之美并不是这门学科偶然的副产品，而是其不可或缺的很有价值的重要组成部分。

---

① C. E. Woodward, “Art and Elegance in the Synthesis of Organic Compounds: Robert Burns Woodward,” in D. B. Wallace and H. E. Gruber, eds., *Creative People at Work*, New York, Oxford University Press, 1984, p.137.

图 13-3
硫酸铝钾晶体照片

天体物理学家桑德奇也谈论过自己对宇宙星象之美的深切感悟，正是这样的感悟促使他在哈勃常数（即宇宙膨胀的速度）研究中作出了重要贡献。他说道：

> 如同去教堂一般，我感到世界充满了神奇……世界是有精神的……我迫不及待地等待夜晚来临，星星出现。我站在后院看着合适的时间，当星星在暮色中变得可见时，我会辨认出它们。我设想自己就像是在某种天堂里。即使在今天，我仍无法用语言来说明。我对一切都有某种内在感——无论是物理学，还是世界运行方式，或是关于我们为何存在。①

下图为韦伯空间望远镜所拍摄的车轮星系的景象（图 13-4），据 NASA（美国国家航空航天局）官网的说明，该星系是约 4 亿年前发生的星系高速碰撞的结果。车轮由两个环组成，一个是明亮的内环，另一个是彩色的外环，它们都像冲击波一样从碰撞中心向外扩展。在红色的尘埃漩涡中，有许多单独的蓝点，代表了单独的恒星，该图像还反映了核心中“较老的”恒星群及致密的尘埃与

图 13-4
韦伯空间望远镜拍摄的车轮星系图

① A. Lightman and R. Brawer, *Origins: The Lives and Worlds of Modern Cosmologists*, Cambridge: Harvard University Press, 1990, pp.72–73.

外部“较年轻的”恒星群之间的差异。如此壮观的宇宙景观不但震撼人的视觉，而且还唤起人们的好奇与神往。几乎所有的诺贝尔奖得主都有一种特别的气质，那就是像热恋自己心上人那样酷爱自己的研究对象，这种强烈的爱贯穿科学研究的始终，并不断引发出深层的美感愉悦。

二、科学中的“美即真”

济慈的《希腊古瓮颂》吟诵道：“美即真，真即美，此乃你在世所知并需知的一切。”“美即真，真即美”的原理不但体现在艺术中，也存在于科学研究之中。如果说科学家的“爱美之心”激发了好奇心和探究欲，那么，在科学发现的过程中，研究对象的美及科学家的审美直觉还具有重要的启悟功能。

有证据表明，科学家在科学发现的过程中往往会直觉般地依赖于自己的审美判断，并由此获得重要的科学发现。爱因斯坦于 1905 年提出了狭义相对论，于 1915 年提出了广义相对论，这些惊世骇俗的伟大理论是由高度视像化的思想实验触发的。他曾回忆说，当发现当前物理学对相对运动的不对称处理时，自己深感“无法忍受”，原因也就是其缺乏美的和谐。科学史的很多事例告诉我们，不少科学发现都是经由科学家所构想的可视性和创造性的类比实验达成的。因此，科学思维与艺术思维的相似性成为热议的话题。晚近神经心理学的研究揭示了一个有趣的现象，科学家利用核磁共振成像来探测大脑神经活动时发现，当人解读“美的数学方程”时，大脑相同区域的活跃程度与欣赏绘画或音乐的时候完全一致，这个发现从侧面证明，科学认知与艺术体验存在着相同的生理机制。

科学研究不但使用形象来思考，而且需要审美的直觉判断。一个经典的案例是英国物理化学家富兰克林发现脱氧核糖核酸（DNA）的故事。据其合作者沃森说，当富兰克林发现脱氧核糖核酸的双螺旋结构（图 13-5）时，她一度被这一结构的完美图像给震惊了，以至于她确信这么完美的结构绝不可能是假的。结果表明，她对脱氧核糖核酸结构的发现完全符合“美即真”的原理，她的审美判断不仅有助于而且加强了科学判断，美的判断使她走向真的方向。

那么，美感直觉如何有助于科学发现呢？彭加勒给出了答案，科学探索源自对自然中深邃之美的追索，这种美呈现为某种和谐之美。他特别提到，外在的美和梦幻的美是不完美且稍纵即逝的，必须被赋予某种构架或结构，这就是

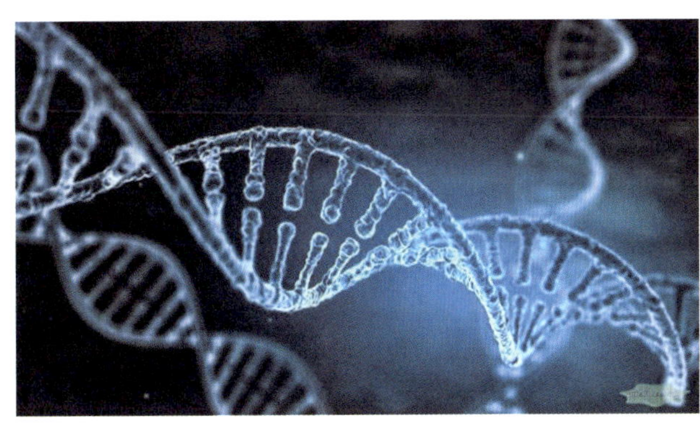

图 13-5
脱氧核糖核酸（DNA）双螺旋结构图

有和谐秩序的深邃之美。他还提到科学研究和画家作画有相似之处，这就从比较的角度诠释了科学研究“美即真”的原理。更重要的是彭加勒断言，“爱美之心”不会使科学家步入歧途，而是指引他们走向科学的真理。

科学研究其实和艺术家创作殊途同归，都是在追求完美和谐。它左右着科学家对最终理论成果的建构，特别是当结论有些含混或不确定时，符合美之和谐原理的结果通常是科学家的不二选择，富兰克林发现脱氧核糖核酸结构的过程即如是。特别是在经验证据不足，需要在相互竞争的理论中做出选择时，科学家们通常会利用美学原则来解决。因此，审美判断有助于科学家做出正确的选择，催生新的理论。这就意味着，在科学发现的理论建构过程中，科学家们会在多种可能性中做出符合美学原则的选择，最典型的就是爱因斯坦狭义相对论中的能量守恒定律公式（$E = mc^2$），这一简单又和谐的公式，揭示了世界万物的质量与能量等价转换的规律，被称为是一个“改变世界的方程式”。爱因斯坦的好友洛伦兹曾做出如下判断，爱因斯坦的理论具有最高程度的美学价值；每一个美的爱好者一定希望它是真的；理论物理学家兰多和里夫希茨直言，广义相对论是所有现存物理学理论中最美的。

自古以来，人们在艺术和自然中发现了和谐，彭加勒认为和谐即各个部分的有序统一，科学理论也暗含着和艺术和谐相同的美学原理。除了和谐，简单性也是美，所以彭加勒说“简单的就是美的”。彭加勒还指出美有各种不同的形态，科学家并不关心诸多表面的、炫目晃眼的美，现象级的美变化万千，稍纵即逝，因此需要有一个结构或构架来确定它们，这是对科学研究目标精彩的说明。科学家的工作说到底就是对变化无穷的世间万物赋予某种结构或构架，即“大道至简”。当人们说爱因斯坦相对论有非凡之美时，可以归结为两个层面的美：一是科学理论之美的所有特质——和谐、简单、对称、不变、统一等；二是它们在理论逻辑上完美的一致性，这也是科学理论之美的关键特征。

审美在科学活动中不但具有动因和启示功能，还有重要的认知功能。科学界有一个共识性的看法，在科学研究中，科学家不但赋予科学工作的程序和产品以美学价值，而且科学知识本身也影响了科学家对自然对象的审美欣赏。因此彭加勒才断言：“如果自然不美那就不值得去认识，如果自然不值得认识生活也就不值得了。”彭加勒的话指出了科学研究不仅仅体现在对自然对象的客观理性认知上，而且也会激起科学家主观的愉悦情感反应。

需要指出的是，这里所说的美多半是一种古典形态的美，以其内在的和谐、有序和简单为特征。大自然万物形态各异，古典美的统一、对称、平衡、和谐和秩序等原则，多半是数理科学领域的研究特点，而自然史或生物学等领域，往往呈现出另一种美的形态和特质，那就是多样性、差异性、复杂性和有机性等，其理论和成果最终并不是诉诸数学化的表达，而是重建因果关系和历史脉络。因此，在这些领域，美往往具有更多复杂性和多样性，而不限于和谐与简单。这种美的特质有别于“古典的美”，故被称为“浪漫的美”，这是科学中美的另一种典型形态。

第三节　科学素养中的审美潜质

伟大科学家皆有“爱美之心”，科学探索中存在着真即美的原则，这表明要做一位优秀的科学技术工作者，必心存高远，在科学素养中努力培育审美潜质。当我们评判一位理工科学生的科学素养时，其审美潜质也应是题中之意。一个有远大志向的大学生，在其学习基础知识的同时，应自觉地提高自己的审美素养；在其未来的科学研究工作中，审美能力将作为科学素养整体中不可或缺的组成部分，起到十分重要的赋能作用。

一、科学素养是真善美的统一

关于21世纪人才能力的标准，在各种能力中，公民的科学素养是至关重要的，因此许多国际组织或研究机构对科学素养做了系统研究。根据经济合作与发展组织（OECD）下属国际学生评估项目（PISA）的界定，所谓科学素养即“具有反思能力的公民参与科学相关问题和科学思想的能力”。具体说来，它包括三种基本能力：其一，科学地解释自然现象和技术现象的能力；其二，描述、评价科学考察的能力，并提出科学地解决问题的方法；其三，分析和评估各种形式的数据和论断的能力，并作出恰当的科学结论。由此来看，科学素养所涉及的能力是复杂多元的，它并不简单等同于科学知识，而更像是某种综合性的人才素质。

值得注意的是，国际学界关于科学素养的讨论存在着两种不同看法：一种是实用主义的功利性看法，强调科学素养的工具性和实用性，尤其是培训具有特定技能、可参与当前生产活动的社会成员，这种看法往往将科学素养视为对特定科技知识的直接获取；另一种看法更具开放性和整体性，强调科学素养就是科学的认识方式，其特征在于批判性和创造性地思考。

> 后一种观点的倡导者认为，成为批判性的思考者很重要，科学素养乃是一种内在的善——它建立在道德和其他原则性的理由基础之上。形成科学素养将有助于人们过上“美好”生活（这是在哲学家的反思性和完满性的意义上，而不是在吃麦片有益健康那种令人生厌的意义上）。根据这一看法，科学是美的、令人兴奋的和有趣的。成为有科学素养的人就会形成怀疑的、创造性的思维习惯，它对每个人都有价值。①

比较说来，后一种看法更加合理也更为重要，尤其是在中国迈向世界强国的历史进程中，在中华民族伟大复兴和建构人类命运共同体的宏伟事业中，我们需要的不仅仅是掌握了特定知识和技能的人，更是具有批判性和创新性思考能力的人。

① Jane Maienschein, “Scientific Literacy,” *Science*, 14 Aug 1998, Vol 281, Issue 5379, p.917.

那么，审美能力对培育这样的能力有促进作用吗？答案是肯定的。第一，科学素养是建立在道德和其他原则基础之上的，就是说，从事科学或相关活动并不只是限于科学本身，还出于更深的道德依据——善，科学活动如果没有善，那么对真的追求就会出现偏差。向善是人类一切科学活动的内在伦理要求，“美好生活”也即“善的生活”。在我们的科学素养建构的过程中，追求真与追求善是一致的。

第二，科学研究活动并不限于眼前的实际功利性，而是带有更为丰富的美学含义，亦即“科学是美的、令人兴奋的和有趣的”。这三个看似简单的界定科学活动性质的定语，道出了科学作为人类文明重要活动的内在驱力的事实。从古至今，许许多多的伟大科学发现对科学家来说，不只是解决眼前的某个现实问题，还伴随着让人着迷的“审美体验”，让人激动不已并为之兴趣盎然。很多伟大的科学家都有过这样的经历，物理学家海森堡在其日记中曾记录了自己在伟大科学发现时刻的惊人体验，他写道：

> 在赫尔格-兰德的一天晚上，我在用以下标准来看是完全推测性的计算来确定能量表上的特定项目，或我们今天所说的能量矩阵。由于第一个能量状态项事实上证实了能量守恒定律，我变得很兴奋，以至于在随后的计算中犯了一些错误，当最终的计算结果摆在我面前时已近凌晨三点。能量守恒定律自上而下地被证明是有效的，由于一切都是在没有强迫的情形下自发呈现的，所以我不再怀疑它所暗示的量子力学在数学上的一致性和统一性。我感到就好像是从原子外表的清晰表面一直洞见了根基性的深处，它有一种奇特的内在之美，即将看到大自然在我面前展开的这种数学结构的丰富性，一想到这里我几乎晕厥过去。①

这段生动的文字记叙了海森堡对能量守恒定律的确证，这一科学发现超越了大自然外在的表象，触摸到其最深邃的层面——大自然所具有的数学结构的丰富性，或在数学上的一致性和统一性，这就是科学发现中人们常说的“美的惊鸿一瞥”！

回到科学素养的问题上来，伟大科学家的伟大科学发现经验告诉我们，科学素养中的审美潜质是相当重要的。海森堡的科学发现过程中，他的审美潜质或对数学一致性和统一性的认知，是与他对美的认知及其体验同一的。正是这种深邃的美感体验潜质助力他完成了伟大的科学发现。

从国际教育发展趋势来看，科学教育不再囿于单纯的知识和技能培训。2015 年欧洲科学教育研究协会（ESERA）在芬兰赫尔辛基组织了一个名为“超越科学教育中的认知：对情感、幸福和美学作用的考量”的研讨会，与会者一致认为，科学教育有必要考虑此前完全忽略的审美、情感和幸福等维度。这表

① Quoted in Ernst Peter Fischer, *Beauty and the Beast: The Aesthetic Moment in Science*, Berlin: Springer Science+Business Media, 1999, p.73.

明，科学教育涉及人类社会和文化的诸多层面。又比如，挪威1994年实施了新的核心课程体系，科学教育不再以特定学科知识系统来界定，而是以影响人性的诸多层面来规定，新课程体系提出科学教育的目标是培养“精神的人”“劳动的人”“审美的人”“有环境责任的人”“社会性的人”和“完整的人”。这些说法恰恰就是席勒当年创建美育的“初衷”。爱因斯坦认为：“学校应该总是以此为目的，即青年人离开学校时具有和谐的人格，而不是作为一个专家。”“否则，他——拥有自己的专业知识——更接近于一条训练有素的狗，而不是一个和谐发展的人。”① 因此，科学教育决不只是某个领域的专业知识的获取，而是完整人格的涵养。

二、科学家的人格特质

对科学素养与审美素养关系的思考，还可以从科学家人格心理学角度来深究。人本主义心理学家马斯洛对此有深入系统的研究，他的需要层次论揭示了从普通人到科学家的行为动机和人格特质。在他看来，人之需要分为三类。第一类是所谓“基本需要”，包括生理需要（食物、水、休息等）和安全需要；其上第二类是“心理需要”，有归属及爱的需要和尊重的需要；再往上第三类是“自我实现的需要”，包括认知需要、审美需要和超越性需要。在需要层级系统中，只有低一级的需要满足了，高一级的需要才会出现并得以实现。

马斯洛在其科学家的人格心理学研究中发现，科学家的自我实现首先就体现在认知需要上，它包括对纯粹知识的好奇心和哲学理解的需要。但他指出，科学家还有一种不为人知的审美需要，即“对美、对称性，尽可能简单、完整和有序的冲动，我们可名之审美需要，以及实现与这些审美需要相关的表现、行动和运动的需要。”② 他对审美需要与认知需要的关系做了进一步描述：“审美需要与意动及认知需求的普遍重叠使我们无法将两者截然分开。这些对秩序、对称、闭合、行动实现、系统和结构的需要，可以不加区分地要么归入认知、意动需要，要么归入审美甚至神经症需要。”在马斯洛的科学家人格心理学中，审美需要被提升到了人的自我实现的层面，它是科学家不可或缺的动机与人格特质。

从远古时代的原始先民，到当代社会的文明人，爱美之心代代相传，历久弥新，马斯洛特别指出人的审美需要有积极的疗愈功能。在他看来，人会因丑陋而病，而美的环境和生存状态则具有积极的治愈功能。因此审美对人来说，不仅具有愉悦之功效，更有促进人格健康之功效。那么，科学家是否也同样面临着人格健康的问题呢？答案是显而易见的，如果科学家的人格不健康，不但会导致科学研究走入误区，而且会造成更为复杂的伦理和社会问题。我们在一些科幻电影中常常见到一些所谓“科学怪人”或“科学狂人”，这样的科学家的人格畸形，对社会和人类造成了极大伤害。现实中也不乏其例，如2008年轰动

① 卡拉普赖斯编：《新爱因斯坦语录》，范岱年译，上海科技教育出版社2017年版，第65页。

② Abraham H. Maslow, *Motivation and Personality*, New York: Harper & Row, 1970.

一时的“奶制品污染事件”。

马斯洛根据他多年的心理治疗师经验，提出了一套人格健康的标准，对我们理解科学素养很有启发性。他认为，大凡健康的人，很少被焦虑、恐惧、不安全感、内疚、羞愧所左右，而更多地被真理、逻辑、正义、现实、公平、健康、美、正确所主导。他还论证了心理健康与其他健康对人格健康的重要性，并特别提出了“审美健康”的概念。在他看来，“好人”或“善者”，其人格特质体现为他们是安心和自信的人，具有民主品格的人，快乐的人，安静的人，沉着的人，平和的人，有同情心的人，慷慨的人，善良的人；创造者，圣人，英雄，强者，天才，以及具有其他卓越人性的楷模。马斯洛需要层级论的最高层次是“超越性的需要”，这一需要是由超越个体自我的更高层次的价值观所驱动的，诸如神秘体验、对大自然的体验、审美体验、服务他人或科学追求等。他把这样的体验称为“极峰体验”，它既是个体自我的完美实现，又超越了自我进入人类“大我”的境界。

至此，我们可以得出一个结论，伟大科学家及其卓越科学发现实现了真善美的统一。或许我们可以稍稍修改一下济慈脍炙人口的诗句：真即美，真即善，善即美。此乃一切伟大科学家所追求的最高境界。

第四节　科学的审美表达

科学素养不仅涉及观察、实验、制作等动手能力，而且涉及如何陈述或描述的表达能力。在科学活动中，如何表达是一个相当重要的问题。一个科学家给同行或公众做一个关于自己科学研究的学术报告，或是撰写一本专业教材，或是接受采访，或是参与科学研讨会，甚至设计一个特定主题的演示文稿等，都会体现出自己的审美表达能力。一个具有审美素养的科学家，在传播科学思想或理论方面显然更加得心应手。

一、科学家的审美表达之道

科学的表达能力首先是指用专业术语明晰地表达科学思想的能力。然而，科学的符号概括往往是抽象难懂的，尤其是在对学生或非专业受众传授知识时，因此，科学素养中的科学表达能力自然也就和审美表达发生关联。科学家和艺术家之间存在着互动的可能性，科学家可以从艺术作品中发现审美表达的方法。例如，1954 年在荷兰阿姆斯特丹举办国际数学家大会期间，该市博物馆同时举办了荷兰版画家埃舍尔的作品展，许多参会的数学家都饶有兴趣地参观了这次展览，并发现艺术家埃舍尔具有独特的“数学天赋”，尤其是一些艰深的数学问题在埃舍尔的画中得到了直观的形象呈现。英国数学家彭罗斯在此次展览上看到埃舍尔的版画《相对性》后，就萌发了强烈的兴趣。回国后他设计出了著名的“彭罗斯三角形”，并将自己画的图形寄给了埃舍尔。这一举动又进一步启发了埃舍尔，他由此创作了《瀑布》。此次与彭罗斯结缘，还让埃舍尔注意到彭罗

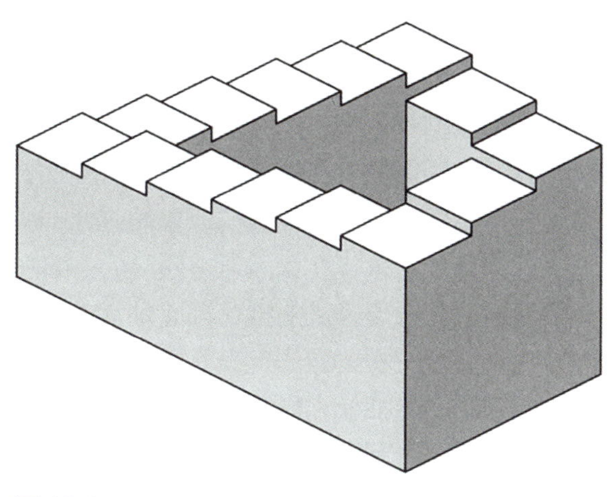

图 13-6

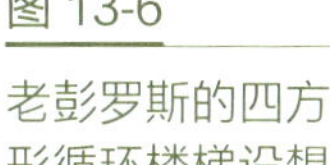

老彭罗斯的四方形循环楼梯设想

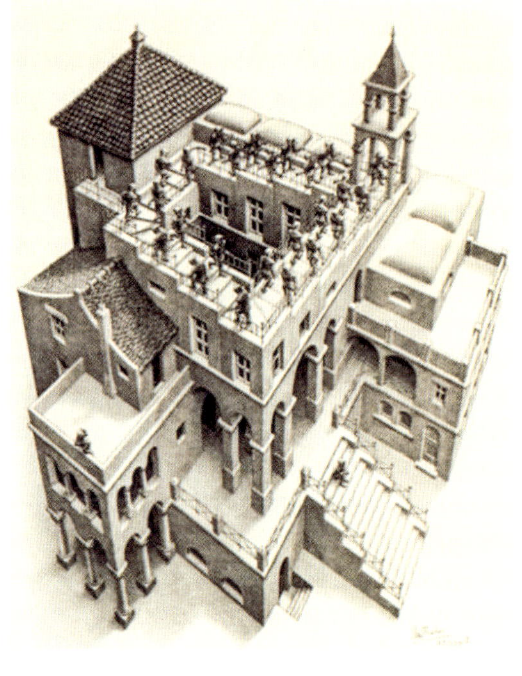

图 13-7

埃舍尔《上升与下降》

斯父亲老彭罗斯（也是数学家）在 1920 年发表的一项研究，老彭罗斯在其中提出了一个不可能的四方形循环楼梯设想（图 13-6）。埃舍尔由此获得灵感，创作了脍炙人口的作品《上升与下降》(图 13-7)。其实，很多科学家，尤其是数学家都对埃舍尔的画作情有独钟，物理学家杨振宁的一本著作就选用了埃舍尔的画作为封面。数学家沙茨施耐德对埃舍尔的评价是：他的后期作品是对多面体、球体、结及莫比乌斯环的赞美。几何学在他的版画中充满了魔力——经典的欧几里得几何、球形几何、投影几何、变形几何、双曲线几何、自相似性等，所有这些都被他娴熟地加以运用，以达到种种复杂而令人惊异的视觉效果。他不仅是一个平面艺术技巧大师，也是一个在科学和数学领域富有独创性的探索者（尽管他自己并不承认）。

但是这并不意味着科学家要变成艺术家，科学家的专业知识自有其独特的表达方式和学术传统。之所以提出科学中的审美表达问题，从数学家们钟情于埃舍尔的作品可以探知一二。首先，具有审美表达能力有助于科学家更好地传播科学思想；其次，具有审美表达能力还有助于科学家更好地理解科学及其研究对象；最后，具有审美表达能力亦可增强科学本身的吸引力，激发人们对科学研究的兴趣和热情。回到科学史，不难发现许多伟大的科学家也是审美表达的高手，有许多独特的或个性化的审美表达。越是伟大的科学家，他们的科学研究水平与其审美表达水平越是旗鼓相当，比如爱因斯坦就堪称典范。

科学家的审美表达包含诸多层面，最基本的是三种能力：一是语言性的审美表达，二是视觉性的形象审美表达，三是听觉性的音乐审美表达。毫无疑问，语言的表达是最为基本的，具有深厚文字修养的科学家说起话来往往既生动又传神，一语中的，回味无穷。爱因斯坦在谈及发现狭义相对论时说道：“如果一个人在光线后面跑会怎么样？……如果一个人骑在光束上会怎么样？……如果一个人跑得足够快，是否终于会不再加快？……‘光束’是什么？如果它与某个东西有关系，那么这个值相对于另一个本身在运动的东西就不成立。”① 这里，爱因斯坦用一个十分形象的画面描述了狭义相对论的一个原理，就相对静止的观察者而言，同时发生的两个事件具有同时性，但对在相对运动状态的观察者来说，这样的同时性并不存在。由于不存在任何优先观察这一现象的方式，所以同时性是一个相对的概念。② 据说这是多年来萦绕在爱因斯坦脑际的一幅图景，他多次说过，他的思想实验并不是抽象的数理公式的推论，而是常常伴随着生动的形象及直觉。爱因斯坦的说法无疑是一种典型的审美表达，其中既有语言的艺术化修辞，又有鲜明的视觉化场景，将抽象难懂的科学道理清楚明白地传达出来。诸如此类的审美表达在爱因斯坦所留下的卷帙浩繁的著述中经常可以见到。在好友普朗克 60 岁生日宴会上，爱因斯坦发表了热情洋溢的讲话，他是这样开场的：

> 科学的神殿是一座多层楼阁。住在里面的人真是各种各样，引导其进入的动机也各不相同。有些人喜欢科学是因为他们出众的智力能够带来愉快的感受，科学是一项与之相称的活动，可以带来生动而强烈的体验，并使其雄心壮志得到满足。在这座神殿里，还有不少人把他们的智力成果供奉到这里仅仅是出于功利的目的。倘若上帝的一个天使跑来把所有这两类人赶出神殿，那里就有被清空的可能，但仍会有一些人留在神殿里，古人和今人都有。我们的普朗克就是其中之一，因此我们爱戴他。③

这段开场白的文学性绝不逊色于作家，他将科学喻为神殿，便将科学事业置于让人仰慕的至高境界，那么谁有资格出现在这神殿里呢？他提到为科学而科学以及为功利而科学的两类人，接着笔锋一转——但上帝并不认可这两种人，于是派人来将他们逐出教门。令人好奇的是还有些人会被上帝留在神殿里，普朗克便在其中。这是为什么呢？爱因斯坦在这里设计了一个悬念，唤起听众的浓厚兴趣。直到演讲快结束时，他才给出答案，普朗克正是怀着探索科学问题的渴望而致力于科学中的最一般问题，而不是让自己分心于那些更能取悦人和更容易达到的目标。“促使人去从事这种工作的情感状态类似于宗教信徒或谈恋爱的人；他们每天的努力并非源自事先的意图或计划，而是源自一种直接的需求。”④ 这无疑是对普朗克科研事业的崇高评价，正像普朗克自己所言：“任何严肃从事任何科学工作的人都很清楚，在科学殿堂的门楣上写着这几个字，‘你们

---

① 卡拉普赖斯：《新爱因斯坦语录》，范岱年译，上海科技教育出版社 2017 年版，第 198 页。

② 米勒：《爱因斯坦 · 毕加索：空间、时间和动人心魄之美》，方在庆、伍梅红译，上海科技教育出版社 2006 年版，第 7 页。

③ 爱因斯坦：《我的世界观》，张卜天译，商务印书馆 2018 年版，第 163 页。

④ 同③，第 166 页。

必须有信念’。此乃科学家必须有的品质。”①

二、科学家的审美表达

许多科学家都在自己的著述或演讲中留下了几近完美的审美表达，以下我们从无数科学家的精彩言说中截取一些片段，从中可见科学家的审美表达的魅力所在。这些精彩的表达不仅是科学文献中的瑰宝，而且对于正在进行科学知识学习的人来说，显然还有启迪意义和范例效应。通过学习这些经典表述，我们可形成自己关于科学思想的审美表达方法，进而提升自己在科学活动中的审美表达能力。

> 最终极的美是客观的，可以知道远在没有人类的时候，麦克斯韦方程式与刚才所提到的那些方程式就已经支配着宇宙间的一切，所以科学里最终极的美与人类没有关系。换句话说，这些美是客观的美，是与人类没有关系的。我想这与庄子所讲的“天地有大美而不言”是有密切关系的。
>
> ——杨振宁

> 精密科学——这两个词的内涵如此丰富！它们魔术般地变出了结构巍峨的景象，一个紧密连接的石块构成的图景，它是一个所有智慧的宝库，是向往知识、追求真理终极启示的人类之渴望目标的象征和预兆。
>
> ——马克斯·普朗克

> 科学，解读遥远星球的奥秘，解剖了原子，预测了彗星返回的日期，预言一打鸡蛋中将会孵化出某些种类的小鸡，发现了风吹向何处的规律，减少疾病带来的混乱以重归有序。科学总是像哥伦布航行的出发，去发现种种新世界，并通过理解来征服它们。因为知识意味着前瞻，前瞻则意味着力量。
>
> ——约翰·汤姆森爵士

> 整个现代思想都浸润在科学之中，甚至那些佯装无视和不屑科学的文人，也在不知不觉间被科学精神所感染，并将自己最好的作品归功于科学方法。我相信人类看到的最伟大的知识革命正通过其机构慢慢呈现出来。科学在教导这个世界，最终的上诉法庭不是权威，而是观察和实验，她还教导上诉法庭去评估证据的价值；她在创造一种坚定而富有活力的信念，即相信永恒道德法则和物理法则的存在，相信对这些法则的完全服从乃是智慧生命可达成的最高目标。
>
> ——朱利安·赫胥黎

① Carl C. Gaither and Alma E. Cavazos-Gaither, eds., *Gaither's Dictionary of Scientific Quotations*, New York: Springer, 2012, p.2146.

科学的任务既扩大了我们经验的范围，又将我们经验缩小到某种秩序之中。

——玻尔

在某种程度上，科学既是打开天堂之门的钥匙，这把钥匙又可以打开地狱之门，打开哪个门我们并没得到任何指令。我们应该扔掉钥匙永无办法进入天堂之门吗？或者我们应该努力找到如何使用钥匙的最佳方式吗？当然，这是一个非常严肃的问题，但我认为我们不能否认科学乃是天堂之门钥匙的价值。

——理查德·费曼

在科学的深处存在着两种看似矛盾的态度，由此造成了某种必不可少的张力。一方面是对新思想的开放态度，无论它们多么奇特或违背直觉；另一方面是对所有思想，无论新旧，都给予最苛刻的怀疑论的审查。如此这般便从令人费解的胡言乱语中筛选出深邃的真理。

——卡尔·萨根

科学甚至比历史更加不可预测。确切地说，科学中的每一个重要发现都是不可预测的。假如是可预测的，那就算不上是重要发现了。科学旨在为不可预测之事的发生创造机遇。当大自然出现意想不到的事物时，我们才会知晓了大自然是如何运作的。

——弗里曼·戴森

几乎每次科学进步都以某种舍弃为代价，因为几乎每一个新的智力成就都不得不放弃以前的诸多立场和概念。所以在某种程度上说，知识和见识的增加会持续不断减少科学家“理解”自然的断言。

——维尔纳·卡尔·海森堡

科学的进步有点像玩拼图游戏。一个人把一些片段收集起来，它们当然是组合在一起的，尽管起初并不清楚每一组应放在整个画面的什么位置上，如果一开始放置时犯了错，还可以在后面加以纠正，而不必拆散整个组合。

——乔治·汤姆森爵士

在这些科学家丰富多彩的审美表达中，从思想到修辞，从比喻到意象，从叙事到描述，都蕴含了审美的表达，如果仅限于科学语言的理性和逻辑，便会索然无味。由于采用了艺术化的表达，科学家们饶有兴趣地将科学的复杂现实完美地呈现出来。第 1 到第 4 段，主要是对科学的界定或总体认知。杨振宁描述了超越人类的终极的美，并将这种美与庄子哲学联系起来；普朗克把科学设想为结构巍峨的知识宝库；汤姆森则用罗列的方式列举了科学的种种功能；赫胥黎以“最终的上诉法庭”是依据观察和证据来说明科学的本质。如此丰富多样的对科学的认知表明，科学是一种具有多重面相的人类活动，不同的科学家触摸到了它的不同层面。第 5 到第 7 段则是对科学内部二重性的揭示，玻尔强调科学既扩大了我们经验范围，又以科学的有序结构来缩小它；费曼以科学是进入天堂与地狱之钥匙作比，说明科学有被用于善和恶的两面性；萨根则指出了科学对一切新奇思想的开放态度，同时他又对一切思想做怀疑论的无情检验。第 8 到第 10 段则是讨论科学的发展及其历史演变，戴森认为科学并不像常识经验所认为的那样，它其实并不具有可预测性；海森堡的话道出了科学进步的辩证法，知识增长的同时，历史上的过时理论在减少；汤姆森则以拼图游戏为比喻，揭示了科学的目的仿佛是不断地试错，最后拼出完整且完美的大自然全景图。不难看出，这些伟大的科学家们不仅有深邃的科学思想和强烈的科学动机，同时还兼具深厚的艺术修养和审美表达能力，如果缺少后者，他们是说不出这样隽永的、充满魅力的言辞的。

本章思考题

1. 爱因斯坦科学人生的艺术化有何启示?
2. 为什么说科学是在追求一种深层的美?
3. 真善美是如何在科学中统一起来的?
4. 科学素养与科学家人格有何关系?
5. 为什么科学思想的审美表达很重要?

推荐阅读书目

1. 斯诺:《两种文化》，纪树立译，生活·读书·新知三联书店 1994 年版。
2. 卡拉普赖斯编:《新爱因斯坦语录》，范岱年译，上海科技教育出版社 2017 年版。
3. 杨振宁:《美和理论物理学》，载《自然辩证法通讯》1988 年第 1 期。
4. 麦卡里斯特:《美与科学革命》，李为译，吉林人民出版社 2000 年版。
5. 库恩:《论科学和艺术的关系》，见《必要的张力》，范岱年、纪树立等译，北京大学出版社 2004 年版。

本章 DIY 活动

活动一

基于自己所学专业，找出一个与审美相关的问题，然后对审美赋能做进一步分析。

活动二

提出所学专业领域内的几个科学问题，尝试用不同方法进行审美表达，写出几个自己满意的语句。

案例分析

案例一

图 13-8 是荷兰艺术家埃舍尔的版画《相对性》，请运用所知的相关科学知识来理解这幅画，并研讨以下问题。

研讨题 >>>

1. 画面呈现了几个不同的空间？
2. 画面的不同空间是如何构成的？
3. 艺术家表达了一种什么样的科学观念？

图 13-8
埃舍尔《相对性》（版画）

案例二

阅读杨振宁的《美与理论物理学》如下段落，谈谈你对杨振宁三种美的看法，并研讨文后的问题。

美与理论物理学

杨振宁

我建议存在三种美：现象之美、理论描述之美、理论结构之美。当然，像所有这一类讨论一样，它们之间没有截然明确的分界线，它们之间有重叠，还有一些美的发展，人们发现很难把它们归入哪一类。但我倾向于认为一般来说，在理论物理学中有不同类型的美，而我们对这些美的鉴赏稍有不同，这取决于我们已在讨论的是哪一类美。而且，随着时间的推移，我们对于不同类型的美的欣赏也随之变化。

我说的“现象之美”是什么意思呢？这很容易解释，就我们的直感来说，有许多物理现象是美的。早在童年时，看到虹我们会脱口而出“美极了”。当然，有许多美丽的实验现象，只有训练有素的人才能观测到。例如，行星的轨道都是椭圆的，这是非常美的现象。当第一次发现这些轨道是完美的椭圆时，人们感到极大的喜悦。再举一个例子——谱线。原子的谱线是非常独特的，有严格的光学性质。麦克斯韦发现它们是美的，因为它们似乎与发光原子所处的外界条件无关。正如19世纪科学家所发现的那样，如果你把发光原子置于高压下，光谱毫无变化，这似乎揭示了原子的一些内在性质，当然这是一个非常美的想法。

再比如超导性现象。当发现电流在一个通有电流而不带电池的线圈中成年累月地流动而不停下来，可以想象，发现这一现象的人将会多么惊讶。所以，物理现象中显然存在着美。

我所说的“理论描述之美”是什么意思呢？关于库仑力的定律是一个漂亮的描述，它描述了先前不服从任何特殊定律的现象，而现在它们却服从了。热力学的第一、第二定律是对自然界某些基本性质的很美的理论描述。第一、第二定律的结论和对这些定律精确的观察是每一位学热力学的学生都很欣赏的课题。

再举一个例子，本世纪初发现了放射性，并很快地测定到放射性将导致放射性元素的蜕变，但正是卢瑟福给了我们一个精确的定律。这是一个有很高精确度的指数衰变定律，直到今天，我们也没有发现对它的偏差。

最后，什么是“理论结构之美”？当一个理论公式化时，特别是在20世纪，它趋向于有一个漂亮的结构，这通常是指它本身的数学结构。自然界为它的物理定律选择这样的数学结构是一件神奇的事，没有人能真正解释这一点。显然，这些数学思想的美是另一种美，它与我们前面讨论的美很不相同，物理的日趋数学化意味着在我们的领域内这最后一种美越来越重要。

在这个问题上，也许另一个例子将有助于说明问题：对周期表之美的深入认识。众所周知，周期表最初是在上个世纪构造出来的，那时发现，如果把性质相似的元素按纵列放在一起，可以得到一个美妙的表——但表中有一些空缺。这促使人们去寻找那些空缺的元素。这些元素一个接一个地被找到了。这是一个很美妙的并具有重大实用意义的结果。然而，我认为这属于现象之美。但是后来出现了玻尔原子和量子力学，这些发展给周期表的结构提供了一个更基本的理论理解，即一个元素在周期表中应占的位置与该元素的原子结构中所拥有的电子数目有关。这的确是一个深刻的发现。

……

由于在理论物理学中这样强调美，你会毫不奇怪地发现，现代许多大物理学家反复地强调美对物理学中将来的工作的重要性。1933 年爱因斯坦说："创造性的原则寓于数学之中，因此在一定意义上，我以为正如古人所梦想的那样，纯粹的思想能够把握实在。这是真的。"还有他 1934 年所说的"理论科学家越来越不得不服从纯数学的形式考虑的支配。"我前面已经引证过，狄拉克说如果他必须在美和与实验符合二者之中选择的话，他将选择美。对爱因斯坦和狄拉克来说，这种强调并不奇怪，如果你注意一下他们研究物理学的风格，美始终是一个指导原则。

（原载于《自然辩证法通讯》杂志 1988 年第 1 期）

研讨题 >>>

案例二
分析要点
提示

1. 自然科学中的美除了杨振宁所谈及的三种形态之外，还有什么其他可能性？

2. 如何理解杨振宁的这段话："物理的日趋数学化意味着在我们的领域内这最后一种美越来越重要。"

3. 找出一个你所在专业中美作为科研指导原则的经典例子，并阐述美如何指导科学研究。

第十四章　从自然美到生态美

以上各章我们讨论了美的艺术、实用艺术和身体美等，这些都是人所创造的文化现象。但有一种美尚未进入我们的视野，那就是自然美。文化是人的产物，与文化对应的是自然，从山水到荒漠，从大地到太空，从有机界到无机界。尽管自然与文化对应，但人类文化最终不过是自然界长期演化的结果，人存在于地球的自然生态系统之中。大自然不仅孕育了人类文明，而且还是人类所钟情的审美对象。

第一节　领略大自然之美

大自然的美无时无处不在，无论一花一草，或名山大川，或宇宙太空，它们各美其美。人之所以发现并体验到自然美，是因为"情景交融、物我同一而产生的审美意象，是人与世界的沟通和契合。"① 中华民族对自然美的觉知与敏感源远流长，远古先民在膜拜和敬畏自然的同时，发展出早熟的自然审美意识，并积淀在一代又一代中国人的血脉中，成为我们的文化基因。

一、从山水畅神到天人合一

人对自然美的亲近感是与生俱来的，如果说我们对艺术美的爱好需要一定的训练和实践，那么，我们对大自然的审美冲动则是本然的和内在的。以自然山水为例，动人心魄的自然风光人一眼便可感知，自然景观往往直击人的内心世界，能够引起强烈的情感共鸣和丰富的想象。以南朝画家宗炳的经验之谈为例：

圣人含道映物，贤者澄怀味象。至于山水，质有而灵趣，……又称仁智之乐焉。夫圣人以神法道，而贤者通；山水以形媚道，而仁者乐。不亦几乎？……于是闲居理气，拂觞鸣琴，披图幽对，坐究四荒，不违天励之藂，

① 叶朗：《美学原理》，北京大学出版社2009年版，第181页。

独应无人之野。峰岫峣嶷，云林森眇。圣贤暎于绝代，万趣融其神思。余复何为哉，畅神而已。神之所畅，孰有先焉。①

短短几句话，道出了中国人对自然的丰富情感和热切向往。宗炳以自己亲身经验为依据，诠释了孔子“仁者乐山、知者乐水”的深刻含义。对中国人来说，山水从不是了无生气的物质存在，而是“质有而灵趣”“以形媚道”，且具有使人“澄怀味象”的“畅神”功能。因老之将至，他不能亲历山水间，便以绘画来卧游山水，藉以“神之所畅”。

宗炳对山水的态度和体验是古人与自然关系的典型写照。“山水”是古人对大自然天地万物的总称，山水画在魏晋时滥觞，成熟于唐宋，源起时间比西方风景画早了近千年。与山水画呼应的所谓“山林文学”，则有更加久远的历史。这些足以说明中华民族在发现和欣赏自然方面，具有无可比拟的敏感性，它源于中国哲学“天人合一”的理念。

图 14-1

范宽《溪山行旅图》

图 14-2

弗里德里希《云上漫游者》

庄子曰：“天地与我并生，万物与我为一。”(《齐物论》) 老子曰：“人法地，地法天，天法道，道法自然。”道家深邃的哲思指出了人和万物皆源于自然，规定了人与自然的关系性质和彼此位置，点出了人面对自然应采取的方式。儒家也有相似的观点，董仲舒说：“天地人，万物之本也。天生之，地养之，人成

① 宗炳：《画山水序》，见叶朗主编：《中国历代美学文库 / 魏晋南北朝卷》，上卷，高等教育出版社 2003 年版，第 391—392 页。

之。……三者相为手足，合以成体，不可一无也。”(《春秋繁露·立元神》)“天人合一”的中国传统宇宙观，强调天地与人内在相通，人只有在与天地的依存关系中才获得生命价值。举一个有趣的例子，在传统的中国山水画中，有一种常见的表现方式，那就是在尺度宏大的山水景观中常点缀几个很小的人物。这种独特的艺术表现方式既体现出人对自然的亲近，又传达出人融入自然的意味，如庄子所言：“吾在于天地之间，犹如小石小木之在大山也。”(《秋水》) 比较一下宋代范宽的《溪山行旅图》(图 14-1) 和德国浪漫派画家弗里德里希的《云上漫游者》(图 14-2)，就可看出中西方对人与自然关系的不同理解和表现方式。

中国人的“天人合一”观迥异于西方人与自然相互独立的观念，前者涵育出“泛爱万物，天地一体”的中国生态智慧，蕴含了“厚物载德”和“民胞物与”的生态哲学。面对自然，中国古人持有一种感恩心理——是大自然滋生万物，养育了人类，尤为重要的是，人在自然面前必须有谦逊之美德，走向人与自然和谐相处之道。

二、自然美的丰富形态

大千世界万物共存，美美与共，却也有不同的形态和类型。黄山之峻峭与泰山之雄伟不同，黄河及沿岸风光与长江亦差异明显，华夏大地自然风貌南北不同，东西迥异。为了说明复杂的自然美现象，我们将千变万化的自然美现象分为若干形态，通过把握它们的共同特征来理解自然美。

最基本的分类是按自然对象特性来分，自然可分为有生命的自然和无生命的自然两大类。前者是指动物和植物等各种生命体，后者指山水、荒漠、平原等无生命的自然界。大千世界中的动物种类万千，色彩、外形、姿态等形态各异，美不胜收。小到蜂鸟、蝴蝶、企鹅，大到大象、北极熊、鲸鱼，每个物种都有自己的美和魅力。著名作家纳博科夫不但在文学领域声名卓著，而且在蝴蝶研究方面也造诣颇深 (图 14-3)。他一生都痴迷于蝴蝶之美，并持之以恒地研究蝴蝶。

很多研究自然界进化历程的科学家，揭示了各种动物的进化之美，美不只是生物体外在形态的体现，也是适者生存的功能进化之产物。更重要的是，大自然的生物多样性形塑了美的无限多样性，揭示了自然美的无穷无尽，给人类欣赏自然美提供了多样的可能。植物世界也多种多样，从一花一草到茫茫林海，各种植物展现各自不同的美。中国美学对植物的美有精深的阐发，形成了“比德”的美学传统，这是从自然物中悟出真谛，并以此来喻君子美德，比如梅兰竹菊“四君子”。

无生命的自然界，如高山大河，风暴闪电，大海小溪，蓝天白云，这些在人们的审美感知中，都会辨析出复杂的意涵。哲学家康德曾生动地描绘过不同自然景观所引发的审美愉悦，一座峰顶积雪且高耸入云的重山景象会激发人的欢愉，一片鲜花怒放溪水蜿蜒的山谷也会使人舒畅；夜晚的星空是美的，激起人对永恒性的渴望；白昼万物尽收眼底，令人感悟到了生生不息的生命力。华夏大地风光无限，九寨沟的山水，塞罕坝的秋色，海南岛的沙滩，甘肃的丹霞

图 14-3
纳博科夫绘制的蝴蝶

地貌，每一处都风貌独特，凡到过必留下难忘的深刻印象。

自然景观具有独特的自然特征和美学价值。按类型来分，大致可以分为地景、天景、山景与水景等大类。以地形地貌为中心的诸如红豆峡、呼伦贝尔草原、元阳哈尼梯田等皆为地景；而钱塘江潮、黄山云海、蓬莱海市蜃楼等这些借气候、天象而成景的则为天景；山景包括不同的山峦形态，如喜马拉雅山的壮美，峨眉山的秀美，给人的自然美体验全然不同。水景则包含了海景、江景、湖景甚至支流小溪等。以长江为例，作为世界第三大河流，长江千百年来以水滋润万物，与黄河交相辉映，孕育了伟大的中华文明。古往今来，无数文人墨客赞美长江的自然景观，写下了许许多多优美的诗句，培育出一代又一代人对“家国”“故土”和“母亲河”依恋。

中国人对自然美的敏感不仅体现在对自然景观的欣赏中，而且发展出许多独特的与自然美共存共在的文化。中国园林就是一个典型的例子，古人造园意在将自然山水美景融入自家庭院，使之成为朝夕相伴的生活背景。明代计成道出了园林营造之“初心”：

> 园林巧于“因”“借”……“因”者：随基势之高下，体形之端正，碍木删桠，泉流石注，互相借资；宜亭斯亭，宜榭斯榭，不妨偏径，顿置婉转，斯谓“精而合宜”者也。“借”者：园虽别内外，得景则无拘远近，晴峦耸秀，绀宇凌空，极目所至，俗则屏之，嘉则收之，不分町畽，尽为烟景，斯所谓“巧而得体”者也。[①]

① 计成：《园冶注释》，中国建筑工业出版社 1988 年版，第 47—48 页。

图 14-4
创世之柱的深空景观（韦伯太空望远镜拍摄的照片）

中国园林的这种强调自然原生之美的造园方法，体现了中华传统文化独特的与自然融为一体的“天人合一”理念。我们应该继承古代先贤总结的自然美观念和原则，借古人的慧眼和智识去面对自然，并将这些深邃的传统转化为新时代建设生态社会的内生动力。

按自然美的规模或尺度来考察，还可以将其分为微观、中观和宏观三个层级。所谓微观是指细微的自然存在，自然的微观之美印证了美学中的一种常见说法：“小的就是美的”。小之所以美，不但美在其小巧的外形结构，而且美在其细节精致微妙。随着科学技术的进步，人类对自然的认识已进入了超越肉眼所见的微观世界，因而带来了对自然美的全新体验。比如在微距摄影中，水滴之美显出万般妩媚，小小水滴因重力、表面张力、与外界介质的接触情况而形态各异，彰显了形式上的对称、均衡、和谐的秩序美。中观形态的自然美是指人肉眼所见的自然界，前文我们讨论的生命体和非生命体的自然美即此类。而宏观的自然美，除去我们肉眼可见的宏观景象之外，还有诸如太空这样的超大尺度自然景象。借助韦伯太空望远镜，我们已可看见深空景象，这些景象不但推进了人类关于宇宙形成的认知，而且也带来了颠覆性的关于自然美的体验，这是张衡时代或伽利略时代所难以企及的。以下名为“创世之柱”（图 14-4）的深空景象，把我们的审美想象力带入了全新的境界，相较于邈远、无垠的太空及其漫长的历史，人类是如此渺小和短暂。这种超大尺度的自然宏观景象，在激起人类对太空的好奇和赞叹之时，也唤起了我们对大自然的谦卑和敬畏，正如康德所言，令他敬畏的只有两样东西：心中的道德律和头顶的星空。

第二节　自然美范畴

古往今来，中外的美学家和艺术家凝练出许多自然美的审美范畴，最常见的有优美、崇高与如画。当然，优美和崇高不只是对自然美的概括，也包含了对其他社会文化现象的描述，本节只从自然美的角度来分析。同时，我们也会简略讨论自然全美范畴。

一、优美

在我们的自然美欣赏经验中，有一类对象往往给人以优美的感觉，比如争妍斗奇的花园，溪水流淌的山林，姿态万千的蝴蝶、鸟雀、锦鲤等。引发人们优美感是审美对象的一些形式外观特征，而其总体特征是和谐，具体呈现为柔和、纤巧、清秀、娇艳、流畅、轻盈、平衡、精致，等等。这些特征西方人称之为优美，中国人名之为秀美。历史上，不少美学家对“优美”的特征做了系统的研究，得出了一些有说服力的结论。比如，清代学者姚鼐认为，“其得于阴与柔之美者，则其文如升初日，如清风，如云，如霞，如烟，如幽林曲涧，如沦，如漾，如珠玉之辉，如鸿鹄之鸣而入寥廓”。① 在英国哲学家伯克那里，优美得到了更精确的概括：“形体上娇小，平滑，形体起伏渐变而不露棱角，娇嫩而温和，色彩清晰光亮但并不强烈耀眼。即便有些色彩会闪耀，但整体上也会因各色混合而不至于突出一种刺目的颜色。” ② 唐诗宋词中大量存在描写自然之优美的诗篇，王维诗歌是杰出代表，诗人以独特的眼光，发现了美轮美奂的自然景致。有宁静的春景，如“人闲桂花落，夜静春山空。月出惊山鸟，时鸣春涧中”(《鸟鸣涧》)。也有流动的秋景，如“空山新雨后，天气晚来秋。明月松间照，清泉石上流”(《山居秋暝》)。想象这些景致，生动画面和隽永诗意犹在眼前。

优美感是一种特殊的审美体验，它引发的情感状态有宁静、欢乐、愉悦、满足、迷醉、亲切怡人等。伯克认为优美感的特征是轻松舒畅，康德则把优美感的心理特征描述为愉悦、欢乐和迷恋。更重要的是，优美的自然还能将个人的感官享乐、利害得失、概念目的等因素阻隔在审美体验之外，令人体验到自然美的纯粹性。康德认为，与艺术美相比，自然美在激发无功利体验方面更有优势，因为自然是因其本身而令人愉快的。王国维在论优美时，他所重视的也是优美之物在助人超越个人功利考虑之上的特点。③

二、崇高

与优美有显著区别的是“崇高”。当人直面崇山峻岭或广袤大海时，便会感到大自然的崇高一面。崇高在古罗马时期由文学家朗吉弩斯提出，他认为崇高就是伟大心灵的回声。中国古代美学亦有相近的概念，如“壮美”或“阳刚之美”等。姚鼐对“阳刚之美”有如下描述：“其得于阳与刚之美者，则其文如霆，如电，如长风之出谷，如崇山峻崖，如决大川，如奔骐骥；其光也，如杲

① 姚鼐：《复鲁絜非书》，见姚鼐：《惜抱轩全集》，中国书店 1991 年版，第 71 页。

② 伯克：《关于我们崇高与美观念之根源的哲学探讨》，郭飞译，大象出版社 2010 年版，第 100 页。

③ 王国维：《王国维文集》第一卷，姚金铭、王燕编，中国文史出版社 1997 年版，第 4 页。

日，如火，如金镠铁。”①

伯克把自然景物的巨大、混沌、凛冽、空阔、崎岖等这类特质称为崇高。崇高之物让人感到力量、痛苦、恐怖、危险。如果说这样的自然同时也让人感到愉快，那是因为带来威胁的景物并未给人造成直接的危险，所以崇高也会夹杂着敬畏、惊奇之感。康德认为自然的崇高可分为数学的崇高和力学的崇高。所谓数学的崇高，是从量级上来看自然。由于崇山峻岭之类景物的绝对巨大或无限大，它们超出了人类感知的范围，无法估量，我们会被自然浩瀚所震慑；而力学的崇高则是指人意识到了自然的巨大力量和威力，火山、海啸、飓风、电闪雷鸣，这些不可预测的力量都让人深感恐怖和畏惧。康德认为崇高感是由痛感转化而来的快感，因为审美对象数量和力量的巨大使人感到恐惧，于是便有了痛感；但是，随着内心的理性观念被唤起，便产生了某种超越感，这时自然的伟大转化为主体精神之提升。

还是以王维的诗歌为例，诗人不但有大量对优美自然的描绘，不少诗意场景还揭示了大自然的崇高特征。如《使至塞上》中脍炙人口的诗句“大漠孤烟直，长河落日圆”，描写了广袤无际之大漠极尽慷慨悲壮之感；再比如诗人眼中的终南山，“太乙近天都，连山接海隅。白云回望合，青霭入看无”(《终南山》)，既有磅礴的力量之崇高，亦有千变万化的数量之崇高。

诗人从感性上来体验自然之崇高，而哲学家则从观念上来阐释崇高。康德的崇高理论有一个要点，那就是将崇高中的自然美与人的精神力量结合起来，构成了人与自然间一种独特的关系，那就是对自然的敬畏与自我尊严交相作用，在崇高感中实现精神的升华。

三、如画

自然美的第三个范畴是“如画”。“如画”概念于18世纪出现在英国，最初用以描述在画面上呈现出令人愉悦的美，后来，这个概念与园林美学和设计关联起来，其要旨是探索不同于意大利和法国园林的英式园林的审美特征。此后，这个概念被用于对自然风景的认知和体验，成为对自然美一种审美范畴。其实，“如画”的出现是对“优美”和“崇高”两大观念的补充，在优美和崇高之外探究一种新的审美范畴及其趣味原则。“如画”观念的兴起还与现代性密切相关，随着工业化和都市化的发展，旅游业勃然而兴，一种边欣赏自然景观、边以绘画方式记录场景的风尚也随之兴起。

18世纪普赖斯在其《论如画美》中，参照伯克对优美和崇高的描述，提出了如画理论。崇高的事物不但巨大而且撼人心力，优美的事物小巧光滑和精致，因而引起人的爱恋和喜悦。如画的特质恰处在两者之间，其突出的特质是粗犷、急剧变化和不规则。伯克认为如画具有复杂性和多样性，会唤起人们的好奇心。如画可以体现在景物中，如流水、树木，也可以呈现在废墟、建筑中，还可以反映在人物、艺术之中。他自己的庄园有灌木树林，有小桥流水，这就是他理

① 姚鼐:《复鲁絜非书》，见姚鼐:《惜抱轩全集》，中国书店1991年版，第71页。

想的如画风景。从形态上说，如画之美具有混乱、粗糙、斑驳、复杂、不规则、活力等元素，如群峰错落、怪石嶙峋、河道蜿蜒、花树掩映。

如画理论的核心是以艺术的眼光来欣赏并评价自然，自然风景就宛如艺术家的一幅画，所以最初的如画论者特别强调对风景画等艺术作品的品鉴和体验，他们认为学会了看画也就积淀了如画地看待自然景观的能力和趣味。如画范畴通过这种方式建立起了自然、艺术与审美的内在联系，建立起人亲近自然、乐于与之交流的情感，同时也反映了他们反对规范化改造自然的要求。

四、自然全美

优美、崇高与如画是理解自然美的三个传统范畴，三者的共同点是主张自然之美在于人能欣赏自然，而“自然全美”观认为，自然界中所有存在都是美的，未经人干涉的自然本身就是美的。在博物学家缪尔的笔下，岩须属植物讲述着“大自然之爱”；土拨鼠、灰褐小脑袋的麻雀、湖泊、岩石展现着生命的能量；崎岖不平的冰河底部、河床的峭壁令人超脱自我，甚至“生长在碎石边缘的岩须属植物”也是美的，尽管它的花朵已经凋谢，但那仍然美得震颤人的神经。[①] 自然总是美的，它无须满足人类预期的某种审美设想，人类也不应对之加以干涉。

其实，自然全美的观念早已存在于中国文化传统中。比如道家深邃的“齐物”观念就包含了万物平等相待的思想，并不存在人高于自然的观念，所以庄子曰：“以道观之，物无贵贱。”道家强调人属于自然并融入自然的规律性，自然本身的美早已为我们的先贤所体认。一个引人思考的例子是，为什么古人喜欢在山高峰险之处建造一座观景亭？因为在此处观景自有融入自然的切身体验，人不是自然的征服者而是其中一分子，观景的初心不是超越自然，而是在审美体验中，深切感悟自然之伟大和人须有的谦卑态度。尊重自然便是尊重人自身，敬畏自然才会敬畏生命。

第三节　生态美与生态美育

人类对自然美的认知可划分为三阶段：第一阶段是传统社会中顺应自然的自然美观念，第二阶段是工业化大生产引发生态危机中的自然美观念，第三个阶段则是当下自觉的生态美观念。从这三个阶段来看，人与自然的关系从原初和谐，走向了工业化时代的紧张与对立，再转向更高程度的人与自然和谐共生。

一、从自然美到生态美

（一）顺应自然的自然美观念

在我国传统文化中，人“顺物自然，而无容私焉”（庄子）是最常见的生存状态，人身处自然并感受自然之美。呼吸起伏、潮起潮落、太阳的东升西落、

① 缪尔：《群峰与山涧》，范亦潼译，中国戏剧出版社 2005 年版，第 9—10 页。

四季更迭，人们在这些自然现象中体会到身体的节奏与宇宙的韵律，并在天人一体的感悟中意识到万物生灵所需遵循的宇宙规律。

图 14-5
郭熙《早春图》

中国人在体验自然美方面不但早于西方，而且敏于感知和体验。所以中国古代山水诗画中广泛记录了人亲近自然的审美态度，并表现了大自然鬼斧神工的魅力。这种顺应自然、返归自然的审美胸襟鲜明体现在谢灵运的诗句中："池塘生春草，园柳变鸣禽。"(《登池上楼》)而陶渊明的《归园田居》(其三)："种豆南山下。草盛豆苗稀。晨兴理荒秽，带月荷锄归。道狭草木长，夕露沾我衣。衣沾不足惜，但使愿无违。"不仅表现了诗人欣赏自然之美，更是反映了诗人真正融入了田园生活之中，并怡然自得。从山水诗到山水画，顺应自然的审美意识深蕴其中。宋代画家郭熙的杰作《早春图》(图 14-5)，以独特的"云头皴法"画出了烟岚重深、万象更新的早春山景。画面上林木葱郁，飞瀑泉流，山形险峻，楼宇若隐若现，一派生机盎然的春意。画家在其画论《林泉高致》中，深刻地阐发了人对自然的审美冲动：

君子之所以爱夫山水者，其旨安在？丘园养素，所常处也；泉石啸傲，所常乐也；渔樵隐逸，所常适也；猿鹤飞鸣，所常亲也，尘嚣缰锁，此人情所常厌也；烟霞仙圣，此人情所常愿而不得见也。……今得妙手郁然出之，不下堂筵，坐穷泉壑；猿声鸟啼，依约在耳，山光水色，滉漾夺目，此岂不快人意，实获我心哉！①

这段话是画家的经验之谈。前半段说的是自然山水是人们心意向往之处，给人以乐趣和安逸，而市井繁琐生活则给人以缰锁，所以人总是怀揣着一种走向大自然的内心冲动；后半段则道出了山水画之妙，因为即使足不出户，人们

① 郭熙：《林泉高致》，见俞剑华编著：《中国古代画论类编》上卷，人民美术出版社 1998 年修订版，第 632 页。

也可以在山水画中目睹湖光山色，耳闻猿声鸟鸣，这些给人以快意。从自然山水到山水画，贯穿其中的始终是自然山水与人的亲近关系。

（二）生态危机中的自然美观念

随着现代工业化和城市化的兴起，生态环境遭遇了前所未有的破坏，原生态的自然美遭遇空前挑战。人用技术手段过度掠夺自然，造成森林被毁，环境污染，全球变暖，野生动植物濒危，人与自然的紧张关系使得人们生出越来越强烈的生态忧患意识。如果说顺应型人与自然的审美关系是基于自然美的本然性，那么面对高度城市化和工业化的现代社会，人们便不由地产生了回到自然的冲动，对工业文明破坏自然产生了深深的忧虑。一如席勒所言，古代社会中诗人创作的是“素朴的诗”，人与自然融为一体，所以诗本身就像是自然；而现代社会人与自然分离，出现了“感伤的诗”，“感伤的诗”是在寻找自然，因为自然在现代化的潮流面前被深刻改变了。[①] 因此，“还乡”和“思乡”成为浪漫主义挥之不去的情结。

（三）生态自觉的生态美观念

在生态自觉的时代，人与自然的关系走向和谐共生。人类意识到需要更积极地保护环境。这种生态自觉体现为人被认为是自然万物的一员，而不是自然的主宰。如果说自然是人与自然二分时主体的审美对象，那么生态美则彰显出人与自然互利共济的共同体观念。生态不但包含了自然环境，而且还包含了我们生活的社会环境，所以生态美是一个更大的社会文化范畴，它超越了传统的自然美，而是一种整体把握地球生态系统的全新视域。主张参与性模式的生态学认为，应将自然概念扩大到环境概念，人是环境的一部分，而环境不只限于荒野的自然，也包括城市化的环境。生态美学摆脱了只从人与自然的审美关系角度来思考的传统路径，而立足于更广阔的环境视野，因此城市环境与人们日常生活也被纳入了生态环境的考量之中。

人类中心论就是以人为中心地对待自然，将人视作生物链的顶端，例如认为人主宰世界或人是万物的灵长。这种人与自然对立的观念在西方由来已久，随着启蒙运动和现代化进程，人征服自然的观念日益膨胀，最终导致了生态环境的危机，如温室效应、核泄漏事故、物种灭绝、大气雾霾等。生态学强调人与自然关系的调整，批判物质主义和消费主义，提倡可持续性发展。因此，不能以工具性方式去对待自然万物，把它们当作为人所用之物。自然万物亦有自己的生命和尊严，人应该在自然面前保持敬畏感和谦卑意识。从人类中心论转向生态中心论，人便会从整体上重新调整与自然的关系，这就是从自然美走向生态美的要义。

二、生态美育

生态环境并不是一个抽象概念，它就是我们每个人生于斯、长于斯的周遭

---

① 席勒：《论素朴的诗和感伤的诗》，见李醒尘主编：《十九世纪西方美学名著选编 / 德国卷》，复旦大学出版社 1990 年版。

世界。人对自然美观念三个阶段的转变，不但是人与自然关系的演变，也是人对大自然认识和体验的转变。“怀想全球，身边做起”的口号，表达了我们应对环境变化及其问题应有的立场，所以，生态美育便提上了议事日程。

生态美育既是生态教育的一部分，又是美育的一部分。不同于其他美育形式，生态美育更强调培育人们的生态意识和生态智慧。如果说生态教育偏重于认知方面生态觉悟的唤起，那么，生态美育则更关注在情感体验方面激起人们对自然的敬畏和亲近。人与自然的关系是复杂的，但审美关系通常先于认识关系，情感体验通常先于理论认知。因此，有效的生态教育应优先发展生态美育，从陶养人们的生态审美素养，达到生态智慧。生态审美素养包括对自然生态环境的审美感知力、悟解力、情动力、想象力和表达力，而这些能力既与艺术审美能力相关，又有特殊的对生态美的敏感和体验。更重要的是，不同于艺术层面的美育路径，生态美育提倡走出教室进入大自然，通过与自然环境和人居环境的直接接触，在多感官全身心的具身性场景中获得对生态美的体验，并从中孕育和发现深邃的生态智慧。

亲近自然的户外活动是生态美育的优先选项，或徒步，或登山，或戏水，或踏青，走进大自然是了解生态环境最有效的路径。尤其在高度工业化、城市化的社会，走向大自然不但是一种心灵慰藉，更是人本能的内心冲动。博物学家威尔逊说道，他脑海中曾反复呈现在苏里南的一个村庄眺望白沙海岸森林的景象，且每次回忆都会变得印象更加鲜明。他坚信这是人与生俱来的自然亲生物性造成的：

> 这一反思的对象可概括为亲生物性，我斗胆把它界定为人关注生命和类生命过程的天生倾向……从婴儿期开始，我们开心地关注于自己和其他有机体，学会区分有生命与无生命之物，像飞蛾扑火一样向趋近它。新颖性和多样性尤被推崇，但凡提到外星生物这个词，即唤起对仍未知之生命的遐想，它取代了前几代人所钟情的偏远岛屿和丛林内景那古老而有吸引力的异国风情。……我要说的情况是，探索并融入生命乃是心智发展中一个深刻而复杂的过程。它在某种程度上仍被哲学和宗教所低估，我们的存在基于这种倾向，我们的精神是由它编织而成，希望则在其流动中出现。①

这种对亲生物性无时不在，特别是在刻板紧张且充满内卷的当下生活情境中，向往自然并走进自然的冲动愈发强烈。人与自然万物是平等的，每一种植物、动物甚至非生命之物，不但有其自身价值，而且也有其存在样态，亲近自然就是让我们去聆听它们的声音，和它们攀谈，与它们共情。这不但提升了我们的审美趣味，也教会我们去尊重自然，敬畏自然，亲近自然！

从高度城市化的生活走出去，走进大自然，这不只是空间环境的变化，还有人心绪、视角和心境上的转变。心理学家发现，人与自然的亲密接触对人有

① Edward O. Wilson, *Biophilia*, Cambridge: Havard University Press, 1984, p.1.

显著的益处：其一是令人有解脱感，就是从日常世俗生活的刻板中解脱出来，使人的注意力得以恢复；其二是令人迷恋自然，因为丰富多彩的自然景观让人着迷；其三是可以拓展人们的心胸，使人在观照自然的同时扩大自己的胸怀，甚至产生了广阔的历史关联；最后，自然环境能够对人的精神产生共鸣和共情。

我们可能都有这样一种体验，登临泰山会觉得身心得到极大提升，达至“一览众山小”的崇高境界。中国古代诗人多有“伤高怀远”的伟大诗篇，当人身处高山之巅时，面对延绵不绝的崇山峻岭，眺望无尽之苍穹云海，一种超越性的宇宙感、历史感和苍茫感油然而生，一种对大自然的敬畏之情犹在胸中。屈原诗曰：“目极千里兮伤春心。”(《楚辞·招魂》) 沈约诗云：“高台不可望，望远使人愁。连山无断续，河水复悠悠。”(《临高台》) 陈子昂《登幽州台歌》唱道：“前不见古人，后不见来者，念天地之悠悠，独怆然而涕下。”大自然渺远宏大的场景，将人升华到日常生活中难以达至的崇高精神境界，这正契合了生态美育的理念。生态观念要求人超越个体生命的时空限制，以更加久远的时间观念来看待自然，以更为广阔的宇宙视角来认识生命，由此而来的是对自然的一种全新的认知。一方面，大自然的宏大给人以精神升华的美感体验；另一方面，超长时间感和超大空间感又激发起人对历史和未来的生态伦理感。地球已历经几十亿年的演化，相比之下，人类的存在不过是“弹指一挥间”，然而人却深刻地改变着这个星球，也带来了许多前所未有的生态灾难。登高望远的宇宙感、历史感和苍茫感是在提醒人们，生活在当下的我们，要了解我们生命家园的久远历史，尤须考虑我们今天的作为对子孙后代负有不可推卸的责任。保护生态就是保护家园，我们必须从“小我”走向一个“大我”。

走进自然的生态美育还有更为深刻的主题，这就是将当代所面临的环境问题与自然环境的场景联系起来。比如在林中闻到草木花香，或是聆听鸟啼虫鸣，甚至风穿过林间发出的种种天籁之音，或是登临山巅，仰望苍穹碧空如洗，在体验大自然无与伦比之美的同时，我们会联想到污浊的城市空气，刺耳的人工噪声，这都会唤起我们保护自然环境的紧迫感。生态本原意思就是“家”或“家园”，保护生态其实也就是在保护我们安身立命的家园，珍惜、敬畏并亲近自然便成为生态美育的题中之义。除了将环境问题带入自然场景的美育方式，另一种有效的方式是我们在欣赏、体验自然万物之美的同时，考虑我们与环境的相互作用，尤其是我们应当如何保护自己家园。生态主义的一个核心理念是人与自然万物共生互济，保护生物的多样性。因此，生态美育一个关键环节便在于不能只停留在欣赏自然美，还必须诉诸行动，从我做起，进入自然场景就必须考量我能为改善我们的家园做些什么，反思我自己的行为方式和生活方式是否有利于生态环境的改善。

除了走进自然的生态美育，还有很多其他的美育方式。比如关注校园生态环境，从宿舍到教室，从食堂到图书馆，周遭环境同样面临着如何优化和美化的问题。生态美育与校园文化的结合是十分重要的美育主题，大学生从身边做起就应该从校园做起。生态美育还可以和各门艺术有机结合。例如中国传统的山水画和西方的风景画，是我们体验自然美的有效途径，欣赏绘画作品，不仅会带给我们自然美的体验，也使我们反思大自然之美的脆弱性和人类造成的潜在危机。

第四节　生态智慧与审美表达

一、生态智慧

作为生态教育不可缺失的一环，生态美育注重涵养人们的生态审美素养，但生态审美素养不只限于观赏自然的能力，更重要的是以更宏观的生态系统视角来反思自我生存方式。一言以蔽之，生态美育的最终目标是人与自然关系的重新建构，其中生态智慧的养成最为关键。

生态智慧是生态素养的另一种表述，生态素养是指理解和认识生态系统组织原理的能力，并将其运用于自己生活实践中以实现可持续发展。对大多数人来说，生态素养更多地呈现为某种自觉的生态行为，自觉践行各种亲环境或环境友好的行为。

目前国际上已形成了亲环境行为的五大主张，分别是：减少、重复使用、回收、恢复和再思。① 前四个主张是对生态保护行为的指导。“减少”是指减少资源消耗及破坏；“重复使用”“回收”与“恢复”都关注对资源的循环利用和可持续发展，“回收”更强调加工与转化废弃物的资源再利用，“恢复”则旨在充分利用自然所提供的资源来促进自然的循环。与这四个主张相比，第五个主张“再思”则指向生态理念的思考与建构。“再思”就是反思，即反思自己的日常行为与生态环境的关系，这意味着对环境问题的认知需要上升到人们自觉的生态态度与环境伦理才能得到落实。“再思”表明了主体内在生态智慧的重要性。“生态伦理之父”的利奥波德曾说过：“在对某种事物的关系上，只有在我们可以看见、感到、了解、热爱，或者对它表示信任时，我们才能是道德的。”② 生态智慧可以通过生态美育而达到。通过生态美育，我们可以获得有关自然与环境的鲜活经验，并形成对生态问题的直观反应，这有助于把生态意识与对环境的价值立场紧密结合在一起。也就是说，生态美育在对人的性情陶冶中使人产生对自然的敬畏和谦卑，唤起人对环境问题的警醒，促使人自觉产生亲环境行为。

生态智慧是建构一个文明健康和可持续发展社会的必要条件，也是一个合格的大学生必不可少的公民素质。这不仅体现在校园节能环保的硬件建设上，更反映在大学师生的亲环境行为中。从个体到班级，从社团到组织，从学生到老师，从师生到管理人员，在大学校园形成一个“怀想全球、身边做起”的环

---

① See Alex C. Michalos, ed., *Encyclopedia of Quality of Life and Will-Being Research*. New York: Springer, 2014, pp.5082–5083.

② 利奥波德：《沙乡年鉴》，侯文蕙译，商务印书馆 2017 年版，第 247 页。

境保护氛围，这就是智慧型生态校园。

二、生态美的审美表达

生态美育是一个系统工程，不仅包含生态审美素养的涵育，即走进自然或艺术的生态审美实践活动中，而且还包括掌握生态美的审美表达能力。生态美育不但是对生态美的感知和体验，还需要将自己所闻、所见、所听的生态环境美表现出来，或是用视觉的方式，或是用语言的方式。以下是关于生态美的经典语录，其中不仅暗含着生态智慧，也有助于大学生学会通过语言来表达自己的生态观念。

太一生水，水反辅太一，是以成天。天反辅太一，是以成地。天地复相辅也，是以成神明。神明复相辅也，是以成阴阳。阴阳复相辅也，是以成四时。四时复相辅也，是以成沧热；沧热复相辅也，是以成湿燥；湿燥复相辅也，成岁而止。

——《郭店楚简·太一生水》

我的宗教虔诚是由对无限至高的精神的一种谦卑的礼赞构成，这种精神把自己显示在我们对可知世界能够理解的微不足道的那部分之中。对存在一个在难以理解的宇宙中显示的至高理性力量的深情信念形成了我的上帝观。

——爱因斯坦

我们必须与其他生物共同分享我们的地球，为了解决这个问题，我们发明了许多新的、富于想象力和创造性的方法；随着这一形势的发展，一个要反复提及的话题是：我们是在与生命——活的群体、它们经受的所有压力和反压力、它们的兴盛与衰败——打交道。只有认真地对待生命的这种力量，并小心翼翼地设法将这种力量引导到对人类有益的轨道上来，我们才能希望在昆虫群落和我们本身之间形成一种合理的协调。

——卡森

以上名言来自古今中外的思想家和作家，他们的不同话语都触及人与自然的生态关系。《太一生水》是对万物起源的一种精辟论述，太一生水并创造天地万物和四时节气，人不过是这天地创化过程中的产物而已。而爱因斯坦这样伟大的科学家虔信，人所能理解的宇宙微不足道，宇宙所隐含的至高理性力量让他表现出对自然的敬畏。最后一段话出自卡森《寂静的春天》，她指出人与各种生命之间和平共处的重要性，即使是某种小昆虫也和人一样有自己存在的价值。

地势坤，君子以厚德载物。

——《周易·象传》

走吧走吧，离开人群城镇，/走向那野外的草地和森林，/走向荒郊，那里寂静无声，/灵魂不必因为担心在别人/心灵里引不起期待的回应/而压抑它自己率真的乐音，/接触到大自然的艺术作品/会和谐地沟通人心与人心。

——珀西·比希·雪莱

幸福的首要条件之一乃是人与自然之间的联系尚未断裂。

——列夫·托尔斯泰

一个人在大自然中的每次散步，其所得远远超过他所谋求之物。

——约翰·缪尔

大自然乃是我们审美的、智力的、认知的甚至精神的满足之关键所在。

——爱德华·威尔逊

研究自然，热爱自然，亲近自然，自然永远不会让你失望。

——弗兰克·劳埃德·赖特

我们被引导去想象各种各样的事物，比过去诗人和梦想家所想象的更不可思议。我认为大自然的想象力远超人类。

——理查德·费曼

《周易》中这段脍炙人口的名言，一方面说出了大地之厚实和顺，另一方面要求君子需以宽厚之心容载万物，彰显出中国文化的博大精深。诗人雪莱的浪漫情怀在《致珍妮：邀请》这首诗中表现得淋漓尽致，离开城镇和人群而走近自然，是浪漫主义诗歌的基本主题。作家托尔斯泰将人与自然的关系视作人之幸福的根本，人与自然一旦断裂，幸福便不复存在。缪尔是现代生态运动的先驱，早在1877年《摩门教的百合花》中，他便记录下了跋涉荒野高山的体验，他积累下了丰富的亲近自然的经验，从中获得了无与伦比的精神享受。作为“亲生物性”观念的提倡者，博物学家威尔逊断言，自然给人的满足是全方位的，从审美的满足到智力的满足，从认知的满足到精神的满足。著名建筑设计师赖特的一席话在提醒我们，要研究自然就要热爱自然，热爱自然就要亲近自然，大自然永远会带给人意想不到的惊奇。最后是著名物理学家费曼的演讲，他认为，与人有限的想象力相比，大自然丰富的想象力永远激励人去探索未知之谜。

我希望，我们能够在农业文明、工业文明的基础上，探索生态文明的新时代。实现人与自然和谐共生，人与人和谐相处，人的身心和谐自洽，建立绿色低碳可持续的生产方式、生活方式和消费模式。

——解振华

地球提供的东西足以满足每个人的需要，但不能满足任何人的贪婪。

——甘地

我们的生活将大量精力浪费在细节上……简朴，简朴，再简朴！简单生活却心存高远。

——亨利·梭罗

我们需要的不是少数人完美地做到零浪费，而是需要数百万人不那么完美地去做这件事。

——安妮·玛丽·博诺

大凡不能减少、再用、修理、重建、翻新、修补、转售、回收或堆肥，就应该被限制、谋划或从生产中去除。

——皮特·西格

我们的社会很需要引入新的价值观，更大不一定更好，更慢也许就更快，更少也许就更多。

——盖洛德·尼尔森

最后这一组话语集中在“改变”，包括改变观念，改变生活方式，改变行为方式。作为中国气候变化事务特使，解振华在获得诺贝尔可持续发展基金会所颁发的可持续发展特别贡献奖的发言中，倡导生态文明是继农业和工业文明之后的新的文明形态，要做到三种和谐必须改变生存方式、生活方式和消费方式。甘地则指出人之贪婪，给地球带来了无尽伤害。梭罗作为生态运动的先行者，早在 19 世纪就告诫我们，简朴的生活方式才是人类合理的生活方式，因为它符合生态和谐的理念。博诺是一个“零浪费厨师”活动的发起人，零浪费不可能靠少数人的作为，而有赖于更多人的参与。乡村歌手西格的歌中提出了一条当代生产方式的原则——对一次性产品的坚决抵制。最后一段话来自“世界地球日”创始人尼尔森，他尖锐批判了求大求全的观念，主张慢即快，少即多。

通过生态美育抵达生态智慧，这需要人们形成方方面面的生态伦理意识，并采取相应的生态行动来实现，这包括改变观念，改变生活方式，改变行为方式，从自己身边做起。

本章思考题

1. 中国传统山水画如何表达古人的自然美意识？
2. 自然美的优美、崇高和如画有何差异？
3. 自然全美体现了怎样的生态意识？
4. 自然美转向生态美体现了什么变化？
5. 生态美育对生态保护有何作用？

推荐阅读书目

1. 郭熙：《林泉高致》，见俞剑华编著：《中国古代画论类编》上卷，人民美术出版社2004年版。

2. 宗白华：《中国艺术意境之诞生》，见林同华主编：《宗白华全集》(第2卷)，安徽教育出版社2008年版。

3. 卡森：《寂静的春天》，吕瑞兰、李长生译，上海译文出版社2007年版。

4. 缪尔：《群峰与山涧》，范亦湋译，中国戏剧出版社2005年版。

5. 梭罗：《瓦尔登湖》，苏福忠译，人民文学出版社2008年版。

本章DIY活动

活动一　自然的"语言"——一次自然采风

自然与我们之间是否能够沟通？我们如何能在感受自然美的过程中，让自然变得可见、可听、可写？通过组织一次自然采风，让学生亲密接触自然，体验自然，理解自然，表达自然。

可根据具体条件选择插画、文学、音乐等不同形式。例如：参照法国艺术大师阿加特·埃弗曼的手绘插图《水彩笔下的海洋世界》、德国生物学家恩斯特·海克尔的插画《自然界的艺术形态》、梭罗《瓦尔登湖》、列维-斯特劳斯《忧郁的热带：日落》、贝多芬《田园交响曲》等作品的创作方式描摹自然，表达对自然的感受和理解。

活动二　自然摄影中的动植物

看到自然美有多种途径，并且不同观看方式会令人关注到自然的不同方面。比如风景画家对光影、轮廓、体积、细节及景物之间的关系变化更为敏感，莫奈的《日出·印象》在展现水天之间的日出景象时，把握住转瞬即逝的光线与色彩变化。雕塑家则可能更关注自然事物中隐藏的形状、体积，以及光线、空间与景物的关系，比如英国雕塑家亨利·摩尔的一句话令人印象深刻，他说："树的关节一个个有力而又自然地把树干从一个方向拧向另一个方向，它们是理想的木雕。"① 这是在观察自然物本身的形态与形态间关系。

在各种观看自然美的途径中，摄影是一种人亲近自然、记录自然奥妙的方式。请参照波尔钦《自然摄影：动物、植物和风光》等摄影教程，拍摄出游时遇见的动物与植物，并体会在分别拍摄动物与植物时，作为拍摄者应该与自然如何对话？交流拍摄作品，并谈谈感受。

案例分析

案例一

以下两幅画分别是中国山水画与西方风景画的，请参考以下资料，讨论并

① 转引自迟轲：《西方美术史话》，中国青年出版社1983年版，第462页。

回答问题。

克劳德·洛兰是17世纪法国最重要的风景画家。他在西方风景画发展中的重要性就在于他让真实的风景本身成了绘画的主题，而非以往那样专注人物与叙事。他的风景画摆脱了传统绘画图式，转向直接观看户外风景、描摹风景，让观看者注意到了自然风景带来的视觉愉悦。在《田园风景》（图14-6）这幅画中出现了他画中常出现的乡村田园、湖泊、树木、建筑、夕阳、地平线、天空。在他的风景画中，高大的建筑或树木往往分列两旁，起到了取景框的效果，把画面构造为一个稳定而封闭的统一空间。

画面中，天空所占据的范围大大增加了，充分吸引了观看者的注意力。中央是洒满阳光的天空、地平线、山脉、小径或湖景。风景中的前景、中景和远景清晰可辨，清晰的地平线加强了这种空间的层次感和透视感。在云层、树影、建筑、湖泊的各种光影微妙变化中，景物逐渐隐没，消逝于地平线后的远方。总体上，画面中明亮而又柔和的阳光和色调都给人以一种静谧、庄严、单纯、安详的秩序感。但另一方面，为了真实记录自身所见而发展出的风景画，恰恰是为观看者提供了一种新的观看方式。当代的许多学者都很关注风景画与我们所见之“风景”的联系。一个共识便是，风景画其实是在不断培养观看者形成一种恰当的观看方式，从而人们能把眼前的自然景物看作“风景”。风景画与景物之间的这种特殊关系也同样出现在克劳德·洛兰的作品中。很多人都承认，克劳德·洛兰的风景画是自然主义的，但也是充分理想化的。他的风格有典型的古典主义气质，宁静、庄重、纯粹、整一，这代表了当时欧洲对黄金时代田园牧歌生活的一种想象，是一种人力构建的美景。

李成是中国五代宋初的山水画家，《寒林平野图》（图14-7）传为其所作，是他“寒林平远”风格的经典体现。在这幅画中，他将山水、树木、山丘等景物，安排了前景、中景、远景，并发展了远看的视角。画中，两株高耸的古松占据了画面的主体部分，这显然不同于洛兰风景画中起到取景框作用的树木。李成一直以擅长绘寒林枯木而闻名，他所绘树木多枝干瘦枯、旁逸斜出，其著名的“蟹爪枝”技法取弧俯下垂之势，笔力苍劲有力。与之相对的则是中景处低平蜿蜒的河流与远处延绵不绝的群峰、雾霭缥缈的天空。与洛兰的风景画相较，《寒林平野图》中的树木、群山、河流等景物虽在，但它们在画中所展现的形态、所处的地位与作用却是不同的。这里的树木显然不是在完全摹绘自然实景，也并非形塑一个封闭的空间。耸立的古松是画家所要创作的主要意象，在远景中疏淡的峰影与天空的映衬下，它挺拔而立，纵贯画幅，这不但突出了画面苍寒、萧瑟、刚健、清旷的意境，也体现了画家清刚劲健的人格魅力。远景中的群山采用了“平远”的画法，这种技法类似西方透视法的“以大观小”，从而达到让人神思驰骋、悠然神往的效果。郭熙的“三远说”将平远的观山法概括为“自近山而望远山”，“平远之意冲融

图 14-6

克劳德·洛兰《田园风景》(约 1648 年)

图 14-7

李成《寒林平野图》

而缥缥缈缈。”① 这恰恰点出了这种观景之法所蕴含的心理效果。

如果说传统西方人眼中的自然景观最终要收束为一个抽象而可把握的封闭空间，那么中国古人所遇见的山水则是延绵无限的，它是一个始终流动的时空。它无法借助俯视远观的透视法来把握现实，而是采用了一种移动视角。这种观察法随时需要一种心灵的深度沉浸与参与，观察者处于什么位置，是随心境而定的选择。除了移动的视角所构造的流动时空，我们亦不能忽视中国古今画家与批评家都相当重视的山水画中的“留白”。与洛兰风景画中的湖泊、天空的处理方法相比，“留白”则纳万物于纸端，彼此交融，虚实相生，形成了一种特殊的时空状态。天空、河流等作为物质性的存在被转化了，它们不仅彼此交融，而且还让人的心灵渗入，达到了物我齐一、生气流行的境界。宗白华相当精妙地指出了“留白”手法的奥妙，以及在画家心灵介入下山水之“有情”“生趣”对表现生命节奏上的价值：“西洋传统的油画填没画底，不留空白，画面上动荡的光和气氛仍是物理的目睹的实质，而在中国画上画家用心所在，正在无笔墨处，无笔墨处却是缥缈天倪，化工

① 郭熙、郭思父子撰：《林泉高致》，见俞剑华编著：《中国古代画论类编》上，人民美术出版社 2004 年版，第 639 页。

境界。……这种画面的构造是植根于中国心灵里葱茏细缊，蓬勃生发的宇宙意识。”①

所以，是看风景还是看山水，其中所包含的人看待自然的方式是不同的。对于自然，我们看到什么？如何看？这背后都暗含着一个时代和文化背景下人们对自然与人关系的理解方式。

研讨题 >>>

1. 根据文中两个案例，简要比较中西传统中看待自然美的不同方式。
2. 在当下我们应如何看待人与自然的关系？

案例二

以下这段文献摘自中国第一部生态伦理电视专题片的文学脚本。请阅读材料，思考并回答问题。

这种植物叫“沙棘”。

它抗风耐旱，不择地势，种上几棵，就能自我繁衍，连成密密匝匝的一片。它的枝干褐色、多刺，它的叶片细碎、柔韧，身高不足2米，却能把一蓬蓬绿色的希望，植入崖壁、沟壑甚至滴水不存的岩缝。

最难以想象的，是它庞大而精巧的地下根系。单株沙棘根系的分布面积可达4—5平方米，其树根幅度相当于树冠幅度的两倍。除1—2条主根或侧根能垂直深扎3米以上，其余极具萌蘖力的根须则会朝四面八方作水平延伸。

这纵横交错、层层密集的根系网络，显然是人间任何巧手也无法编织的。它牢牢抓住地表的每一寸土壤，挤紧土层中每一个颗粒，使它们凝聚起来，共同抵挡着风的侵袭、雨的冲刷。

专家们还欣喜地发现，沙棘根系的穿插与腐朽，可在土体内形成一些孔道，不仅提高了土壤的透水性能，而且增加了有机质含量；尤其是沙棘根系的强固氮作用，非常有利于油松等混交林的生长。

20世纪80年代，这种被誉为“沙漠王子”的植物被大量运用于西北防风固沙工程和黄土高原的综合治理。

这就是根的神奇力量。

有根者安居、无根者漂泊。

根的无比奇妙的存在，维护了大地的尊严。它让草木活得扎实、稳固，它与森林、河流、田野、村庄构成了一种环环相扣的缜密联系，所有这些，全都是由根的进一步伸展所形成的大地的秩序。

① 宗白华：《中国艺术意境之诞生》，见林同华主编：《宗白华全集》（第2卷），安徽教育出版社2008年版，第336页。

这个秩序是那么富于孕育力，它是一切生命活动的根基。

所有草木根系的蛰伏、缠绕、呼吸、输送，都是极富灵性的生命运动，一切红的、绿的或金色的果实，都是在这样的运动中被创造出来的。

亲近根，就是亲近本源；疏离根，就是疏离生命。

中华民族对根的强烈信念，难以用言语来表达。

每年一度的植树节，是“根”的盛大节日。

（选自孙苏等著:《重读大黄河：12 集生态伦理电视专题片文学脚本》，黄河水利出版社 1999 年版，第 38 页）

研讨题 >>>

1. 这段脚本介绍了黄河生态治理的什么方法?

2. 这种治理体现了当代生态治理方法的什么生态意识?

3. 保护生态环境不仅是生态环境的科学治理问题，也包含着深刻的人文意义。请谈谈在美丽中国生态文明建设中，黄河的水土治理如何能激发人们的自然意识与情感归属感，并提升全社会的生态智慧?